V&R

Linguistik fürs Examen

Herausgegeben von Hans Altmann

Band 5

Vandenhoeck & Ruprecht

Heiko Hausendorf / Wolfgang Kesselheim

Textlinguistik fürs Examen

Vandenhoeck & Ruprecht

Mit zahlreichen Abbildungen

Bibliografische Information der Deutschen Bibliothek

Die Deutsche Nationalbibliothek verzeichnet diese Publikation in der
Deutschen Nationalbibliografie; detaillierte bibliografische Daten sind
im Internet über http://dnb.d-nb.de abrufbar.

ISBN 978-3-525-26543-7

Inhalt

Vorwort

Die hier vorgelegte *Textlinguistik fürs Examen* ist der Versuch, Erkenntnisse textlinguistischer Forschung möglichst gegenstandsorientiert erlernbar und möglichst schnell analysepraktisch nutzbar zu machen. Deshalb haben wir eine strikt ergebnisorientierte Darstellung gewählt, die so tut, als verhalte es sich in der Welt der Texte genau so, wie wir es hier beschreiben – anstatt jeweils die Vielfalt der existierenden textlinguistischen Sichtweisen aufzuzeigen und in Auseinandersetzung mit der Literatur für die von uns gewählte Sichtweise zu argumentieren. Wir setzen also auf die Anziehungskraft der konkreten Beobachtungsmöglichkeiten, die eine textlinguistische Analyse zu bieten hat. Der Weg in die textlinguistische Vertiefung und die Auseinandersetzung mit der einschlägigen Forschungsliteratur ergibt sich dann, so hoffen wir, von selbst. Zumal die neuere Fachgeschichte und die damit verbundenen Auseinandersetzungen um Konzeptionen und Vorgehensweisen in den zahlreich vorliegenden Einführungen in die Textlinguistik ausgezeichnet dokumentiert sind.

Die *Textlinguistik fürs Examen* ist in mehrfacher Hinsicht ein Gemeinschaftswerk. Das Beschreibungsmodell, das ihr zugrunde liegt, ist in einer Reihe von Lehrveranstaltungen erprobt und weiterentwickelt worden, die die Autoren in den letzten Jahren an den Universitäten Bayreuth und Zürich durchgeführt haben. Mit ihren Nachfragen, Kommentaren und Hinweisen haben die Studierenden dieser Kurse maßgeblich zu der jetzt vorliegenden Konzeption beigetragen. Dafür sind wir sehr dankbar. Sehr dankbar sind wir auch Elisabeth Gülich und Ulrich Krafft, die es auf sich genommen haben, erste schriftliche Fassungen dieser Konzeption zu lesen und zu kommentieren. Schließlich können wir uns nicht vorstellen, wie dieses Buch jemals hätte fertig werden können, wenn wir nicht am Deutschen Seminar der Universität Zürich alsbald ein Team gefunden hätten, das uns bei der Fertigstellung des Endmanuskriptes und bei den damit verbundenen Arbeiten gleichermaßen engagiert wie kompetent zur Seite gestanden hat: Hiloko Kato und Sabina Gröner haben gelesen und kommentiert, Beispiele geprüft und ergänzt, Übungsaufgaben probegelöst und vieles mehr; Natascha Frey hat die Druckvorlage erstellt, Nina Girtanner, Reto Gubelmann und Sarah von Känel haben Korrektur gelesen, Reto Gubelmann hat gescannt und fotografiert. Ihnen allen sei an dieser Stelle herzlich gedankt.

Trotz dieser vielfältigen Unterstützung hat sich die Fertigstellung der *Textlinguistik fürs Examen* aus einer Reihe von Gründen deutlich länger hingezogen als zunächst geplant. Wir danken deshalb dem Herausgeber der Reihe »Linguistik fürs Examen«, Prof. Dr. Hans Altmann, und dem Verlag, insbesondere Frau Ruth Anderle, sehr für Ihr Verständnis und Ihre Geduld – und wir hoffen, dass das nun vorliegende Ergebnis den Leserinnen und Lesern bei aller Verbesserungswürdigkeit eine Hilfe sein wird.

Zürich, im Mai 2008   Heiko Hausendorf und Wolfgang Kesselheim

1. Zu diesem Buch

Die *Textlinguistik fürs Examen* ergänzt die bereits in dieser Reihe vorliegenden Arbeiten zur Phonologie, Wortbildung, Syntax und Topologie. Erfasst und behandelt werden in erster Linie Phänomene, die als textlinguistisch *im engeren Sinne* gelten können und die in einer Syntax typischerweise nicht behandelt werden, weil sie über die Beschreibungsebene des Satzes hinausgehen: Z. B. Phänomene der Satzverknüpfung und Pronominalisierung oder auch Phänomene, die mit Textfunktionen und Textsorten zu tun haben. Diese an den Einheiten der Sprachbeschreibung orientierte Arbeitsteilung, die von den kleineren zu den größeren Einheiten voranschreitet, ist nicht unproblematisch; mit der Einbeziehung der Ebene des Texts kommen nicht einfach additiv ein paar weitere Phänomene dazu, während alles andere beim Alten bleibt. Vom Text her gesehen erscheint vielmehr das Ganze der sprachlichen Phänomene noch einmal in einem neuen Licht. Was es heißt, sprachliche Phänomene *vom Text her* zu sehen und zu analysieren, das wollen wir in diesem Buch verdeutlichen. Wenn wir uns dabei auf die im engeren Sinne textlinguistischen Phänomene konzentrieren, hat das lediglich praktische Gründe.

An neueren Einführungen in die Textlinguistik, die diese textlinguistische Perspektive zum Thema haben, besteht wahrlich kein Mangel. Entsprechend gut ist die Geschichte der neueren Textlinguistik, sind ihre Begrifflichkeiten, Traditionen und Forschungsansätze dokumentiert und aufbereitet. Woran es nach unserer Einschätzung aber gleichwohl fehlt, ist eine *Textlinguistik fürs Examen*, die

- in ihrer Darstellung strikt gegenstands- und ergebnisorientiert ist,
- die analysepraktische Kompetenz im Umgang mit Texten fall- und beispielorientiert erlernbar macht und die schließlich
- die textlinguistische Analyse in erster Linie als eine rekonstruktive Aufgabe versteht, die im Nachzeichnen der Hinweise besteht, mithilfe und aufgrund derer aus einem lesbaren Etwas ein Text wird.

Wir werden dazu ein Beschreibungsmodell vorstellen, das Texte als Erscheinungsformen von Kommunikation begreift und – im Gegensatz zu vielen neueren textlinguistischen Arbeiten – den Text selbst in den Mittelpunkt stellt. Natürlich versteht sich das nicht von selbst, also nicht ohne textlinguistische Theorie und Methodologie. Im Mittelpunkt des Buches stehen aber die konkreten Beobachtungen, die das Modell ermöglicht.

Unser Beschreibungsmodell geht von der Frage aus, wie Textualität (Texthaftigkeit) an der Oberfläche des Textes zustande kommt. Textlinguistische Analysen forschen deshalb nach Hinweisen, die in einem konkreten Fall Textualität signalisieren können (sie heißen in diesem Buch »Textualitätshinweise«). Wenn man nach solchen Hinweisen sucht, trifft man auf ein weites Feld unterschiedlichster Phänomene, die sich auf unterschiedliche Bereiche von Textualität beziehen (sie heißen in diesem Buch »Textualitätsmerkmale«). Die wichtigsten Textualitätshinweise sind Hinweise auf

- Begrenzbarkeit (»Abgrenzungs-« und »Gliederungshinweise«),
- intratextuelle Verknüpfbarkeit (»Verknüpfungshinweise«),
- thematische Zusammengehörigkeit (»Themahinweise«),
- pragmatische Nützlichkeit (»Funktionshinweise«),
- Musterhaftigkeit (»Textsortenhinweise«) und
- intertextuelle Beziehbarkeit (»Intertextualitätshinweise«).

Nicht immer sind solche Textualitätshinweise auch sprachlicher Natur. Die Lesbarkeit eines Textes impliziert nicht nur Sprachlichkeit, sondern auch die Wahrnehmbarkeit der sprachlichen Erscheinungsformen und die Vertrautheit des Lesers mit diesen sprachlichen Erscheinungsformen. Damit sind neben der Sprache immer auch eine konkrete Lektüresituation und ein aus der Vertrautheit mit solchen Situationen hervorgegangener Lektürekontext im Spiel. Textualitätshinweise greifen auf diese Ressourcen (sie heißen in diesem Buch »Textualitätsquellen«) zurück.

Die *Textlinguistik fürs Examen* will vermitteln, wie man mithilfe eines solchen Modells den Prozess der Textkonstitution in einem konkreten empirischen Fall rekonstruieren kann. Leser und Leserinnen, die mit der Textlinguistik bereits vertraut sind, werden an vielen Stellen bemerken, wie dieses Gerüst an vorhandene textlinguistische Vorschläge und Entwürfe anknüpft. Für die praktische Anwendung des Beschreibungsmodells ist dieses textlinguistische Hintergrundwissen aber nicht erforderlich. Das terminologische Grundgerüst, das wir in diesem Buch vorstellen, schließt, wo immer es möglich und sinnvoll erschien, an die eingeführte Terminologie an. In vielen Fällen zwingt die Logik des Modells aber auch zu neuen Begrifflichkeiten.

Die *Textlinguistik fürs Examen* wendet sich, wie ihr Name schon sagt, an Leser und Leserinnen, die sich auf textlinguistische Prüfungsaufgaben vorbereiten. Sie will aber keine reine Paukhilfe sein, sondern ein Gespür für textlinguistische Analysen vermitteln, die im Einzelfall nachzeichnen, in welchen Erscheinungsformen Textualität in unserer modernen Textwirklichkeit zustande kommt. In diesem Buch vertreten sind deshalb auch Beispiele für Texte, die (noch) nicht zum gängigen Kanon textlinguistischer Prüfungsbeispiele gehören (z. B. Kassenzettel, Faltblätter oder Briefe mit Gewinnversprechen). Der Blick auf solche Texte kann auf einem kleinen Umweg etwas einsichtig und verständlich machen, was sich dann in der Analyse typischer textlinguistischer Prüfungsbeispiele (aus der Zeitung, aus Büchern, …) bezahlt macht. Linguistische Analysekompetenz hat weniger mit Auswendiglernen und mehr mit Einsicht zu tun.

Mit dem Ausdruck »Text« beziehen wir uns in diesem Band ausschließlich auf die *schrift*basierte Kommunikation. Mündliche Kommunikation erfordert einen eigenständigen Beschreibungsrahmen, eine »*Gesprächs*linguistik fürs Examen«. Neben der Gesprächslinguistik sind es vor allem die Stilistik, die Poetik und die Rhetorik, die sich mit dem Gegenstandsbereich der Textlinguistik berühren und die deshalb immer wieder mit der Textlinguistik in Verbindung gebracht werden. Wir können die Verbindungen zu diesen Forschungsrichtungen in diesem Buch nur exemplarisch aufgreifen und andeuten, wie man herkommend von der Textlinguistik und ihrer Einsicht in die Herstellung von Textualität stilistisch, poetisch und rhetorisch orientierte Fragestellungen integrieren kann. Dabei kommt dann auch die Nachbardisziplin der Linguistik, die Literaturwissenschaft, in den Blick. – Es versteht sich aber, dass das im vorliegenden Rahmen nicht mehr als ein Blick über den Zaun sein kann.

Die *Textlinguistik fürs Examen* ist so aufgebaut, dass sie nicht von vorn bis hinten und in der Reihenfolge ihrer Kapitel gelesen werden muss. Sie bietet in ihrem Hauptteil, der Darstellung der verschiedenen Textualitätshinweise (Kap. 4–9), die Möglichkeit gezielter Recherche. Kapitel 3 soll demgegenüber im Überblick mit der analytischen Brille vertraut machen, die von der *Textlinguistik fürs Examen* empfohlen wird. Theorie und Methodologie textlinguistischer Forschung kommen in einer solchen Darstellung naturgemäß zu kurz. Kapitel 2 soll das mit einer Kurzdarstellung unserer grundlegenden textlinguistischen Überzeugungen kompensieren helfen.

In einer *Textlinguistik fürs Examen* darf man, frei nach einer Formulierung von Harald Weinrich, nicht an Texten sparen. Da es sich um Texte, nicht um isolierte Worte oder Sätze handelt, nimmt das einigen Platz in Anspruch. Wir glauben aber, darauf nicht verzichten zu können, wenn man zu einer am konkreten Fall geschulten Analysekompetenz beitragen möchte. Nur wer sich auch auf konkrete Texte einlässt, wird erfassen, worauf es bei der Textanalyse ankommt.

Schließlich erfolgt die Wiedergabe der Beispiele in vielen Fällen nicht durch Abschreiben, sondern durch Scannen. Vielleicht wird man einmal vom Scannen übertreibend sagen, dass es als Reproduktionstechnologie die Textlinguistik ähnlich beflügelt habe wie die Einführung des Kassettenrekorders die Gesprochene-Sprache-Forschung. Jedenfalls ist es mit dieser Technologie möglich, die phänomenologische Wirklichkeit eines Textes mit der Reichhaltigkeit wahrnehmungs- und vertrautheitsabhängiger Textualitätshinweise sehr viel besser wiederzugeben als durch bloßes Abschreiben.

Darstellungskonventionen

Die *Textlinguistik fürs Examen* stellt wie die anderen Bände dieser Reihe innerhalb des Fließtextes *Aufgaben mit Lösungshinweisen* zum Selbststudium bereit. Dabei unterscheiden wir zwischen »Entdeckungsaufgaben«, bei denen es darauf ankommt, sich einen Zusammenhang zunächst eigenständig zu erarbeiten, »Übungsaufgaben«, die dazu dienen, einen bereits dargestellten Zusammenhang an einem neuen Beispiel wiederzufinden, und »Klausuraufgaben«, die Beispiele geben für größere und anspruchsvollere Aufgaben, wie sie auch in Prüfungssituationen gestellt werden können. Diese Aufgaben und ihre Lösungshinweise orientieren sich allesamt an dem hier vorgestellten Beschreibungsmodell.

Literaturhinweise werden in diesem Buch insgesamt nur sehr sparsam gegeben. Sie finden sich jeweils im Anschluss an die Darstellung als Hinweis für die Vertiefung oder als Hinweis zur Terminologie. Die terminologischen Hinweise sind insbesondere für bereits textlinguistische informierte Leser und Leserinnen gedacht. Unter der Überschrift »Achtung« finden sich in der Regel Hinweise auf *methodisch und methodologisch wichtige Implikationen* des gerade Dargestellten, aber auch Querverweise auf andere Kapitel. Die *Beispielnachweise* finden sich am Schluss des Buches.

2. Text als linguistische Beschreibungseinheit

Welches Verständnis von *Text* liegt diesem Buch zugrunde? Welche Folgen hat dieses Textverständnis für die textlinguistische Analyse? Und in welcher Beziehung steht die hier vertretene Auffassung von *Text* und von textlinguistischer Analyse zu grundlegenden Entwicklungslinien innerhalb der textlinguistischen Theorie und Methode? Im Folgenden wollen wir auf diese Fragen kurz eingehen, um die Darstellung der Textualitätshinweise in den späteren Kapiteln von theoretischen und methodologischen Hinweisen weitgehend zu entlasten. Eilige Leser und Leserinnen können dieses Kapitel auch überspringen und bei Bedarf später darauf zurückkommen.

Wir gehen von drei Maximen aus, die für die Begründung und weitere Entwicklung der Textlinguistik seit den 70er Jahren des vergangenen Jahrhunderts leitend waren und aus denen sich die Grundpositionen der *Textlinguistik fürs Examen* ergeben:

- »Vom Satz zum Text!« (2.1),
- »Vom Sprachsystem zur Sprachverwendung!« (2.2),
- »Von der Intuition zur Rekonstruktion!« (2.3).

Jede dieser Maximen enthält eine programmatische Bestimmung von dem, was mit dem Ausdruck *Text* zu verstehen ist und was es in einer *Text*-Linguistik zu beschreiben gilt. Wir wollen bei der Erläuterung dieser Maximen der Einfachheit halber annehmen, dass ein Text zunächst nicht mehr und nicht weniger sein soll als ein »lesbares Etwas«.

Zur Vertiefung
Zum Entstehungszusammenhang der Textlinguistik:
Brinker 2005; Adamzik 2004; Gansel/Jürgens 2002; Brinker et al. 2000; Hartmann 1971.

2.1 Vom Satz zum Text

Innerhalb der Maxime »Vom Satz zum Text!« steht der Ausdruck *Text* zunächst für eine sprachliche Einheit oberhalb der Einheit des Satzes. Der Text wird aufgefasst als ein übersatzförmiges (»transphrastisches«) lesbares Etwas. In den Blick einer Textlinguistik kommen demzufolge vor allem Phänomene, die sich erst im Übergang von einem Satz zum anderen zeigen: also z. B. die Verknüpfung der Aussagen eines Kommentars in einer Tageszeitung durch Satzkonnektoren oder der Aufbau eines thematischen Zusammenhangs in einer Erzählung durch Koreferenz, also die satzübergreifende Beibehaltung der Referenz auf bereits eingeführte Personen oder Sachverhalte. Die *Textlinguistik fürs Examen* macht sich diese Fokussierung auf das Überschreiten der Satzgrenze vor allem aus Gründen der linguistischen Arbeitsteilung zu eigen: Was bereits in der Syntax (und erst recht: in der Morphologie und

Phonologie) beschrieben wird, muss hier nicht in anderem Gewand noch einmal beschrieben werden.

Es wäre nun aber verfehlt, daraus die Folgerung abzuleiten, dass textlinguistische Analyse erst oberhalb des Satzes beginnt. Ein lesbares Etwas muss nicht immer mehr als ein Satz sein, und Sätze müssen nicht immer die Einheiten sein, aus denen ein lesbares Etwas zusammengesetzt ist; wir müssten sonst viele interessante Fälle (z. B. ein Schild mit der Aufschrift »Prüfung« an einer Bürotür) von vornherein aus der Betrachtung ausschließen. Ein Text ist, wie wir noch sehen werden, grundsätzlich nicht angemessen und vor allem nicht ausschließlich durch grammatische Einheiten (wie die des Satzes) zu bestimmen. Das, was wir für ein lesbares Etwas fordern müssen, ist mit grammatischen Einheiten lediglich ausschnitthaft illustriert und verweist auf tiefer liegende Eigenschaften von Lesbarkeit: z. B. auf die Abgrenzbarkeit, Gliederbarkeit und Verknüpfbarkeit insbesondere sprachlicher Einheiten. Das beginnt nicht erst mit dem Überschreiten der Satzebene.

Mit der Maxime »Vom Satz zum Text!« verbinden wir also nicht den Austausch einer kleineren grammatischen Einheit (Satz) durch eine größere grammatische Einheit (Text), sondern die Forderung nach einer Perspektive, die auf das jeweils Ganze eines lesbaren Etwas zielt, egal ob es sich dabei um ein Wort auf einem Schild oder sogar nur einen Buchstaben auf einem Schild (»H«), ein Satz auf einem Zettel oder eine unüberschaubare Vielfalt von Sätzen in Abschnitten, Absätzen, Zeitungen oder Büchern handelt. Dieser Blick aufs Ganze zwingt dazu, die sprachlichen Erscheinungsformen noch einmal neu durchzumustern im Hinblick auf ihren Beitrag zur Textualität eines lesbaren Etwas: Was trägt dazu bei, dass ein Wort durchaus ein in sich geschlossenes Ganzes im Sinne eines lesbaren Etwas darstellen kann? Was trägt dazu bei, dass – umgekehrt – eine unüberschaubar große Anzahl von Sätzen durchaus ein in sich geschlossenes Ganzes im Sinne eines lesbaren Etwas darstellen kann? Erst mit solchen Fragen (und nicht schon beim »Überschreiten der Satzgrenze«) sind wir bei den Textualitätshinweisen, die in der *Textlinguistik fürs Examen* im Mittelpunkt stehen.

Wie die Beispiele andeuten sollen, kommt damit zwangsläufig mehr als nur Sprachliches ins Spiel. Da ist zum einen das, was wir in einer konkreten Lektüresituation wahrnehmen können, und da ist zum anderen das, was uns aus einer Vielzahl solcher Lektüren als Kontext vertraut ist. Wahrnehmbarkeit und Vertrautheit sind also neben Sprachlichkeit immer schon im Spiel, wenn wir auf ein lesbares Etwas stoßen. Textualitätshinweise sind deshalb nicht nur sprachlicher Natur, sondern auch wahrnehmungs- und wissensabhängig. »Vom Satz zum Text« zu gehen, heißt auch, diese Einbettung von Sprache in Situation und Kontext zu berücksichtigen. Wir berühren damit bereits die nächste der hier vorzustellenden Maximen.

Zur Vertiefung
Vater 2001; de Beaugrande 1997; Scherner 1996; Scherner 1984.

2.2 Vom Sprachsystem zur Sprachverwendung

Mit der Maxime »Vom Sprachsystem zur Sprachverwendung!« ist die Hinwendung zur Untersuchung des Gebrauchs- und Verwendungszusammenhangs sprachlicher Zeichen gemeint. Wenn wir Text zu Beginn eingeführt haben als ein »lesbares Etwas«, dann ist bereits mit der darin enthaltenen Fokussierung auf *Lesbarkeit* etwas enthalten, was auf eine konkrete Situation und auf einen vertrauten Kontext verweist. Zwingend ist diese Fokussierung auf Situation und Kontext aber nicht: Man kann Sprachliches auch als ein abstraktes System jenseits seiner konkreten Erscheinungsformen untersuchen und dabei, nach einem Aperçu von Wolfgang Klein, so vorgehen wie jemand, der bei der Beschreibung der Fische davon abstrahieren würde, dass Fische im Wasser leben. Die *Textlinguistik fürs Examen* will davon nicht abstrahieren. Für sie sind Texte grundsätzlich das Dokument einer Kommunikation zwischen Autor und Leser, das im Moment der Lektüre entsteht. Einen Text als ein lesbares Etwas zu verstehen, heißt also auch, ihn in seiner Eigenschaft als kommunikative Erscheinungsform zur Geltung zu bringen. Damit ist nach alter Auffassung die Trias von Welt, Autor und Leser im Spiel. Wir verstehen das so, dass ein Text von etwas handelt, das jemand mitteilt und das von einem anderen verstanden wird. Lesbarkeit meint das Zustandekommen dieser Trias im Moment der Lektüre. Welt(en), Autoren und Leser interessieren deshalb nicht als physikalische Entitäten und als Menschen aus Fleisch und Blut, sondern als lesbare Hervorbringungen im Text, vereinfacht gesagt: als *Konstruktionen* aus Papier. Die *Textlinguistik fürs Examen* interessiert sich dafür, was die Sprachlichkeit, die Wahrnehmbarkeit und die Vertrautheit eines lesbaren Etwas dazu beitragen, solche Konstruktionen zustande zu bringen.

Über die Begrenzbarkeit, die Verknüpfbarkeit und die thematische Zusammengehörigkeit eines lesbaren Etwas kommt damit eine weitere Eigenschaft ins Spiel: Die pragmatische Nützlichkeit, die darin liegt, dass jemand einem anderen etwas über die Welt zu verstehen gibt. »Vom Sprachsystem zur Sprachverwendung« zu gehen, heißt in dieser Hinsicht: nach den Textualitätshinweisen zu suchen, die ein lesbares Etwas mit Bezug auf seine pragmatische Nützlichkeit enthält. Wir werden sehen, dass sich ein Text dazu sehr unterschiedlich verhalten kann: So kann er sich, vereinfacht gesagt, als weltbezogene Darstellung, als autorbezogener Beleg oder als leserbezogene Steuerung präsentieren – und er kann sogar so tun, als ob sich »nur« auf sich selbst beziehen würde. Die Frage ist dann, was genau innerhalb eines lesbaren Etwas dazu beiträgt, diese Arten von pragmatischer Nützlichkeit zu signalisieren, so dass wir z. B. wie selbstverständlich ein Schild mit der Aufschrift »Damen« in seiner Steuerungsfunktion lesen – und daraufhin die *richtige* Tür aufmachen.

Zur Vertiefung
Feilke 2000; Schoenke 2000.*

2.3   Von der Intuition zur Rekonstruktion

Mit der Maxime »Von der Intuition zur Rekonstruktion!« ist die Hinwendung zur
Phänomenologie der Welt der Texte gemeint, also ein Interesse für die vielfältigen
Erscheinungsformen, in denen uns in unserem kommunikativen Alltag Lektüreeinheiten begegnen. *Text* als lesbares Etwas zu verstehen, impliziert dann zunächst
einmal, auf die konkreten, sinnlich wahrnehmbaren Erscheinungsformen von Lesbarkeit zu fokussieren. Ausgedachte Beispiele sind für die Textlinguistik deshalb
prinzipiell zweite Wahl. An die Stelle der Intuition über Texte und Lesbarkeit tritt
die Sammlung und Dokumentation der Vorkommen von Textualität in der freien
Wildbahn der Texte. In vielen Fällen ist es dabei mit Abschreiben nicht getan, ohne
wesentliche Textualitätshinweise von vornherein auszublenden, die auf Wahrnehmbarkeit beruhen (also materialer oder typografischer Natur sind). Der Leser und
die Leserin finden im vorliegenden Buch nicht zuletzt deshalb oftmals gescannte
Textbeispiele.

Mit dieser Hinwendung zur Phänomenologie der Texte geht aber auch eine
Aufwertung der empirischen Textanalyse einher. Dafür steht der Ausdruck »Rekonstruktion«. Mit ihm soll betont werden, dass die empirische Analyse nicht den
Status der Anwendung oder Überprüfung vorgängiger textlinguistischer Konzepte
hat, sondern dass die Analyse auf die Erscheinungsformen eines Textes angewiesen
ist, dass sie, hermeneutisch gesagt, primär darauf abzielt, diese Erscheinungsformen
zum Sprechen zu bringen. Das beginnt schon mit der Definition von Textualität: Es
geht dabei nicht darum, vorab festzulegen, was als Text in Frage kommt und was
nicht, sondern nachzuzeichnen, wie Textualität auf der Ebene der Erscheinungsformen eines lesbaren Etwas zustande gebracht wird. Mit dieser Fokussierung auf
Rekonstruktion sind wir also erneut bei den Textualitätshinweisen, die im Mittelpunkt der *Textlinguistik fürs Examen* stehen. Alles, was in diesem Buch geschrieben
steht, soll zur Nachzeichnung dieser Hinweise anhand konkreter Erscheinungsformen unserer lesbaren Welt beitragen. Mit einer Maxime von Wittgenstein: Denk
nicht, sondern schau!

Es gibt ein Merkmal von Textualität, bei dem diese Hinwendung zur Empirie
der Texte besonders anschaulich wird. Das ist die Musterhaftigkeit eines lesbaren
Etwas, wie sie sich in den *Textsorten* unseres Kommunikationshaushalts manifestiert. Textsorten sind musterhafte Ausprägungen von Texten, die sich als Lösung
für wiederkehrende kommunikative Aufgabenstellungen entwickelt und bewährt
haben – z. B. Hinweisschilder mit Aufschriften wie »Herren« (oder »Damen«)
für die Aufgabe einer spezifischen Art von Lesersteuerung: der Orientierung der
Leser und Leserinnen im Raum. Textsorten sind per definitionem nur empirisch
analysierbar, denn die Musterhaftigkeit, die sich aus der wiederholten Lösung der
kommunikativen Aufgaben ergibt, manifestiert sich *im Text selber* und macht den
spezifischen Text als Fall einer bestimmten Textsorte erkennbar. Welche Art von
Textualitätshinweisen sich als musterhafte Ausprägung kommunikativ bewährt hat,
führt so gesehen direkt in den Kommunikationshaushalt der Gesellschaft, an dem
wir zwar immer schon teilhaben, über den wir aber intuitiv nur sehr unzureichend

Rechenschaft abgeben können, wenn wir danach gefragt werden. An dieser Stelle setzt die textlinguistische Analyse mit ihrer Rekonstruktionsarbeit an: dem Auffinden, Sammeln und Dokumentieren der Exemplare einer bestimmten Textsorte und der Rekonstruktion ihrer jeweiligen Musterhaftigkeit. Textlinguistische Analyse hat in dieser Hinsicht mehr mit Entdeckung als mit Überprüfung zu tun – auch wenn die *Textlinguistik fürs Examen* mit ihrem Modell der Textualitätshinweise dazu beitragen möchte, diesen Entdeckungsprozess abzukürzen und für die Zwecke der Prüfung erlernbar zu machen.

Zur Vertiefung
Fix (i. Dr.)

3. Textualitätshinweise

3.1 Worauf man bei der Analyse achten sollte

Wovon hängt es ab, dass wir eine Ansammlung sprachlicher Erscheinungsformen als Text wahrnehmen? Welche Bedingungen müssen erfüllt sein, damit wir Sprachliches als Text betrachten? Und wofür genau steht in diesen Fragen der Ausdruck *Text*? Dass sich Fragen wie diese in unserem Lektürealltag nur selten (wenn überhaupt!) stellen, ist die Leistung der *Textualitätshinweise*. Sie signalisieren Textualität und sorgen auf ebenso unscheinbare wie effektive Weise dafür, dass wir etwas Geschriebenes beim Lesen als eine Art natürliche Lektüreeinheit und in diesem Sinn *als Text* wahrnehmen. Was uns in unserem kommunikativen Alltag als eine natürliche Lektüreeinheit, als ein lesbares Etwas erscheinen mag – ein Buch, ein Zeitungsartikel, ein Brief, eine Aufschrift, eine Internetseite, ein Graffiti auf einer Häuserwand –, steht also nicht von vornherein fest, sondern ist gerade in seiner vermeintlichen Natürlichkeit durch und durch gemacht. Die Orientierung an Textualitätshinweisen soll dabei helfen, diese Herstellung von Textualität durch Textualitätshinweise sichtbar zu machen. Was ein Text »ist«, ergibt sich deshalb erst beim Lesen: Lesen ist nichts anderes als das Aufnehmen und Verarbeiten, das Auswerten und Verstehen von Textualitätshinweisen. Textlinguistische Analyse besteht darin, diese routinehafte Lektüre gegen den Strich zu bürsten und als Prozess der Erzeugung von Texthaftigkeit sichtbar zu machen. Weiterführender als die Frage, was ein Text sei, ist also die Frage, wodurch der Eindruck von Textualität beim Lesen hervorgerufen wird und was genau dabei Textualität impliziert. Alles, was dazu beiträgt, diese Frage zu beantworten, führt auf die Spur der Textualitätshinweise. Die *Textlinguistik fürs Examen* will zeigen, wie man solche Hinweise bestimmen, systematisieren und im Einzelfall empirisch nachweisen kann.

Warum bedarf es dazu einer umfangreichen Anleitung? Was macht die Suche nach Textualitätshinweisen zu einer nicht trivialen, sondern anspruchsvollen und eigens zu lernenden analytischen Aufgabe? Die Antwort liegt in der Natur der Textualitätshinweise selbst: in den *Textualitätsmerkmalen*, auf die sich die Hinweise beziehen, und in den *Quellen*, aus denen sie schöpfen. Beides soll im Vorgriff auf die weiteren Ausführungen kurz erläutert werden.

Wenn man sich Textualitätshinweise als Signale von der Art »Ich bin ein Text!« vorstellt, wird man in der Regel vergeblich nach ihnen suchen: Schon der Ausdruck *Text* kommt in den meisten Texten selbst gar nicht vor. Was man aber in Texten häufiger findet, sind z. B. Hinweise der Art »Hier geht's los!« und »Hier hört's auf!«, also Anfangs- und Endsignale (siehe z. B. den Anfang dieser Seite!), z. B. Hinweise der Art »In diesem Text geht es um Textualitätshinweise«, also thematische Hinweise (siehe dazu die Kapitelüberschrift auf dieser Seite!), oder z. B. Hinweise der Art »Bei diesem Text handelt es sich um ein Lehrbuch«, also Funktionshinweise (siehe dazu den letzten Satz des ersten Abschnitts dieser Seite!). Solche Hinweise (auf Textgrenzen, auf die thematische Zusammengehörigkeit oder die pragmatische Nützlichkeit) zeigen, dass Textualität offenbar eine aus mehreren Merkmalen zusammengesetzte Größe ist. Wenn man von Textualität spricht, muss man also nach den Textualitäts-*Merkmalen* fragen, auf die sich die Textualitätshinweise beziehen. Textualitätsmerkmale sind die Grundlage für die Bestimmung, Systematisierung und Rekonstruktion der Textualitätshinweise. Sie liefern das Grundgerüst, auf dem die *Textlinguistik fürs Examen* aufgebaut ist (s. u. 3.1).

Aber auch dann, wenn man das »Ich bin ein Text!« in konkrete Signale der Art »Hier geht's los!«, »Mein Thema ist die Welt der Texte!« oder »Ich diene zur Einführung in die Textlinguistik!« übersetzt, wird man oft vergeblich nach ihnen suchen. Jedenfalls solange man sich bei dieser Suche an expliziten, selbst- und rückbezüglichen (metakommunikativen) Kommentaren orientiert. Ein Text kann uns seine Textualität, beispielsweise seine Grenzen, sein Thema oder seine Nützlichkeit, unter die Nase reiben, er muss es aber nicht. Und schon gar nicht erschöpfen sich Textualitätshinweise in metakommunikativen Kommentaren. Die Frage ist dann, was alles an einem Text z. B. ein Signal wie »Hier geht's los!« vermitteln kann, *ohne* dass es auch als solches ausgesprochen wird. Wenn man sich mit dieser Frage dem Beginn von Texten nähert, zeigt sich schnell, dass es eine Reihe sprachlicher Formen gibt, deren Funktion u. a. genau darin zu bestehen scheint, solche Signale zu geben (z. B. Anredeformen in Briefen oder Überschriften in wissenschaftlichen Aufsätzen). Und weiter: Nicht nur das im engeren Sinne Lesbare, sondern auch das, was man in einer konkreten Lektüresituation immer auch mitsehen und mitwahrnehmen kann (z. B. den Anfang einer neuen Seite), trägt auf vielfältige Weise dazu bei, ein Signal wie »Hier geht's los!« zu vermitteln. Schließlich kommt neben der Sprache und der Situation noch eine weitere Quelle für Textualitätshinweise ins Spiel: der Kontext der Lektüre, mit dem wir in der Regel von unserer Lektüresozialisation her vertraut sind, und von dem aus wir Signale für Textualität verstehen, die in besonderer Weise wissensabhängig sind (z. B. die Abkürzungsformel »q. e. d.« als Abschlusshinweis mathematischer Beweise). Wer von Textualität spricht, darf sich daher nicht auf Sprachliches und schon gar nicht auf Metakommunikatives beschränken, sondern muss neben dem im engeren Sinne Lesbaren auch das in der Lektüresituation Wahrnehmbare und das aus dem Lektürekontext Vertraute als gleichrangig wichtige Textualitäts*quellen* miteinbeziehen. Die *Textlinguistik fürs Examen* bezieht deshalb nicht nur sprachlich-lesbare, sondern auch wahrnehmbar-situative und vertraut-kontextuelle Textualitätshinweise mit ein (s. u. 3.2).

Zur Vertiefung
Weinrich 2005; de Beaugrande/Dressler 1981; Gülich/Raible 1977.

Entdeckungsaufgabe 1
Bsp. 1 »Kapstadt« dokumentiert ein lesbares Etwas.

1. Was genau weist darauf hin, dass es sich bei diesem lesbaren Etwas um einen Text handelt? Konzentrieren Sie sich zunächst auf sprachliche Hinweise und beziehen Sie dann Hinweise mit ein, die sich aus dem in der Lektüresituation Wahrnehmbaren und dem aus dem Lektürekontext Vertrauten ergeben!

2. Versuchen Sie in einem zweiten Schritt, Ihre Beobachtungen allgemeiner zu fassen: Was könnten ausgehend von diesem Beispielfall *allgemeine* Merkmale von Textualität sein?

Bsp. 1: »Kapstadt«, Schriftseite

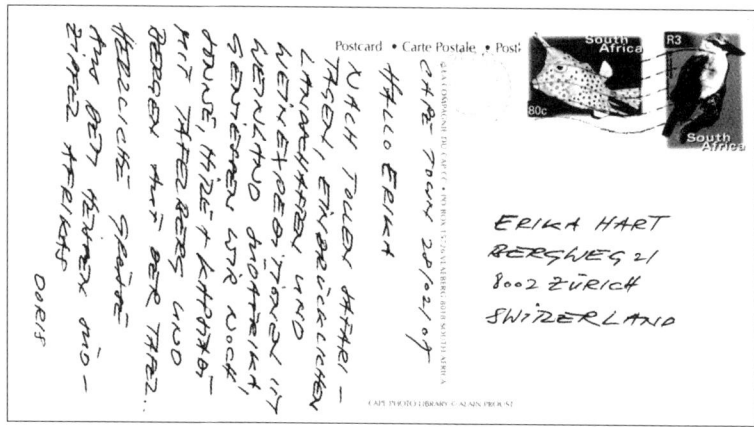

3.2 Textualitätsmerkmale

Die Bestimmung von Textualitätsmerkmalen ist in der Textlinguistik nicht unumstritten geblieben, und insbesondere die dabei verwendete Terminologie ist nach wie vor vielfältig. Gleichwohl zeichnet sich doch eine Reihe von Merkmalen ab, die von der Sache her immer wieder zum Vorschein kommen. Wir setzen hier insgesamt sechs solcher Merkmale an, die zusammen genommen das ausmachen, was aus einem lesbaren Etwas einen Text macht. Textualität impliziert die

– Begrenzbarkeit (3.2.1),
– intratextuelle Verknüpfbarkeit (3.2.2),
– thematische Zusammengehörigkeit (3.2.3),
– pragmatische Nützlichkeit (3.2.4),
– Musterhaftigkeit (3.2.5) und
– intertextuelle Beziehbarkeit (3.2.6)

sprachlicher Erscheinungsformen.

Ein Text ist also, vereinfachend gesagt, ein lesbares Etwas, das begrenzbar, in seinen Erscheinungsformen verknüpft und thematisch zusammengehörig, pragmatisch nützlich, musterhaft und auf andere Texte beziehbar ist. Textualität kommt dadurch zustande, dass es Hinweise auf diese Merkmale sprachlicher Erscheinungsformen gibt. Letztlich besteht ein Text aus nichts anderem als diesen Hinweisen: Sprachliche Erscheinungsformen als Text zu analysieren, heißt dann, sie als Hinweise auf Begrenzbarkeit, Verknüpfbarkeit, thematische Zusammengehörigkeit, pragmatische Nützlichkeit, Musterhaftigkeit und intertextuelle Beziehbarkeit zu rekonstruieren. Mit den Textualitätsmerkmalen sind deshalb jeweils spezifische Textualitätshinweise verbunden:

- Abgrenzungs- und Gliederungshinweise → Begrenzbarkeit
- Verknüpfungshinweise → intratextuelle Verknüpfbarkeit
- Themahinweise → thematische Zusammengehörigkeit
- Hinweise auf Textfunktionen → pragmatische Nützlichkeit
- Hinweise auf Textsorten → Musterhaftigkeit
- Intertextualitätshinweise → intertextuelle Beziehbarkeit

Das Verhältnis zwischen Textualtitätshinweisen und sprachlichen Formen ist nicht immer eins zu eins. Es können auch in derselben sprachlichen Form verschiedene Textualitätshinweise zusammenfallen. Ein gutes Beispiel dafür sind Überschriften in Texten, wie etwa die Überschrift dieses Kapitels (»3.2 Textualitätsmerkmale«): Sie liefern zum einen Hinweise auf Textgrenzen, die uns erkennen lassen, wo eine neue textuelle Einheit beginnt und was ihr Stellenwert im Textganzen ist. Sie liefern zum anderen auch Themahinweise, die uns erkennen lassen, worum es in einer textuellen Einheit geht und was das Thema einer textuellen Einheit mit der Thematik des Textganzen zu tun hat. Ähnlich verhält es sich etwa mit bibliografischen Angaben auf dem Deckblatt eines Buches: Sie liefern Abgrenzungshinweise, mit denen das Buch in seiner Ganzheit identifizierbar und zitierbar wird, gleichzeitig aber auch mit einem Titel (wie z.B. »Textlinguistik fürs Examen«) Themahinweise und Textsortenhinweise und mit Autorennamen automatisch auch Intertextualitätshinweise auf weitere Texte der gleichen Autoren. Titel und Überschriften sind insofern Ausdruck der Ausbildung besonders leistungsfähiger (multifunktionaler) Textualitätshinweise!

In dem Maße, in dem die aufgeführten Hinweise fehlen oder außer Kraft gesetzt werden, kann Textualität in bestimmten Merkmalen problematisch werden, nicht nur für Textlinguisten, sondern auch für Alltagsleser und -leserinnen. Textualität ist also keine nicht weiter auflösbare Einheit, die entweder vorhanden oder nicht vorhanden ist, sondern eine aus mehreren Merkmalen zusammengesetzte (komplexe) Größe. Es kann dann vorkommen, dass es mit Blick auf bestimmte Merkmale eindeutige Hinweise auf Textualität gibt, die dann aber mit Blick auf andere Merkmale nicht eingelöst zu werden scheinen. Die Einführungen in die Textlinguistik sind voll von solchen, zumeist ausgedachten Beispielen, die immer wieder zitiert werden:

Bsp. 2: Nonsens-Beispiel

> Es gibt niemanden, den ihr Gesang nicht fortreißt. Unsere Sängerin heißt Josephine.
> Gesang ist ein Wort mit fünf Buchstaben, Sängerinnen machen viele Worte.

Dass in Beispiel 2 mehrere Sätze in einem Schriftblock, eingerückt und in einem kleineren Schrifttyp untereinander geschrieben stehen, werten wir wie selbstverständlich als typografische Hinweise auf eine abgegrenzte Lektüreeinheit. Dass

Worte und Wortformen (wie »Gesang«, »Sängerin«) über die Satzgrenzen hinweg
wiederkehren und im ersten Satz eine Pronominalisierung auftaucht (»ihr«), die
im zweiten Satz aufgelöst zu werden scheint (»Unsere Sängerin«, »Josephine«),
werten wir wie selbstverständlich als sprachliche Hinweise auf eine Verknüpfung
der Sätze zu einer Lektüreeinheit aus. Entsprechend irritiert reagieren wir, wenn
dann aber Hinweise darauf fehlen, welchen Sinn diese Sätze ergeben, d. h. welche
thematische Zusammengehörigkeit sie auszeichnet. Es wird also gewissermaßen
ein Textverdacht erzeugt, der dann bei der Lektüre nicht einlösbar erscheint. Es geht
nun nicht darum zu entscheiden, ob wir es in solchen Fällen mit einem Text zu tun
haben oder nicht, sondern zu untersuchen, ob und wie hier mit Textualitätsmerkmalen umgegangen wird. Im Übrigen ergeben sich für Leser, die mit textlinguistischen
Einführungen vertraut sind, wissensabhängig sofort Hinweise auf die Textfunktion
und die Textsorte: Der Sinn des Beispiels erwächst offensichtlich genau daraus, dass
die einzelnen Sätze einen solchen Sinn zu verweigern suchen. Die demonstrierte
Sinnlosigkeit der aneinander gereihten Sätze, also der Verzicht auf thematische
Hinweise, ist selbst ein Hinweis: Er verweist auf die Musterhaftigkeit solcher zu
didaktischen Zwecken erfundenen Nonsens-Texte.

Achtung!
Dass Texte auf diese Weise mit ihren Textualitätshinweisen »spielen«, kommt
nicht nur in textlinguistischen Einführungen vor. In diesem Sinne problemati-
sche oder experimentelle Texte gibt es auch im wirklichen Leben, vor allem bei
poetischem Sprachgebrauch (s. u. 7.2.5).

Zur Vertiefung
Fix (i. Dr.); Fix et al. 2002; Klemm 2002.

3.2.1 Was gehört dazu: Begrenzbarkeit

Der Alltag unserer Lektüre ist dadurch geprägt, dass wir wie selbstverständlich
Lektüreeinheiten bilden. Texte sind komplexe, aus Teilen zusammengesetzte Ganzheiten. Aber woher wissen wir, wo ein Text anfängt und wo er aufhört? Woher
wissen wir, welche Untereinheiten er enthält und was dazu gehört und was nicht?
Wie kommen sinnvolle Lektüreeinheiten und der Eindruck eines textuellen Ganzen zustande? Fragen wie diese implizieren irgendeine Art von *Begrenzbarkeit*
sprachlicher Erscheinungsformen: ihre Abgrenzbarkeit nach außen und ihre Gliederung nach innen. Dafür gibt es Hinweise auf Textgrenzen, die uns signalisieren,
wo eine textuelle Einheit beginnt und wo sie aufhört (*Abgrenzungshinweise*) und
wie innerhalb einer textuellen Obereinheit Untereinheiten gebildet werden können
(*Gliederungshinweise*). Manchmal gibt es dafür eigene Wörter wie »Anfang« oder
»Ende« oder typografische Erfindungen wie Titel und Überschriften. Für die Gliederung können wir in vielen Fällen auf die grammatischen Einheiten zurückgreifen,
aus denen ein Text zusammengesetzt ist; so können z. B. Worte oder Sätze die
für einen Text relevanten Untereinheiten bilden. Wir können für die Gliederung

aber auch auf das Schriftbild mit seinen Seiten- und Zeilenumbrüchen, Leerzeilen, Schrifttypwechseln und Hervorhebungen zurückgreifen. Für die Abgrenzung des Textes liefert auch die Materialität der Schrift wichtige Hinweise: In einem Buch sind Textgrenzen von anderer Gestalt als in einem Brief (Buchdeckel vs. Briefumschlag), in einer Zeitung von anderer Gestalt als auf einer Internetseite (Spalten und Ressorts vs. Fenster). Abgrenzungs- und Gliederungshinweise sind von vielerlei Art und Gestalt. Es ist Sache einer eigenständigen Analyse, die hier in Frage kommenden sprachlichen, aber auch wahrnehmungs- und wissensabhängigen Hinweise zu sichten und zu systematisieren (s. u. Kapitel 4).

Achtung!
Abgrenzungshinweise sind die Voraussetzung dafür, dass in einem Text auf einen anderen Text verwiesen werden kann! Ohne die Signalisierung textueller Abgeschlossenheit wäre Intertextualität nicht möglich (s. u. 3.2.6: Intertextuelle Beziehbarkeit). Gliederungshinweise sind die Voraussetzung dafür, dass in einem Text auf andere Teile des Textes verwiesen werden kann! Ohne die Signalisierung textueller Komplexität wären Verknüpfungshinweise überflüssig (s. u. 3.2.2: Intratextuelle Verknüpfbarkeit).

Terminologie
»Textgliederung«: Stein 2003; »Delimitation«: Harweg 2001; »Gliederungssignale«: Gülich et al. 1974; »Ganzheitlichkeit«: Krause 2000b.

3.2.2   Was hängt miteinander zusammen: Intratextuelle Verknüpfbarkeit

Wenn wir einen Text lesen, stellen wir wie selbstverständlich Verbindungen zwischen den Elementen eines Textes her und verknüpfen sie zu größeren Einheiten. Aber woran erkennen wir, wie die Elemente eines Textes miteinander zusammenhängen und aufeinander Bezug nehmen? Was hilft uns dabei, schon Gelesenes und noch zu Lesendes in Beziehung zu setzen? Fragen wie diese verweisen auf die *Verknüpfbarkeit* der Teile eines Textes zum Textganzen, so dass wir die einzelnen Bestandteile eines Textes in eine Ordnung bringen und beim Lesen miteinander verbinden können. Dafür gibt es Verknüpfungshinweise, die uns signalisieren, welche sprachlichen (und nichtsprachlichen) Elemente zusammengehören und wie sie aufeinander aufbauen. Viele dieser Hinweise kennen wir aus der Morphologie und der Syntax. Solange ein Text nur ein Wort (»Geschirrrückgabe«) oder einen Satz enthält (»Bitte nicht aus dem Fenster lehnen!«), sind die sprachlichen Verknüpfungshinweise mit diesem Beschreibungsinventar erfasst. Sobald ein Text – wie ein Zeitungsartikel, eine Erzählung oder ein Beipackzettel – aus mehr als einem Wort oder einem Satz besteht, kommen dann allerdings weitere Verknüpfungssignale ins Spiel, die insbesondere die Verkettung und den Zusammenhang von Sätzen betreffen. Dazu gehören z. B. Wiederholungen (gleicher Wörter oder Wortgruppen), Pronominalisierungen (»Der Vater ... Er ...«) oder auch Konnektoren (wie z. B.

»Deshalb«), die die Verknüpfung von Sätzen zu Texten als Wiederkehr des Gleichen, als Vor- und Rückverweis oder als semantische Relation erfahrbar machen können. Sie können je nach Textvorkommen aber auch die Verknüpfung von sprachlichen und nichtsprachlichen Textelementen, also z. B. die Verknüpfung von Schrift und Bild, zum Inhalt haben. Verknüpfungshinweise sind von vielerlei Art und Gestalt. Es ist Sache einer eigenständigen Analyse, die hier in Frage kommenden sprachlichen, aber auch die wahrnehmungs- und wissensabhängigen Hinweise, zu sichten und zu systematisieren (s. u. Kapitel 5).

Terminologie
»Konnektoren«: Fabricius-Hansen 2000; »Kohäsion«: Duden-Grammatik 2005, S. 1072–1129; Lee 2002.

3.2.3 Worum geht es: Thematische Zusammengehörigkeit

Wenn wir einen Text lesen, interessiert uns in der Regel nicht die Verknüpfung seiner Elemente um ihrer selbst willen, sondern das, wovon der Text handelt (*aboutness*). Aber woran erkennen wir, worum es in einem Text geht? Was ist uns dabei behilflich, die Thematik eines Textes beim Lesen zu erschließen? Fragen wie diese verweisen auf die *thematische Zusammengehörigkeit* der sprachlichen Erscheinungsformen eines Textes, die es uns erlaubt, einen thematischen Textzusammenhang in Form eines roten Fadens ausfindig zu machen. Dafür gibt es thematische Hinweise, die uns signalisieren, worum es in einem Text geht. Thematische Hinweise sind immer auch Verknüpfungshinweise, insofern sie dazu beitragen, die Elemente eines Textes miteinander zu verbinden. Manchmal fallen sie auch, was die beteiligten Formen betrifft, unmittelbar mit Verknüpfungshinweisen zusammen. Aber im Gegensatz zu ihnen machen thematische Hinweise den Zusammenhang eines Textes durch die Spezifik seines Bezugs auf Welt erfahrbar. Manchmal finden wir dazu explizite Ankündigungen (»Der folgende Abschnitt behandelt die Frage, ...«), die eine Thematik einführen. In vielen Fällen erschließen wir den für den Text relevanten Weltbezug aber auch daraus, dass fortlaufend auf den gleichen oder die gleichen Referenten Bezug genommen wird: durch die wörtliche Wiederholung des gleichen Nomens (Rekurrenz) oder durch Wiederaufnahmen mittels Pronomina (Pronominalisierung), die die Sätze nicht nur verknüpfen, sondern durch die Fortführung der Referenz auch eine Themabeibehaltung signalisieren. Veränderungen in der Referenz können dann bereits als Themaentwicklungshinweise rekonstruiert werden, mit denen thematische Erwartungen aufgebaut werden können. Dazu gehören z. B. semantische Relationen im Sinne von Teil-Ganzes-Verhältnissen, die lexikalisch signalisiert werden können, aber auch die Orientierung an Ablauf- und Handlungsrahmen (*frames*, *scripts*), die stärker wissensabhängig durch Rahmenhinweise signalisiert werden kann. Thematische Hinweise sind von vielerlei Art und Gestalt, nicht nur sprachlicher, sondern auch wissens- und wahrnehmungsabhängiger Natur. Es ist Sache einer eigenständigen Analyse, die hier in Frage kommenden Hinweise zu sichten und zu systematisieren (s. u. Kapitel 6).

Terminologie
»Kohärenz«: de Beaugrande/Dressler 1981; »Referenz«: Vater 2005, Vater 2001; »Thema«:
Zifonun et al. 1997; Klein/von Stutterheim 1987.

3.2.4   Was wird getan: Pragmatische Nützlichkeit

Texte führen kein Eigenleben als kunstvoll begrenzte, in ihren Elementen verknüpfte
und thematisch referierende sprachliche Gebilde. Das Lesen von Texten findet nicht
im luftleeren Raum statt, sondern ist Teil der Kommunikation zwischen Autoren
und Autorinnen und Lesern und Leserinnen und damit eingebettet in pragmatische Zwecksetzungen. Aber woran erkennen wir die Dinge, die mit einem Text
getan werden? Was hilft uns dabei, die Zwecksetzungen nachzuvollziehen, die für
einen Text relevant sind? Worauf können wir uns stützen, um den Handlungsgehalt
eines Textes zu erschließen? Fragen wie diese verweisen auf die *pragmatische
Nützlichkeit* eines Textes, in der seine Einbettung in den Kommunikationszusam-
menhang zwischen Autor und Leser zum Ausdruck kommt. Dafür gibt es Hinweise
auf Textfunktionen, die uns signalisieren, welcher Art die Dinge sind, die mit einem Text getan werden. Es geht dabei um den übergeordneten kommunikativen
Zusammenhang, zu dem die einzelnen Sprachhandlungen beitragen. Manchmal
finden wir dafür Wendungen, mit denen der Autor und die Autorin eines Textes
selbst- und rückbezüglich (»performativ«) schreiben, was er und sie mit seinem und
ihrem Schreiben bezwecken (»Hiermit bewerbe ich mich um die Stelle als ...«),
um auf diese Weise ein bestimmtes Sprachhandeln als übergeordnete Texthandlung
auszuzeichnen. In vielen Fällen erschließen wir die pragmatische Nützlichkeit eines
Textes aber auch schon aus Hinweisen aus der Lektüresituation, also aus der Wahrnehmung der Materialität der sprachlichen Erscheinungsformen: beispielsweise
wenn wir einen Text als *Beipackzettel* zu einem Arzneimittel oder als *Etikett* auf einem Oberhemd zu lesen beginnen. Die pragmatische Nützlichkeit eines Textes kann,
wie in den letztgenannten Beispielen, in einer über die Lektüre hinausgehenden
Handlung liegen und z. B. darin bestehen, unser Verhalten zu steuern (Steuerungshinweise). Sie kann sich aber auch in der Lektüre selbst erschöpfen und z. B. in
der Unterhaltsamkeit der Lektüre bestehen (Unterhaltungshinweise). Hinweise auf
Textfunktionen tragen dieser Vielfalt der Dinge, die wir mit Texten tun können,
Rechnung und sind von vielerlei Art und Gestalt. Es ist Sache einer eigenständigen
Analyse, die sprachlichen, aber auch die situations- und kontextbasierten Hinweise
auf Textfunktionen zu sichten und zu systematisieren (s. u. Kapitel 7).

Terminologie
»Intentionalität« und »Akzeptabilität«: de Beaugrande/Dressler 1981; »Handlungsgehalt«:
von Polenz 1988; »Textfunktion«: Brinker 2005.

3.2.5   Was für ein Text ist das: Musterhaftigkeit

Lektüre impliziert Lektürekontexte: Anlässe des Lesens, die uns nicht zum ersten Mal begegnen, sondern uns in ihrer pragmatischen Nützlichkeit aus unserer Lesesozialisation bekannt und vertraut sind. Aber woran erkennen wir diese wiederkehrenden Anlässe und Lektürekontexte? Woher wissen wir, dass wir gerade dabei sind, einen bestimmten Typ von Text zu lesen? Fragen wie diese verweisen auf die *Musterhaftigkeit* sprachlicher Erscheinungsformen: In der Musterhaftigkeit des textuellen Gewebes findet die Vertrautheit mit Lektüreanlässen und -kontexten ihren Ausdruck. Musterhaftigkeit beginnt nicht erst mit Texten, sondern ist schon für die kleinsten sprachlichen Einheiten konstitutiv. Auf der Ebene des Textes findet sie ihren Ausdruck in Textsorten. Hinweise auf Musterhaftigkeit sind deshalb Hinweise auf Textsorten. Das Wiedererkennen von Textsorten erlaubt es uns, sprachliche Erscheinungsformen als typische Lösungen wiederkehrender kommunikativer Problem- und Aufgabenstellungen wiederzuerkennen. Dafür gibt es Hinweise auf Textsorten. Sie signalisieren das Muster, zu dem die fraglichen sprachlichen Erscheinungsformen gehören. Manchmal werden wir auf diese Musterhaftigkeit schon durch die Nennung eines Gattungsnamens hingewiesen, z. B. im Falle literarischer Texte (»Roman«), aber auch im Falle alltagspraktischer Texte (»Zuschrift auf Ihre Anzeige vom ...«). Für eine bestimmte pragmatische Nützlichkeit hat sich eine bestimmte textförmige Lösung eingespielt. Textsorten- und Textfunktionshinweise gehen in solchen Fällen Hand in Hand. Das Wiedererkennen von Musterhaftigkeit ist auf solche selbst- und rückbezüglichen Etikettierungen aber nicht angewiesen: In vielen Fällen können wir die Musterhaftigkeit eines Textes erschließen, ohne dass die fragliche Gattung eigens benannt wird, wie wenn wir z. B. lesen »Man nehme ...« und wie selbstverständlich der Suggestion der Musterhaftigkeit eines *Kochrezepts* unterliegen. Das Erkennen der Hinweise auf Textsorten ist grundsätzlich stark wissensabhängig. Mit Ausnahme der metakommunikativen Hinweise (»Dies ist eine Bewerbung«) handelt es sich um Hinweise, die sich aus dem Wiedererkennen der Musterhaftigkeit der anderen bislang besprochenen Textualitätshinweise ergeben: also z. B. aus der Musterhaftigkeit der Abgrenzungshinweise (die Musterhaftigkeit z. B. des Trauerrandes im Falle der *Todesanzeige*) oder der Musterhaftigkeit der Verknüpfungshinweise (die Musterhaftigkeit z. B. des Reimes im *Gedicht*). Musterhaftigkeit ist deshalb ein Textualitätsmerkmal, das auf den anderen Textualitätsmerkmalen aufruht. In ihr findet die Geschichte der Ausprägung und Entwicklung von Textualität ihren manifesten Ausdruck. Hinweise auf Textsorten folgen der Vielfalt der Textualitätsmerkmale und sind von vielerlei Art und Gestalt. Es ist Sache einer eigenständigen Analyse, sprachliche, situations- und wissensabhängige Hinweise auf Textsorten zu sichten und zu systematisieren (s. u. Kapitel 8).

Terminologie
z. T. Aspekt von »Intertextualität«: de Beaugrande/Dressler 1981; »Musterhaftigkeit«: Fix 2000; »Textsorten«: Gülich 1986.

3.2.6 Welche anderen Texte und Textwelten sind von Bedeutung: Intertextuelle Beziehbarkeit

Texte verweisen immer auch auf andere Texte. Das können konkrete Texte und Text-
passagen sein, es können auch unspezifische Textwelten sein. Aber woran erkennen
wir, welche anderen Texte und Textwelten für die Lektüre eines gegebenen Textes
wichtig sind? Woher wissen wir um die Bezüge eines Textes auf seine textuelle Umwelt und was hilft uns dabei, diese Einbettung eines Textes in die für ihn relevante
Umwelt der Texte zu erschließen? Fragen wie diese verweisen auf die *Beziehbarkeit*
eines Textes auf andere Texte, die es uns erlaubt, Bezüge auf anderswo Gelesenes,
Gehörtes oder sonst wie Rezipiertes herzustellen. Dafür gibt es *Intertextualitätshinweise*, die uns signalisieren, welches die Texte und die Textwelten sind, die für
die Lektüre der fraglichen Erscheinungsformen von besonderer Bedeutung sind.
Intertextualitätshinweise setzen Abgrenzungshinweise voraus, durch die in der Welt
der Texte klare Grenzen zwischen Texten gezogen werden können. Der Buchdruck
ist *auch* eine Erfindung solcher Grenzen: Bücher sind Prototypen für gleichsam
absolute textuelle Ganzheiten, auf die man im Sinne anderer, außerhalb liegender
Texte Bezug nehmen kann. Ohne die Suggestion solcher gleichsam absoluter Grenzen zwischen Texten wären Intertextualitätshinweise von Verknüpfungshinweisen
(s. o. 3.2.2) nicht zu unterscheiden! Die Bildschirmschriftlichkeit des Internets bedeutet zumindest partiell die Auflösung solcher Grenzen: Mithilfe eines Mausklicks
werden aus Intertextualitätshinweisen Verknüpfungshinweise, die die vermeintlich
natürlichen Grenzen der Bücherschriftlichkeit auflösen. Intertextualitätshinweise
können mit dieser Spannung zwischen Autonomie und Abhängigkeit unterschiedlich umgehen. Ein Text kann die für ihn relevanten Textbeziehungen ausdrücklich
thematisieren (»Die vorliegende Schrift wäre ohne den in der Textlinguistik erreich-
ten Forschungsstand nicht denkbar.«). Relevante andere Texte bzw. Ausschnitte
daraus können dazu auch ausdrücklich wiedergegeben (zitiert) und nachgewiesen
(»Gülich 1986«) werden. Intertextualitätshinweise in Form solcher Textwiedergaben und -nachweise sind insbesondere in bestimmten Textkulturen (wie der
Wissenschaft) geradezu musterhaft ausgeprägt. Zwingend notwendig sind sie aber
nicht: In vielen Fällen können wir die für einen Text relevanten anderen Texte auch
aus Anspielungen und Andeutungen erschließen. Und es gibt Textkulturen (wie die
Dichtung), in der Anspielungen nicht nur auf konkrete Texte, sondern auf ganze
Textwelten in Form von Motiven und Topoi geradezu musterhaft ausgeprägt sind.
Es versteht sich, dass die Ausschöpfung dieser Form von Intertextualitätshinweisen
Viel-, Langsam- und Intensivleser und -leserinnen erfordert, die sich mit der Welt
der Texte speziell vertraut gemacht haben. Intertextualitätshinweise sind von vie-
lerlei Art und Gestalt, und sie betreffen Texte und Textwelten. Es ist Sache einer
eigenständigen Analyse, die sprachlichen, wahrnehmungs- und wissensabhängigen
Hinweise zu sichten und zu systematisieren (s. u. Kapitel 9).

Terminologie
»Intertextualität«: de Beaugrande/Dressler 1981; »Intertextualitätssignale«: Holthuis 1993.

Übungsaufgabe 1
Versuchen Sie im Folgenden, das zu Beginn eingeführte Beispiel 1 (»Kapstadt«)
nach den soeben vorgestellten Textualitätsmerkmalen zu analysieren! Worin bestehen die Begrenzbarkeit, die Verknüpfbarkeit, die thematische Zusammengehörigkeit, die pragmatische Nützlichkeit, die Musterhaftigkeit und die textuelle Beziehbarkeit dieses Textes? Beantworten Sie diese Frage, indem Sie Abgrenzungs-,
Verknüpfungs-, Thema-, Funktions-, Textsorten- und Intertextualitätshinweise ausfindig machen! Beziehen Sie dazu nicht nur die Schriftseite der Ansichtskarte,
sondern auch die Ansicht auf der Vorderseite der Karte mit ein! (S. u. Bsp. 3):

Bsp. 3: »Kapstadt«, Ansichtsseite

CAPE TOWN · TABLE BAY
SOUTH AFRICA

3.3   Textualitätsquellen

Ein Text, das ist ein lesbares Etwas. Davon sind wir ausgegangen. Er ist also
sprachlicher Natur. Aber er ist zugleich und zwangsläufig mehr als nur Sprache:
Um lesbar zu werden, muss Sprache in Texten in irgendeiner Weise Gestalt annehmen, sie muss als Schrift sinnlich wahrnehmbar (sichtbar) werden. Und sie
muss dem Leser, um lesbar zu werden, als konkrete Einzelsprache vertraut sein.
Lesbarkeit weist also von sich aus immer schon über Sprachlichkeit hinaus: Sie
verweist gleichermaßen auf *Wahrnehmbarkeit* und auf *Vertrautheit*. Das klingt
trivial, ist aber für die Analyse der Textualitätshinweise von großer Bedeutung: Ein
lesbares Etwas ist für die Signalisierung seiner Textualität nicht nur auf Sprachlichkeit angewiesen, sondern kann in gleichem Maße auf Wahrnehmbarkeit und
Vertrautheit zurückgreifen: Die Situation, in der ein Text gelesen wird, und der
Kontext, in dem die Lektüre steht, stehen für den Leser wahrnehmungs- und wissensabhängig zur Verfügung. In diesem Sinne gehen wir davon aus, dass Sprache,
Situation und Kontext – *Sprachlichkeit, Wahrnehmbarkeit* und *Vertrautheit* – die
maßgeblichen Quellen sind, aus denen Textualitätshinweise schöpfen können. Textualitätshinweise können, das ist für ihre Analyse von grundlegender Bedeutung,

sprachlicher, situativ-wahrnehmbarer und kontextuell-vertrauter Natur sein. Im letzten Fall sprechen wir auch von wissensabhängigen Hinweisen.

Dass ein lesbares Etwas ein Text ist, muss deshalb nicht ausdrücklich geschrieben werden, wenn es genügend Textualitätshinweise dafür gibt, die wahrgenommen und/oder als vertraut unterstellt werden können. Textlinguistische Analyse besteht dann darin, den Entstehungs- und Erzeugungsprozess von Textualität auch im Hinblick auf die dabei genutzten Quellen entgegen aller Lektüreselbstverständlichkeit (wieder) sichtbar zu machen. Technischer gesagt gilt es nachzuzeichnen, welche Quellen in einem konkreten Fall wie ausgenutzt werden können, damit Textualität zustande kommt.

Die Unterscheidung von wahrnehmungsabhängigen, sprachlichen und wissensabhängigen Textualitätshinweisen (s. u. 3.3.1–3.3.3) bildet eine zunehmend voraussetzungsreichere Art des Hinweisens auf Textualität ab: *Wahrnehmungsabhängige* Hinweise auf Textualität können als solche sogar dann ausgewertet werden (z. B. als Abgrenzungs-, Gliederungs- und Verknüpfungshinweise), wenn die Sprache im Text (eine Fremdsprache) weder gelesen noch verstanden werden kann. Die Lektüre schöpft dann freilich nur einen Bruchteil des Textualitätspotenzials aus – und wird im Alltag auch als entsprechend defizitär erlebt. *Sprachliche* Hinweise auf Textualität setzen Wahrnehmung in Form einer hochgradig spezialisierten und fokussierten visuellen Wahrnehmung immer schon voraus. Sie muss aber eigens geübt und entwickelt werden (Schriftspracherwerb!). Sprachliche Textualitätshinweise können als solche auch dann ausgewertet werden, wenn der Leser mit dem Lektürekontext nicht vertraut ist. Auch hier gilt, dass eine solche Lektüre immer nur einen Bruchteil des Textualitätspotenzials eines Textes ausschöpfen kann – was im Alltag insbesondere in hoch spezialisierten, fachsprachlichen Kontexten oder z. B. im Rahmen des Fremdspracherwerbs tatsächlich auch als Defizit erfahren wird. *Wissensabhängige* Hinweise auf Textualität, die beim Lesen (mit)verstanden werden, gehen über das buchstäblich Geschriebene zugunsten des Lektürekontextes hinaus. Sie müssen aber in irgendeiner (wenn auch noch so schwachen) Form an der wahrnehmbaren und der sprachlichen Oberfläche der Erscheinungsformen verankert sein, beruhen also ihrerseits schon auf wahrnehmbaren und sprachlichen Textualitätshinweisen.

Grundsätzlich muss man mit gleitenden Übergängen zwischen Wahrnehmbarkeit, Sprachlichkeit und Vertrautheit rechnen. So sind ja auch die sprachlichen Hinweise auf Textualität vielfach nichts anderes als erstarrte, in lexikalischer und grammatischer Form geronnene Manifestationen der Vertrautheit mit immer wieder gleichen Verwendungskontexten. Es versteht sich, dass wir unter diesen erstarrten Hinweisen auf Textualität die sprachlichen linguistisch sehr viel leichter erfassen und klassifizieren können als die nicht gleichermaßen lexikalisierten und grammatikalisierten Textualitätshinweise.

Zur Vertiefung
Weinrich 2005; Linke/Nussbaumer 2000b.

3.3.1 Wahrnehmbarkeit von Textualitätshinweisen

Was alles verloren geht, wenn wir Lesbarkeit auf Sprachlichkeit reduzieren wollten, wird sofort evident, wenn wir einen Text abschreiben. Wir wollen das mit einem Abschreibeversuch am Beispiel der Ansichtskarte illustrieren:

Bsp. 4: »Kapstadt« abgeschrieben

Hallo Erika, nach tollen Safaritagen, eindrücklichen Landschaften, und Weinexpeditionen im Weinland Südafrika, geniessen wir noch Sonne, Hitze + Kapstadt mit Tafelberg und Bergen auf der Tafel ... Herzliche Grüsse aus dem heissen Südzipfel Afrikas Doris

Es fängt damit an, dass wir uns entscheiden müssen, was wir abschreiben und was wir nicht abschreiben (Was z. B. ist mit dem Anschriftfeld, was mit der Ansichtsseite?). Es geht damit weiter, dass wir Handschrift in Druckschrift übertragen und uns entscheiden müssen, ob und wie wir Zeilenumbrüche wiedergeben. Schwierigkeiten bekommen wir auch damit, die typografische Aufteilung auf der Karte und die Aufteilung der Felder wiederzugeben. Es kommt hinzu, dass wir unmöglich die Materialität der Karte reproduzieren können: ihre Beidseitigkeit, ihre Beschaffenheit, ihr Geklebtes, Gestempeltes, Bedrucktes, Beschriftetes, die Spuren ihres Transports etc. Von der Unmöglichkeit, die konkrete Lektüresituation (z. B. das In-die-Hand-Nehmen der Karte, das Drehen und Wenden) zu dokumentieren, ganz zu schweigen.

Aber sind solche durch Abschreiben nicht oder nur unzureichend wiedergebbaren Erscheinungsformen der Ansichtskarte für eine textlinguistische Analyse überhaupt relevant? Entsprechen die oben wiedergegebenen Sprachzeichen nicht dem »Text« der Ansichtskarte? Wer so vorginge, beraubte sich der Möglichkeit, Textualitätshinweise zu rekonstruieren, die mit der Karte in ihrer materialen und typo- wie chirografischen Präsenz zu tun haben und die längst am Werk sind, wenn wir damit beginnen, die oben wiedergegebenen Sprachzeichen zu lesen. Dazu zählen z. B. Hinweise auf Textgrenzen, also Abgrenzungs- und Gliederungshinweise:

– So liefert schon die Materialität der Karte einen starken Abgrenzungshinweis: die Ränder der Karte sind die Ränder des Textes;
– die Beidseitigkeit der Karte liefert starke Gliederungshinweise: Sie gliedert die Karte in eine Anschrift- und Ansichtsseite;
– auf der Anschriftseite sorgen typografisch, aber auch chirografisch markierte Grenzen für eine Zweifelderaufteilung in Adress- und Mitteilungsfeld.

Als hochgradig musterhafte Ausgestaltung von *Ansichtskarten* liefern diese materialen, typo- und chirografischen Grenzhinweise zugleich wissensabhängige Text*sorten*hinweise: Noch bevor wir anfangen zu lesen, haben wir wahrgenommen, dass wir es mit der Textsorte der *Ansichtskarte* zu tun haben – und mit dem Wiedererkennen der Textsorte verbinden wir zugleich weitere wissensabhängige Hinweise auf die Text*funktion*, die damit zu tun haben, dass wir mit dem Anlass des Schreibens und Lesens von Ansichtskarten mehr oder weniger vertraut sind.

Es ist also schon viel passiert, wenn wir auf das Mitteilungsfeld schauen und zu lesen beginnen. In einer Abschrift wie der oben wiedergegebenen wird dieser für Sprache in Texten so wichtige Vorlauf ausgeblendet, weil die auf Wahrnehmung beruhenden Textualitätshinweise darin nicht mehr dokumentiert sind.

Wahrnehmbarkeit ist speziell bei Abgrenzungs- und Gliederungshinweisen eine sehr stark in Anspruch genommene Ressource für die Ausschöpfung von Textualitätshinweisen, aber auch sonst grundsätzlich als Textualitätsquelle zu berücksichtigen.

Zur Vertiefung
Hagemann 2003; Brekle 1994.

3.3.2   Sprachlichkeit von Textualitätshinweisen

Die Sprachlichkeit von Textualitätshinweisen tritt naturgemäß in dem Maße in den Vordergrund, in dem sich Texte mehr und mehr von wahrnehmungsabhängigen Hinweisen ablösen. Die Lesbarkeit eines Textes wird dann mehr und mehr in sprachliche Erscheinungsformen transformiert, und die immer noch mitwahrnehmbaren Erscheinungsformen treten als Textualitätshinweise mehr und mehr in den Hintergrund. Mit dem Buchdruck haben sich vor allem die Standardisierung des Druckträgers (Papier), der Schrift (Druck) und die massenhafte Verbreitung von Texten in speziellen Textsammlungen (Bücher, Zeitungen) als sehr wirksame Mittel erwiesen, die Aussagekraft der sinnlichen Wahrnehmbarkeit der Erscheinungsformen eines Textes für seine Textualität zu minimieren. Umgekehrt zeigen gerade die sogenannten Ephemera des Drucks (Kleindrucksachen), die auf und an Gebrauchsgegenständen angebracht sind, wie schon mit der Wahrnehmung der Materialität der Erscheinungsform (als Etikett, Aufdruck, Beipackzettel, Schild, Eintrittskarte oder Geldschein ...) wichtige Textualitätshinweise einhergehen. Naturgemäß treten in diesen Fällen die genuin sprachlichen Textualitätshinweise oftmals in den Hintergrund.

Sprachliche Textualitätshinweise nutzen vor allem die Grammatik und das Lexikon natürlicher Sprachen. Die Sprachlichkeit von Textualitätshinweisen ist deshalb bei Verknüpfungshinweisen und bei thematischen Hinweisen besonders stark ausgeprägt, also vereinfacht gesagt im Hinblick auf den Zusammenhalt der sprachlichen Erscheinungsformen und im Hinblick auf den Weltbezug der sprachlichen Erscheinungsformen. Das beginnt nicht erst oberhalb der Ebene des Satzes, sondern schon mit den Morphemen und Lexemen eines Textes, die man in einer Grammatik und in einem Wörterbuch beschreiben kann. Mit der Hinwendung zu einer konkreten Lektüreeinheit kommt dann aber der Text ins Spiel: die Verknüpfbarkeit der Elemente *eines Textes* und die thematische Zusammengehörigkeit der Elemente *eines Textes*. Damit geraten Textualitätshinweise in den Blick, die den Aufbau und die Entwicklung des formalen Zusammenhalts und des thematischen Zusammenhangs einer Lektüreeinheit signalisieren. Ihre Sprachlichkeit wird in dem Maße relevant, wie die sprachlichen Erscheinungsformen eines Textes komplex werden: Die Verknüpfbarkeit und der thematische Zusammenhang einer Lektüreeinheit, die nur aus einem Wort besteht (»Damen«), beruhen weitgehend auf wahrnehmungs- und wissensabhängigen Hinweisen. Die Verknüpfbarkeit und der thematische Zusammenhang einer Lektüreeinheit, die aus einer unüberschaubar großen Vielzahl von Sätzen besteht (wie eine Erzählung), beruhen dagegen weitgehend auf sprachlichen Hinweisen.

Zur Vertiefung
Giesecke 2002; Illich 1991.

3.3.3 Vertrautheit mit Textualitätshinweisen

Schon wahrnehmbare und erst recht sprachliche Textualitätshinweise implizieren die Vertrautheit des Lesers mit diesen Hinweisen: Weder ist die Wahrnehmung voraussetzungslos, noch erklärt sich die Sprache von selbst. Vertrautheit (Weltwissen) ist also immer schon als Textualitätsquelle im Spiel, wenn wahrnehmbare und sprachliche Textualitätshinweise ausgewertet werden (es sei denn: Es geht wie im Schriftspracherwerb darum, diese Vertrautheit mit Texten erst zu erwerben). Wenn wir hier wissensabhängige Textualitätshinweise eigens ausweisen, wollen wir damit also nicht die grundsätzliche Wissensabhängigkeit der Textualitätshinweise in Abrede stellen. Wir wollen vielmehr darauf aufmerksam machen, dass es ein spezielles Textwissen gibt, das aus der Vertrautheit mit bestimmten Textwelten und -kulturen hervorgeht und das voraussetzungsreicher und spezialisierter ist als die Vertrautheit mit der Muttersprache und die Vertrautheit mit den sinnlich wahrnehmbaren Erscheinungsformen von Schrift. Das Fehlen einer solchen Vertrautheit macht sich z. B. bemerkbar, wenn wir es mit Texten zu tun haben, von denen wir durch einen »Zeitenabstand« (Gadamer) getrennt sind und deren Textualität wir ohne eine über das Lesen des Textes hinausgehende Erarbeitung von Textwissen nur sehr begrenzt ausschöpfen können. Je größer dieser Zeitenabstand ausfällt, desto mehr wird das auch im Alltag als Defizit der Lektüre erfahren. Ein anderes Beispiel ist die Begegnung mit stark fachsprachlich geprägten Texten, deren Nützlichkeit auf einen bestimmten Funktionsbereich zugeschnitten ist. Auch in diesem Fall impliziert das Ausschöpfen der Textualität über das Lesen hinaus ein Sich-Vertraut-Machen mit der fraglichen Textwelt und -kultur – ein Problem auch und gerade im Umgang mit wissenschaftlichen Texten wie dem vorliegenden.

Vertrautheit als Textualitätsressource schließt nicht nur Wissen, sondern auch Vorstellungskraft und Phantasie mit ein: Es ist bekannt, dass wir als Leser geradezu darauf geeicht zu sein scheinen, einige Phantasie zu entwickeln, um gegebenenfalls eine fehlende Vertrautheit mit Textwelten und -kulturen zu kompensieren. Auch wenn es z. B. gezielt durch die Konstruktion von Nonsens-Texten (s. o. Bsp. 2) vermieden werden soll, denen in der Welt keine Textwelt und keine Textkultur entspricht, ist fast immer eine Phantasie über Lektürekontexte aktivierbar, mithilfe derer auch solche Texte vorstellungsabhängig mit Sinn erfüllt werden können, d. h. mit Bezug auf wissensabhängige Textualitätshinweise ausgewertet werden können.

Es gibt Texte (vornehmlich in der Dichtung), die es genau darauf anlegen, in dieser Weise wissens- und vorstellungsabhängig »interpretierbar« zu werden! Für eine textlinguistische Analyse, die aus prinzipiellen Gründen auf Textualitäts*hinweise* rekurrieren muss, stellen stark wissensabhängige Hinweise deshalb eine besondere Herausforderung dar.

Vertrautheit als Textualitätsquelle ist (nicht nur, aber) insbesondere mit Blick auf die Musterhaftigkeit und die textuelle Beziehbarkeit von Texten von großer Bedeutung. Ohne dass die fragliche Textsorte auch selbst- und rückbezüglich benannt wird, ergeben sich Textsortenhinweise in vielen Fällen daraus, dass die in einem Text gegebenen Abgrenzungs- und Gliederungs-, Verknüpfungs- und thematischen Hinweise sowie die Funktionshinweise beim Lesen auf ein vertrautes Muster bezogen und in diesem Sinne als Musterhinweise wiedererkannt werden: In einer Formulierung wie »Es würde den Rahmen dieser Arbeit sprengen, …« stecken nicht nur thematische Hinweise und Funktionshinweise. In ihr manifestiert sich darüber hinaus auch ein Hinweis auf die Musterhaftigkeit von Themenabgrenzung und Selbstlegitimierung in der Textsorte der »wissenschaftlichen Hausarbeit«. Damit er wirken kann, ist ein solcher Hinweis allerdings auf die Vertrautheit mit dieser Textsorte angewiesen. Das gilt für Musterhinweise generell (s. o. 3.2.5). In ihnen kommt die Wissensabhängigkeit der Textualitätshinweise deshalb naturgemäß besonders deutlich zum Ausdruck. Ebenfalls stark ausgeprägt ist die Wissensabhängigkeit der Textualitätshinweise mit Blick auf die Intertextualitätshinweise: Zwar gibt es sowohl wahrnehmungsbasierte als auch sprachliche Intertextualitätshinweise, aber die Beziehbarkeit eines Textes auf andere Texte ist nicht auf diese Hinweise angewiesen. Anspielungen auf andere Texte und auf ganze Textwelten (z. B. durch das Wiederaufnehmen von Motiven) sind in ihrer Wirksamkeit offenkundig stark von der Vertrautheit mit den fraglichen Texten und Textwelten abhängig.

Zur Vertiefung
Vater 2001; Eco 1987.

3.4   Eine einfachste Systematik der Textualitätshinweise

Textualitätshinweise können nach dem Dargelegten in zweifacher Hinsicht bestimmt werden: im Hinblick auf die Textualitäts*quellen*, aus denen sie schöpfen (3.3), und im Hinblick auf die Textualitäts*merkmale*, auf die sie sich beziehen (3.2). Das erlaubt eine Kreuztabellierung der Textualitätshinweise nach Textualitätsmerkmalen und nach Textualitätsquellen (s. u. Tab. 1). Diese Systematik soll dazu beitragen, den Prozess der Textkonstitution in seiner empirischen Komplexität nachzuzeichnen. Sie ist nicht als Anleitung zu einer Art textlinguistischer Rasterfahndung gedacht, sondern als eine Suchheuristik, die das Auffinden von Textualitätshinweisen im konkreten Fall erleichtern soll. Die Tabelle zeigt auch, wo die bisherigen Schwerpunkte textlinguistischer Prüfungsaufgaben liegen (»Kohäsion« und »Kohärenz«) – und welch ein kleiner Ausschnitt von Textualität und Textualitätshinweisen damit erfasst wird!

Tab. 1: Eine einfachste Systematik der Textualitätshinweise

Textualitätsquellen ⟍ Textualitätsmerkmale	Wahrnehmbarkeit (Lektüresituation)	Sprachlichkeit (Grammatik und Lexikon)	Vertrautheit (Lektürekontext)
Begrenzbarkeit: Abgrenzungs- und Gliederungshinweise			
Intratextuelle Verknüpfbarkeit: Verknüpfungshinweise			
Thematische Zusammengehörigkeit: Themahinweise			
Pragmatische Nützlichkeit: Funktionshinweise			
Musterhaftigkeit: Textsortenhinweise			
Intertextuelle Beziehbarkeit: Intertextualitätshinweise			

Achtung!
Es gibt Grenzfälle, in denen die Zuordnung einer konkreten Erscheinungsform je nach textlinguistischer Konzeption unterschiedlich gehandhabt wird. Das betrifft sowohl die Dimension der Textualitätsmerkmale als auch die Dimension der Textualitätsquellen. Zuordnungsfragen dieser Art sind u. E. von untergeordneter Bedeutung: Entscheidend ist es, die für das Zustandekommen von Textualität relevanten Hinweise in einem Text zu erkennen und zu beschreiben. Terminologie ist dazu da, dass dies möglichst leicht und gleichzeitig möglichst genau geschehen kann. Dafür können sich leserabhängig unterschiedliche Ansätze bewähren!

4. Abgrenzungs- und Gliederungshinweise

4.1 Worauf man bei der Analyse achten sollte

Wo soll man anfangen zu lesen und wo aufhören? Wo beginnt der Text, und wo endet er? Was gehört (noch) dazu? Welches sind die Elemente, aus denen der Text zusammengesetzt ist? Dass sich solche und ähnliche Fragen im Alltag der Lektüre häufig gar nicht erst stellen, sondern dass sie gewissermaßen automatisch und oft auf den ersten Blick beantwortet werden, ist die Leistung der Abgrenzungs- und Gliederungshinweise, die Lektüreeinheiten nach außen abgrenzen und nach innen differenzieren. Abgrenzungs- und Gliederungshinweise werten wir bei der Lektüre aus, ohne darüber lange nachzudenken. Erst wenn diese Hinweise fehlen oder gezielt außer Kraft gesetzt werden, wird die Bildung von Lektüreeinheiten irritiert und kann Textualität auch in der alltäglichen Lektürepraxis zu einem Problem werden.

Bei der Beschäftigung mit textuellen Einheiten und ihren Grenzen kommt es darauf an, Einheiten nachzuzeichnen, die im Text schon vorgezeichnet sind. Alles, was bei der Annäherung an einen Text und bei seiner Betrachtung und Lektüre dazu beiträgt, solche Einheiten nahezulegen, kommt prinzipiell als Grenzhinweis in Betracht. Je deutlicher die Hinweise, desto klarer sind die textuellen Ober- und Untereinheiten! Worauf man bei der Analyse besonders achten sollte, wird im Folgenden stichwortartig vorausgeschickt:

- Abgrenzungs- und Gliederungshinweise ergeben sich in vielen Fällen noch vor dem Lesen aus der Wahrnehmung, so dass uns Lektüreeinheiten oft wie natürliche Gegebenheiten vorkommen (ein *Brief*, ein *Buch*). Gerade wenn sich solche Einheiten wie von selbst aufdrängen, ist danach zu fragen, wodurch ein solcher Eindruck zustande gebracht wird!
- Über die visuelle Wahrnehmung hinaus sind auch die konkreten Umstände der Lektüre miteinzubeziehen, also all das, was dem Lesen je nach Materialität des Textes vorausgeht wie z. B. das Aufschlagen einer Zeitung, das In-die-Hand-Nehmen eines Buches, das Blicken auf einen Bildschirm und die Manipulation des Bildschirminhalts durch Hand und Finger. Aus der Lektüresituation können sich wichtige materiale, d. h. nicht nur sichtbare, sondern auch greif- und tastbare Abgrenzungshinweise ergeben!
- Wie die Beispiele zeigen, sind für Textgrenzen grundsätzlich die Medien und Techniken der Schrift von großer Bedeutung: Eine Zeitung, ein Buch, eine Bildschirmseite, ein Wäscheetikett oder ein Schild an einer Tür stehen für unterschiedliche Kulturen der Abgrenzung und Gliederung von Lektüreeinheiten – mit jeweils eigenen Abgrenzungs- und Gliederungshinweisen!
- Abgrenzungshinweise haben sprachgeschichtlich eine musterhafte Ausprägung erfahren: das Buch mit Buchdeckeln und Umschlag, Deckblatt, Titelseite, Impressum, Inhaltsverzeichnis und Paginierung ist dafür ein prominentes Beispiel. Aber

auch wenn wir an Postkarten, Wäscheetiketten oder Fahrpläne an Bushaltestellen denken, wird sofort deutlich, wie von Abgrenzungshinweisen zugleich starke Textsortenhinweise ausgehen (s. dazu Kap. 8).

– Textgrenzen werden oft mehrfach (redundant) signalisiert, also z. B. durch das Layout (z. B. Absätze) *und* durch sprachlich-typografische Hinweise (z. B. Überschriften). Keinen dieser Hinweise sollte man sich bei der Analyse entgehen lassen!

– Texte sind fast immer Einheiten, die aus Untereinheiten zusammengesetzt sind. Von den größten uns vertrauten Lektüreeinheiten bis zu den kleinsten sprachlichen Einheiten: eine Zeitung mit unterschiedlichen Artikeln, ein Artikel mit Schlagzeile und Absätzen, ein Absatz mit Sätzen, ein Satz mit Worten, ein Wort mit Morphemen, ein Morphem mit Phonemen; ein Brief mit verschiedenen Feldern wie Anschrift, Betreff, Datumsangabe. Die Rekonstruktion von Abgrenzungs- und Gliederungshinweisen impliziert in diesem Sinne die Rekonstruktion textueller Ober- und Untereinheiten.

Entdeckungsaufgabe 1
Bsp. 1 (»Glasarche«) dokumentiert eine Seite aus einem Besucherbuch zu einem im Wald aufgestellten Schiff aus Glas, in das Wanderer etwas hineinschreiben konnten.

1. Überlegen Sie zunächst, was als mögliche Lektüreeinheiten in diesem Fall in Frage kommt! Was könnte eine relevante textuelle Obereinheit sein, was könnten relevante textuelle Untereinheiten sein?
2. Nehmen Sie dann das Beispiel genauer unter die Lupe: Was kommt als Abgrenzungshinweis nach außen in Betracht, was als Gliederungshinweis zur Differenzierung von Untereinheiten?
3. Das Beispiel enthält nachträgliche Notizen, die bei der Untersuchung des Besucherbuches entstanden sind und die ebenfalls als Abgrenzungs- und Gliederungshinweise in Betracht kommen! Was ist das Besondere dieser Hinweise?

Das Beispiel zeigt auch bei flüchtiger Draufsicht, dass Hinweise auf Textgrenzen etwas damit zu tun haben, dass das *Ganze* des Textes und die *Teile* des Textes sichtbar werden, dass wir also eine übergeordnete textuelle Einheit bilden können, die für das Ganze des Textes steht – im vorliegenden Fall die Kladde, das Besucherbuch als Ganzes – und dass wir untergeordnete textuelle Einheiten bilden können, die die Teile des Ganzen ausmachen – im vorliegenden Fall die Seiten des Buches und die unterschiedlichen Einträge auf diesen Seiten (mit weiteren Untereinheiten wie Datumsangaben, Sätzen und Unterschriften).

Alles, was dazu beiträgt, auf das Ganze eines Textes im Sinne einer textuellen Obereinheit hinzuweisen, betrachten wir in diesem Kapitel als Abgrenzungshinweise. Die Kladde selbst z. B. als gebundene Sammlung von Blättern ist ein solcher Abgrenzungshinweis materialer Natur. Abgrenzungshinweise leisten die Abgrenzung einer textuellen Obereinheit nach außen (s. u. 4.2). Alles, was dazu beiträgt,

Bsp. 1: »Glasarche«

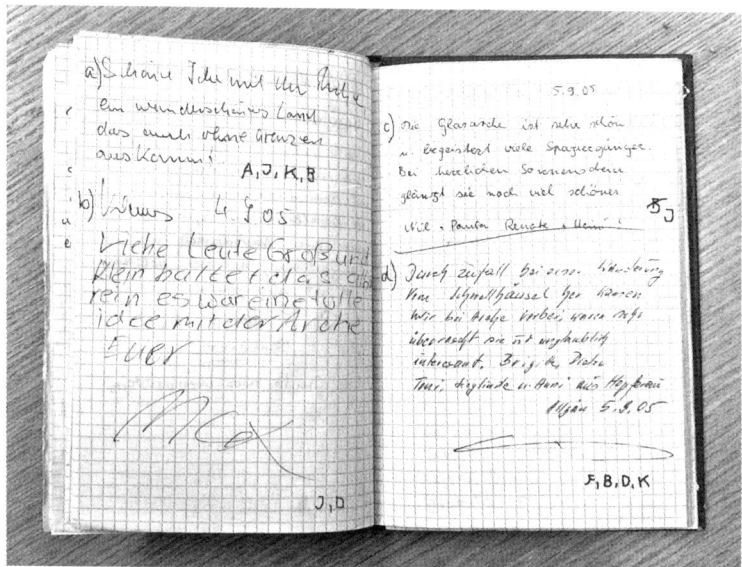

auf die Teile eines Textes im Sinne textueller Untereinheiten hinzuweisen, betrachten wir in diesem Kapitel als Gliederungshinweise. Der Wechsel der Handschrift ist z. B. ein solcher Gliederungshinweis chirografischer Natur. Gliederungshinweise leisten die Gliederung einer textuellen Einheit in weitere Untereinheiten (s. u. 4.3). Zwischen Abgrenzungs- und Gliederungshinweisen ist von Fall zu Fall mit fließenden Übergängen zu rechnen.

Zur Vertiefung
Krause 2000a; Gülich/Raible 1974.

4.2 Abgrenzungshinweise

Abgrenzungshinweise dienen der Auszeichnung textueller Obereinheiten. Oftmals fällt der Hinweis auf eine Obereinheit mit dem Hinweis auf eine (scheinbar) absolute textuelle Einheit zusammen: Abgrenzungshinweise dieser Art suggerieren dann den Anfang und das Ende der Lektüre, so dass eine spezifische Innenwelt des Eingeschlossenen entsteht, von der aus alles Weitere als ein Außerhalb des Textes erscheint. Diese Innenwelt kann mit den materialen Grenzen des Zeichenträgers zusammenfallen (wie beim Buch), sie muss es aber nicht (wie im Falle einer Erzählung innerhalb einer Anthologie oder einer Zeitung). Einen natürlich anmutenden Anfang und ein ebenso natürlich anmutendes Ende der Lektüre in diesem Sinne zu suggerieren, ist die Leistung der Abgrenzungshinweise.

Wonach man im Falle der Abgrenzungshinweise bei der Textanalyse suchen muss, wollen wir an drei Arten von Hinweisen illustrieren, mit denen wir uns vom Textäußeren Schritt für Schritt zum Textinneren vorarbeiten:

– Am äußeren Rand von Texten stehen Hinweise, die einen Text in seiner materialen Ganzheit als Einheit identifizieren. Wir besprechen sie als Ganzheitshinweise (4.2.1).
– Auf solchen Ganzheitshinweisen ruhen dann Hinweise auf, die dazu dienen, im Innern des Textganzen noch einmal Anfang und Ende zu markieren, so dass ein textueller Bereich der »eigentlichen« Lektüre entsteht. Anrede- und Begrüßungsformeln sind mit ihrer Suggestion eines (nochmaligen) Lektürebeginns (»Hier geht's los!«) ein anschauliches Beispiel für solche Grenzsignale. Wir besprechen sie hier als Eröffnungs- und Beendigungshinweise (4.2.2).
– Auch nach solchen Eröffnungshinweisen kann ein Text den »eigentlichen« Lektürebeginn noch einmal hinausschieben, in dem er eine weitere Abgrenzung nach innen vornimmt und vorgibt, noch vor dem Textbeginn etwas anderes sagen zu müssen (*Vorwort*). Wir besprechen diese selbst- und rückbezüglichen Thematisierungen von Textgrenzen als metakommunikative Abgrenzungshinweise (4.2.3).

4.2.1 Ganzheitshinweise

Zu den unscheinbarsten, aber wirksamsten Abgrenzungshinweisen zählen Hinweise auf die Ganzheit eines Textes. In vielen Fällen ergibt sich diese Ganzheit unmittelbar aus der Materialität des Textträgers (Textträgerhinweise: 4.2.1.1), für die wir in vielen Fällen auch spezielle Begriffe haben (wie *Blatt*, *Karte*, *Etikett*). Daneben gibt es vor allem als Folge des Buchdrucks auch spezielle Techniken der Textsammlung (-heftung, -bindung, -klammerung), aus denen sich ebenfalls eine Ganzheit des Gesammelten ergibt (Textsammlungshinweise: 4.2.1.2) und für die sich ebenfalls spezielle Begriffe eingebürgert haben (wie *Buch*, *Flugschrift*, *-blatt* oder *Zeitung*). In bibliografischen und Impressumshinweisen und in Titeln für Textsammlungen und Textträgern haben die genannten materialen Abgrenzungshinweise auch eine eigene sprachlich-typografische Form gefunden (4.2.1.3).

4.2.1.1 Textträgerhinweise

Das Trägermaterial der Schrift und die Art und Weise des Hinterlassens der Schriftspuren auf oder in diesem Trägermaterial liefern elementare Hinweise auf die Ganzheit eines Textes. Wenn wir z. B. am Strand spazieren gehen und inmitten eines mit dem Fuß oder einem Stock in den feuchten Sand gemalten Wortes oder Satzes (»HALLO«) ein Blatt Papier mit Bleistiftnotizen sehen, verstehen wir die unterschiedlichen Zeichenträger wie selbstverständlich als Hinweis auf unterschiedliche textuelle Ganzheiten, die nichts miteinander zu tun haben, sondern nur zufällig

zur gleichen Zeit am gleichen Ort sind. So funktionieren materiale Abgrenzungshinweise, insbesondere Textträgerhinweise. Sie können gezielt außer Kraft gesetzt
werden, indem man Schriftstücke unterschiedlichster Materialität z. B. in einem
Rahmen fasst und so erkennbar zusammenbringt, was zuvor nicht zusammengehört
hat (Bsp.2):

Bsp. 2: »Collage«

Texte wie diese machen in ihrer irreduziblen Dreidimensionalität darauf aufmerksam, dass die materiale Einheit des Textträgers ein starker Hinweis auf die Einheit
des auf dem Zeichenträger Geschriebenen darstellt: Die sinnlich wahrnehmbaren, in
vielen Fällen eben auch greifbaren Grenzen des Zeichenträgers signalisieren häufig
die Grenzen einer textuellen Obereinheit. Wir müssen dazu nur an einzelne, lose
bedruckte oder beschriebene Zettel oder Blätter denken, bei denen die materiale Einheit des losen Zettels oder Blattes als Hinweis auf die Ganzheit des Aufgedruckten
bzw. -geschriebenen genommen werden kann. Ein alltägliches Beispiel dafür ist der
Beipackzettel, wie er sich in Medikamentenschachteln (s. u. Bsp. 6 und 7 »Sinupret«

in Kap. 6), aber auch in anderen Verpackungen findet. Ein anderes Beispiel ist der *Notizzettel*, auf dem wir z. B. eine Nachricht hinterlassen (s. u. Bsp. 7 »baby« in Kap. 7!). Noch bevor wir zu lesen beginnen, erweist sich der lose Zettel, auf dem die Schrift steht, als unübersehbarer, greifbarer Hinweis auf die äußerlichen Textgrenzen. Unser Alltag ist voll von solchen Texten, in denen die Textgrenzen mit den materialen Grenzen des Zeichenträgers zusammenfallen.

Papier ist keineswegs der einzige Träger von Texten, wenn wir an Aufgeklebtes aus Plastik, auf Stoff Gedrucktes (wie das Etikett) und schließlich auch die auf Computerbildschirmen erscheinende Leuchtschrift denken. Gerade die Leuchtschrift (sowohl die auf unterschiedlichsten Hintergrundmaterialien beliebig projizierbare als auch die auf dem Bildschirm erscheinende) ist ein gutes Beispiel dafür, wie materiale Abgrenzungshinweise außer Kraft gesetzt werden können – mit irritierenden Erfahrungen von Textgrenzen und neuen Möglichkeiten der Text*verknüpfung*, wenn man an das Internet denkt (s. u. Kap. 5 und 9).

Übungsaufgabe 1
Das folgende Beispiel »Straßenszene« zeigt eine städtische Umgebung mit Texten aller Art. Zeigen Sie an möglichst vielen Beispielen, welche Textträgerhinweise auf textuelle Abgeschlossenheit dabei im Spiel sind!

Bsp. 3: »Straßenszene«

Terminologie
»Nebenbei-Medien«: Schmitz 2004.

4.2.1.2 Textsammlungshinweise

Medientechnische Innovationen wie der Buchdruck oder die elektronischen Bildschirmmedien zeigen, wie sich aus den Materialien des Schreibens differenzierte und vielfältige Systeme von Abgrenzungshinweisen ergeben können, denen je eigene Schriftlichkeiten entsprechen: Bildschirmschriftlichkeiten, Papier- und Druckschriftlichkeiten mit Buch-, Brief-, Aktenschriftlichkeit, Auf- und Inschriftlichkeit, Broschüren- und Leporelloschriftlichkeiten. Jede dieser Schriftlichkeiten steht für materiale Lektüreeinheiten jeweils eigener Art, in denen sich Abgrenzungshinweise oftmals musterhaft ausgeprägt haben, so dass wir mit der Musterhaftigkeit des Abgrenzungshinweises auch bestimmte Textsortenbereiche wieder erkennen (s. u. Kap. 8: Textsortenhinweise). In den sprach- und mediengeschichtlich erfolgreichen Fällen haben wir für die dabei entstehenden textuellen Ganzheiten auch eigene Begriffe und Ausdrücke (wie *Flugschrift, Buch, Zeitung, Faltblatt* usw.), in denen die Musterhaftigkeit der Abgrenzung Textsorten indizierend zum Ausdruck kommt und die dann auch für metakommunikative Abgrenzungshinweise genutzt werden können (s. u. 4.2.3).

Mit Bezug auf Papier als einem besonders prominenten Textträger haben sich spezielle Techniken der Zusammenfügung und Sammlung von Einzelblättern durch Faltung, Heftung, Klammerung oder Bindung und des Einpackens von bedruckten und beschriebenen Blättern in Form z. B. von Umschlägen entwickelt. Das sind Techniken der Textsammlung, die dazu dienen, Texte auf Papier zu sammeln und zu bündeln, d. h. auch material im Sinne einer Einheit greifbar und wahrnehmbar zu machen. Textsammlungen dieser Art sind ausgesprochen starke Abgrenzungshinweise, die primär auf Wahrnehmung beruhen und für die Lektüre papierschriftlicher Texte außerordentlich prägend sind. In vielen Fällen haben sich für Textsammlungen dieser Art dann auch sprachlich-typografische Abgrenzungshinweise entwickelt, die auf den material gegebenen Textsammlungshinweisen aufruhen und die Abgrenzung nicht mehr nur stofflich greifbar, sondern auch sprachlich lesbar werden lassen. Der Prototyp dafür ist das Deckblatt eines Buches mit seinen hochgradig musterhaft ausgeprägten bibliografischen Angaben (s. u. 4.2.1.3).

Mit den elektronischen Schriftmedien erleben wir, dass nicht nur Textträger-, sondern auch die Textsammlungshinweise in ihrer Materialität tendenziell entwertet werden: Elektronische Nachrichten müssen nicht mehr ausgedruckt und eingetütet werden, um gelesen zu werden. Hypertextuelle Verknüpfungen funktionieren auf der Basis digitalisierter Informationen, ohne dass dabei noch anfassbare Textträger und -sammlungen im Spiel wären. Materiale Abgrenzungshinweise müssen deshalb auf der Bildschirmoberfläche durch spezielle Techniken des hand- und fingerinduzierten Anzeigens von Texten und Textwelten simuliert werden.

Übungsaufgabe 2
Das folgende Beispiel gibt mit den Mitteln des Drucks ein Bildschirmfenster einer Homepage wieder. Zeigen Sie an der kompletten Bildschirmansicht (also nicht nur an der geöffneten Homepage), wie hier materiale Abgrenzungshinweise durch visuelle Hinweise ersetzt werden!

Bsp. 4: Bildschirm mit einer Homepage

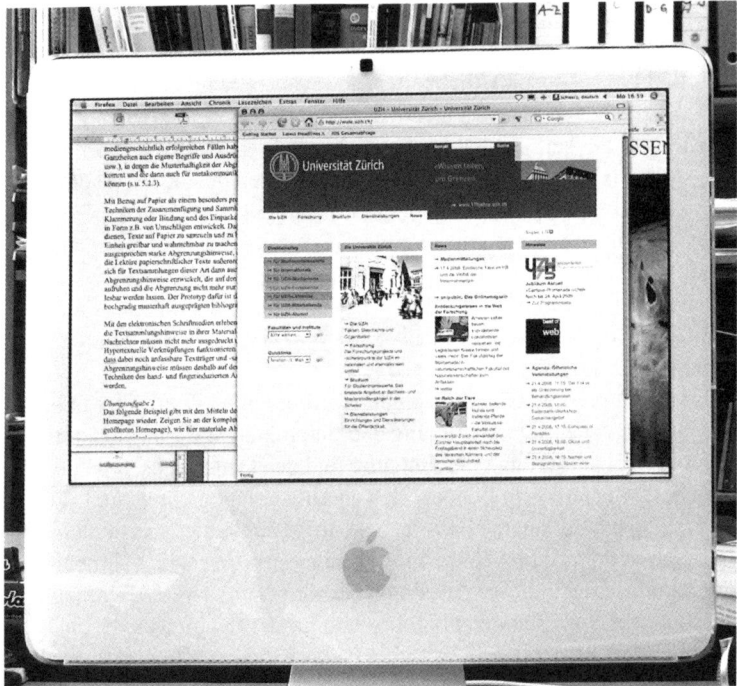

4.2.1.3 Titel, bibliografische und Impressums-Hinweise

Materiale Abgrenzungshinweise wie die gerade besprochenen werden häufig durch sprachlich-typografische Hinweise unterstützt, die die materiale Ganzheit eines Textes auch symbolisch verfügbar machen. Der Prototyp für solche Hinweise ist der *Titel* (»Textlinguistik fürs Examen«). Ein Titel ist ein durch typografische Mittel (wie z. B. Platzierung oberhalb des Schriftblocks, Schrifttypgröße, Fett- und/oder Kursivdruck, ...) besonders hervorgehobener sprachlicher Ausdruck, der geeignet ist, auf eine textuelle Obereinheit zu referieren.

Titelangaben (»Titeleien«) haben sich insbesondere im Gefolge des Buchdrucks und speziell im Falle des Buches hochgradig musterhaft ausgeprägt. Diese Musterhaftigkeit kommt in den speziell für das Buch entstandenen bibliografischen Hinweisen und weiteren Impressums-Hinweisen anschaulich zum Ausdruck. Im Falle des Buches haben sie mit dem Umschlag bzw. Buchdeckel einen besonders prominenten Ort typografischer Gestaltung.

Der Leser mag dazu auf den Einband des gerade vor ihm liegenden Buches schauen und dort in musterhafter Ausprägung die für die Identifizierung dieser Art von textueller Ganzheit charakteristischen Angaben finden: Neben dem Titel (»Textlinguistik fürs Examen«) gehören dazu noch Autorenangaben (»Heiko Hausendorf/Wolfgang Kesselheim«) und Verlagsangaben. Ergänzt werden diese noch durch weitere bibliografische Angaben auf den ersten Seiten des Buches – eine eigene Textwelt, die voll von Ganzheitshinweisen ist (Verlagsort und Erscheinungsjahr, ISBN-Nummer usw.). Mit solchen Hinweisen wird der Text in seiner materialen Ganzheit nicht nur sprachlich-typografisch als Einheit abgegrenzt, sondern auch zitierbar – nicht zuletzt für andere Bücher und Texte (s. u. Kap. 9.: Intertextualitätshinweise).

Zur Vertiefung
Harweg 1984; Hellwig 1984.

4.2.2 Eröffnungs- und Beendigungshinweise

Materiale und sprachlich-typografische Ganzheitshinweise, wie wir sie bislang besprochen haben, werden in vielen Fällen durch weitere Abgrenzungshinweise ergänzt, die auf diesen Hinweisen aufruhen und dazu dienen, innerhalb des materialen Textganzen einen Lektürebereich noch einmal gesondert abzugrenzen und auf besondere Weise einzurahmen. Wir betrachten solche Hinweise als Eröffnungs- und Beendigungshinweise, weil sie suggerieren, dass die »eigentliche« Lektüre erst an dieser Stelle beginnt bzw. – im Falle der Beendigung – bereits an dieser Stelle endet. Und das, obwohl der Leser das Buch schon aufgeschlagen, Titel und weitere bibliografische Hinweise bereits gelesen hat bzw. möglicherweise noch Weiteres auf den Folgeseiten lesen kann. Eröffnungs- und Beendigungshinweise stufen vorgängige und anschließende textuelle Einheiten (wie die Titelei) in ihrer Bedeutung herab, machen sie gleichsam zu Anhängseln bzw. Parasiten an den Rändern des »eigentlichen« Textes.

Eröffnungs- und Beendigungshinweise haben wie die Abgrenzungshinweise eine musterhafte Ausprägung angenommen, die auf bestimmte Textwelten und -sorten hinweist. Charakteristisch für Druckerzeugnisse sind in dieser Hinsicht spezielle Druckvermerke wie »Ende«, die den Rand des Textes noch einmal im Innern eines Textganzen markieren (4.2.2.1). Charakteristisch für die Textwelten der Fernkommunikation sind in dieser Hinsicht Begrüßungs-, Anrede- und Verabschiedungsformeln, die auf einem Blatt Papier einen bestimmten Bereich als Mitteilung hervorheben (4.2.2.2). Schließlich gibt es noch stärker in ihrer Musterhaftigkeit weiterentwickelte Einleitungs- und Abschlussformeln, die Anfang und Ende eines Textes wissensabhängig als Anfang und Ende z. B. eines Märchens oder eines mathematischen Beweises signalisieren. In Eröffnungs- und Beendigungshinweisen dieser Art wird die Musterhaftigkeit der Abgrenzung in ihrer Textsorten indizierenden Kraft besonders deutlich (4.2.2.3).

4.2.2.1 Druckvermerke

Häufig finden sich an den Rändern textueller Einheiten lexikalisierte Hinweise, die den Text nach außen, also nach vorne und nach hinten abgrenzen und den Rand des Textes eigens markieren. Der Ausdruck »Ende« (und seine Äquivalente in anderen

Sprachen), wie er sich z. B. zuweilen auf einer der letzten Seiten eines Buches findet, ist selbst ein Beispiel für eine solche Form (Bsp. 5):

Bsp. 5: Das Ende des Romans

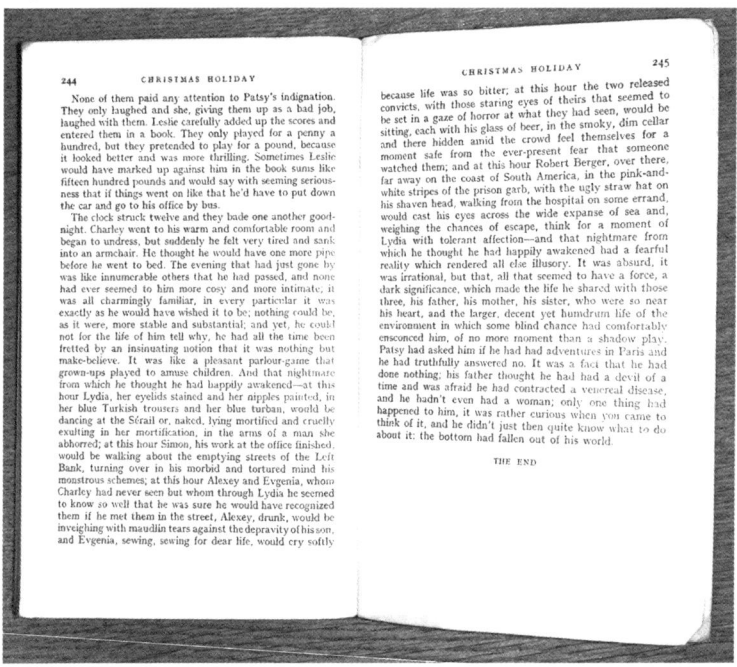

In redundanter Weise (das Buch ist zu Ende, es folgen nur noch drei weitere leere Seiten) sagt uns auch der Hinweis »The End« (zentriert und in Versalien gedruckt) noch einmal, dass der Text an dieser Stelle zu Ende ist. Als formal vom restlichen Schriftbild abgehobener Schlussvermerk wirken die Buchstaben hier ganz ähnlich wie ein sinnentleertes grafisches Symbol.

Anders als Schlussvermerke sind Beginnvermerke (»Incipit«) am Anfang des Textes inzwischen eher selten (s. aber grafisch aufwändige Gestaltungen des ersten Buchstabens oder Versalien am Beginn eines Textes). Am Anfang signalisieren in der Regel spezielle Gliederungshinweise (Überschriften wie »Erstes Kapitel«) den Beginn einer textuellen Untereinheit (s. u. 4.2.3).

4.2.2.2 Begrüßungs-, Anrede- und Verabschiedungsformeln

In der Fernkommunikation (wie im Brief oder auf der Ansichtskarte) fungieren Begrüßungs-, Anrede- und Verabschiedungsformeln als Eröffnungs- und Beendigungshinweise, mit denen das zwischen Begrüßung und Verabschiedung Geschriebene eigens eingerahmt und als Mitteilungsfeld abgegrenzt wird, so dass es als »eigentlicher« Text von dem abgehoben wird, was sonst noch auf dem Blatt zu lesen sein mag (Bsp. 6):

Bsp. 6: Eine Zuschrift auf eine Wohnungsanzeige

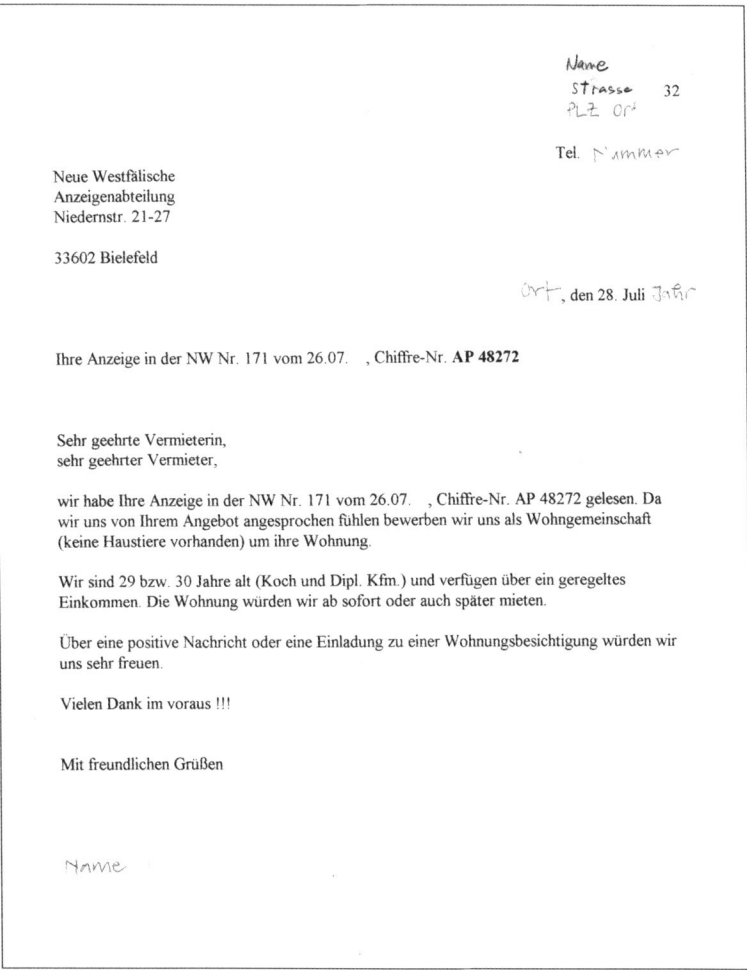

Das, was sonst noch auf dem Blatt zu lesen ist (Briefkopf, Absenderangabe, Betreff, Ort und Datum), erscheint durch die Anrede- und Grußformeln (»Sehr geehrte Vermieterin« … »Mit freundlichen Grüßen«) als außerhalb der Mitteilung liegend. Die Lektüre, so suggeriert der Brief mit der Begrüßung und dem Verabschieden des Lesers, beginnt erst mit dem Lesen der Mitteilung – auch wenn wir vorher längst mitgelesen haben, was es sonst noch auf dem Blatt zu sehen gibt.

Zur Vertiefung
Hausendorf 2000.

4.2.2.3 Einleitungs- und Abschlussformeln

Hinweise auf Textgrenzen innerhalb eines Textganzen ergeben sich von Fall zu Fall auch aus der Vertrautheit mit spezifischen Lektürekontexten. Immer wieder ähnlich am Anfang und am Ende einer textuellen Einheit gebrauchte formelhafte Wendungen, wie sie für bestimmte Textsorten charakteristisch sind, können als Beleg für solche stärker wissensabhängigen Eröffnungs- und Beendigungshinweise gelten. Wir greifen hier lediglich zwei Beispiele zu illustrativen Zwecken heraus: Märchen und mathematische Beweise.

Vergleichsweise verbreitet und bekannt sind die Einleitungs- und Abschlussformeln aus vielen Grimm'schen Märchen: »Es war einmal ...« und »Und wenn sie nicht gestorben sind, dann leben sie noch heute«. Hierhin gehören auch formelähnliche Schlüsse von Erzählungen, mit denen das »Happy End« signalisiert wird. So heißt es zum Abschluss von *Aus dem Leben eines Taugenichts* von Joseph von Eichendorff: »... und von fern schallte immerfort die Musik herüber, und Leuchtkugeln flogen vom Schloß durch die stille Nacht über die Gärten, und die Donau rauschte dazwischen herauf – und es war alles, alles gut«.

Mathematische Beweisführungen enden typischerweise mit der Formel »Quod erat demonstrandum« (»q. e. d.«), eine lateinische Übersetzung einer Wendung, mit der die griechischen Mathematiker ihre Beweise abgeschlossen haben. Eine ähnliche Formel ist »Quod erat faciendum« (»q. e. f.«) als Abschluss für einen Algorithmus.

4.2.3 Metakommunikative Abgrenzungshinweise

In einem Text des Sprachwissenschaftlers Wolfgang Klein zum Phänomen der lokalen Deixis (»Wo ist hier? Präliminarien zu einer Untersuchung der lokalen Deixis«, in: Linguistische Berichte 58, 1978) findet sich am Ende des letzten Satzes vor dem Literaturverzeichnis eine Fußnote. Im Text dieser Fußnote ist zu lesen: »Hier endet dieser Text«. Der letzte Abschnitt des Romans *Auf Messers Schneide* von William Somerset Maugham beginnt mit dem Satz »Das ist das Ende meiner Geschichte.« (s. u. Bsp. 7). Der letzte Satz des »Vorsatzes« aus Thomas Manns *Zauberberg* lautet: »Und somit fangen wir an.« (Danach fällt der Blick des Lesers auf den in Beispiel 9 abgebildeten Seitenanfang.)

Die Liste solcher Belege ließe sich leicht vermehren. Sie zeigt, dass Texte ihre Grenzen nicht nur markieren, sondern auf sie auch metakommunikativ Bezug nehmen können. Sie können so tun, als ob sie noch nicht begonnen hätten (obwohl die Lektüre bereits in vollem Gang sein muss) bzw. so tun, als ob sie bereits beendet wären (obwohl die Lektüre noch munter weitergeht). Dabei entstehen leicht eigenständige Textteile, die sich an den Rändern eines Textganzen ansiedeln, eine eigene Art von Musterhaftigkeit ausbilden und ihren lektürevorgängigen bzw. -nachträglichen Charakter häufig durch Überschriften wie »Vorwort«, »Vorsatz« oder »Nachtrag« und »Post Scriptum« zum Ausdruck bringen. Wir verstehen solche Textteile als metakommunikative Abgrenzungshinweise, die suggerieren, außerhalb der Innenwelt des Textes zu stehen – was sie z. B. von Textteilen im Innern (wie »Einleitung« und »Schluss«) unterscheidet. Es gibt sie in vielfältigen Erscheinungsformen, insbesondere in literarischen Texten. Man kann an diesen Fällen untersuchen, mit welchen Ausdrücken in Texten metakommunikativ auf textuelle Ganzheiten Bezug genommen werden kann und welche Möglichkeiten es gibt, innerhalb eines Textes so zu tun, als stünde man außerhalb desselben. Für die Inszenierung von Autor- und Leserschaft sind solche Textteile von besonderer Bedeutung. Sie sind deshalb in der Literaturwissenschaft, aber auch in der Rhetorik eingehend beschrieben worden.

Zur Vertiefung
Haubrichs 1995; Driehorst/Schlicht 1988.

Übungsaufgabe 3
Zeigen Sie anhand von Beispiel 7

1. mit welchen sprachlichen Formen der Autor selbst- und rückbezüglich die für seinen Text relevante Lektüreganzheit benennt,
2. mit welchen sprachlichen Formen der Abschluss bzw. der Beginn dieser Ganzheit thematisiert wird!

Gehen Sie anschließend darauf ein,

3. wie im Text die Rolle des Autors und seiner Leser thematisiert wird und in welchen sprachlichen Formen diese Rollen zum Ausdruck gebracht werden!

Bsp. 7: Auf Messers Schneide

Das ist das Ende meiner Geschichte. Doch als ich mein Buch in dem unbehaglichen Bewusstsein beendete, dass ich den Leser gewissermaßen in der Luft hängen lassen muss, aber keinen Weg sah, wie ich das vermeiden sollte, da blickte ich noch einmal auf meine lange Erzählung zurück, ob es nicht doch ein Mittel gebe, um ein befriedigenderes Ende auszuhecken; und zu meiner tiefsten Überraschung wurde mir klar, dass ich, ohne die leiseste Absicht, nichts mehr und nichts weniger als einen richtigen Roman geschrieben hatte. ... Und so ist mein Schluss vielleicht gar nicht so unbefriedigend.

4.3 Gliederungshinweise

Gliederungshinweise verstehen sich immer relativ zu einem Textganzen (also z. B. zu einem Buch, einer Zeitung, einem Artikel oder einer Erzählung), dessen Innenwelt dann weiter ausdifferenziert wird (im Hinblick z. B. auf Kapitel, Abschnitte, Paragrafen, Absätze, ...). Die Gliederung des vorliegenden Buches mit z. T. vierstelligen Gliederungsüberschriften (»4.2.2.1«!) ist selbst ein Beispiel für eine solche Differenzierung (die die Grenzen des Zumutbaren der Alltagslektüre in der Regel überschreitet).

Wonach man im Falle der Gliederungshinweise in Texten Ausschau halten muss, wollen wir im Folgenden zunächst am Beispiel von Hinweisen veranschaulichen, die dazu beitragen, ein Textganzes in Teiltexte zu differenzieren. Die »Kapitel« im vorliegenden Buch, aber auch die »Absätze« innerhalb eines Kapitels sind allgegenwärtige Beispiele für solche Hinweise. Wir besprechen sie hier als Einheitenhinweise (4.3.1). Wenn Teiltexte in weitere Teiltexte gegliedert werden, ergibt sich eine hierarchische Relation zwischen textuellen Unter- und Obereinheiten. In Texten kann auf solche hierarchischen Relationen eigens hingewiesen werden, z. B. durch das Voranstellen einer »Gliederung« und durch »Gliederungsüberschriften«. Wir sprechen in solchen Fällen von Hierarchiehinweisen (4.3.2).

Gliederungshinweise signalisieren Lektürepfade und -portionen. Sie setzen also an die Stelle der Willkür des Kreuz- und Querlesens die Vorgabe gezielter und gewählter Lektüreeinheiten. Es versteht sich, dass mit dem Aufkommen umfangreicher papierschriftlicher Texte und dazugehöriger Textsammlungen der Bedarf an Gliederungshinweisen expandiert und sich spezielle Gliederungstechniken entwickeln. Der Buchdruck ist dafür mit seinen typografischen Mitteln ein herausragendes Beispiel, auf das wir gleich zurückkommen.

Achtung!
Gliederungshinweise leisten mit ihrem Bezug auf ein Textganzes, zu dem die einzelnen Teile gehören, immer auch eine *Verknüpfung* der gegliederten Teiltexte – insofern stehen sie grundsätzlich den Verknüpfungshinweisen nahe (s. u. Kap. 5). Das entscheidende Kriterium für das Erkennen von Gliederungshinweisen ist die Markierung der Grenzen textueller Einheiten und die Markierung ihres texthierarchischen Status!

Terminologie
»Gliederungssignale«: Gülich/Raible 1977; Gülich 1970.

4.3.1   Einheitenhinweise

Einheitenhinweise ergeben sich in vielen Texten auf den ersten Blick durch das Druck- und Schriftbild (den Satz im drucktechnischen Sinne) und die darin zum Ausdruck kommenden typografischen Möglichkeiten der Textgestaltung (Layout). Für typografisch signalisierte Einheiten haben wir in vielen Fällen Ausdrücke, mit denen wir diese Einheiten textsortenspezifisch benennen können. Ein Beispiel dafür ist der Ausdruck *Absatz* (s. u.). Moderne Printmedien sind voll von Hinweisen auf Teiltexte dieser Art, die in vielfältiger Art und Weise dazu beitragen, mögliche Lektüreeinheiten und -pfade anzuzeigen, so dass der Leser die Zeitung oder ein Buch blätternd lesen kann, ohne vorne (oben links) anzufangen und hinten (unten rechts) aufzuhören. Einheitenhinweise tragen also dazu bei, die durch materiale Ganzheitshinweise signalisierte Linearität der Lektüre zugunsten einer Vielzahl möglicher (virtueller) Lektüren aufzubrechen – und das nicht erst, seit die elektronischen Medien solche materialen Ganzheitshinweise abzulösen begonnen haben. Hinweise auf Textgrenzen dieser Art sehen und erfassen wir, noch bevor wir überhaupt mit der Lektüre einer der fraglichen Einheit begonnen haben (s. u. Bsp. 8). Die Kultur des Buchdrucks mit beweglichen Lettern erscheint von hier aus als eine ungeheure Textabgrenzungs- und Textgliederungstechnologie: von den Techniken der Sammlung und Bindung von Papier (Einband, Deckblatt, Titelblatt) über die Typografie des Satzes bis hinein in die Orthografie und die Grammatik einer standardisierten Schriftsprache.

Zur typografischen Signalisierung von textuellen Einheiten gehören auch Überschriften, die wie Titel über einer textuellen Einheit stehen und grafisch durch verschiedene Mittel hervorgehoben werden können (größerer Schrifttyp, Fettdruck, s. o. 4.2.1.3). Es gibt Überschriften, die sich auf das Thema der fraglichen textuellen Einheit beziehen und insofern zugleich Themahinweise geben (wie z. B. die Titel und Untertitel auf Zeitungsseiten im Sinne aufmerksamkeitsheischender Schlagzeilen). In diesen Fällen sind Überschriften also zugleich Gliederungs- *und* Themahinweise (s. u. Kap. 6). Es gibt daneben auch Überschriften, die sich nicht auf Inhalte, sondern auf die hierarchische Struktur der fraglichen textuellen Einheit beziehen und ohne Themahinweis (inhaltsleer) den hierarchischen Stellenwert der Einheit im Textganzen anzeigen. Wir besprechen sie bei den Hierarchiehinweisen (s. u. 4.3.2).

Übungsaufgabe 4
(1) Zeigen Sie an dem folgenden Beispiel 8, welche typografischen Hinweise dazu beitragen, den Text zu untergliedern in eine Vielzahl von Teiltexten! Gehen Sie auch auf die Abgrenzungshinweise ein, die dazu beitragen, die Ganzheit des Textes nach außen zu signalisieren! Erläutern Sie abschließend, welche Hinweise sich aus den Gliederungs- und Abgrenzungshinweisen mit Bezug auf die Steuerung des Lesers und mit Blick auf vorstrukturierte und nahegelegte Lektüremodelle ergeben!

(2) Zeigen Sie anschließend am Beispiel 6 (s. o. in diesem Kapitel), wie die für einen »Geschäftsbrief« typischen Teiltexte durch typografische Mittel auf dem Blatt angezeigt werden und mit welchen sprachlichen Ausdrücken wir auf diese Teiltexte Bezug nehmen können!

Bsp. 8: Titelblatt einer Tageszeitung

Zur Vertiefung

Roth/Spitzmüller 2007; Dürscheid 2006; Püschel 1997; Gallmann 1985.

4.3.2   Hierarchiehinweise

Hierarchiehinweise tragen dazu bei, dass wir den Stellenwert einer textuellen Einheit für das Textganze erkennen können. Ein herausragendes typografisch-sprachliches Signal dieser Art geht von Überschriften aus, die sich nicht (nur) auf Inhalte, sondern auf die hierarchische Struktur der Teiltexte eines Textes beziehen und diese in einem System aus Unter- und Überordnung zum Ausdruck bringen. Sie greifen dazu in der Regel (wie in diesem Buch) auf ein numerisches oder ein alphabetisches Gliederungssystem (oder auf Mischformen) zurück. Wir bezeichnen Überschriften dieser Art als Gliederungsüberschriften. Insbesondere die Binnengliederung größerer textueller Ganzheiten wird häufig durch Überschriften dieser Art verdeutlicht.

Bsp. 9: Der grüne Heinrich, Die Wahlverwandtschaften, Der Zauberberg

ERSTER BAND

Erstes Kapitel

Zu den schönsten vor allen in der Schweiz gehören diejenigen Städte, welche an einem See und an einem Flusse zugleich liegen, so daß sie wie ein weites Tor am Ende des Sees unmittelbar den Fluß aufnehmen, welcher mitten durch sie hin in das Land hinauszieht. So Zürich, Luzern, Genf; auch Konstanz gehört gewissermaßen noch zu ihnen. Man kann sich nichts Angeneh-

ERSTER TEIL

ERSTES KAPITEL

Eduard – so nennen wir einen reichen Baron im besten Mannesalter – Eduard hatte in seiner Baumschule die schönste Stunde eines Aprilnachmittags zugebracht, um frisch er- ₅ haltene Pfropfreiser auf junge Stämme zu bringen. Sein Geschäft war eben vollendet; er legte die Gerätschaften in das

ERSTES KAPITEL

Ankunft

Ein einfacher junger Mensch reiste im Hochsommer von Hamburg, seiner Vaterstadt, nach Davos-Platz im Graubündischen. Er fuhr auf Besuch für drei Wochen.

Von Hamburg bis dort hinauf, das ist aber eine weite Reise; zu weit eigentlich im Verhältnis zu einem so kurzen Aufent-

Gliederungsüberschriften treten in Rein- und Mischformen auf. Beispiele für reine Gliederungsüberschriften liefern Titel, die aus einer Ordinalzahl als Adjektiv (»erste/r/s«, »zweite/r/s«) und einem abstrakten Lexem für einen Teiltext (wie »Kapitel«, »Teil«, »Band«) gebildet werden. Sie treten häufig in literarischen Texten auf.

Diese Romananfänge (Bsp. 9) zeigen, wie Gliederungsüberschriften mit dem Zahl-Artikel *erste/r/s* ähnlich wie ein Druckvermerk (s. o. 4.2.2.1) zugleich den Textrand markieren können. Neben diesen mit einer Ordinalzahl gebildeten Überschriften (und den lediglich aus einer Zahl bestehenden Überschriften) gibt es zudem Gliederungsüberschriften, die gewissermaßen vorgeben, außerhalb der Gliederung zu stehen, um den »eigentlichen« Text noch einmal eigens einzurahmen. Diese Überschriften tragen typischerweise Titel, die den prä- oder postpositionierten Charakter der entsprechenden Textteile sogleich erkennen lassen. Noch vor dem »Ersten Kapitel« des *Zauberbergs* (s. o. Bsp. 9) findet sich so z. B. eine textuelle Einheit unter der Überschrift »Vorsatz«.

Zu den Mischformen zählen Gliederungsüberschriften, die neben dem numerischen oder alphabetischen Hinweis auf den hierarchischen Stellenwert auch einen thematischen Hinweis enthalten. Wissenschaftliche Texte sind voll von solchen Mischformen, die dann typischerweise in einer Gliederungsübersicht eigens aufgeführt und dem durch Eröffnungs- und Beendigungshinweise markierten »eigentlichen« Text voran- oder nachgestellt werden können. Gliederungsübersichten liefern differenzierte Hinweise auf Teiltexte (und Teiltexte von Teiltexten) und dienen mit der Angabe von Seitenzahlen zugleich ihrer schnellen und gezielten Auffindbarkeit. Sie stehen als eigener Teiltext (»Gliederung«) den metakommunikativen Gliederungshinweisen mit ausgeprägt leserorientierender Funktion nahe (s. u. 4.3.3).

Achtung!
Hierarchiehinweise signalisieren zugleich, wie Teiltexte zu einer größeren textuellen Einheit verknüpft werden können, es sind also zugleich Verknüpfungshinweise (s. u. Kap. 5).

Zur Vertiefung
Hellwig 1984.

4.3.3 Metakommunikative Gliederungshinweise

Die Gliederung eines Textganzen in Teiltexte kann selbst zum Thema werden. Allgegenwärtige Belege für dieses Reflexiv-Werden der Textgliederung finden sich, wenn wir in einem Wörterbuch die Ausdrücke nachschlagen, mit denen man auf textuelle Einheiten Bezug nehmen kann. Wir finden dann eine Vielzahl von Ausdrücken, die jeweils auf unterschiedliche Textganzheiten zu beziehen sind und insofern auch die Musterhaftigkeit der Textgliederung manifestieren (Ausdrücke wie »Kapitel«, »Abschnitt«, »Paragraf«, aber auch Ausdrücke wie »Strophe«, »Vers«, »Akt« oder

»Szene«). Das Reflexiv-Werden der Textgliederung zeigt sich aber auch im Entstehen eigener Teiltexte, die nur dazu dienen, die Gliederung eines Textes selbst- und rückbezüglich zu repräsentieren und zu verdeutlichen. Dazu zählen die bereits besprochenen Gliederungsübersichten in listenförmig-tabellarischer Gestalt. Als metakommunikative Gliederungshinweise im engeren Sinne verstehen wir hier selbst- und rückbezügliche Gliederungshinweise in verbalisierter Form, sowohl innerhalb eigener Teiltexte (wie »Einleitungen«), die als Service-Teiltexte größerer Texte verstanden werden können, als auch in Form einzelner Hinweise im Text (in Form von Formulierungen wie »Wir besprechen im Folgenden zunächst ... und kommen dann ...«).

Achtung!
In der Regel gehen diese metakommunikativen Gliederungshinweise mit Themahinweisen Hand in Hand, so dass mit der Orientierung des Lesers zugleich die Einführung in die textuelle Thematik verbunden ist. Wir besprechen Beispiele für metakommunikative Gliederungshinweise deshalb bei den Themaeinführungshinweisen (6.2).

5. Verknüpfungshinweise

5.1 Worauf man bei der Analyse achten sollte

Welche Elemente eines Textes hängen miteinander zusammen und wie genau sind sie aufeinander zu beziehen? In welchem Verhältnis stehen schon Gelesenes und noch zu Lesendes? Was muss beim Weiterlesen behalten, was kann außer Acht gelassen werden? Dass sich solche und ähnliche Fragen im Alltag der Lektüre häufig gar nicht erst stellen, sondern dass sie gewissermaßen automatisch mitbeantwortet werden, ist die Leistung der »Verknüpfungshinweise«. Sie machen uns auf die im gleichen Text (intratextuell) verfügbaren, bereits gelesenen oder noch zu lesenden Sprachzeichen aufmerksam, die für das, was wir gerade lesen, von Bedeutung sind. Durch die Verknüpfungshinweise wird ein engmaschiges Gewebe von Beziehungen erzeugt, so dass aus Buchstaben, Wörtern und Sätzen ein Text wird. Mit der Metaphorik der Verknüpfung steht dieses Textualitätsmerkmal der Ursprungsbedeutung des lateinischen Ausdrucks *Text* (das Gewebte) sehr nahe.

Hinweise auf Textverknüpfungen werten wir bei der Lektüre aus, ohne darüber lange nachzudenken. Erst wenn diese Hinweise fehlen oder gezielt außer Kraft gesetzt werden, werden wir bei der Herstellung eines textuellen Zusammenhangs irritiert, und Textualität wird auch in der alltäglichen Lektürepraxis zu einem Problem.

Bei der Analyse der Textverknüpfungen kommt es darauf an, Verknüpfungen nachzuzeichnen, die uns im Text nahegelegt werden. Alles, was dazu beiträgt, die sprachlichen Erscheinungsformen in einem Text (und in machen Fällen auch die bildlichen Erscheinungsformen) miteinander in Beziehung zu setzen und einen inneren Zusammenhang nahezulegen, kommt prinzipiell als Verknüpfungshinweis in Betracht. Worauf man bei der Analyse der Textverknüpfung besonders achten sollte, wollen wir im Folgenden vorausschicken:

– Textverknüpfungshinweise stehen in engem Zusammenhang mit Gliederungshinweisen: Gliederungshinweise signalisieren textuelle Untereinheiten, Verknüpfungshinweise zeigen uns an, welche dieser Untereinheiten wie miteinander zusammenhängen.

– Textverknüpfung beruht in vielen Fällen auf grammatischen Hinweisen, die sich als solche gut beschreiben und systematisieren lassen (Stichwort »Kohäsion«). Aber sie erschöpft sich nicht in derartigen Hinweisen. Wie bei allen Hinweisen auf Textualität können sich Hinweise auf die Textverknüpfung auch wahrnehmungs- und wissensabhängig ergeben!

– Textverknüpfung wird in der Textlinguistik zumeist als Frage nach der Verknüpfung satzförmiger Einheiten zu einer übersatzförmigen Einheit verstanden (s. o. 2.1: Vom Satz zum Text!). Das ist aber nur ein Teilbereich der Textverknüpfung, der auch nur in bestimmten Texten überhaupt relevant wird! Texte müssen nicht zwangsläufig aus satzförmigen Einheiten bestehen. *Wenn* sie aber aus satzförmigen Einheiten bestehen, kommt zwangsläufig auch die Frage nach solchen auf Sätze als Einheiten bezogenen Verknüpfungshinweisen ins Spiel.

– Verknüpfungshinweise sind vielgestaltig. Sie unterscheiden sich insbesondere in der Reichweite der Verknüpfung, in der Größe der verknüpften Einheiten und in der Spezifik der angezeigten Beziehung. So können Verknüpfungshinweise eine Verbindung zu einem einzelnen Wort im Text herstellen (»Thomas ... er ...«), sie können aber auch Sätze (»Es regnete schon seit Tagen in Strömen. Deshalb ...«) und Teiltexte in Beziehung setzen (»Im nächsten Kapitel werden wir ...«). Oder sie stiften einen globalen Textzusammenhalt, indem sie auf den Text als Ganzes referieren (»Die folgende Erzählung ...«).

– Textverknüpfung kann von Fall zu Fall auch die Verknüpfung von Sprache und Bildern einschließen. Die Analyse der Textverknüpfung darf sich also nicht von vornherein auf die Frage nach der Verknüpfung der sprachlichen Erscheinungsformen beschränken!

– Textverknüpfungen ergeben sich auch durch die thematische Zusammengehörigkeit der Bestandteile eines Textes. Hinweise auf die Textthematik sind deshalb grundsätzlich auch Verknüpfungshinweise! Wir besprechen sie jedoch im anschließenden Kapitel, weil mit dem Textthema ein eigenes Textualitätsmerkmal ins Spiel kommt (s. u. Kap. 7).

Entdeckungsaufgabe 1
Suchen Sie in dem folgenden Text Bsp. 1 »Kofferfisch« möglichst viele Verknüpfungshinweise: Welches sind die durch Gliederungshinweise ausgezeichneten textuellen Untereinheiten in diesem Fall und wie werden sie miteinander verknüpft? Suchen Sie insbesondere nach Verknüpfungshinweisen, die die satzförmigen Einheiten miteinander verbinden!

Auch eine flüchtige Suche nach den Verknüpfungshinweisen in diesem Text zeigt, dass Textverknüpfung auf unterschiedliche Weise zustande kommt. So gibt es beispielsweise innerhalb des Schriftblocks Erscheinungsformen von Gleichförmigkeit (typografisch: Schrifttyp und -größe, aber auch mit Blick auf Wiederholungen z. B. von Worten und Morphemen: »Meer«), die uns den Text auf den ersten Blick als etwas Zusammengehöriges wahrnehmen lassen. Beim Lesen greifen dann weitere Hinweise, die die satzförmigen Einheiten miteinander verketten, so dass uns die Satzfolge als wohlgeformt erscheint. Dazu gehört z. B. eine Pronominalisierung wie »ihn«, die wir durch den Rückbezug auf das Nomen »Kofferfisch« im vorausgehenden Satz verstehen. Schließlich verstehen wir auch eine bestimmte semantische Relation zwischen den satzförmigen Aussagen mit, wenn es z. B. heißt: »In der Isolation dieses Beckens versuchten die Biologen, seltene oder gar unentdeckte Arten zu finden. Tatsächlich entdeckten sie in mehreren Kilometern Tiefe (...) merkwürdige Geschöpfe.« Das Adverb »Tatsächlich« signalisiert uns das Zutreffen einer Erwartung, die im Text vorher aufgebaut worden sein muss.

Unsere Darstellung soll der Vielfalt dieser Verknüpfungshinweise Rechnung tragen. Sie beginnt mit Wiederholungen, die die Verknüpfung der Einheiten eines Textes

Bsp. 1: »Kofferfisch«

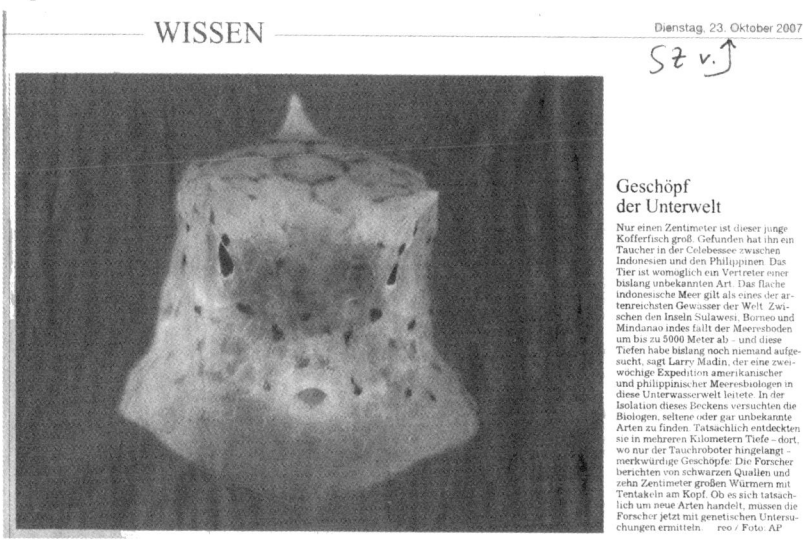

──────── WISSEN ────────   Dienstag, 23. Oktober 2007

$S \not z \; v. \uparrow$

**Geschöpf
der Unterwelt**

Nur einen Zentimeter ist dieser junge
Kofferfisch groß. Gefunden hat ihn ein
Taucher in der Celebessee zwischen
Indonesien und den Philippinen. Das
Tier ist womöglich ein Vertreter einer
bislang unbekannten Art. Das flache
indonesische Meer gilt als eines der artenreichsten Gewässer der Welt. Zwischen den Inseln Sulawesi, Borneo und
Mindanao indes fällt der Meeresboden
um bis zu 5000 Meter ab – und diese
Tiefen habe bislang noch niemand aufgesucht, sagt Larry Madin, der eine zweiwöchige Expedition amerikanischer
und philippinischer Meeresbiologen in
diese Unterwasserwelt leitete. In der
Isolation dieses Beckens versuchten die
Biologen, seltene oder gar unbekannte
Arten zu finden. Tatsächlich entdeckten
sie in mehreren Kilometern Tiefe – dort,
wo nur der Tauchroboter hingelangt –
merkwürdige Geschöpfe: Die Forscher
berichten von schwarzen Quallen und
zehn Zentimeter großen Würmern mit
Tentakeln am Kopf. Ob es sich tatsächlich um neue Arten handelt, müssen die
Forscher jetzt mit genetischen Untersuchungen ermitteln.   reo / Foto: AP

als Wiederkehr des Gleichen wahrnehmbar machen (5.1), und geht dann über zu Verknüpfungen im Text, die durch Vor- und Rückverweise (»Textphorik«) zustande kommen und eine Verkettung insbesondere satzförmiger Einheiten leisten (5.2). Verknüpfungshinweise, die semantische oder pragmatische Relationen zwischen benachbarten Äußerungen signalisieren (z. B. in Form von Konnektoren) besprechen wir als Relationshinweise (5.3). Schließlich gibt es auch Hinweise, die Verknüpfungen zwischen größeren Textteilen anzeigen. Dazu gehören insbesondere narrative, deskriptive und argumentative Strukturhinweise (5.4).

Verknüpfungshinweise zwischen Text und Bild besprechen wir nicht gesondert, sondern von Fall zu Fall ausgehend von den Beispielen mit. Sie können im Prinzip den verschiedenen Verknüpfungshinweisen (Wiederholungen, Verkettungs-, Relations- und Strukturhinweisen) zugeordnet werden.

Zur Vertiefung
Zu Text-Bild-Verknüpfungen: Stöckl 2004; Fix/Wellmer 2000; Nöth 2000; Sandig 2000.

5.2   Wiederholungen

Textverknüpfung beruht unter Anderem darauf, dass es in den sprachlichen Erscheinungsformen, die den Text bilden, etwas gibt, was konstant bleibt. Wiederholungen machen diese Konstanz in Texten erfahrbar. Wiederholungen sind deshalb grundlegende Verknüpfungshinweise. Sie wirken dadurch, dass sie durch partielle Gleichförmigkeiten (z. B. von Buchstaben, Silben oder Wörtern) auf Verbindungen zwischen Sprachzeichen aufmerksam machen.

5.2.1   Wiederholung von Buchstaben

Der Zusammenhang von Beibehaltung und Variation, der für Wiederholungen charakteristisch ist, macht sich schon in der Gleichförmigkeit der Buchstaben sinnlich
bemerkbar: Die regelmäßige Wiederkehr der beschränkten Anzahl der Buchstaben
des Alphabets ist ein starker visueller Hinweis auf Textverknüpfung (ein Hinweis,
der selbst dann wahrnehmbar ist, wenn es sich um fremde Alphabete handelt wie
das griechische oder kyrillische!). Dieser Verknüpfungshinweis ist im Prinzip mit
dem Buchdruck und der damit technisch verfügbaren Gleichförmigkeit der Lettern
in fast allen gedruckten Texten wirksam, mit denen wir es in unserem Alltag zu
tun haben. Er setzt mit der Wahrnehmung ein – noch bevor wir angefangen haben
zu lesen. Wie immer lässt sich diese Selbstverständlichkeit mit Blick auf gezielte
Abweichungen aufbrechen. Man könnte dazu in diesem Fall an das Stereotyp des
anonymen Erpresserbriefes denken, dessen Text mit Hilfe einzeln ausgeschnitte-
ner Buchstaben ganz unterschiedlicher Schrifttypen und -größen gebildet wird.
Hier wiederholen sich die Buchstaben nicht einfach unverändert. Vielmehr sind
sie in unterschiedlichen Schriftgrößen und Schriftarten realisiert, und sie werden
in unterschiedlichen (d. h. sich ebenfalls nicht wiederholenden) Buchstaben- und
Zeilenabständen auf unterschiedlichen materialen Trägern präsentiert. Als Folge
daraus wirkt der Text, obwohl wir ihn mühelos lesen und interpretieren können,
wie zerstückelt – also das Gegenteil von »verknüpft« (s. Bsp. 2).

Bsp. 2: »Erpresserbrief«

Wahrnehmbar und auffällig wird die Verknüpfungsleistung der typografischen Gestalt der Druckschrift auch in der Poesie, wenn das Druckbild gezielt manipuliert und damit selbst aussagefähig wird (wie in vielen Arbeiten aus der »konkreten Poesie«).

Spezifische Verknüpfungshinweise durch Buchstabenwiederholungen, die über die typografische Gleichförmigkeit hinausgehen, ergeben sich aufgrund der Grafem-Phonem-Korrespondenz der Alphabetschrift. Stabreim und Alliteration sind dafür ein Beispiel (s. Bsp. 3).

Bsp. 3: Max auf Mallorca

Verknüpfungshinweise dieser Art machen einen Text besonders einprägsam und memorierbar, sie geben ihm durch die unmittelbare Wahrnehmbarkeit der Textverknüpfung (insbesondere beim lauten Lesen und Hören) eine pragmatische Nützlichkeit, die aus der Fokussierung auf die Verknüpfung resultiert und der Lektüre einen Eigenwert verleiht (s. u. 8.3.4: Unterhaltungshinweise).

5.2.2   Wiederholung von Buchstabenkombinationen

Die Wiederholung von Buchstabenkombinationen ist in der Alltagsroutine der Textproduktion ein zufälliges Nebenprodukt. Die Tradition der Lyrik belegt, dass dieses Prinzip der Textverknüpfung auch zu einem Verfahren der Textproduktion ausgebaut werden kann. Es kommt dann zu einem Phänomen von »struktureller Überdeterminiertheit«, das die Aufmerksamkeit wie von selbst auf die Gestalt(ung) des Textes lenkt. Die Wiederkehr gleicher Grafeme bzw. Phoneme ist hier ein typisches Verknüpfungsmittel, das uns als Reim in zahllosen Varianten bekannt ist (Endreim, Binnenreim, Anfangsreim usw.).

Lyrik ist ein Beispiel, bei dem die Wiederkehr von Grafemkombinationen eine primär hörbare Textverknüpfung erzeugt. Man erkennt das an der Befremdung, die sogenannte Augenreime verursachen, wenn sich also – wie in einem Gedicht von Lino Wirag – Schlange auf Orange, Blamage auf Tage »reimt«. Es gibt andere Beispiele, in denen die Wiederkehr von Grafemkombinationen primär auf der visuellen

Ebene verknüpfungsstiftend ist. So etwa in alphabetischen oder numerischen Listen (Telefonbüchern, Auflistungen von Aktienkursen, Wörterbüchern, Schlagwortverzeichnissen). Oder etwa im folgenden Beispiel 4, einem Wortverwandlungsrätsel, dessen Konstruktionsprinzip darin besteht, dass sich von Zeile zu Zeile nur genau ein Buchstabe ändern darf. Die sichtbare Kontinuität der übereinander stehenden Grafeme sorgt hier für den Textzusammenhang.

Bsp. 4: Wortverwandlungsrätsel Hasen → Kabul

HASEN
NASEN
NABEN
NABEL
KABEL
KABUL

Die Textverknüpfung bekommt hier einen stark spielerischen Charakter, der Textverknüpfung zum Sprachspiel macht und deshalb mit Blick auf die Textfunktion als starker Unterhaltungshinweis (s. u. 8.3.4) wirkt (und z. B. auf den »Unterhaltungsseiten« von Tageszeitungen auch ausgenutzt wird: »Rebus«).

5.2.3   Wiederholung von Worten (und Wortgruppen)

Aus der Rhetorik ist eine Reihe spezieller Wiederholungsfiguren bekannt, die auf der Wiederkehr gleicher Wörter oder Wortgruppen beruhen:

– Geminatio (ein Wort oder eine Wortgruppe wird im direkten Anschluss wiederholt)
– Diakope (ein Wort oder eine Wortgruppe wird, getrennt von einem kurzen Einschub, wiederholt)
– Anadiplose (ein Wort oder eine Wortgruppe wird wiederholt, wobei eine Satzgrenze überschritten wird)
– Anapher (ein Wort oder eine Wortgruppe wird wiederholt; die betreffenden Einheiten stehen jeweils am Satzanfang)
– Epipher (ein Wort oder eine Wortgruppe wird wiederholt; die betreffenden Einheiten stehen jeweils am Satzende)

Zur Vertiefung
Ottmers/Klotz 2007, S. 164–168.

Die Text konstituierende Qualität von Wortwiederholungen ist auch Gegenstand künstlerischer Experimente geworden, wie in dem folgenden Gedicht von Gunnar Ekelöf (Bsp. 5), in dem die Wiederholung von Wörtern (wie übrigens auch von

Wortbildungsmorphemen wie *-lig*, *-ig* oder *-heten*!) zum Konstruktionsprinzip wird, das es erlaubt, eine nie abreißende Kette von Verknüpfungen zu erzeugen.

Bsp. 5: Perpetuum mobile

Perpetuum mobile	Perpetuum mobile
Den gamla vanliga skalligheten	Die alte übliche Kläglichkeit
Den gamla vanliga skalligheten	Die alte übliche Kläglichkeit
Den gamla vanliga skalligheten	Die alte übliche Kläglichkeit
Den gamla skarnliga vanligheten	Die alte schändliche Üblichkeit
Den gamla vanliga skamligheten	Die alte übliche Schändlichkeit
Den gamla skamliga vänligheten	Die alte schändliche Gütigkeit
Den gamla vänliga svamligheten	Die alte gütige Schmierigkeit
Den gamla flab biga hemligheten	Die alte dümmliche Heimlichkeit
Den gamla hemliga skadligheten	Die alte heimliche Schuftigkeit
Den gamla saliga flabbigheten	Die alte selige Dümmlichkeit
Den gamla skadliga skabbigheten	Die alte schuftige Schäbigkeit
Den gamla skabbiga saligheten	Die alte schäbige Seligkeit
Sedligheten den gamla smakliga	Sittlichkeit die alte beschauliche
Skamligheten den gamla skändliga	Schändlichkeit die alte schmähliche
Skalligheten den gamla vänliga	Kläglichkeit die alte gütige
Skalligheten den gamla vanliga etc.	Kläglichkeit die alte übliche usw.

Die Tatsache, dass das wiederholte Auftreten eines Wortes einen Hinweis auf Textverknüpfung impliziert, ist zunächst unabhängig von der Wortbedeutung. Das kann man daran sehen, dass die Wortwiederholung auch dann als Verknüpfungshinweis funktionieren kann, wenn man das obige Gedicht in der linken Spalte im schwedischen Original liest. Gleichwohl sind Wortwiederholungen als Textualitätshinweise polyfunktional. Sie können einerseits durch die Wiederholungen im Laut- oder Schriftbild eine markant wahrnehmbare Verknüpfungsqualität haben (weshalb sie an dieser Stelle aufgeführt werden). Andererseits können sie aber als Träger von Bedeutungen zugleich die Beibehaltung einer textuellen Thematik signalisieren. Sie sind dann Themabeibehaltungshinweise (s. u. 6.3). Verknüpfungs- und Themahinweise gehen hier Hand in Hand.

5.2.4 Wiederholung von Sätzen und syntaktischen Konstruktionen

In Texten können manchmal auch Sätze und sogar ganze Abschnitte wiederholt werden (s. u. Bsp. 42!). Anders als die Wiederholung von Buchstaben ist die Wiederholung satzförmiger und abschnittsförmiger Einheiten jedoch auffällig. Als Redundanz und Stagnation des Textes ist sie fast nicht »zulässig«: Eine Wiederholung größerer Einheiten wird in einem Text schnell als Versehen (z. B. als Fehler beim Buchdruck) missverstanden. Daher finden sich die wenigsten dieser Wiederholungen in Alltagstexten, eher schon in Gedichten oder Liedtexten (z. B. in der

Form von Kehrversen). Oder aber in rituellen Texten wie z. B. Litaneien, einer
Textsorte, für die die häufige Wiederholung von Sätzen konstitutiv ist.

Häufiger sind Wiederholungen syntaktischer Konstruktionen. Sie lassen den Beitrag der Syntax zur Textverknüpfung markant hervortreten und sind in der Rhetorik
unter dem Stichwort »Parallelismus« (oder »Isokolon«) behandelt worden (beim
Isokolon ist die Länge der wiederholten Wörter und syntaktischen Konstruktionen
identisch).

> Bsp. 6: Das Märchen vom kleinen Herrn Moritz, der eine Glatze kriegte (Kursiv
> im Original)
>
> Als nun der lange Winter kam, der längste Winter auf der Welt in Berlin, da wurden die
> Menschen allmählich böse. Die Autofahrer *schimpften*, weil die Straßen so glatt waren,
> dass die Autos ausrutschten. Die Verkehrspolizisten *schimpften*, weil sie immer auf der
> kalten Straße rumstehen mussten. Die Verkäuferinnen *schimpften*, weil ihre Verkaufsläden
> so kalt waren. Die Männer von der Müllabfuhr *schimpften*, weil der Schnee gar nicht alle
> wurde.

In Beispiel 6 wird die Folge Hauptsatz – kausaler Nebensatz vier Mal wiederholt (mit Wiederholung des gleichen finiten Verbs im Hauptsatz). Gleichzeitig
wiederholt sich auch der innere Aufbau des Hauptsatzes, der in allen vier Fällen
ausschließlich aus der Folge Subjekt – Prädikat besteht. Das Subjekt seinerseits
besteht aus dem bestimmten Artikel im Plural, gefolgt von einem Substantiv – mit
Ausnahme des letzten Satzes, wo das Substantiv »Männer« durch das Attribut »von
der Müllabfuhr« erweitert wird. Das finite Verb steht immer in der 3. Person Plural
des Präteritums. So wiederholt sich nicht nur die grammatische Struktur, sondern
auch die Zahl der Wörter, ein zusätzlicher Hinweis auf Textverknüpfung, der auch
ohne grammatisches Wissen beim Lesen evident wird – was diesen Textverknüp-
fungshinweisen ihre besondere Wirkung verleiht.

5.2.5   Wiederholung morphologischer Merkmale

Während die bisher besprochenen Formen von Wiederholungen immer auch einen
ausdrucksseitigen, wahrnehmbaren Niederschlag haben, ist das bei der Wiederholung morphologischer Merkmale, die in dem folgenden Abschnitt vorgestellt
werden, nicht notwendigerweise der Fall. So führt das wiederholte Auftreten des
Präteritums nur im Fall schwacher Verben mit ihrem Dentalsuffix -te zu sichtbaren
(und hörbaren) Wiederholungen. Anders bei den starken Verben, die das Präteritum
durch die Veränderung des Stammvokals bilden: Um das wiederholte Auftreten
des Merkmals »Präteritum« als Verknüpfungshinweis wahrnehmen zu können, ist
sprachliches Wissen Voraussetzung. Es handelt sich also um genuin sprachliche
Verknüpfungshinweise.

5.2.5.1 Tempuskonstanz

Gut bekannt ist die Text verknüpfende Wirkung von Wiederholungen im Bereich der Tempora. Ein herausragendes Beispiel dafür ist die Verwendung des Präteritums als Leittempus der »erzählten Welt« (Weinrich). Die regelmäßige Wiederkehr des Präteritums weist den Erzähltext als Einheit aus und grenzt die Erzählwelt von der erzählten Welt ab. Die Tempuskonstanz ist deshalb in diesen Fällen zugleich ein narratives Struktursignal (siehe dazu unten narrative Struktursignale: 5.5.1!).

Tempuskonstanz ist natürlich nicht auf das Präteritum beschränkt. Sie zeigt sich dort nur besonders deutlich als Verknüpfungsmittel. Grundsätzlich kommt die Wiederholung sämtlicher Tempusmarkierungen als Verknüpfungshinweis in Betracht.

Zur Vertiefung
Weinrich 2001.

Übungsaufgabe 1
Beschreiben Sie anhand des Beispiels 8 (»Text-Begriff«, s. u.!) den Beitrag der Tempusverwendung zur Textverknüpfung und Textgliederung!

5.2.5.2 Moduskonstanz

Was für die Tempuskonstanz beschrieben wurde, gilt im Prinzip auch für die Text verknüpfende Funktion der Modus-Konstanz. Das lässt sich besonders gut an Fällen erkennen, in denen ein vom Indikativ abweichender Modus im Text auffällig wiederkehrt. Den folgenden Text (Bsp. 7) erhält man beim Betätigen der F1-Taste.

Bsp. 7: F1-Hilfstext aus Microsoft Word

Suchen mit Platzhaltern

Verwenden von Platzhaltern beim Suchen und Ersetzen
Verwenden Sie z. B. bei der Suche ein Sternchen (*) als Platzhalter für eine Zeichenfolge ("s*n" findet "spielen" und "singen").
Klicken Sie im Menü **Bearbeiten** auf **Suchen** bzw. **Ersetzen**.
Wenn das Kontrollkästchen **Platzhalterzeichen verwenden** nicht angezeigt wird, klicken auf **Erweitern**.
Aktivieren Sie das Kontrollkästchen **Platzhalterzeichen verwenden**.
Geben Sie im Feld **Suchen nach** ein Platzhalterzeichen ein. Führen Sie eine der folgenden Aktionen aus:
Um ein Platzhalterzeichen aus einer Liste zu wählen, klicken Sie auf **Sonstiges** und dann auf ein Platzhalterzeichen, und geben Sie im Feld **Suchen nach** weiteren Text ein.
Geben Sie ein Platzhalterzeichen direkt im Feld **Suchen nach** ein.
....

Man sieht an diesem Beispiel, dass Moduskonstanz nicht nur ein Textverknüpfungssignal ist, sondern auch ein starker Hinweis auf das Vorliegen einer bestimmten Textfunktion (im Sinne der Steuerung des Lesers: s. u. 7.2.2 Steuerungshinweise!) und einer bestimmten Textsorte (im Sinne der Instruktion: s. u. 8.3 Musterhinweise).

In literarischen Texten kann insbesondere die Wiederkehr des Konjunktivs schnell zu einem Prinzip der Textproduktion werden und sogar den Stil eines Autors ausmachen. Die Prosa Thomas Bernhards ist dafür mit ihrem exzessivem Gebrauch der Signalisierung von Rede- und Gedankenwiedergabe ein sehr anschauliches Beispiel.

5.2.5.3 Diathesenkonstanz

Auch das wiederholte Auftreten von Formen des gleichen Genus verbi – besonders
des oft auffälligeren Passivs – kann als Hinweis auf Textverknüpfung verstanden
werden. Ein Beispiel dafür ist der folgende Text:

Bsp. 8: »Text-Begriff« (Nummerierung der Sätze durch die Autoren)

[…] [1] Auch in der Folgezeit erfährt der T.-Begriff *[= Text-Begriff, d. Verf.]* keine
extensive prinzipielle Erörterung, er wird vielmehr weithin als gegebene Größe implizit
vorausgesetzt oder als notwendiger Grundbegriff nur so weit definiert, wie es jeweils
erforderlich erscheint. [2] Dies gilt, von wenigen Ausnahmen abgesehen, bis zur Herausbildung eines spezifischen texttheoretischen Interesses in der 2. Hälfte des 20. Jh. [3]
Gleichwohl lassen sich auch für die voraufgehenden Epochen der europäischen Geis-
tesgeschichte mehrere längsschnittartig perspektivierte Traditionsstränge ausmachen, in
denen jeweils besondere Aspekte des T.-Begriff aufgegriffen wurden und als einzelne
oder als komplexere Bündelung wirksam geworden sind [4] a) Die rhetorische Tradition: Entgegen der Erwartung, daß in der Sprachreflexion der Latinitas der hier genuine
Ausdruck ‹textus› (-us m.) bzw. ‹textum› (-i n.) (›Gewebe‹, ›Geflecht‹ vom lat. Verb
›texere‹ ›weben‹, ›flechten‹) als Fachterminus Anwendung findet, ist der terminologisch
bestimmende Einfluß der Rhetorik zu konstatieren: [5] Der rhetorische Terminus ‹oratio›
tritt damit für Jahrhunderte die Nachfolge des griech. Terminus λόγος an. [6] In der
Lehre der Rhetorik wird darunter die kunstvolle Rede als Ergebnis der Leistung eines
Orators verstanden […]. [7] Im hochdifferenzierten System rhetorischer Mittel wird,
wenn man vom Grundgerüst der Baustruktur einer Oratio absieht, nicht eigentlich die
fundierende T.-Bildung beschrieben, sondern die spezifische, diese überlagernde Schicht
der T.-Formung. [8] Insofern konnte sich die Vorstellung vom solchermaßen ›überstruktu-
rierten‹ T. auch nach der Auflösung seiner republikanischen Gebrauchsbedingungen in
die literarästhetische Poetik und Stilistik transformieren.

In diesem Beispiel finden sich auffallend viele passivische Verbformen (»wird …
vorausgesetzt oder … definiert«, Satz 1; »aufgegriffen wurden« und »wirksam
geworden sind«, Satz 3; »wird … verstanden«, Satz 6; »wird … beschrieben«,
Satz 7) und die formelhafte Partizipialkonstruktion »von … abgesehen « (Satz 2)
mit dem Verb im passivischen Partizip II. Neben diesen Passivformen gibt es
eine Anzahl von Konstruktionen, die sich mühelos in äquivalente Passivformen
umwandeln lassen:

– Funktionsverbgefüge, die äquivalent zu Vollverben im Passiv sind (»erfährt keine … Erörterung«, Satz 1, entspricht ›wird nicht erörtert‹; »findet Anwendung«,
  Satz 4, entspricht ›wird angewandt‹),
– eine Reflexivkonstruktion, die äquivalent zu einer Konstruktion mit Modalverb
  im Passiv ist (»lassen sich … ausmachen«, Satz 3, entspricht ›können ausgemacht
  werden‹) (»Modal-Passiv«),
– der modale Infinitiv »ist … zu konstatieren«, Satz 4, der ebenfalls einer Konstruktion mit dem Modalverb im Passiv entspricht (›muss konstatiert werden‹),
– ein Partizip II, das, wenn man es in einen Relativsatz verwandelt, einem finiten
  Verb im Passiv entspricht (»längsschnittartig perspektivierte Traditionsstränge«

entspricht ›Traditionsstränge, die längsschnittartig perspektiviert werden bzw. sind‹).

Andere Formen lassen sich zwar nicht in passivische Verbformen umwandeln, teilen aber mit dem Passiv die Eigenschaft, dass sie die Benennung eines konkreten Agens vermeiden helfen:

- die Verwendung des Indefinitpronomens *man* in Satz 7,
- die Verwendung von *transformieren* in einer reflexiven Konstruktion (»konnte sich ... transformieren«, Satz 8),
- den Einsatz von *nomina actionis* an Stelle entsprechender Verben (»entgegen der Erwartung, daß ...«, Satz 4).

Das geballte Auftreten passivischer Verbformen und anderer agensloser Konstruktionen trägt hier – neben der schon oben besprochenen Tempus- und Modus-Konstanz (Indikativ Präsens) – zur Textverknüpfung bei. Zugleich ist die Musterhaftigkeit dieses Textverknüpfungshinweises ein Textsortenhinweis auf einen bestimmten Typus wissenschaftlicher Prosa (s. u. 9).

Zur Vertiefung
Duden-Grammatik 2005, § 1832–1857; Zifonun 2000.

Übungsaufgabe 2
Analysieren Sie den folgenden Textanfang (ein Ausschnitt aus Loriots »Bundestagsrede«, Bsp. 9) im Hinblick auf Textverknüpfung durch die Wiederholung grammatischer Strukturen!

Bsp. 9: Loriot, Bundestagsrede

Meine Damen und Herren!
Politik bedeutet, und davon sollte man ausgehen, das ist doch, ohne darum herum zu reden, in Anbetracht der Situation, in der wir uns befinden. Ich kann meinen politischen Standpunkt in wenigen Worten zusammenfassen: Erstens das Selbstverständnis unter der Voraussetzung, zweitens und das ist es was wir unseren Wählern schuldig sind, drittens die konzentrierte Beinhaltung als Kernstück eines zukunftweisenden Parteiprogramms.
<Applaus>
Wer hat denn, und das muss vor diesem hohen Hause einmal unmissverständlich ausgesprochen werden. Auch die wirtschaftliche Entwicklung hat sich in keiner Weise, das kann auch von meinen Gegnern nicht bestritten werden, ohne zu verkennen, dass in Brüssel, in London die Ansicht herrscht, die Regierung der Bundesrepublik habe da und, meine Damen und Herren, warum auch nicht?

5.3   Verkettungshinweise

Textverknüpfung beruht nicht nur auf der Wiederkehr gleichförmiger sprachlicher Einheiten (von Buchstaben, Wörtern oder Satzstrukturen), sondern auch darauf, dass sprachliche Erscheinungsformen Rückverweise auf bereits Gelesenes bzw. Vorverweise auf noch zu Lesendes geben und somit auf die umgebenden Sprachzeichen aufmerksam machen. Diese Hinweise auf Textverknüpfung fassen wir unter dem Begriff »Verkettungshinweise« zusammen. Vor- und Rückverweise können Bestandteil der grammatischen Bedeutung bestimmter Sprachzeichen sein, wie das z. B. bei den Pronomina oder den Artikeln der Fall ist. Wir sprechen dann von »grammatischen Vor- und Rückverweisen« (5.3.1). Verkettungshinweise können sich auch durch Auslassungen ergeben, die durch das gerade Gelesene ergänzt werden können. Wir sprechen dann von »elliptischen Rückverweisen« (5.3.2). Schließlich können Vor- und Rückverweise auch durch explizite Bezugnahmen auf Geschriebenes gegeben werden, wie das bei Hinweisen wie »s. u.« der Fall ist. Wir sprechen dann von »metakommunikativen Vor- und Rückverweisen« (5.3.3).

5.3.1   Grammatische Vor- und Rückverweise

Wenn man Grammatiken nach Verkettungshinweisen durchsucht, wird man an zahlreichen Stellen fündig: Neben Personal-, Possessiv-, Demonstrativ- oder Indefinitpronomina können auch der bestimmte und unbestimmte Artikel oder bestimmte Adverbien einen Beitrag zur Textverknüpfung leisten. Das Gemeinsame all dieser unterschiedlichen Formen ist, dass sie auf andere Elemente des gleichen Texts verweisen, die zu ihrer Interpretation herangezogen werden müssen.

Beispielsweise verweist in dem Satz »Das Gemeinsame all dieser unterschiedlichen Formen ist, dass sie auf andere Elemente des gleichen Texts verweisen, die zu ihrer Interpretation herangezogen werden müssen« das Personalpronomen *sie* auf *all diese unterschiedlichen Formen*. Zur Interpretation des Personalpronomens *sie* müssen der Leser und die Leserin eine Verbindung zu der Nominalgruppe *all diese unterschiedlichen Formen* herstellen. Erst dann können er und sie dem Personalpronomen einen Referenten zuweisen. Das Wissen darum, dass Personalpronomina in solche Verweisbeziehungen eingebettet sind, lässt sie zu Hinweisen auf Textverknüpfung werden.

Der Umfang des Elements, auf das durch die grammatischen Verkettungshinweise hingedeutet wird, variiert. Verweisziel können einzelne Substantive sein, aber auch komplexe Nominalgruppen, ganze Sätze oder gar Satzfolgen. In vielen Fällen enthalten deshalb die grammatischen Vor- und Rückverweise Informationen über bestimmte grammatische Merkmale des Textelements, auf das sie verweisen, oder hinsichtlich der »Richtung«, in der das Verweisziel zu suchen ist: im vorausgehenden Teil des Texts (»anaphorisch«) oder im folgenden (»kataphorisch«).

Schließlich gilt für die meisten grammatischen Vor- und Rückverweise, dass sie »im Nahbereich operieren«, also eine Verkettung innerhalb eines Satzes oder von Satz zu Satz bewirken. Je weiter Vor- und Rückverweise und ihre Bezugsausdrücke voneinander entfernt sind, desto schwieriger wird die Zuordnung für den Leser und die Leserin.

Achtung!
Grammatische Vor- und Rückverweise sind (wie auch schon die Wortwiederholungen) immer auch Themahinweise! Zurückverweisende Pronomina etwa sind in der Regel Themabeibehaltungshinweise, die deutlich machen, dass in einem Text eine einmal eingeführte Referenz auf Welt zunächst beibehalten wird. Die Vor- und Rückverweise werden also bei den Themahinweisen noch einmal mit Blick auf ihre Leistung für die Signalisierung der textuellen Thematik besprochen (s. u. Kap. 6).

5.3.1.1 Pronominalisierung

Mit »Pronominalisierung« ist die Vertretung eines sprachlichen Ausdrucks durch ein referenzidentisches Pronomen gemeint (*Der Mann ... Er ...*). Häufig handelt es sich bei dem vertretenen Ausdruck um Nomina oder Nominalphrasen. Es können aber auch größere Einheiten wie Sätze oder Satzfolgen pronominalisiert werden. Wird ein sprachlicher Ausdruck im Verlauf eines Texts durch mehrere aufeinander folgende Pronomina vertreten, die mit diesem referenzidentisch sind, ergibt sich eine »Pronominalisierungskette« (*Der Mann ... Er ... Er ...*). Gerade in längeren Texten bilden sich ganze »Ketten« solcher Pronominalisierungen aus, die den gesamten Text durchziehen und ihre Entsprechung in den thematischen Strängen eines Textes haben (s. u. Kap. 6).

Pronomina müssen mit dem Ausdruck, den sie vertreten, in Genus und Numerus übereinstimmen. Das erleichtert ihre Identifikation als Teil einer Pronominalisierungskette angesichts der Tatsache, dass Art und Umfang des Bezugsausdrucks stark variieren können. Die Bandbreite reicht von einem einfachen Nomen (*Erna*) über eine ausgebaute Nominalgruppe (*Die freundliche Mittfünfzigerin mit dem Blumenhut*) bis hin zu ganzen Sätzen (besonders im Fall von Formen wie *es*, *das* oder *dies*). Die Übereinstimmung im Kasus ist dagegen nicht obligatorisch. Sie trägt aber zur problemlosen Bestimmung des Bezugselements bei.

Pronominalisierung beschränkt sich, anders als die bisherigen Beispiele suggerieren mögen, nicht auf die Personalpronomina. In den folgenden Abschnitten werden neben den Personalpronomina eine größere Anzahl weiterer sprachlicher Formen vorgestellt, die an der Pronominalisierung teilnehmen können.

Zur Vertiefung
Weinrich 2005, Kap. 4.4.2; Braunmüller 1977; Gülich/Raible 1972; Harweg 1968, S. 148.

5.3.1.2 Personalpronomina

Personalpronomina spielen bei der Verkettung von Texten eine wichtige Rolle. Dies um so mehr, als im Deutschen die Verwendung von Subjektpronomina obligatorisch ist. Es ist allerdings kein Zufall, dass in den Beispielen für Verkettungshinweise bisher nur Personalpronomina der 3. Person aufgetreten sind. Denn nur die Personalpronomina der 3. Person können als anaphorische oder kataphorische Verkettungshinweise funktionieren. Der weitaus häufigere Fall ist die anaphorische Verweisrichtung. Die kataphorische Verweisrichtung ist möglich, allerdings seltener (s. Bsp. 10).

> Bsp. 10: Das Märchen vom Glück (siehe auch die Besprechung dieses Beispiels bei den Themawiedereinführungshinweisen, Kap. 6.6!)
>
> Siebzig war er gut und gern, der alte Mann, der mir in der verräucherten Kneipe gegenübersaß.

Das Pronomen *er* nimmt hier die Stelle der nach rechts herausgestellten Nominalgruppe *der alte Mann* ein. Die »Auflösung«, auf wen *er* referiert, folgt noch im gleichen Satz. Das ist für die kataphorische Verwendung von Personalpronomina der 3. Person typisch. Folgt der Bezugsausdruck nicht unmittelbar auf das Personalpronomen, ist seine Abwesenheit im Text spürbar, sie kann als ein Zurückhalten von Informationen wahrgenommen werden (siehe dazu unten 6.2.3.4).

5.3.1.3 Demonstrativpronomina

Die Demonstrativpronomina *der, dieser, jener, derjenige* und *derselbe* können ebenfalls als Hinweise auf Verkettung wirken (*Der Mann ... Dieser ...*). Sie können aber auch andere Funktionen übernehmen wie im Beispiel 1, in dem mit »dieser junge Kofferfisch« deiktisch auf die nebenstehende Abbildung verwiesen wird. Sie müssen deshalb immer im Textzusammenhang analysiert werden.

Wie im Fall der Personalpronomina stimmen bei den Demonstrativa Genus und Numerus mit denen des Bezugsausdrucks überein, wie jene verweisen die Demonstrativpronomina (außer *derjenige*) anaphorisch auf schon in den Text eingeführte bzw. im gemeinsamen Diskursuniversum von Sprecher und Hörer vorhandene Gegenstände und Sachverhalte, und wie bei den Personalpronomina gilt hier, dass das Bezugselement von unterschiedlicher Ausdehnung und Komplexität sein kann. Doch gibt es auch Unterschiede.

So setzt die Verkettung durch das Demonstrativpronomen *der/die/das* – an der Stelle der Verkettung mit *er/sie/es* – einen gewissen Akzent: Sie rückt den Referenten des Bezugsausdrucks erneut in den Mittelpunkt der Aufmerksamkeit. Das macht diese rhematischen Formen für die Signalisierung der Thema*wieder*einführung besonders geeignet (s. u. 6.6).

5.3.1.4 Possessivpronomina

Pronominalisierungen können auch durch Possessiva ausgedrückt werden, die einen vorerwähnten Bezugsausdruck vertreten:

> Beispielauszug aus »Eisenbahnunglück«, s. u. Bsp. 40
>
> *... dort nahm mich ein Schnellzug auf, der mich und das Meine ... nach Dresden brachte*

»das Meine« verweist hier zurück auf das im Text vorerwähnte »Gepäck«. Die Verkettungsleistung der Possessivpronomina *meiner, deiner/Ihrer, seiner/ihrer/seiner, unserer, eurer/Ihrer, ihrer* (und ihrer Varianten mit vorangestelltem Artikel: *der meine/ige, …*) ergibt sich aus ihren besonderen Kongruenzrelationen: Die Wahl des Stamms (also *mein-, dein-* usw.) wird durch Genus und Numerus des pronominalisierten Bezugsausdrucks gesteuert, der in der Zugehörigkeitsbeziehung, die durch das Possessivpronomen ausgedrückt wird, den »Besitzer« bezeichnet. Die Flexionsendungen dagegen kongruieren mit Genus, Numerus und Kasus des »Besitztums«.

Zur Vertiefung
Helbig/Buscha 1999, S. 262.

5.3.1.5 Indefinitpronomina

Zwar stellt nicht jede konkrete Verwendung eines Indefinitpronomens im Text einen Verkettungshinweis dar, doch *können* die allermeisten Indefinitpronomina als Verkettungshinweis fungieren. Kandidaten sind:

alle, beide, einige, etliche, (irgend)einer, (irgend)etwas, (irgend)jemand, (irgend)welcher, (irgend)wer, jeder(mann), jedweder, jemand, keiner, mancher, mehrere, nichts, niemand, sämtliche, viele, wenige.

Unter den Vertretern dieser äußerst heterogenen Klasse gibt es Unterschiede, was ihre Art der Verkettung und ihre Verwendungsbeschränkungen betrifft.

Manche Indefinitpronomina wie z. B. *alle* oder *beide* tragen zur Textverkettung bei, indem sie – wie die Personal- oder Demonstrativpronomen – eine zuvor im Text eingeführte Nominalphrase vollumfänglich vertreten. Andere dagegen nehmen lediglich Bezug auf eine vorerwähnte Größe, die zum Vergleich herangezogen werden soll, so etwa in Beispiel 11.

Bsp. 11: »Bierfilzenthusiasten«

Kritisch betrachteten die Bierfilzenthusiasten das Angebot, je makelloser, sauberer und seltener ein solches Stück war, desto mehr Geld musste dafür auf den Tisch geblättert werden. Doch nicht nur Bierfilze wurden hier gehandelt. Manche hatten auch ganze Sammlungen von Biergläsern, Maßkrügen und Seidel dabei.

In diesem Beispiel bezieht sich »Manche« auf die Nominalgruppe »die Bierfilzenthusiasten« und stellt so eine Textverkettung her. Um die Referenz von »Manche« interpretieren zu können, muss man – wie im Fall des anaphorischen Verweises innerhalb einer Pronominalisierungskette – im Text zurückgehen, um einen in Genus und Numerus übereinstimmenden Bezugsausdruck zu finden, der als Vergleichsgröße oder Obermenge fungieren kann. Hier etwa stimmt »Manche« mit »die Bierfilzenthusiasten« im Numerus überein (das Genus ist bei Indefinitpronomina im Plural neutralisiert). Das Indefinitpronomen trägt in dieser Lesart zur Textverkettung bei. Allerdings scheint die Verknüpfung schwächer zu sein als im

Fall der Pronominalisierung, weil es hier eben keine strikte Referenzidentität gibt: Die Menge, auf die mit dem Indefinitpronomen *manche* referiert wird, stellt nur eine Untermenge der Gesamtheit der »Bierfilzenthusiasten« dar. Es kommt hinzu, dass »Manche« auch gelesen werden kann als Pronominalisierung des in der vorausgehenden Prädikation nicht erwähnten Agens (». . . wurden . . . gehandelt« – Agens: Händler). Dann wäre es ein stärker wissensabhängiger Verkettungshinweis, die partitive Bedeutung bleibt erhalten – ein Themabeibehaltungshinweis ist es ohnehin (siehe auch unten 6.3).

Die partitive Verkettungsrelation scheint auf alle Indefinitpronomina zuzutreffen, in deren Wortbedeutung der Aspekt der Teilmenge oder der nicht maximalen Menge enthalten ist, wie etwa bei *manche, wenige, einige, viele* usw. Werden diese im Rahmen der Textverkettung verwendet, impliziert das Pronomen den Rückbezug auf eine vorerwähnte Vergleichsgröße im Sinne eines mitausgedrückten oder mitverstandenen Attributs mit partitiver Bedeutung. Diese Bezugnahme auf eine Vergleichsgröße wird häufig durch Attribute explizit gemacht, die sich auf die vorerwähnte Bezugsmenge beziehen. Typische Attribute sind *von ihnen, davon* oder *daran*, seltener *unter ihnen* oder *darunter*. Siehe etwa das folgende Beispiel 12.

Bsp. 12: Was die alte Maiasaura erzählt

Millionen Jahre waren die Kröten und Frösche, die Molche und Salamander die Bewohner der Wälder. Doch sie mußten immer beim Wasser bleiben, denn ihre Jungen müssen erst im Wasser groß werden, bevor sie sich verwandeln, um an Land zu steigen. Auch sie mußten gehen, nur wenige von ihnen sind zurückgeblieben.

Diese Attribute verketten den Text durch pronominale Wiederaufnahme. So führt in Beispiel 12 »von ihnen« die Nominalgruppe »die Kröten und Frösche, die Molche und Salamander« fort. Die Attribute unterstützen also die Verkettungsleistung der Indefinitpronomina.

Diese Unterstützungsfunktion ist besonders bei solchen Indefinitpronomina wichtig, in deren Bedeutung der partitive Aspekt nicht enthalten ist. Das ist beispielsweise bei *jeder, keiner, (irgend)wer* oder *(irgend)einer* der Fall. Fehlt hier ein Attribut, das die Verkettung zu einer vorerwähnten Bezugsgröße herstellt, wird das Indefinitpronomen nicht als verkettend interpretiert. Das soll das folgende (konstruierte) Beispiel 13 sichtbar machen.

Bsp. 13: Wirkung des Attributs

(a) Die Schauspieler hatten große Hüte an. Jeder lachte, als sie auf die Bühne kamen.
(b) Die Schauspieler hatten große Hüte an. Jeder von ihnen lachte, als sie auf die Bühne kamen.

Ohne das Attribut, das die Verbindung zur vorerwähnten Bezugsgröße herstellt, ist die Interpretation von »Jeder« zumindest ambig: Unklar ist, ob »Jeder« in Satz (a) ein Rückverweis auf die schon eingeführte Menge »Die Schauspieler« ist oder ob damit eine zweite Gruppe von Menschen in den Text eingeführt wird, beispielsweise die Zuschauer. In Satz (b) dagegen vereindeutigt das Attribut mit seiner pronominalen Fortführung von »Die Schauspieler« die Referenz des Indefinitpronomens und macht klar, dass »Jeder« hier als Rückverweis auf die Gruppe der Schauspieler intendiert ist.

Aus diesem Beispiel wird ersichtlich, dass Indefinitpronomina nicht automatisch als Hinweis auf Textverkettung zu interpretieren sind. Auch hängt die Entscheidung, ob ein Indefinitpronomen als Rückverweis auf eine schon eingeführte Menge zu interpretieren ist, nicht nur vom konkreten Indefinitpronomen ab, sondern ebenso von seinem Äußerungskontext. Wenn ein Indefinitpronomen im Kontext einer generischen oder apodiktischen Aussage steht, ist eine Interpretation des Indefinitpronomens als Verkettungshinweis nicht möglich.

5.3.1.6 Proadverbien

Zahlreiche Adverbien können als Hinweise auf Textverkettung fungieren. Diese Adverbien, die selbst nur über eine sehr geringe semantische Information verfügen, können eine kleinere oder größere Einheit aus dem vorausgehenden oder folgenden Text vertreten. Erst über den Bezug auf die »verkettete« Einheit kann man die Referenz eines solchen phorisch gebrauchten Adverbs erschließen. Beispiele für Proadverbien sind etwa *da, jetzt, nachher* oder *so*. Sie können auch deiktisch verwendet werden. An die Stelle einer phorischen Relation zwischen Elementen des Texts tritt dann der direkte Bezug auf Situationselemente. Ob es sich bei einem Adverb also um einen Verkettungshinweis handelt oder nicht, muss immer im Einzelfall geprüft werden.

Eine formal besonders auffällige Klasse von Proadverbien sind die sogenannten »Pronominaladverbien«, die aus einem deiktischen Element (*da, hier, wo*) und einer einfachen Präposition (wie *an, auf, bei* usw.) gebildet werden, beispielsweise *damit, dagegen, hiervon, hierdurch, woran* oder *wofür*.

Pronominaladverbien wie auch die anfangs aufgeführten Adverbien können Präpositionalphrasen vertreten, aber auch größere Einheiten wie Sätze oder ganze Textabschnitte. Dabei ist es gleich, ob es sich bei der Präpositionalphrase um ein Objekt oder eine Adverbialbestimmung handelt.

5.3.1.7 Interrogativpronomina

Im Fall der Interrogativpronomina ist die Verweisrichtung prinzipiell kataphorisch. Das Interrogativpronomen und das von diesem erfragte Satzglied stehen in einer Substitutionsbeziehung. In dem folgenden Beispiel 14 wird das Pronomen *wann* durch das Adverbial »In der Regel am Montag, zwei Wochen vor Sessionsbeginn.« wiederaufgegriffen und das Pronomen *wo* durch »im ›Amtlichen Bulletin‹«. Die Textverkettung entsteht dadurch, dass die relevanten Teile der Antwort im Fragesatz durch die Interrogativpronomina vertreten werden.

Bsp. 14: Ausschnitt aus: FAQ Häufige Fragen an Parlament und Parlamentdienste

Wann erscheint jeweils das neue Sessionsprogramm?
In der Regel am Montag, zwei Wochen vor Sessionsbeginn. Hier finden Sie alle Program-
me und Tagesordnungen.
Wo finde ich die Voten der Ratsmitglieder?
Die Wortprotokolle der Verhandlungen beider Räte werden im »*Amtlichen Bulletin*« pu-
bliziert. Eine erste provisorische Version ist jeweils bereits 30 Minuten nach einem Votum
im Internet abrufbar.

Man kann die Vertretung sichtbar machen, indem man die betreffenden Teile der
Antwort an die Stelle in den Fragesatz einsetzt, wo ursprünglich das Fragepronomen
stand: ›[In der Regel am Montag, zwei Wochen vor Sessionsbeginn] erscheint
das neue Sessionsprogramm‹ bzw. ›[Im Amtlichen Bulletin] finde ich die Voten
der Ratsmitglieder‹. Das erste Frage-Antwort-Paar in diesem Beispiel illustriert
den häufigen Fall, dass die Verkettung durch Fragepronomina durch eine Ellipse
verstärkt wird: Was der Antwort zur Satzförmigkeit fehlt, lässt sich ausnahmslos
aus dem Fragesatz entnehmen (s. u. 5.3.2).

5.3.1.8 Proverben

Die bedeutungsarmen Verben *machen*, *tun* und *sein* können die Bedeutung von
Verben (oder von Verbphrasen) mit einer spezifischeren Bedeutung generalisierend
wiederaufgreifen. Etwas spezifischere Verben sind *passieren*, *geschehen*, *los sein*
usw. Wegen dieser Verwendung im Text werden sie als »Proverben« bezeichnet.
Allerdings ist die Verkettung, die durch Proverben erzeugt wird, schwächer als
die durch Pronominalisierung. Denn nicht jede Verwendung von *machen*, *tun* oder
sein ist auf andere Verben im Text zu beziehen. Vielmehr muss im Einzelfall eine
Entscheidung für oder wider eine Interpretation als Verkettungshinweis getroffen
werden, während der Verkettungshinweis im Fall des Pronomens *er* zur grammatischen Bedeutung der Form gehört.

5.3.1.9 Artikel

Die Text verkettende Funktion der Artikel ist eines der Standardthemen der Textlinguistik. Artikel verketten Texte nicht durch Pronominalisierung, sondern dadurch,
dass sie einen Hinweis darauf geben, wo Informationen zu suchen sind, mit deren
Hilfe die konkrete Referenz eines Ausdrucks bestimmt werden kann. Die Verkettungsleistung der verschiedenen Artikel ist unterschiedlich stark, wie im Folgenden
gezeigt werden soll.

Zur Vertiefung
Weinrich 2005, Kap. 4.5.

Bestimmter Artikel

Mit der Verwendung des bestimmten Artikels wird signalisiert, dass das vom Artikel begleitete Nomen als eindeutig identifiziert gelten soll: Der Autor geht davon aus, dass der Leser über eine Information verfügt, die es ihm erlaubt, die Referenz des Nomens eindeutig aufzulösen. Diese Information kann sich aus dem umgebenden Text speisen. Dann erhält der Artikel seine Text verkettende Funktion als anaphorischer Artikel, und er ist zugleich ein Themabeibehaltungshinweis (s. u. 6.3, Beispiele 11 und 12).

Achtung!
Die Verwendung des bestimmten Artikels ist keineswegs immer auf Vorerwähnung im Text angewiesen. Es muss deshalb immer im Einzelfall geprüft werden, ob der bestimmte Artikel auf Vorinformationen im Text verweist oder nicht!

Unbestimmter Artikel

Mit dem unbestimmten Artikel – es gibt ihn nur im Singular – wird auf einen einzelnen Menschen, Gegenstand oder Sachverhalt referiert, ohne ihn zu identifizieren. Die Verwendung des unbestimmten Artikels signalisiert, dass der Referent nicht vorerwähnt ist, also nicht schon zuvor in den Text eingeführt worden ist. Der Text kann nun bei diesem Stand stehen bleiben, es können aber nachfolgend auch weitere Informationen zu dem vom unbestimmten Artikel begleiteten Nomen gegeben werden, die schließlich dessen Identifizierung erlauben. In diesen Fällen wirkt der unbestimmte Artikel als Hinweis auf Textverkettung – und als Hinweis auf die Einführung einer Referenz, die im Text beibehalten und entwickelt werden soll.

Während der bestimmte Artikel grundsätzlich anaphorisch verkettet, geschieht die Verkettung beim unbestimmten Artikel in umgekehrte Richtung. Informationen zum Nomen, das von dem unbestimmten Artikel begleitet wird, sind also im nachfolgenden Text zu finden. Unbestimmte Artikel treten deshalb oftmals dort auf, wo suggeriert werden soll, dass etwas Neues beginnt. Sie sind dann zugleich als kataphorische Artikel ein Themaeinführungshinweis (s. u. 6.3, Bsp. 10 in 6.2.3.4).

Spezifische Artikel

Anders als die oben besprochenen Demonstrativ-, Possessiv- und Indefinitpronomina beruht die Verkettungskraft der gleichnamigen Artikelwörter und Adjektive nicht auf einer Beziehung der Substitution. Artikel und Adjektive vertreten keine Nominalgruppen. Sie weisen lediglich auf andere Elemente im Text, in der Situation oder in Wissenskontexten hin, die bei der Interpretation des Nomens, das sie begleiten oder näher charakterisieren, zu berücksichtigen sind. Aus diesem Grunde behandeln wir sie hier in einem eigenen Abschnitt, wenn auch vieles von dem, was zu den entsprechenden Pronomina gesagt worden ist, gleichermaßen auf die Artikel und Adjektive zutrifft.

Die Verweisrichtung der Artikel stimmt grundsätzlich mit der der entsprechenden Pronomina überein. Der Demonstrativartikel *dieser* (etwa in *dieser Mann*) verkettet ebenso anaphorisch wie das Demonstrativpronomen *dieser* (und in beiden Fällen wird durch *dieser* ein gewisser auffälliger Neuansatz innerhalb der Verkettung erzeugt). Nur steht *dieser* als Artikel nicht anstelle einer vorausgehenden Nominalphrase (etwa *ein Mann*), sondern fordert den Leser dazu auf, die von ihm eingeleitete Nominalphrase als referenzidentisch mit jener vorausgehenden Phrase zu lesen.

Bei den Possessivartikeln ergibt sich, was die Verkettungsrichtung angeht, ein etwas anderes Bild. Zwar ergeben sich die Besonderheiten der Verkettung hier wie dort durch die speziellen Kongruenz- und Rektions-Beziehungen, an denen die Possessiva teilnehmen. Doch ist bei den Possessivartikeln nur der »Besitzer«, nicht aber das »Besitztum« im vorausgehenden Text (bzw. bekannten Aspekten der Situation oder geteilten Wissenskontexten) zu suchen. Weil Possessivartikel als Artikel die Nominalphrase eröffnen, findet sich das Besitztum – außer in altertümlichen Konstruktionen wie »Vater unser« oder »Vater lass die Augen dein über meinem Bette sein« – im nachfolgenden Text. Possessiva kennzeichnen, wie der bestimmte Artikel, das von ihnen begleitete Nomen als identifizierbar, wobei in dem Zugehörigkeitsverhältnis, das durch das Possessivum ausgedrückt wird, die Grundlage für die Identifizierung gelegt wird: Gemeint ist *der* Vertreter der Klasse des Nomens, der dem zuvor eingeführten Referenten zugerechnet werden kann:

Bsp. 15: Der Henker

Sie hörten den Lastwagen in den Hof fahren. Seine Ladung polterte von der Pritsche. Es war Holz: Balken und Bretter.

»Seine Ladung« verkettet den Text anaphorisch. Es weist den Leser an, ein singularisches Bezugselement im vorausgegangenen Text zu suchen (*seine* ist 3. Person Singular), dem die Zugehörigkeit einer Ladung sinnvoll zugesprochen werden kann.

Achtung!
Bei den Indefinitartikeln und den unbestimmten Zahladjektiven (wie *anderer*, *einzelner*, *paar*, *viele*) gilt, was oben zu den Indefinitpronomina gesagt wurde: Ihr Status als Verkettungshinweis ist im Einzelfall zu prüfen!

5.3.2   Elliptische Vor- und Rückverweise

Auch Auslassungen können auf das gerade Gelesene (oder noch zu Lesende) als relevante sprachliche Umgebung zurückverweisen:

Bsp. 16: Wie Ole seinen Hund bekam

»Ole hat keine Geschwister. Aber er hat einen Hund. Und dann natürlich Murre. Der Hund heißt Swipp. . . .«

In Beispiel 16 verstehen wir Subjekt und Prädikat der Aussage »Und dann natürlich Murre«, indem wir diese Satzglieder wie selbstverständlich aus dem Vorgängersatz ergänzen: »Und dann [hat er] natürlich Murre.« Auslassungen dieser Art wirken deshalb ebenfalls textverknüpfend (und textverdichtend) im Sinne des Rückverweisens. Außerdem sind sie Themabeibehaltungshinweise (s. u. 6.3.4 die Besprechung dieses Beispiels!).

Achtung!
Mit der Annahme von Ellipsen als Verkettungshinweisen muss man vorsichtig umgehen: Ellipsen sollten nur dann angenommen werden, wenn es im vorausgegangenen Text tatsächlich formal identische Elemente gibt, die sinnvoll in die »Leerstelle« eingesetzt werden können.

Zur Vertiefung
Altmann/Hahnemann 2007, S. 142–146; Klein 1993.

5.3.3 Metakommunikative Vor- und Rückverweise

Bei den bisher behandelten Verkettungshinweisen ist der Vor- und Rückverweis auf bereits Gelesenes oder noch zu Lesendes Bestandteil der grammatischen Bedeutung der betreffenden sprachlichen Zeichen. Die in den Vor- oder Rückverweisen enthaltene Aufforderung, den »Kotext« in einer bestimmten Weise zu beachten, muss deshalb als solche nicht ausdrücklich verbalisiert werden. Aber auch das kann in Texten erforderlich sein, insbesondere dann, wenn es gilt, längere und komplexe Textteile miteinander zu verknüpfen. Das Geschriebene muss dazu in spezifischer Weise als (Ober)Einheit greifbar werden: entweder indem man es benennt (»in diesem Abschnitt«, »im folgenden Kapitel«) oder indem man textdeiktisch auf es hinweist (»hier«, »weiter oben«, »später«). Wir sprechen in diesem Sinne von metakommunikativen Vor- und Rückverweisen und unterscheiden »Textbeachtungsanweisungen« und »Textgebrauchsanweisungen«.

Anders als im Fall der Verkettungshinweise ist die Reichweite der metakommunikativen Vor- und Rückverweise nicht begrenzt. Es lässt sich nicht nur auf unmittelbar angrenzende Textabschnitte oder -bereiche verweisen, sondern auch auf weit Zurückliegendes oder erst sehr viel später Folgendes. Metakommunikative Vor- und Rückverweise können den Leser sogar anweisen, den gelesenen Text in eine Beziehung zu anderen Texten zu stellen (»vgl. Müller 2007«, »weitere Informationen zu Hotelreservierungen kann man der Broschüre des Fremdenverkehrsamts entnehmen«, »wie ich schon in einem früheren Werk zu diesem Thema geschrieben habe …«). Metakommunikative Vor- und Rückverweise fungieren dann als Intertextualitätshinweise (s. Kap. 9)!

5.3.3.1 Textbeachtungsanweisungen

Textbeachtungsanweisungen sind metakommunikative Vor- oder Rückverweise, die den Leser auf bestimmte Textbereiche hinweisen und die auf diese Weise das

aktuell Gelesene mit jenen Textbereichen verknüpfen. Manche Textbeachtungsanweisungen geben ausschließlich an, ob sich das zu verknüpfende Element oder
der zu verknüpfende Textbereich im schon Gelesenen oder im noch zu Lesenden
befindet (»darauf werde ich später zurückkommen«, »wie schon gesagt«, »s. o.«).
Hierbei kann die Einheit des Lesbaren textdeiktisch als zweidimensionale, vertikale Lesefläche vorgestellt werden, die ein Oben und ein Unten hat (in lokal
verweisenden Formen wie »obig«, »an dieser Stelle« oder »unten«) oder als ein
Vorher und Nachher im Lektüreprozess (was durch Formen wie »früher«, »später«,
»noch« ausgedrückt werden kann). Eine ähnliche Funktion erfüllen Textbeachtungsanweisungen, die auf ein spezifisches Textstück hinweisen, indem sie seine
Position in einer – mehr oder weniger komplexen – (alpha)numerischen Ordnung
angeben, etwa eine Seitenzahl, eine Referenz auf Kapitel- oder Fußnotennummern
(»§ 812b«, »(1.2.1)«, siehe auch oben Gliederungshinweise: 4.3). Andere Textbeachtungsanweisungen benennen die zu verknüpfenden Textbereiche explizit: »in
dieser Patienteninformation«, »im Vorwort«, »im folgenden Kapitel« usw. Textbeachtungsanweisungen können stark formelhaft sein (»s. u.«). Sie sind dann zugleich
Textsortenhinweise (s. u. Kap. 8).

In der Internetkommunikation sind neue Formen von Textbeachtungsanweisungen zu beobachten. So wird eine Unterstreichung in der Regel als Hinweis auf einen
anderen Text oder Textteil interpretiert, der nach einem Klick auf den Verweistext
zu lesen ist (»Link«). Intertextualitätshinweise werden im Hypertext auf diese Weise
durch Verknüpfungshinweise ersetzt (s. u. Kap. 9)! Der Text oder Textteil, auf den
die Unterstreichung verweist, kann mehr oder weniger genau spezifiziert sein. Ein
Verweis wie »Bitte klicken Sie hier!« weist lediglich auf das Vorliegen einer Verknüpfung hin. Formen wie »weiter«, »zurück«, »top« oder ihre grafischen Pendants
(Pfeile nach rechts, links oder nach oben) signalisieren, oder besser: simulieren
das Vorliegen einer linearen Verknüpfung wie in einem »traditionellen« Text. Sie
verweisen also auf Textbereiche als »schon angesehene« bzw. »noch anzusehende«.
Dabei werden Sprünge zu anderen Dokumenten mit zeitlichen *oder* räumlichen
Metaphern, Sprünge innerhalb eines Dokuments ausschließlich mit räumlichen
Metaphern (»nach oben«) signalisiert.

Zur Vertiefung
Storrer 2004.

5.3.3.2 Textgebrauchsanweisungen

Es gibt nicht nur Hinweise auf bestimmte Textteile, sondern auch Hinweise auf
die Art und Weise, wie ein Text zu lesen ist, die sich direkt an den Leser und
die Leserin wenden und mit denen auf Geschriebenes vor- und rückverwiesen
wird: »Eilige Leser mögen den folgenden Abschnitt überspringen und gleich bei
Kap. ... weiterlesen«. Hier wird auf Teile des Texts referiert und dem Leser und der
Leserin werden unterschiedliche Möglichkeiten eröffnet, den Text je nach seinen

und ihren spezifischen Lektüreinteressen für sich zu strukturieren und – das ist hier das Interessante – seine Teile im Gebrauch unterschiedlich zu verknüpfen.

Eine vergleichbare Funktion haben Hinweise auf Textzugänge für bestimmte Leser- oder Nutzergruppen wie in Beispiel 17.

Bsp. 17: Detail aus http://www.uzh.ch

⤷ **für Studieninteressierte**

⤷ **für Internationals**

⤷ **für UZH-Studierende**

In dem hier abgebildeten Beispiel aus der Startseite einer Universität (s. o. 4.2.1.2, Bsp. 4) gibt es drei farblich unterschiedlich markierte Links, die jeweils einen anderen, gruppenabhängigen Einstieg in die Netzstruktur des Informationsangebots ermöglichen und so drei unterschiedliche interne Strukturierungen (bzw. Strukturierungsangebote) erzeugen.

Die Möglichkeit, unterschiedliche Verknüpfungsstrukturen mit der Hilfe von Textgebrauchsanweisungen zu erzeugen, wurde literarisch z. B. von Julio Cortázar in seinem Roman *Rayuela* ausgenutzt (Bsp. 18). Diesen Text kann man auf zwei unterschiedliche Arten lesen: Einmal, indem man die durch Textbeachtungsanweisungen signalisierte »traditionelle« Reihenfolge wählt, und einmal, indem man der Textgebrauchsanweisung am Ende eines jeden Kapitels folgt, die dem Leser angibt, welches Kapitel als nächstes zu lesen ist. Auf diese Weise ergibt sich eine »chaotische« Lesereihenfolge, die sowohl die Chronologie der Ereignisse als auch die vom Autor vorgenommene Unterteilung in zwei »Teile« durchkreuzt.

Bsp. 18: Rayuela

Wegweiser
Auf seine Weise ist dieses Buch viele Bücher, aber es ist vor allem zwei Bücher. Der Leser ist eingeladen, eine der beiden Möglichkeiten wie folgt für sich *auszuwählen*:
Das erste Buch läßt sich in der üblichen Weise lesen. Es endet mit dem Kapitel 56, unter dem sich drei auffällige Sternchen befinden, die gleichbedeutend sind mit dem Wort *Ende*. Folglich kann der Leser ohne Gewissensbisse auf das verzichten, was folgt. Das zweite Buch lässt sich so lesen, daß man mit dem Kapitel 73 anfängt und dann in der Reihenfolge weitermacht, die am Fuß eines jeden Kapitels angegeben wird. Falls man dabei durcheinanderkommt und etwas vergißt, genügt es, das folgende Verzeichnis zu befragen [...]
Um das rasche Auffinden der Kapitel zu erleichtern, wird die Nummer jedes Kapitels am oberen Rand jeder Seite wiederholt.

5.4 Relationshinweise

Relationshinweise sind mit den Verkettungshinweisen verwandt. Sie lassen sich ebenfalls als Hinweise darauf verstehen, wie bereits Gelesenes und noch zu Lesendes zueinander in Verbindung gesetzt werden sollen. Hinzu kommt aber ein Hinweis auf die *semantische Beziehung*, die der Leser zwischen dem schon Gelesenen und dem noch zu Lesenden herstellen soll. Soll beispielsweise das schon Gelesene als Ursache verstanden werden und das noch zu Lesende als Folge? Soll man schon Gelesenes und noch zu Lesendes in ein zeitliches Nacheinander einordnen? Oder gibt das noch zu Lesende genauere Informationen zu dem schon Gelesenen?

Hinweise auf semantische Relationen dieser Art können auch metakommunikativ gegeben werden. In einigen Fällen gibt es dafür formelhafte Wendungen wie »Genauer gesagt«, »Anders gesagt«, »Allgemein gesagt« oder Einschübe wie »Zur Illustration«, in denen eine bestimmte Relation des Folgenden zum Vorausgehenden angedeutet wird. Der große Formenreichtum des metakommunikativen Ausdrucks semantischer Relationen macht eine Auflistung nahezu unmöglich. Deshalb weisen wir hier nur summarisch auf metakommunikative Relationshinweise hin und konzentrieren uns in der folgenden Darstellung auf die Auflistung von Relationshinweisen, die aus einzelnen (selten: aus zwei) Wörtern bestehen. Im Wesentlichen handelt es sich um Satzkonjunktionen und Adverbien (»Konnektoren«).

Relationshinweise lassen sich nach der Art der Beziehung unterscheiden, die sie zwischen den verknüpften Einheiten aufbauen. In jedem Abschnitt beschreiben wir eine semantische Beziehung und geben eine Liste von Formen an, die häufig die betreffende Relation signalisieren. Diese Listen sind nicht exhaustiv, und sie sind nicht trennscharf. Sie sollen vielmehr illustrieren, worauf man bei der Analyse achten muss.

Terminologie:
In der Literatur werden unterschiedliche Klassifizierungen vorgenommen, ohne dass über die Benennung und dem Umfang der Klassen Einigkeit herrscht. Wir folgen in unserer Darstellung im Wesentlichen der Terminologie der Dudengrammatik.

Zur Vertiefung
Duden-Grammatik 2005: § 1735 ff.; Pasch 2003; Fabricius-Hansen 2000; von Polenz 1988: 265 ff.

5.4.1   Additive Relationshinweise

Die additive Verknüpfung fügt einen Sachverhalt 2 zu einem Sachverhalt 1 hinzu. Beide Sachverhalte erscheinen als Teil einer größeren gemeinsamen Einheit oder Menge (die aber im Text nicht explizit benannt sein muss).

Auf eine additive Textverknüpfung kann mit Hilfe der Satzkonjunktionen *und*, *und oder* hingewiesen werden. Das Gleiche leisten Adverbien wie *auch, außerdem, des Weiteren, einerseits ... andererseits, ebenfalls, ebenso, ferner, gleichfalls, im Übrigen, noch dazu, obendrein, weiterhin, zudem, zum einen ... zum anderen* usw. Zu den additiven Relationshinweisen zählen wir außerdem mehrgliedrige Formen wie *erstens ... zweitens ... drittens*, die eine Abfolge gleichberechtigter Elemente im Text signalisieren.

Zusätzlich zu der reinen Relation der Hinzufügung können weitere Bedeutungs-
nuancen vermittelt werden. So kann beispielsweise signalisiert werden, dass zwei
Sachverhalte gegeneinander abgewogen werden. Dies leisten etwa die komplexen
Formen *einerseits ... andererseits* oder *zum einen ... zum anderen.*
Durch andere Formen lässt sich eine Verschiebung der Gewichtsverhältnisse
zwischen den beiden Sachverhalten markieren: Der zweite Sachverhalt kann mit
obendrein oder *noch dazu* hervorgehoben, oder aber mit *übrigens, ferner, außerdem*
und anderen mehr als Nachtrag oder Zusatz zum ersten gekennzeichnet werden.

5.4.2   Alternative Relationshinweise

Auch bei der alternativen Verknüpfung wird ein Sachverhalt 2 einem Sachverhalt 1
hinzugefügt. Allerdings werden hier die beiden Sachverhalte als Wahlmöglichkeiten
dargestellt.
    Formen, die auf diese Art von Verknüpfung hinweisen können, sind *oder, entwe-
der ... oder* sowie die Adverbien *sonst* und *anderenfalls.*
    Die Sachverhalte, die in einer alternativen Verknüpfungsrelation stehen, können
als einander ausschließend interpretiert werden oder nicht. Die Wahl des Relationshinweises gibt über diesen Aspekt nur begrenzt Auskunft (Bsp. 19, in allen
folgenden Beispielen Kursivsetzung durch die Autoren).

Bsp. 19: »Ziegenkäse«

Manchmal bröckele ich Ziegenkäse darüber; *oder* ich richte etwas Ricotta darauf an, den
ich zuvor in getrockneten Kräutern, Salz und Pfeffer gewendet, mit Olivenöl beträufelt
und im heißen Ofen goldgelb gebacken habe.

Während der komplexe Relationshinweis *entweder ... oder* eindeutig eine aus-
schließende Lesart markiert, sind beim Relationshinweis *oder* im Prinzip auch
beide Lesarten möglich.

5.4.3   Explikative Relationshinweise

In der explikativen Relation wird Sachverhalt 1 durch Sachverhalt 2 ausführlicher
erläutert oder genauer spezifiziert, oder Sachverhalt 2 wird als exemplarischer Fall
von Sachverhalt 1 dargestellt.
    Auf das Vorliegen einer explikativen Relation kann beispielsweise durch folgende
Formen hingewiesen werden: *also, beispielsweise, das heißt (d. h.), genauer gesagt,
insbesondere, insofern, nämlich, selbstverständlich, so.*

Bsp. 20: »Tausend Tele-Tips«

Das Ergebnis dieser Bemühungen war die neue Sendereihe »Tausend Tele-Tips«, die ab
1960 ausgestrahlt wurde und wirklich nützliche Hinweise für die Meisterung des realso-
zialistischen Alltags gab. *So* wurde beispielsweise gezeigt, wie man an der Tankstelle

rascher zu Benzin kommen konnte, wenn man sich nur des »VEB-Minol-Schnelltankens« bediente.

So leitet hier den Satz ein, in dem der zuvor knapp formulierte Sachverhalt (der Inhalt von »Tausend Tele-Tips«) anhand eines Beispielfalls illustriert wird.

5.4.4   Restriktive Relationshinweise

Bei der restriktiven Verknüpfung wird, wie bei der explikativen, ein Sachverhalt 1 mit einem Sachverhalt 2 noch einmal aufgegriffen und »bearbeitet«. Das Spezifische der restriktiven Verknüpfung ist, dass Sachverhalt 2 die Gültigkeit von Sachverhalt 1 einschränkt.

Das Vorliegen dieses Verknüpfungstyps kann durch Formen wie *allerdings, doch, freilich, indessen, jedoch* angezeigt werden.

Bsp. 21: »Höllenqualen«

Was die Dauer der Höllenqualen betrifft, so betont der Koran wiederholt, daß sie kein Ende nehmen werden (33, 64-65; 43, 74; [. . .]). *Allerdings* müssen nicht alle, die den Qualen der Hölle ausgesetzt sind, für immer dort verbleiben.

Allerdings weist hier auf eine Einschränkung des zuvor Gesagten hin: Zwar enden die Höllenqualen niemals, aber die Anwesenheit in der Hölle kann zeitlich begrenzt sein.

5.4.5   Adversative Relationshinweise

Eine adversative Relation ist eine Relation des Kontrasts: Sachverhalt 2 bildet einen Gegensatz zu Sachverhalt 1. Der Gegensatz *kann* darin bestehen, dass durch Sachverhalt 1 explizit oder implizit eine Erwartung aufgebaut wird (gespeist durch das Wissen um Kausalitäten oder Verhaltensnormen), die durch Sachverhalt 2 entkräftet oder zurechtgerückt wird. In diesen Fällen steht die adversative Relation in der Nähe der konzessiven Relation. Adversative Relationen *müssen* aber nicht mit solchen Erwartungen in Verbindung stehen (›Karin isst Kuchen, aber ich habe keinen Hunger‹).

Zu den Formen, die eine adversative Relation kennzeichnen können, zählen: *aber, bloß, dafür, dagegen, demgegenüber, dennoch, doch, hingegen, nicht nur . . . sondern auch, nur, stattdessen, vielmehr, währenddessen* usw.

Bsp. 22: »Salat«

Ich habe von vielen Menschen auf die Frage, was sie am liebsten essen, gehört: »Fleisch« oder aber »Fleisch mit zweierlei Gemüse« also Pommes und Püree. Klar, da stehe ich manchmal schon auch drauf. *Dennoch* geht für mich nichts über einen guten Salat.

Bsp. 23: »Frische Pasta«

Frische Pasta, die in der Regel aus Mehl und Eiern hergestellt wird, schmeckt zart und fein und harmoniert daher perfekt mit Sahne- und butterreichen Saucen. Außerdem bildet sie bekanntlich die Hülle für gefüllte Teigtaschen. Getrocknete Pasta enthält *dagegen* meist nichts anderes als Hartweizengrieß und Wasser.

5.4.6 Konzessive Relationshinweise

Eine konzessive Verknüpfung liegt vor, wenn Sachverhalt 1 einen Einwand zu Sachverhalt 2 darstellt und dieser Einwand durch die Äußerung von Sachverhalt 2 entkräftet oder für ungültig erklärt wird. Eine konzessive Verknüpfung liegt auch vor, wenn sich aus Sachverhalt 1 (sowie dem Wissen um Kausalitäten oder Verhaltensnormen) eine Erwartung ergibt, die – wie Sachverhalt 2 zeigt – nicht eintritt.

Die konzessive Relation kann in dem Äußerungsteil markiert werden, in dem Sachverhalt 2 geäußert wird. Hier kann man Formen finden wie *allerdings*, *dennoch*, *dessen*, *doch*, *gleichwohl*, *nichtsdestotrotz*, *trotz allem* oder *trotzdem*. Diese Formen kennzeichnen Sachverhalt 2 als Entkräftung des durch Sachverhalt 1 repräsentierten Einwands oder als einen Sachverhalt, der gegen die aus Sachverhalt 1 abgeleiteten Erwartungen zustande gekommen ist.

Bsp. 24: »Vorausbuchungen«

Bei Vorausbuchungen in der Schweiz kann es vorkommen, dass einige Hotels am Ort saisonal günstigere Preise anbieten. Eine frühzeitige Buchung ist aber trotzdem empfeh-lenswert.

Die Möglichkeit, vor Ort billigere Übernachtungspreise zu erhalten, stellt einen Einwand gegen eine Vorausbuchung dar. Mit Hilfe der Form *trotzdem* wird die folgende Entkräftung dieses Einwands angekündigt.

Die konzessive Relation kann auch in dem Äußerungsteil markiert werden, in dem Sachverhalt 1 geäußert wird. Als Relationshinweise fungieren hier *ungeachtet der Tatsache, dass* und *abgesehen davon, dass*. Diese Formen kennzeichnen einen Sachverhalt 1 als Zugeständnis, als entkräfteten Einwand. Der komplexe Relati-onshinweis *zwar ... aber* schließlich steht sowohl im ersten als auch im zweiten Äußerungsteil.

Bsp. 25: »Resultate«

Zwar ist es wichtig, solche Resultate mitzuerfassen, etwa in der Form von Verteilungen der Handlungspotentiale auf » Ebenen« oder »Subsysteme«. *Aber* diese Resultate sind das, was die Evolutionstheorie erklären müßte.

5.4.7 Hinweise auf Mittel-Zweck-Verknüpfungen

Sind zwei Sachverhalte in einer Mittel-Zweck-Relation miteinander verknüpft, kann diese Beziehung auf zwei Arten ausgedrückt werden. Entweder kennzeichnet man einen der beiden Sachverhalte als Zweck (wobei der Sachverhalt, der das Mittel darstellt, unmarkiert bleibt). Oder man kennzeichnet den einen der beiden Sachverhalte als Mittel (und lässt den anderen Sachverhalt, der den Zweck darstellt, unmarkiert). Konnektoren wie *dadurch, dafür, damit, dazu, deshalb, deswegen, hierfür, hierzu* können sowohl einen Sachverhalt markieren, der als Zweck verstanden werden soll, als auch einen Sachverhalt, der als Ziel interpretiert werden soll. Diese Interpretation muss der Leser selbstständig aufgrund seines Weltwissens leisten. Wir sprechen daher nur von »Hinweisen auf Mittel-Zweck-Relationen«. Es folgen einige Beispiel für Mittel-Zweck-Verknüpfungen:

Bsp. 26: »Hungern«

Einmal in der Woche will doch der Mensch ein bißchen Fleisch haben. *Dafür* hungern wir aber die beiden letzten Tage von der Woche ...

Hier geht es um zwei Sachverhalte: den Wunsch nach einem wöchentlichen Fleischkonsum und ein zweitägiges Hungern. Der Relationshinweis *dafür*, der die Formulierung des zweiten Sachverhalts einleitet, weist den Leser darauf hin, dass die beiden Sachverhalte als in einer Mittel-Zweck-Relation stehend zu lesen sind. Mit Hilfe des Weltwissens kann man nun Sachverhalt 1 (den Fleischkonsum) als Zweck oder Ziel identifizieren und Sachverhalt 2 (das Hungern) als Mittel oder Art und Weise, um dieses Ziel zu erreichen.

Während in Beispiel 26 der Relationshinweis jeweils denjenigen Äußerungsteil einleitet, der als Mittel zu verstehen war, leitet der Relationshinweis im folgenden Beispiel 27 die Formulierung des angestrebten Zwecks oder Ziels ein.

Bsp. 27: »intel inside«

Da ein Markenzeichen im Dunkel dieser Kiste, die der normale Nutzer nie öffnet, wenig Sinn macht, klebte man das »intel inside«-Logo eben außen auf das Gehäuse. *Damit* gab man den PC-Benutzern das sichere Gefühl, echt tolle Qualität erworben zu haben.

Der Relationshinweis *damit* zeigt wieder das Vorliegen einer Mittel-Zweck-Relation an: Das »sichere Gefühl« ist das Ziel, das durch das Mittel des außen angebrachten Werbelogos erreicht worden ist.

5.4.8   Hinweise auf Ursache-Wirkung- und Grund-Folge-Verknüpfungen

Das Vorliegen einer Ursache-Folge-Verknüpfung kann aus zwei unterschiedlichen Perspektiven betrachtet werden: Entweder markiert man den Sachverhalt, der als Ursache zu verstehen ist, oder man kennzeichnet den Sachverhalt, der als Folge zu lesen ist. Im ersteren Fall spricht man von einer »kausalen«, im zweiten Fall von einer »konsekutiven« Relation. Kausale Subjunktionen sind *weil, da* usw., konsekutive beispielsweise *sodass* oder *um zu*. Oberhalb der Satzgrenze überschneiden sich die Formen, mit denen ein Sachverhalt als Ursache eines anderen gekennzeichnet werden kann, mit denen, die einen Sachverhalt als Folge eines anderen markieren. Als kausale Relationshinweise kommen in Frage: *also, dadurch, daher, darum, dementsprechend, demgemäß, demnach, denn, deshalb, deswegen, infolgedessen, mithin, nämlich, um so mehr, zumal*. Als konsekutive Relationshinweise kommen in Frage: *also, demnach, demzufolge, folglich, infolgedessen, mithin, so, somit*. Wie man sehen kann, kommen manche Formen in beiden Klassen vor, andere nur in einer der beiden Klassen. Wir sprechen deshalb allgemein von »Hinweisen auf Ursache-Wirkung- und Grundfolge-Verknüpfungen« (ohne damit die Möglichkeit auszuschließen, im Einzelfall differenzierter auch von »kausalen« und »konsekutiven Relationshinweisen« sprechen zu können).

In der Folge illustrieren wir zunächst Fälle, in denen auf eine konsekutive Relation hingewiesen wird.

Bsp. 28: »Gemüse«

Immer neue Wochenmärkte sprießen aus dem Boden, auf denen man einheimisches Gemüse bester Qualität und oft inzwischen sogar aus biologischem Anbau bekommt. Viele der Anbieter sind Bauern aus der Region. *Folglich* ist das Gemüse meist besonders frisch (...).

Die Frische des Gemüses wird hier als die Folge seiner lokalen Herkunft gekennzeichnet (Bsp. 28). Der konsekutive Relationshinweis *folglich* steht am Anfang des Äußerungsteils, in dem die Folge ausgedrückt wird.

In Beispiel 29 handelt es sich bei Sachverhalt 2 weniger um eine Folge als um eine *Folgerung*, die der Verfasser aus einem Sachverhalt 1 zieht:

Bsp. 29: »Kräuter«

Ich habe wieder einmal zu viele Kräuter eingekauft und nur die Hälfte gebraucht. In den nächsten ein, zwei Tagen werde ich aber wohl nicht kochen. *Also* breite ich die restlichen Kräuter auf einem Tablett aus und stelle sie an einen warmen Platz, zum Beispiel neben die Waschmaschine, die etwas Wärme abgibt.

Hier wird die Verwahrung der Kräuter mit Hilfe des konsekutiven Relationshinweises *also* als eine Folgehandlung markiert, die sich aus der Gewissheit des Sprechers ergibt, die übrig gebliebenen Kräuter nicht sofort wieder zum Kochen zu benötigen.

Das nächste Beispiel illustriert den Fall, dass der Relationshinweis den Sachverhalt 2 markiert, der die Ursache eines Sachverhalts 1 ausdrückt. Dabei gilt: Die »Ursache« kann logisch oder naturgesetzlich mit Sachverhalt 1 verbunden sein (der ihre logische oder naturgesetzliche Folge darstellt) oder aber lediglich den Grund darstellen, der den Sprecher zur Äußerung von Sachverhalt 1 bewogen hat. Beide Untertypen der kausalen Relation werden durch die gleichen Hinweise angezeigt.

Bsp. 30: »Markt«

Die am Markt angebotene Menge einer Ware paßt sich ganz von selbst der wirksamen Nachfrage an. *Denn* es liegt im Interesse aller, die Land, Arbeit oder Kapital einsetzen, um ein Gut auf den Markt zu bringen, das Angebot niemals über die effektive Nachfrage steigen zu lassen.

In diesem Beispiel leitet der kausale Relationshinweis *denn* denjenigen Äußerungsteil ein, der den (aus einem ökonomischen Modell ableitbaren) Grund dafür liefert,
warum sich Angebot und Nachfrage aufeinander einpendeln.

5.4.9   Konditionale Relationshinweise

In einer konditionalen Verknüpfung ist ein Sachverhalt 1 Bedingung oder Voraussetzung für das Eintreten eines Sachverhalts 2. Konditionale Relationshinweise
sind *andernfalls, ansonsten, dann, genau dann und nur dann, selbst dann nicht, so,
sonst* usw. Sie stehen jeweils in dem Äußerungsteil, der Sachverhalt 2 ausdrückt.
Sie lassen sich danach ordnen, ob der Sachverhalt 2 eine Konsequenz aus dem
Eintreten der Bedingung darstellt (*dann, so* usw.) oder aus dem *Nicht*-Eintreten der
Bedingung (*andernfalls, ansonsten* usw.) hervorgeht.

Die folgenden Beispiele illustrieren diese beiden Möglichkeiten innerhalb der
konditionalen Verknüpfungen:

Bsp. 31: »Gastfamilienprogramm«

Die folgenden Informationen beantworten Ihnen hoffentlich einen Teil Ihrer Fragen zum
Gastfamilienprogramm. *Ansonsten* steht Ihnen Ihr Reisebüro für weitere Auskünfte zur
Verfügung.

Bsp. 32: »Kanada«

Sie kennen den Westen Kanadas noch nicht? *Dann* bietet Ihnen diese Rundreise den
idealen Einstieg.

5.4.10   Temporale Relationshinweise

In einer temporalen Verknüpfung werden ein zuerst geäußerter Sachverhalt 1 und
ein danach geäußerter Sachverhalt 2 in eine zeitliche Beziehung zueinander gesetzt.
(Die Nummerierung folgt hier der Reihenfolge der Äußerung.) Das Verhältnis der
beiden Elemente kann gleichzeitig, vorzeitig oder nachzeitig sein. Dementsprechend
gibt es drei Typen von temporalen Relationshinweisen. Bei der Zuordnung einer
temporalen Verknüpfung zu einem der drei Untertypen gehen wir davon aus, dass
der Relationshinweis immer Sachverhalt 2 markiert, also den als zweites geäußerten
Sachverhalt.

Nachzeitig ist eine Verknüpfung, in der Sachverhalt 2 *nach* Sachverhalt 1 verortet
wird. Zahlreiche Relationshinweise können diese spezielle temporale Verknüpfung
anzeigen: *anschließend, danach, dann, darauf, daraufhin, endlich, nachher, schließlich, seitdem, sodann, später* usw. Das folgende Beispiel illustriert die nachzeitige
temporale Verknüpfung.

Bsp. 33: »Level«

Am Morgen wird in einem Test bestimmt, in welchen Level Sie eingeteilt werden. [...]
Darauf erhalten Sie verschiedene Informationen über die Schule, bevor Sie zu einem
freiwilligen, lohnenswerten Rundgang durch die Stadt aufbrechen.

Vorzeitigkeit liegt vor, wenn Sachverhalt 2 *vor* Sachverhalt 1 verortet wird. Zum
Ausdruck von Vorzeitigkeit eignen sich Formen wie *bislang, bis dahin, davor,*
vorher, zuvor oder *zunächst.* Sachverhalt 2 kann dabei entweder als punktuelles
Ereignis erscheinen (wenn er mit Formen wie *vorher, davor* usw. markiert wird)
oder als Geschehen mit einer gewissen zeitlichen Ausdehnung (mit *bislang* oder
bis dahin).

Bsp. 34: »Pistole«

Und da zeigte sich, daß Roths Pistole erst sichtbar geworden war, als er abtransportiert
wurde und die Waffe aus seinem Hosenbund gefallen war. *Vorher* mußte sie unter dem
Körper des bewegungsunfähig auf der linken Seite Liegenden verborgen gewesen sein.

Gleichzeitigkeit der beiden Geschehen kann durch *da, derweil, gerade, gleichzeitig,*
inzwischen, solange, unterdessen, währenddessen, zugleich usw. signalisiert werden.

Bsp. 35: »Spice Girls«

Ende Jahr startet die erfolgreichste Girl Group aller Zeiten, die Spice Girls, ihr Comeback
mit einer Welttournee. *Gleichzeitig* werden am 9. November 2007 ihr »Greatest Hits«-
Album sowie die Singleauskopplung »Headlines (Friendship Never Ends)« erscheinen.

5.4.11 Komparative Relationshinweise

Eine komparative Verknüpfung stellt eine Ähnlichkeitsrelation zwischen zwei Sachverhalten her, wobei »Ähnlichkeit« auch den Spezialfall der Identität umfasst. Als
komparative Relationshinweise können vor allem die folgenden Formen fungieren:
ebenso, genauso, je ... desto, so oder *umso.*

Bsp. 36: § 145d Vortäuschen einer Straftat

(1) Wer wider besseres Wissen einer Behörde oder einer zur Entgegennahme von Anzeigen zuständigen Stelle vortäuscht,
1. daß eine rechtswidrige Tat begangen worden sei oder
2. daß die Verwirklichung einer der in § 126 Abs. 1 genannten rechtswidrigen Taten
bevorstehe,
wird mit Freiheitsstrafe bis zu drei Jahren oder mit Geldstrafe bestraft, wenn die Tat nicht
in § 164, § 258 oder § 258a mit Strafe bedroht ist.
(2) *Ebenso* wird bestraft, wer wider besseres Wissen eine der in Absatz 1 bezeichneten
Stellen über den Beteiligten
1. An einer rechtswidrigen Tat oder
2. An einer bevorstehenden, in § 126 Abs. 1 genannten rechtswidrigen Tat zu täuschen
sucht.

Neben Formen, die ein statisches Ähnlichkeitsverhältnis markieren, gibt es solche, die das Vorliegen eines dynamischen Verhältnisses anzeigen. Damit ist gemeint, dass sich beide Sachverhalte ändern, während das Verhältnis zwischen beiden erhalten bleibt. Das folgende Beispiel illustriert ein solches »proportionales« Verhältnis:

>Bsp. 37: »Ausbeute«
>
>Groß war die Ausbeute nicht. Das geistige Unbehagen hob bald wieder an. *Desto* größer war der langfristige Schaden, den die intellektuelle Standespolitik angerichtet hatte.

Übungsaufgabe 3
Identifizieren Sie die Relationshinweise in dem folgenden Textbeispiel! Welche semantischen Relationen werden dabei ausgedrückt?

>Bsp. 38: Einleitung zu einem Buch
>
>Einleitung
>Angst ist für uns ein sehr vertrautes Gefühl, ob wir dazu stehen oder auch nicht. Es scheint ja ein unausgesprochenes Ideal zu sein, daß der Mensch möglichst angstfrei zu sein hat. Deshalb wohl haben wir auch so viele Ausdrücke für Angst, die die Angst auch ein Stück weit bemänteln. So sagen wir etwa, daß wir angespannt sind, verwirrt sind, nervös sind, oder man spricht von Streß.
>
>Es scheint mir sehr typisch für unseren heutigen Umgang mit der Angst zu sein, daß wir sie nicht mehr zu benennen wagen und andere Ausdrücke dafür brauchen. Wir wagen eher selten, Sie wirklich bei ihrem Namen zu nennen. Dadurch können wir aber ihre wichtige Funktion, die sie in unserem Leben hat, nicht nützen.

5.5   Strukturhinweise

Strukturhinweise signalisieren den Bezug auf eine äußerungsübergreifende Vertextungsstruktur, die eine erkennbare textuelle Einheit bildet. Der Bezug auf diese übergreifende Struktur wirkt Text verknüpfend. Strukturhinweise unterscheiden sich von den bereits beschriebenen Verkettungs- und Relationshinweisen vor allem durch ihre Reichweite: Strukturhinweise sind globale Verknüpfungshinweise, insofern sie sich auf eine textuelle Einheit (oft mit charakteristischen Untereinheiten) beziehen. Wenn man sich die Textverknüpfung im Sinne der Etymologie des Ausdrucks »Text« als Gewebe vorstellt, kann man auch sagen: Während die lokale Verkettung durch Wiederholungen, Verkettungshinweise und Relationshinweise eine horizontale Verknüpfung darstellt (die Kette), stellt die globale Vertextungsstruktur eine vertikale Verknüpfung dar (den Faden).

Strukturhinweise gibt es in verschiedenen Ausprägungen, die der jeweils zugrundeliegenden Vertextungsstruktur entsprechen. Wir besprechen im Folgenden

– narrative Strukturhinweise (5.5.1),
– argumentative Strukturhinweise (5.5.2),
– deskriptive Strukturhinweise (5.5.3) und
– explanative Strukturhinweise (5.5.4).

Strukturhinweise zeichnet jeweils ein charakteristischer Weltbezug aus:

- narrative Hinweise beziehen sich auf die *Erzählbarkeit vergangener Ereignisse*,
- argumentative Hinweise auf die *Begründbarkeit von Handlungen*,
- deskriptive Hinweise auf die *Wahrnehmbarkeit von Objekten im Raum*,
- explanative Hinweise auf die *Erklärbarkeit von Sachverhalten*.

Diese Charakteristik des Weltbezugs bringt die Strukturhinweise in die Nähe der Themahinweise, die signalisieren, auf welche Aspekte von Welt der Text Bezug nimmt (s. u. Kap. 6!). Hier interessieren uns aber nur solche Fälle, in denen die Charakteristik eines Weltbezugs sich in einer spezifischen textuellen Struktur niederschlägt. Am deutlichsten wird das in Erzählungen, Argumentationen, Beschreibungen und Erklärungen.

Terminologie
Werlich 1975: »globale Textformen«, »grundlegende Texttypen« oder »Sequenzierungstypen«; Eroms 2008, S. 79–105: »Vertextungsstrategien«; Brinker 2005, S. 61–82: »thematische Entfaltung«; Heinemann/Viehweger 1991: S. 235–251: »komplexe Strategiemuster«; Heinemann 2000: »Vertextungsmuster«
Die meisten Klassifikationsversuche umfassen die Basiseinheiten »Narration« (auch: »Erzählung«), »Deskription« (auch: »Beschreibung«) und »Argumentation« (auch: »Begründungen«), manchmal zusätzlich »Exposition«, »Explikation« bzw. »Explanation« oder »Instruktion« (auch: »Anweisen«) (Überblick: Eroms 2008, S. 79 f.).

5.5.1 Narrative Strukturhinweise

Worum es bei den Strukturhinweisen der Sache nach geht, lässt sich am besten an den narrativen Strukturhinweisen erläutern. Narrative Strukturhinweise stellen eine Verknüpfung her, die über die lokale Satz-für-Satz-Verknüpfung hinausgeht, indem sie auf das Vorhandensein einer größeren textuellen Einheit verweist, nämlich der *Erzählung* mit ihren charakteristischen formalen und funktionalen Untereinheiten.

Bsp. 39: Das Eisenbahnunglück

Etwas erzählen? Aber ich weiß nichts. Gut, also ich werde etwas erzählen.

Einmal, es ist schon zwei Jahre her, habe ich ein Eisenbahnunglück mitgemacht, – alle Einzelheiten stehen mir klar vor Augen.

Es war keines vom ersten Range, keine allgemeine Harmonika mit »unkenntlichen Massen« und so weiter, das nicht. Aber es war doch ein ganz richtiges Eisenbahnunglück mit Zubehör und obendrein zu nächtlicher Stunde. Nicht jeder hat das erlebt, und darum will ich es zum besten geben.

Ich fuhr damals nach Dresden, eingeladen von Förderern der Literatur. Eine Kunst- und Virtuosenfahrt also, wie ich sie von Zeit zu Zeit nicht ungern unternehme. Man repräsentiert, man tritt auf, man zeigt sich der jauchzenden Menge; man ist nicht umsonst ein Untertan Wilhelms II. Auch ist Dresden ja schön (besonders der Zwinger), und nachher wollte ich auf zehn, vierzehn Tage zum ›Weißen Hirsch‹ hinauf, um mich ein wenig zu pflegen und, wenn, vermöge der ›Applikationen‹, der Geist über mich käme,

auch wohl zu arbeiten. Zu diesem Behufe hatte ich mein Manuskript zuunterst in meinen
Koffer gelegt, zusammen mit dem Notizenmaterial, ein stattliches Konvolut, in braunes
Packpapier geschlagen und mit starkem Spagat in den bayerischen Farben umwunden.
Ich reise gern mit Komfort, besonders, wenn man es mir bezahlt. Ich benützte also den
Schlafwagen, hatte mir tags zuvor ein Abteil erster Klasse gesichert und war geborgen.

Der Beginn dieses Textes ist reich an Hinweisen, die uns signalisieren, dass es sich
bei der durch Einheiten- und Ganzheitshinweise abgegrenzten textuellen Einheit
(»Das Eisenbahnunglück«) um eine Erzählung handelt. Damit ist das Signal verbunden, dass wir es mit einer textuellen Struktur zu tun haben, die die Elemente
des Textes über alle lokalen Verknüpfungen hinaus miteinander verbindet. Die
wichtigsten dieser Hinweise sind:

- die Verwendung des Ausdrucks »erzählen« im Sinne einer Erzählankündigung,
  die wissensabhängig die Spezifik der Vertextungsstruktur benennt und diese
  darüber hinaus als eine unabhängig von bestimmten Inhalten existierende Form
  signalisiert (»Etwas erzählen? Aber ich weiß nichts. Gut, also ich werde etwas
  erzählen.«);
- der Hinweis auf die Ereignishaftigkeit eines Geschehens in der Zeit (»Eisenbahnunglück«), das als abgegrenzte Episode (»Einmal«) im Mittelpunkt des Erzählens
  stehen wird;
- der Hinweis auf die Erlebnisqualität dieses Geschehens im Sinne seiner Erzählbarkeit (»ein ganz richtiges Eisenbahnunglück mit Zubehör«, »Nicht jeder hat
  das erlebt«);
- der Hinweis auf den Einstieg in die Zeit der erzählten Welt durch das Adverb
  »Damals« und den Übergang zum Präteritum als dem Leittempus der erzählten
  Welt (»Ich fuhr«).

Ist eine narrative Vertextungsstruktur einmal etabliert, sind immer wieder Einschübe
und Digressionen möglich, ohne dass dadurch das Vorliegen der textuellen Einheit
Erzählung infrage gestellt würde: Man beachte z. B. den Rücksprung ins Präsens
und die damit einhergehende partielle Abkehr vom Erzählen. Der Einstieg in die
erzählte Welt wird dann immer wieder durch das Präteritum signalisiert (»und
nachher wollte ich«, »Ich benützte also«: s. o. Bsp. 39). Durch die Etablierung
der narrativen Struktur wird die weitere Elaborierung und Dramatisierung des
»Eisenbahnunglücks« erwartbar gemacht – die dann tatsächlich den Großteil des
Textes ausmacht. Charakteristisch für die narrative Struktur ist insbesondere das
Dramatisieren durch Hinweise auf die besondere Erlebnisqualität des Ereignisses,
mit der die vorab in Anspruch genommene Erzählbarkeit des Vorfalls narrativ eingelöst wird (s. u. Bsp. 40). Schließlich impliziert die narrative Vertextungsstruktur
auch, dass das erzählte Ereignis abgeschlossen und dass von der erzählten Welt
in die Welt des Erzählens hinübergeleitet wird. Auch das ist im vorliegenden Fall
in großer Explizitheit ausgeführt. Nach der Schilderung des Unglücks und seiner
unmittelbaren Folgen lesen wir:

Bsp. 40: Das Eisenbahnunglück, Ende

»In Hof war es fünf Uhr und hell. Dort gab es Frühstück, und dort nahm ein Schnellzug mich auf, der mich und das Meine mit dreistündiger Verspätung nach Dresden brachte.

Ja, das war das Eisenbahnunglück, das ich erlebte. Einmal musste es ja wohl sein. Und obgleich die Logiker Einwände machen, glaube ich nun doch gute Chancen zu haben, dass mir sobald nicht wieder dergleichen begegnet.«

Narrative Abschluss- und Überleitungshinweise sind hier das Happy End, der explizite Schlusssatz (»Ja, das war das Eisenbahnunglück, das ich erlebte.«) und der Ausblick auf die Zukunft.

Im Anschluss an unser Ausgangsbeispiel wollen wir die wichtigsten narrativen Struktursignale verallgemeinernd zusammenfassen:

– Das Präteritum als »Leittempus der erzählten Welt« (Weinrich), das auf das zeitliche Auseinanderfallen von Erzählsituation und erzählten Ereignissen verweist und den Leser auf die Zuhörerrolle einstimmt;
– »absolute Episodenmerkmale« (Gülich/Raible), die die erzählten Ereignisse als einmalige in der Zeit verankern, wobei die Spanne von der Angabe eines genauen Zeitpunkts bis hin zur Angabe einer sehr allgemeinen Zeitspanne reichen kann (»neulich«, »Einmal«);
– »relative Episodenmerkmale« (wie »kurz darauf«, »danach« oder »als«), die einzelne Ereignisse in ein zeitliches Verhältnis zueinander setzen;
– »Iterationsmerkmale«, die Handlungen, Tätigkeiten oder Vorgänge als wiederholt oder gewohnheitsmäßig ausweisen (z. B. »immer wenn«, »jeden Sommer«) und dabei die Normalität einer Situation signalisieren, vor der dann das Unerwartete besonders deutlich hervortreten kann;
– implizite und explizite Hinweise auf die Erzählwürdigkeit, z. B. die Verwendung besonders expressiver sprachlicher Formen, die detaillierte Ausgestaltung der relevanten Momente etwa durch die dramatische Inszenierung der Figurenrede (Atomisierung und Detaillierung, szenisches Präsens);
– der Aufbau eines Kontrasts von Verlangsamung und Beschleunigung (»plötzlich«).

Achtung!
Um diesen Prototyp herum gibt es viele andere Typen narrativer Strukturierung, die in der Art ihrer Hinweise variieren und bestimmte der hier besprochenen Hinweise durch andere ersetzen. Bleiben z. B. dramatisierende Hinweise zugunsten einer »sachlichen« Elaborierung aus, haben wir es mit einem *Bericht* zu tun. Im Einzelfall muss unterschieden werden, ob es sich tatsächlich um Strukturhinweise handelt, die auf eine übergeordnete narrative Struktur abheben, oder lediglich um temporale Relationshinweise, die eine Satz-zu-Satz-Verknüpfung im Sinne des zeitlichen Nacheinander signalisieren, ohne aber auf eine übergeordnete Struktur zu verweisen.

Zur Vertiefung

Weinrich 2005; Quasthoff 2002, 1980; Gülich/Hausendorf 2000; Gülich 1974; Labov/Waletzky 1973.

5.5.2 Argumentationshinweise

Argumentationshinweise weisen auf das Vorhandensein einer übergeordneten textuellen Einheit im Sinne der *Argumentation* hin. Diese stellt eine eigene Vertextungsstruktur dar. Argumentationen beziehen sich auf Welt unter dem Gesichtspunkt der Begründbarkeit von Handlungen. Damit kommt grundsätzlich die Existenz gegensätzlicher Standpunkte und deren Geltungsansprüchen ins Spiel. Wir möchten das anhand eines Zeitungsbeispiels illustrieren (Bsp. 41).

Bsp. 41: »pro und contra«

Die Kontroverse: Braucht es Steuerdetektive?

Auf Einladung des «Tages-Anzeigers» debattieren Koni Loepfe, Präsident der SP der Stadt Zürich, und der Zolliker SVP-Kantonsrat Claudio Zanetti alle zwei Wochen zu einem aktuellen, vom TA vorgegebenen Thema. Heute: Die Sozialdetektive haben sich im Einsatz gegen den Sozialhilfemissbrauch in der Stadt Zürich bewährt. Nach dem deutsch-liechtensteinischen Steuerskandal fragt sich, ob jetzt nicht auch Steuerdetektive gegen Steuerhinterziehung und Steuerbetrug eingesetzt werden müssen?

PRO

Kontrollierte Kontrolle

Von **Koni Loepfe**

Vom Grundsatz «Wie du mir, so ich dir» halte ich so wenig wie vom Prinzip «Wenn schon Sozial-, dann auch Steuerdetektive». Als einer der wirklichen Väter der Stadtzürcher Sozialinspektoren erlaube ich mir, in ihnen kein Allheilmittel zu sehen.

Gute und wirksame Sozialarbeit setzt in erster Linie auf die Stärkung der Eigeninitiative durch ausgebildete Sozialarbeiterinnen. Zu ihren Aufgaben gehört auch die

Kontrolle, zu der sie ausgebildet wurden. Sozialinspektoren kommen zum Einsatz, wenn bei einem konkreten Verdacht nur detektivische Fähigkeiten weiterhelfen. Praktisch betrifft dies vor allem Schwarzarbeit, Verknüpfung mit dem Milieu oder dem Autohandel sowie Beschiss beim Wohnen.

Die Erfahrung der Sozialinspektoren macht allen klar, dass sie Sozialhilfe sich gegen Betrug wehrt, aber sie ersetzt die Sozialarbeit nicht. Die Stadt Zürich braucht so viele Sozialinspektoren, wie zu dieser Aufgabenerfüllung nötig sind. Derzeit sind es drei, sehr viele mehr bringen keinen weiteren Nutzen. Trotz des Erfolgs ist ihr finanzielles Ergebnis knapp positiv.

Steuerkommissare erhalten eine lange Ausbildung und verstehen ihren Job. Bei einem Verdacht auf Steuerhinterziehung ist es sinnvoll, auch polizeiliche Methoden anzuwenden, also Steuerdetektive einzusetzen. Aber auch hier: gezielt und bei einem konkreten Verdacht und nicht im Giesskannenprinzip. Selbst wenn es sich finanziell lohnte. Es braucht bei der Kontrolle der Kontrolle enge Grenzen.

KONTRA

Gegen die Steuerinquisition

Von **Claudio Zanetti**

Welch wunderbares Beispiel sozialistischer Dialektik! Da wird suggeriert, man wolle bloss gleich behandeln, was gleich ist, und verdrängt, dass, die dem Logik folgend, auch ungleich zu behandeln ist, was ungleich ist. Und es besteht nun einmal ein wesentlicher Unterschied zwischen jemandem, der dem Staat Geld abliefert, und jemandem, der vom Staat Geld bekommt. Selbst der Staatsapparat unterscheidet hier streng und befleissigt sich dabei einer

höchst aufschlussreichen Wortwahl: Da gibt es einerseits die «Steuerpflichtigen», bei denen unmissverständlich ist, wozu sie auf der Welt sind, und da gibt es die «Klienten». Das sind diejenigen, die bei «Tante Monika» den Check abholen.

Auch rechtlich wird klar unterschieden: Wer als Steuerpflichtiger nicht alle relevanten Daten offen legt, macht sich strafbar. Umgekehrt erteilt die kantonale Datenschützer auf seiner Website den «Klienten» sogar den Rat, «die eingeforderten Bank- und Kontoauszüge abgedeckt einzureichen». Hier wird Datenschutz zur Groteske, als wäre es unmenschlich, von einem Sozialhilfebezüger Transparenz zu verlangen. Wo bleibt da der Ruf nach Gleichbehandlung?

Es braucht keine zusätzlichen Steuerfahnder. Im Kanton Zürich wurde die Zahl der inquisitorisch tätigen Steuerkommissäre in den letzten Jahren auf Antrag der Regierung bereits zweimal deutlich erhöht. Das sei eine «Sparmassnahme» hiess es seitens der Regierung. Auch das eine unglaubliche dialektische Verdrehung.

In diesem Text lassen sich auf den ersten Blick zahlreiche Hinweise auf die argumentative Vertextungsstruktur erkennen:

– Hinweise auf die textuelle Einheit *Argumentation*: explizit mit dem Begriff »Kontroverse«, implizit mit dem Verb »debattieren«. Der Argumentationshinweis »Kontroverse« fällt mit Gliederungshinweisen (Einheitenhinweisen) zusammen: Der als Artikel auf der Zeitungsseite abgegrenzte Text hat die »Kontroverse« zum Inhalt.

– Hinweise auf die globale Strukturierung der Argumentation: Ausgangsfrage (Worum geht es?), Elaborierung von relevanten Hintergründen (Was muss man dazu wissen?) und abschließende Behauptung (Worin besteht die eigene Position/ der eigene Standpunkt?).

– Hinweise auf das Vorhandensein gegensätzlicher Standpunkte: lexikalisch (durch Ausdrücke wie »Kontroverse« und »Debatte«, die auf Konflikt orientieren), grammatisch (durch das hervorgehobene Präpositionenpaar »Pro« und »Contra«) und bildlich durch entgegengesetzte Blickrichtung der abgebildeten Köpfe; ironische Abwertung eines Standpunktes (»Welch wunderbares Beispiel sozialistischer Dialektik!«); Einstellungs-Prädikate (»Vom Grundsatz ... halte ich ...«; »erlaube ich mir, ... zu sehen«), Statements und Behauptungen, die sich auf die Ausgangsfrage beziehen lassen (»Es braucht keine zusätzlichen Steuerfahnder«).

– Hinweise auf Begründungszusammenhänge: Hinweise auf die begründende und stützende Qualität von Aussagen für Behauptungen z. B. im Sinne des Belegs (»Da wird suggeriert ... «) oder in Form der rhetorischen Frage (»Wo bleibt da der Ruf nach Gleichbehandlung?«), teils auch inferiert aufgrund der global markierten argumentativen Struktur (s. o.);

– Hinweise auf besonderen Begründungsbedarf: Thematisierung in Form der Entscheidungs-Frage (»Braucht es Steuerdetektive?«, »fragt sich, ob«); Hinweise auf die Evidenz eines stützenden Belegs (»Und es besteht nun einmal ein wesentlicher Unterschied ...«);

– Hinweise auf den Rückgriff auf allgemeine Regeln, Normen und Werte (»Vom Grundsatz ...«).

Mit Hinweisen wie diesen wird deutlich, dass Beispiel 41 als Ganzes als Text mit argumentativer Struktur zu verstehen ist: Es geht hier um die Begründbarkeit einer handlungsrelevanten Einstellung zu einer bestimmten Frage. Wenn diese Struktur einmal etabliert ist, verstehen wir auch potenziell explanative Textteile und Einschübe als Beiträge zur Stützung eines Standpunktes (so z. B. im erläuternden Teil der »Pro«-Stellungnahme: »Zu ihren Aufgaben gehört auch ...«), so dass auf die für Argumentationen charakteristischen kausalen Relationshinweise verzichtet werden kann, ohne dass dadurch das Vorliegen der textuellen Einheit *Argumentation* infrage gestellt würde.

Das Beispiel zeigt, dass Argumentationen als Vertextungsstrukturen darauf beruhen, dass die Elemente des Textes in einen bestimmten Zusammenhang gebracht werden: Elemente des Textes (typischerweise: Aussagen, Äußerungen) müssen als Antwort auf eine strittige, je nach Perspektive unterschiedlich beantwortbare Frage kenntlich gemacht werden. Es muss also nachvollziehbar werden, dass es sich um eine selektive Entscheidung handelt (eine Behauptung), die auch anders möglich wäre und deshalb in besonderer Weise der Begründung bedarf. Damit kommen dann Elemente des Textes im Sinne von Begründungen und relevanten Hintergrundinformationen in Frage. Diese begründende und stützende Qualität von Textelementen (Aussagen, Äußerungen) kann durch entsprechende Relationshinweise explizit markiert werden, in vielen Fällen muss sie aber wissensabhängig inferiert werden.

An dieser Stelle kommen allgemeine Schlussregeln ins Spiel. Selten sind das universell gültige Gesetzmäßigkeiten wie etwa Naturgesetze. In der Mehrzahl der Fälle handelt es sich um alltagslogische Schlussregeln, deren Gültigkeit auf den berühmten »Normalfall« beschränkt ist und die durch zahlreiche Ausnahmen eingeschränkt sein kann.

Ein solcher Schluss ist etwa im Spiel, wenn es in der »Kontra«-Stellungnahme heißt: »Selbst der Staatsapparat unterscheidet hier streng und befleissigt ...«. Das Adverb »selbst« markiert hier den Rückgriff auf eine Schlussregel, die besagt, dass der »Staatsapparat« in besonderer Weise als Stützungsbeleg gelten kann: Wenn schon der Staatsapparat an dieser Stelle unterscheidet, dann sollte erst recht ... (»Autoritätstopos«).

Als Kandidaten für Argumentationshinweise kommt eine Reihe von sprachlichen Formen in Frage:

– Die stützende und begründende Qualität von Aussagen wird häufig durch kausale Relationshinweisen signalisiert – wobei das Auftreten solcher Relationshinweise weder eine für sich genommen hinreichende noch eine notwendige Bedingung für eine argumentative Vertextungsstruktur darstellt!
– Verben, die Sprechhandlungen des Argumentierens bezeichnen wie etwa *begründen, widerlegen, rechtfertigen* und *delegitimieren*.
– Verben, die Sprechhandlungen bezeichnen, die den konfliktären, widerspruchshaften Hintergrund von Argumentationen indizieren, beispielsweise *infragestellen, bezweifeln, bestreiten, kritisieren, vorwerfen*.
– Allgemeine Schlussregeln werden in der Alltagsargumentation, wie schon erwähnt, selten expliziert: Ihre Wirksamkeit ist ja oftmals größer, wenn Sie implizit »verstanden« werden! Wenn sie expliziert werden, lassen sich oftmals *wenn-(dann)*-Verknüpfungen, oft begleitet vom generischen Präsens oder anderen Signalen einer zeitlosen (*immer*) und ausnahmelosen (*alle, jeder*) Gültigkeit finden, die sich als Hinweise auf das Argumentieren interpretieren lassen. Sprichwörter oder geflügelte Wörter können als fixierte Formen des Ausdrucks der allgemeinen Schlussregel verstanden werden, etwa wenn jemand die Handlung eines anderen mit »Hunde, die bellen, beißen nicht« kommentiert oder mit »Es gibt nichts Gutes, außer man tut es (Kästner)« zum Handeln auffordert.
– Ausdruck der Partnerorientierung im Sinne des Überzeugens des Anderen (bzw. des Lesers) aufgrund der gelieferten Begründung: Appelle, deontische Aussagen, Darstellung der Folgen, die sich aus Gegenpositionen ergeben.
– Sprachliche Formen, die auf die Strittigkeit oder Unstrittigkeit eines Geltungsanspruchs Bezug nehmen, wie z. B. die Adjektive *strittig, fragwürdig, zweifellos*, Verben wie *infrage stellen*, Substantive wie *Vorurteil, Gesetzmäßigkeit* usw. Um Geltungsansprüche einer Äußerung zu stützen (oder sie zu bestreiten), können Argumentierende auf drei Aspekte abheben, die konkrete Hinweise im Text hinterlassen:
– »Gültigkeit«: Ist die Äußerung wahr oder richtig? (Hier findet man sogenannte »Operatoren« wie *vermutlich, wahrscheinlich*, aber auch explizite Positionierungen des Sprechers durch Verben wie *glauben, vermuten* usw.).
– »Eignung«: Lässt sich die Äußerung auf den konkreten Fall beziehen? (Hinweise sind etwa: *treffend, geht am Kern vorbei, kann nicht über einen Kamm geschoren werden* usw.).

– »Relevanz«: Gibt es eine allgemeine Regel, in deren Rahmen das geäußerte Datum relevant sein könnte? Gehört diese Regel einem System an (Wirtschaft, Religion etc.), deren Geltung für das diskutierte Problem akzeptiert ist? (*Das ist nur der Fehltritt eines einzelnen, das stellt das Funktionieren des Rechtsstaats nicht infrage.* Oder: *XY mag für die Religion gelten, aber das ist doch ein Problem der Wirtschaft!*).

Zur Vertiefung
Eroms 2008; Atayan 2006; Eggler 2006; Wengeler 2003; Klein 2002; Kienpointner 1992; Kopperschmidt 1989; Toulmin/Berk 1975.

5.5.3 Deskriptive Strukturhinweise

Nicht nur die Erzählbarkeit und die Begründbarkeit von Welt, sondern auch die Wahrnehmbarkeit von Welt kann als dominante Orientierung zur Herausbildung eigenständiger Vertextungsstrukturen im Sinne der Deskription (bzw. Beschreibung) führen. Hinweise auf solche Vertextungsstrukturen nennen wir deskriptive Strukturhinweise. Wir wollen uns die Charakteristik dieser Hinweise zunächst wiederum anhand eines Beispieltextes vergegenwärtigen (Bsp. 42).

Bsp. 42: Still life/style leaf

Der Schreibtisch, an dem ich schreibe, ist ein ehemaliger Juwelier-Tisch aus massivem Holz, der mit vier großen Schubladen versehen ist und dessen Arbeitsfläche, im Verhältnis zum überstehenden Rand leicht vertieft, wahrscheinlich, um zu verhindern, dass die Perlen, die früher darauf sortiert wurden, auf den Boden fallen, mit einem schwarzen Tuch von äußerst dichter Textur bespannt ist. Er wird von einer beweglichen Lampe aus blauem Metall mit konischem Lampenschirm beleuchtet, die durch eine Art Zwinge an einem der in die Wand eingelassenen Regale links und etwas vor dem Tisch befestigt ist. Auf der äußersten Linken des Schreibtisches stehen zwei viereckige Ablageschalen aus dickem Glas nebeneinander. Die erste enthält ein weißliches Radiergummi, auf dem in schwarz STAEDLER MARS PLASTIC steht, eine Nagelschere aus poliertem Stahl, ein Briefchen Streichhölzer mit einer roten Zeichnung in der Art Vasarelys auf gelb-orangenem Grund, einen Taschenrechner der Marke CASIO, auf dem die Zahl 315308, umgekehrt gelesen, das Wort BOESIE buchstabiert, eine Art Schmuck, der aus zwei winzigen gekreuzten Krokodilen besteht, einen Messingfisch mit Glasaugen, dessen Bauchflosse eine Kurbel ist, …, sowie, aufgereiht auf einem schmalen Stück Karton, drei Medaillonpalmen, äußerst sorgfältig gearbeitete Eichenblätter und Eicheln darstellend, auf die jeweils SEBASTOPOL, TRAKTIR und ALMA eingraviert ist. …Vor diesen beiden Ablageschalen findet man, von links nach rechts: …

In diesem Text ist die deskriptive Vertextungsstruktur gut erkennbar. Hinweise darauf sind:

– der Titel »Still life / Style leaf« (›Stillleben‹), der wissensabhängig eine Fokussierung auf ein Arrangement auf leblose unbewegliche Gegenstände / Objekte leistet, wie sie vor allem aus der Malerei bekannt ist;

– die Referenz auf den »Schreibtisch« (»Der Schreibtisch, an dem ich schreibe, ...«) und die Beibehaltung dieser Referenz im Text (»*Der Schreibtisch*, an
dem ..., *der* mit vier ... und *dessen* Arbeitsfläche ..., ... früher *darauf* sortiert
wurden, ... *Er* ... links und etwas vor *dem Tisch* ... Auf der äußersten Linken
des Schreibtisches ... Auf dem hinteren Teil *des Schreibtisches* ...«): Themabeibehaltungshinweise (s. u. 6.3), mit denen der »Schreibtisch« zum Bezugspunkt
der Momentaufnahme wird;

– die Entwicklung der Referenz auf den »Schreibtisch« im Hinblick auf Beschaffenheit (»aus massivem Holz«; »von äußerst dichter Textur«), Bestandteile (»der
mit vier großen Schubladen versehen ist«; »dessen Arbeitsfläche«) und Formen
(»im Verhältnis zum überstehenden Rand leicht vertieft«): Themaentwicklungshinweise (s. u. 6.4), die den »Schreibtisch« in seiner Materialität thematisieren;

– die zahllosen Referenzen auf Dinge, die sich *auf dem Schreibtisch* befinden, also
zunächst in ihrer spezifischen Räumlichkeit thematisiert werden (»Auf der äußersten Linken des Schreibtisches«, »Auf dem hinteren Teil des Schreibtisches«,
»Vor diesen drei Gegenständen«,...) und die dann ihrerseits auch wieder jeweils
im Hinblick auf Beschaffenheit, Bestandteile, Formen und Farben thematisiert
werden (ausgedrückt durch Attribute aller Art: z. B. Präpositional-Attribute wie
»aus weißer Keramik« oder Adjektiv-Attribute wie »zwei *viereckige* Ablageschalen aus *dickem* Glas«);

– die Prädikate, die eine räumliche Verortung ausdrücken (typisch: Verben mit
Situativ-Ergänzungen wie *stehen, liegen, sich befinden*), aber auch Zustands- und
Eigenschaftsprädikate (wie *bestehen aus*); damit einhergehend die Fokussierung
auf die Dinglichkeit des Wahrgenommenen durch Agensaussparung (Dominanz
von Zustands-Passiv wie in *ist versehen, ist bespannt, wird beleuchtet, ist befestigt,
ist eingraviert, ...*);

– die deiktische Orientierung an einer Wahrnehmungssituation, aus der heraus sich
die Räumlichkeit der Dinge auf dem Schreibtisch ergibt: im Hinblick z. B. auf
das, was für das »ich« »vorne« oder »hinten« ist, was für das »ich« »links« oder
»rechts« ist; im Hinblick auf das, was »man« wo »findet«.

Wir halten verallgemeinernd fest, dass sich deskriptive Texte aus einer Thematisierung von Welt unter dem Gesichtspunkt ihrer Wahrnehmbarkeit ergeben. Dazu
gehört die Fokussierung auf einen Weltausschnitt (typisch: Gegenstände, Personen,
aber auch: Landschaften, Ansichten, Bilder, ...) als übergeordneten Bezugspunkt
und seine Thematisierung im Hinblick auf Materialität (Beschaffenheit und Bestandteile, Gestalt, Formen und Farbe) und Räumlichkeit. Zu den Kernaktivitäten
des Beschreibens gehören deshalb die Benennung von Dingen, ihre Verortung im
Raum und die Zuschreibung von Eigenschaften, die diesen Dingen zukommen.
Mit ihrer Fokussierung auf Wahrnehmbarkeit implizieren Beschreibungen einen
Beobachter, aus dessen Perspektive die Beschreibung erfolgt.

Beschreibungen können sich in ihrer globalen Struktur an der Charakteristik des
beschriebenen Objekts und seiner Bestandteile orientieren (*auf der Unterseite* ...).
Die Abfolge und Hierarchie der Teiltexte folgt der Hierarchie der Objektteile. Die

einzelnen Beschreibungsschritte werden über lokale Referenzen verbunden, entweder »objektbezogen« mit Verweis auf das Objekt (*auf seiner Unterseite*) oder »raumbezogen« (*links, oben, nördlich*) mit Verweis auf allgemeine Raumdimensionen. Es kann sich aber auch um ein loses Aufzählungsprinzip handeln, ohne dass eine darüber hinausgehende Abfolgelogik erkennbar gemacht wird. Wenn sich deskriptive Texte stärker an der Wahrnehmungsperspektive des Beschreibenden orientieren, kann das durch eine suggerierte Perspektivenübernahme besonders deutlich gemacht werden. Dazu gehören z. B. das Prinzip einer imaginären Wanderung (typisch in Wohnraumbeschreibungen: *man kommt von der Küche in einen geräumigen Salon*) oder das Prinzip der Augenreise (*links sieht man*). Eine ähnliche »Dynamisierung« von Beschreibungen lässt sich auch »auf lokaler Ebene« beobachten, dann nämlich, wenn in Beschreibungen einzelne Zustände oder Eigenschaften mit Hilfe von Vorgangs- oder gar Handlungsprädikaten realisiert werden, wobei oftmals unbelebte Beschreibungsobjekte den Charakter eines Agens erhalten (*die Treppe schwingt sich hinab ins Erdgeschoß*).

Diese Definitionselemente erlauben es, bestimmte sprachliche Phänomene als Kandidaten für deskriptive Strukturhinweise aufzulisten:

– Konkreta (»Dingwörter«) als Klasse von Substantiven, mit denen auf wahrnehmbare Aspekte von Welt referiert werden kann, die dann durch Themabeibehaltungs- und -entwicklungshinweise im Text als übergreifende Bezugspunkte der Beschreibung etabliert werden können.

– Verben, die Wahrnehmungsakte (*sehen, betrachten, hören* – »verba sentendi«) oder wahrnehmbare Eigenschaften, Zustände oder Vorgänge denotieren (*aussehen, klingen, stinken*); deverbale Substantive, die von diesen Verben abgeleitet sind.

– Ausdrücke und Wendungen, die sich auf das Wahrnehmungsurteil und seine Verlässlichkeit oder seine Korrektheit beziehen (*eine Art von . . ., so etwas wie ein . . ., dem Anschein nach handelt es sich um ein . . .*).

– Lokaladverbien (*oben, hinten*) und lokale Präpositionen (*oberhalb, hinter*) zum Ausdruck der wahrnehmungsabhängigen Räumlichkeit.

– »Statusprädikate«, die ZUSTÄNDE denotieren, und »Qualitätsprädikate«, die EIGENSCHAFTEN ausdrücken. Unter den Formen, mit denen Status- und Eigenschaftsprädikate ausgedrückt werden können, sind in unserem Zusammenhang besonders solche Zustandsverben interessant, die eine lokale Situativergänzung verlangen (*befindet sich, liegt*).

– Attribute aller Art zum Ausdruck von wahrnehmbaren Eigenschaften und Merkmalen.

– Präsens als dominantes Tempus.

– Präferenz für passivische Formen, insbesondere Zustandspassiv, unpersönliche Ausdrücke, Nominalstil als Ausdruck der Deagentivierung und »Verdinglichung« der Beschreibung.

– Performative und verdeckt performative Hinweise auf *beschreiben* oder *Beschreibung*.

Achtung!
Deskriptive Texte kommen selten in Reinform vor. Beschreibende Passagen finden sich entsprechend häufig auch in Erzähltexten oder argumentativen Texten. Zu fragen ist dann im Einzelfall, ob es sich tatsächlich um deskriptive *Struktur*hinweise handelt, mit denen auch Einheitenhinweise einhergehen – oder ob es sich um deskriptive Textfragmente ohne strukturindizierende Kraft handelt.

Zur Vertiefung
Eroms 2008; Heinemann 2000c; Kohlmann et al. 1989.

5.5.4 Explanative Strukturhinweise

Deskriptionen stellen Vertextungsstrukturen dar, die auf der Wahrnehmbarkeit von Welt beruhen. In dem Maße, in dem diese Wahrnehmbarkeit zugunsten der Erklärbarkeit von Welt zurücktritt, können explanative Texte (Erklärungen) mit eigenen Strukturen entstehen. Hinweise auf Textstrukturen des Erklärens nennen wir explanative Strukturhinweise. Ein einfaches Beispiel soll die Charakteristik dieser Strukturhinweise veranschaulichen.

Wir wenden uns dazu einem Büchlein zu, das schon im Titel explanative Strukturhinweise enthält: *Rätsel der Kochkunst. Naturwissenschaftlich erklärt.* Titel und Untertitel geben uns mit dem Ausdruck *erklären* einen performativen Hinweis auf die dominante Textstruktur der Erklärung. Und auch das Wort »Rätsel« im Titel ist bereits ein Hinweis auf diese Textstruktur; es ist ein starker Hinweis auf Erklärungs- und Aufklärungsbedarf in der Welt der »Kochkunst«. Dieser Hinweis wird im Buch selbst vor allem mit Fragen wieder aufgenommen, die die uns allen mehr oder weniger vertraute Welt des Kochens als erklärenswert und erklärungsbedürftig erscheinen lassen. Dazu gehören Fragen wie »Die geheime Chemie des Salbeis oder: Warum wird der Hummer rot? ... Warum berauscht der Alkohol? Was passiert beim Braten eines Spiegeleis? Warum Senf in die Vinaigrette? Was bringt das Soufflé zum Einsturz?« (zitiert von der hinteren Umschlagseite). Schauen wir nun genauer auf eine der textuellen Einheiten in dem fraglichen Buch (Bsp. 43).

Bsp. 43: Rätsel der Kochkunst
Warum läßt sich Suppe durch Blasen kühlen?
Unsere Suppe ist eine warme Suppe, aus der in Spiralen aromatische Dämpfe aufsteigen. Für den Physiker verhält sie sich genauso wie Wasser, das erleichtert unser Problem. Skizzieren wir das Szenario: Wasser in einer Schüssel; darüber Luft; Dampf, der in die Luft aufsteigt. Der Dampf besteht aus Wasser, das in einen gasförmigen Zustand übergegangen ist. Aufgrund der zugeführten Wärme bewegen sich die Wassermoleküle so schnell, daß sie die Anziehungskräfte in der Flüssigkeit überwinden und in die Luft entweichen, mit der sie sich nach und nach vermischen. Da der Dampf heiß ist, also

leichter als Luft, steigt er auf wie ein Stück Holz, das man unter Wasser loslässt, oder besser noch wie ein Heißluftballon: das Phänomen ist das gleiche.

Dagegen bewegen sich die unzähligen Moleküle unserer Suppe mit unterschiedlichen Geschwindigkeiten; normalerweise besitzen sie nicht genug Energie, um aus der Flüssigkeit zu entweichen. Manchen, die besonders schnell sind, gelingt es; aber kaum in die Luft gekommen, kondensieren sie sogleich und kehren in die Suppe zurück. Die langsameren bleiben im Topf, wo sie, bedingt durch Kollisionen mit anderen Molekülen, in Zickzackbewegungen durcheinanderwimmeln.

Draußen in der Luft befinden sich Stickstoff- und Sauerstoffteilchen sowie Moleküle diverser anderer Elemente ebenfalls in Bewegung; manchmal prallen sie mit den aufsteigenden Wassermolekülen der Suppe zusammen und stoßen wie weg wie beim Bocciaspiel. Dadurch stellt sich nach und nach ein Gleichgewicht zwischen der Suppe und der darüberliegenden Luftschicht her, so daß in beiden Medien schließlich ein und dieselbe Temperatur herrscht.

Wenn man über die Suppe bläst, wird die mit Wasserdampf gesättigte Luftschicht von der Oberfläche entfernt und durch trockene Luft ersetzt. Darum können die Dampfmoleküle nicht mehr in die Suppe zurück: Durch Blasen wird das Verdampfen beschleunigt.

Zudem besitzen die verdampfenden Teilchen die meiste Energie; jene mit weniger Energie bleiben in der Suppe zurück. Die Verdampfung geht also mit einem Energieverlust der Suppe einher, d. h. mit einer Abkühlung. In anderen Worten: Wer kühlen will, der blase. (Etwas ganz Ähnliches geschieht übrigens nach dem Baden im Meer, wenn am Stand ein kräftiger Wind weht: Schnell verdunsten die Wassertropfen auf unser Haut, und wir beginnen zu frieren.)

Die These ist, dass diese textuelle Einheit (die durch Einheitenhinweise klar markiert ist: s. o. 4.3.1) auch und gerade durch explanative Strukturhinweise zusammen gehalten wird. Was kommt dafür an explanativen Strukturhinweisen in Frage?

– die als Titel dieser Einheit vorangestellte Warum-Frage, die einen als weithin bekannten Sachverhalt (Suppe lässt sich durch Blasen abkühlen) als fraglich und erklärenswert, also als Explanandum, hervortreten lässt;

– der Hinweis auf »unser Problem«, der nach einer längeren Einleitung zur Unterschiedlichkeit der Weltsicht von »Wissenschaft« und »Feinschmeckern« (»Ich lade Sie nun dazu ein, mir in jene ganz andere Welt zu folgen«) die Titelfrage wieder im Sinne einer Aufgabenstellung in Erinnerung ruft (im Beispielausschnitt oben nicht enthalten);

– Vergleiche, mit denen das fragliche Geschehen als Teil der Erklärung veranschaulicht wird: »verhält sie sich genauso wie Wasser«; »steigt er auf wie ein Stück Holz, das man unter Wasser loslässt, oder besser noch wie ein Heißluftballon«; »und stoßen sie weg wie beim Bocciaspiel«; »Etwas ganz Ähnliches geschieht übrigens nach dem Baden im Meer, wenn ...«);

– Vereinfachungen, mit denen das fragliche Geschehen auf seine wesentlichen Aspekte hin zusammengefasst (auf das Wesentliche reduziert) wird: »Skizzieren wir das Szenario: Wasser in einer Schüssel; darüber Luft; Dampf, der in die Luft aufsteigt.«

– präzisierende Erläuterungen und Klärungen von Sachverhalten in Form von
  Begriffserläuterungen (z. T. auch Definitionen): »Unsere Suppe ist eine warme
  Suppe, aus der in Spiralen aromatische Dämpfe aufsteigen« oder »Der Dampf
  besteht aus Wasser, das in einen gasförmigen Zustand übergegangen ist.«
– Relationshinweise, die ein Geschehen als Folge eines Grundes bzw. als Wirkung
  einer Ursache darstellen (»*Aufgrund* der zugeführten Wärme bewegen sich *so*
  schnell, *dass* sie ... *Da* der Dampf heiß ist, ... *bedingt durch* Kollisionen mit
  anderen Molekülen *Dadurch* stellt sich nach und nach ..., *so dass* in beiden
  Medien *schließlich* ... *Darum* können die Dampfmoleküle ... Die Verdampfung
  geht *also* mit einem Energieverlust ...«)
– Hinweise auf Gesetz- und Regelmäßigkeiten (»Wenn man über die Suppe
  bläst, ...«)
– die Beantwortung der Titelfrage: »Durch Blasen wird das Verdampfen beschleunigt.«
– der Übergang zu einer Maxime als Ableitung aus der Erklärung: »Wer kühlen
  will, der blase.«

Das Beispiel zeigt, wie Hand in Hand mit der Fokussierung auf die Erklärbarkeit
von Welt *Wissen über Welt* immer mehr an Bedeutung gewinnt: in diesem Fall das
Wissen über die Chemie und Physik der Atome und Moleküle.

Wir wollen festhalten, dass explanative Strukturhinweise einerseits den zu er-
klärenden Sachverhalt als »Explanandum« und andererseits die zur Erklärung
herangezogenen Wissensbestände und Informationen als »Explanans« kenntlich
machen. Es geht, vereinfacht gesagt, um einen Sachverhalt, über den man Klarheit
gewinnen will, indem man nach den Gründen für sein Zustandekommen fragt.
Alles, was dazu beiträgt, diese Struktur als Textstruktur zu signalisieren, kommt als
explanativer Strukturhinweis in Frage.

Zur Vertiefung
Jahr 2000; Rehbein 1984; Bayer 1981.

6. Themahinweise

6.1 Worauf man bei der Analyse achten sollte

Wovon handelt der Text? Auf welche Aspekte der Welt bezieht er sich? Was ist das übergeordnete Thema des Textes, das die Zusammengehörigkeit der Referenzen auf Personen, Gegenstände, Sachverhalte, Orte und Zeiten in einem Text sicherstellt? Dass sich solche und ähnliche Fragen im Alltag der Lektüre häufig gar nicht erst stellen, sondern ein Text wie selbstverständlich als Behandlung einer bestimmten Thematik verstanden wird, ist die Leistung der Hinweise auf die Textthematik, die erkennen lassen, wovon in einem Text über die einzelnen wort- und satzbezogenen Referenzen hinaus die Rede ist. Hinweise auf die Textthematik werten wir bei der Lektüre aus, ohne darüber lange nachzudenken. Erst wenn diese Hinweise fehlen oder gezielt außer Kraft gesetzt werden, wird die Frage nach der Zusammengehörigkeit der referenziellen Hinweise eines Textes akut und Textualität in diesem Sinne problematisch.

Bei der Beschäftigung mit der Textthematik kommt es darauf an, den Zusammenhang der in einem Text auftauchenden Referenzen so nachzuzeichnen, wie er im Text sukzessive durch die Herstellung von Themaerwartungen nahegelegt wird. Alles, was dazu beiträgt, die in solchen Erwartungen ausgedrückte Zusammengehörigkeit der in einem Text auftretenden referenziellen Hinweise zu suggerieren, kommt prinzipiell als Themahinweis in Betracht. Worauf man bei der Rekonstruktion der Themahinweise besonders achten sollte, wird im Folgenden vorausgeschickt:

- Themahinweise ruhen auf referenziellen Hinweisen auf, die mit den Wörtern und Sätzen eines Textes gegeben werden und die die thematischen Stränge eines Textes bilden. Eine Rekonstruktion der Themahinweise ist deshalb ohne die Berücksichtigung der wort- und satzbezogenen Referenzen nicht möglich, auch wenn in diesen in der Regel nicht der thematische Gesamtzusammenhang eines Textes zum Ausdruck kommt!
- Der thematische Gesamtzusammenhang eines Textes entwickelt sich mit dem Voranschreiten der Lektüre, d. h. im Übergang von einer Einheit zur nächsten: Er entsteht aus der Art und Weise, wie in einem Text von Einheit zu Einheit (z. B. von Satz zu Satz) referenzielle Hinweise aufgenommen oder fallengelassen werden, wie also thematische Anschlussmöglichkeiten genutzt oder ausgelassen werden. Themahinweise sind ihrer Natur nach also Hinweise mit Projektions- und Retrospektionscharakter: Vorverweise auf das, was thematisch noch kommen kann, und Rückverweise auf das, was thematisch schon kam. Die Rekonstruktion der Themahinweise verlangt deshalb eine Sequenzanalyse, die den schrittweisen textuellen Aufbau von Themaerwartungen nachzeichnet!
- Die Bestimmung der Textthematik(en) sollte aus der Rekonstruktion der Themahinweise möglichst textnah hervorgehen. Das Ziel ist also nicht eine auf die Thematik zielende Paraphrase dessen, was in anderen Worten schon im Text

steht, sondern die Identifizierung der für den Aufbau der Textthematik relevanten Hinweise im Text!

– Texte können ihre Thematik metakommunikativ benennen und erläutern. Sie können andererseits aber auch ihren thematischen Zusammenhang gezielt im Unklaren lassen. Texte können es insbesondere darauf anlegen, mehrere Lesarten ihres thematischen Zusammenhangs anzudeuten. Es kommt dann nicht darauf an, Texte im Nachhinein auf *eine* Textthematik festzulegen, sondern analytisches Gespür für die Signalisierung einer bzw. mehrerer Thematik(en) zu entwickeln!

– Themahinweise fallen in vielen Fällen mit Verknüpfungshinweisen zusammen. So liefern z. B. Pronomina nicht nur Verkettungshinweise (s. o. 5.3), sondern zugleich Themahinweise, weil sie die Beibehaltung einer bestimmten Referenz im Text signalisieren. Und Relationshinweise (s. o. 5.4) sind auch Themahinweise, weil die Beziehungen zwischen Aussagen natürlich auch für die Themaentwicklung von Bedeutung sind.

Entdeckungsaufgabe 1
Schauen Sie sich nochmals das Beispiel »Einleitung zu einem Buch« (Kap. 5, Bsp. 38) an.

– Fassen Sie zunächst nach einmaliger Lektüre zusammen, was die Thematik des Abschnittes und davon ausgehend die Thematik des gesamten Buches sein könnte, das mit diesen Zeilen eingeleitet wird!

– Finden Sie in einem zweiten Schritt anhand einer sorgfältigen und genauen Lektüre Belege, mit denen sich Ihr Eindruck von der Textthematik an der Textoberfläche stützen lässt! Achten Sie darauf, wie im Text Referenzen auf Welt auftauchen, wieder aufgenommen, beibehalten und entwickelt werden!

– Analysieren Sie anschließend die Relationshinweise (s. o. 5.4) und ihre Implikationen für die Thematik des Buches!

Auch ein flüchtiger Blick auf das Beispiel lässt erkennen, dass das Thema des Abschnitts (und davon ausgehend: auch des Buches) etwas mit »Angst« zu tun haben muss. Aber welches sind die Themahinweise, denen wir diese Lektüregewissheit verdanken?

Jede im Text auftauchende Referenz auf Welt (auf Personen, Dinge und Gegenstände, Orte und Zeiten, Sachverhalte und Zustände) kommt potenziell für die Auslösung von Themaerwartungen in Betracht. Die Frage ist dann, durch welche Hinweise im obigen Beispiel die Referenz auf »Angst« in ihrer Relevanz für die Thematik des Abschnitts (und des Buches) hervorgehoben wird. Es gibt zwar keinen metakommunikativen Hinweis wie »In diesem Buch geht es um Angst«. Aber das Wort »Angst« taucht in dem relativ kurzen Text immerhin gleich viermal auf. Es ist das erste Wort des Textes, und es kehrt allein im ersten Abschnitt noch zweimal wieder, zusätzlich noch in einem Adjektivkompositum (»angstfrei«). Im zweiten Abschnitt taucht es sofort wieder im ersten Satz auf, und in allen weiteren Sätzen wird darauf zurückverwiesen (dreimal durch das Pronomen »sie« und zweimal durch den Possessiv-Artikel »ihre«). Man kann also mit Fug und Recht sagen, dass die Referenz auf »Angst« in diesem Text kontinuierlich beibehalten wird. Die wiederholte Verwendung des Nomens und seine Pronominalisierungen sind Hinweise auf die thematische Relevanz der durch das Nomen ausgedrückten Referenz. Wir fassen Phänomene dieser Art genauer als Thema*beibehaltungs*hinweise auf, weil mit ihnen eine einmal im Text auftauchende Referenz im Text fortlaufend präsent gehalten wird. Dass der Text mit dem Wort »Angst« beginnt, suggeriert darüber hinaus, dass der Text schon an seinem Beginn mit der »Angst« ein bereits eingeführtes und erwartbares Thema wiederaufnimmt und beibehält. Das legt die Vermutung nahe, dass der Leser bereits im Titel des Buches auf »Angst« aufmerksam gemacht worden ist. Das ist der Fall: Wenn der Blick auf die »Einleitung« fällt, hat der Leser zuvor schon den Titel »Vom Sinn der Angst. Wie Ängste sich festsetzen und wie sie sich verwandeln lassen« gelesen. Die durch den Titel provozierte Themaerwartung »Angst« wird also mit der Wiederkehr des Nomens »Angst« an erster Stelle des ersten Satzes bestätigt und erneuert. Der Titel selbst ist unschwer als Thema*einführungs*hinweis zu verstehen: Alles, worauf in einem Titel Bezug genommen wird, der ja die Ganzheit eines Textes markiert (s. o. 4.2.1), gerät unweigerlich in den Verdacht der Themarelevanz.

Themaerwartungen können aber nicht nur ausgelöst und aufrechterhalten werden, sie können auch weiterentwickelt oder abgebaut werden. Alles, was in einem Text dazu beiträgt, die Dynamik des Aufbauens, Beibehaltens, Modifizierens und Abbauens von Themaerwartungen zu signalisieren, kommt prinzipiell als Themahinweis in Frage. Man findet Themahinweise, wenn man gezielt danach fragt, ob und wie in einem Text Referenzen auf Welt *eingeführt* (Themaeinführungshinweise, 6.2), *wiederaufgenommen* (Themabeibehaltungshinweise, 6.3), *weitergeführt* (Themaentwicklungshinweise, 6.4), *abgeschlossen* (Themaabschlusshinweise, 6.5) und *wiedereingeführt* (Themawiedereinführungshinweise, 6.6) werden.

Zur Vertiefung
Vater 2005; Weinrich 2005, Kap. 4.4.; Hoffmann 2000; Zifonun et al. 1997 Bd. 1, Kap. C6; Klein/von Stutterheim 1992.

6.2   Themaeinführungshinweise

Themaeinführungshinweise signalisieren, dass bestimmte Referenzen im weiteren Textverlauf auf irgendeine Weise aufgegriffen und fortgeführt werden sollen. Sie heben also aus der Vielfalt der in einem Text gegebenen Referenzen auf Welt bestimmte Referenzen heraus, aus denen sich die für einen Text wichtigen thematischen Stränge ergeben. Themaeinführungshinweise haben grundsätzlich einen Projektionscharakter: Sie machen die Beibehaltung und/oder die Entwicklung der fraglichen Referenz(en) erwartbar. Ob und wie diese Erwartung im weiteren Lektüreverlauf dann auch eingelöst wird und wie groß die textuelle Reichweite eingeführter Referenzen tatsächlich ausfällt, ist damit natürlich noch nicht entschieden.

Themaeinführungshinweise können sich auf eine durch Ganzheitlichkeitshinweise markierte textuelle Einheit beziehen. Ihre Reichweite (»Skopus«) kann aber auch im Bereich weniger Sätze liegen.

Wonach man in einem Text Ausschau halten muss, um Themaeinführungshinweise zu erkennen, soll im Folgenden an einer Auswahl besonders wichtiger sprachlicher Formen verdeutlicht werden. Dazu zählen:

– Titel und Überschriften (6.2.1),
– metakommunikative Hinweise (6.2.2),
– Fokus-Hinweise (6.2.3).

6.2.1 Titel und Überschriften

Ein besonders anschauliches Beispiel für Themaeinführungshinweise sind Titel und Überschriften: Sofern sie sich nicht nur auf die Identifizierung der Gliederungshierarchie beschränken (»Erster Teil«), sondern Referenzen auf Welt enthalten, fungieren Titel und Überschriften auch als Themaeinführungshinweise: Sie signalisieren, dass im Folgenden die fragliche Referenz beibehalten und entwickelt wird und lösen auf diese Weise sofort starke thematische Erwartungen des Lesers aus. Insbesondere in literarischen Texten wird diese Funktion des Titels oftmals systematisch ausgenutzt.

Wenn wir z. B. ein Buch aus dem Bücherregal herausnehmen und auf dem Umschlag (über der karikaturhaften Zeichnung einer gekrümmten, mit einem Frack bekleideten Figur) lesen »Der kleine Herr Friedemann«, verstehen wir diesen Titel automatisch als Hinweis darauf, dass wir, wenn wir das Buch aufschlagen und weiter lesen, etwas über den »kleinen Herrn Friedemann« erfahren werden, dass diese Referenz also beibehalten und irgendwie entwickelt und entfaltet wird.

Der Titel auf dem Umschlag bzw. Deckblatt eines Buches ist ein besonders wichtiger Themaeinführungshinweis, bezieht er sich doch als Ganzheitshinweis (s. o. 4.2.1) auf die größte mögliche Einheit sprachlicher Erscheinungsformen, die hier anzusetzen ist: auf das ganze Buch. Wenn wir den Titel unter die Lupe nehmen, lässt sich diese allgemeine Themaerwartung im Sinne möglicher thematischer Lesarten weiter konkretisieren. »Herr Friedemann« verweist zunächst auf eine konkrete Person. Das, worum es im Text gehen wird, wird also, so der Hinweis, mit dieser Person zu tun haben, mit dem Leben und Umfeld des »Herrn Friedemann«. Hinzu kommt die Referenz auf eine Eigenschaft der fraglichen Person, die durch ihr Auftreten im Titel auffällig hervorgehoben wird: ihr »klein«-Sein. Zur Thematik, so der Hinweis, wird gehören, dass »Herr Friedemann« »klein« ist (und es wird aufzulösen sein, was das Attribut »klein« besagen soll). Schließlich kommt noch etwas hinzu, das wir mitverstehen als Eigenschaft, ohne dass sie ausgesprochen wird: die Bürgerlichkeit der Person, ihre soziale Stellung als »Herr«. Auch das wird, so der Titelhinweis, für die Textthematik von Bedeutung sein. Ob und wie bald solche Themaerwartungen dann im Fortgang der Lektüre auch tatsächlich eingelöst werden, ist damit natürlich noch nicht entschieden (s. u. Bsp. 1 für die Fortsetzung dieses Textes!).

Im Titel des letzten Romans der Harry-Potter-Serie (»Harry Potter und die Heiligtümer des Todes«) ist mit der Referenz auf »Heiligtümer des Todes« ein starker Hinweis auf die Einführung einer neuen Thematik (Was sind die »Heiligtümer des Todes«?) enthalten. Die Thematisierungserwartung der »Heiligtümer des Todes« wird allerdings erst relativ spät eingelöst: Erst nach etwas mehr als der Hälfte des Romans wird die Referenz aus dem Titel erstmalig wiederaufgenommen:

Bsp. 1: »Die Heiligtümer des Todes«

»Also«, sagte Harry und warf Hermine einen Blick zu, die ermunternd nickte, »es geht um dieses Symbol, das Sie bei Bills und Fleurs Hochzeit um den Hals trugen, Mr. Lovegood. Wir würden gerne wissen, was es bedeutet.« Xenophilius hob die Brauen. »Meinen Sie die Heiligtümer des Todes?« [Seiten- und Kapitelende]

Man beachte, wie an dieser Stelle die Wiederaufnahme der Referenz aus dem Titel durch verschiedene erzählerische Mittel in ihrer Bedeutsamkeit besonders hervorgehoben wird: Die Referenz auf die »Heiligtümer des Todes« erfolgt durch eine Figur der Geschichte und erscheint dabei als Antwort auf eine Frage, die die Hauptpersonen des Romans schon länger beschäftigt. Sie wird also nicht beiläufig gegeben, sondern als Auflösung eines narrativ sorgfältig vorbereiteten Rätsels (Was bedeutet dieses merkwürdige Symbol?). Wenn man hinzunimmt, dass mit jedem Kapitel, in dem die Thematisierungserwartung nicht eingelöst wird, die Spannung mehr und mehr zunimmt, und dass die »Heiligtümer des Todes« nun endlich (re)thematisiert werden, hat die Thematisierung an dieser Stelle und in dieser Form den Charakter eines Paukenschlags. Und natürlich erfolgt dieser Paukenschlag nicht zufällig am Kapitelende: Als eine Art *Cliffhanger* verzögert die Positionierung die Auflösung noch einmal kurz und macht das Umblättern der Seite als Spannungsmoment erlebbar.

Bsp. 2: »Die Heiligtümer des Todes«, Fortsetzung

Das Märchen von den drei Brüdern
Harry wandte sich um und sah Ron und Hermine an. Auch sie schienen nicht verstanden zu haben, was Xenophilius gesagt hatte. »Die Heiligtümer des Todes?« »Richtig«, sagte Xenophilius. »Sie haben noch nie davon gehört? Das überrascht mich nicht. Sehr, sehr wenige Zauberer glauben daran. . . .«

Wenn es (nach der Kapitelüberschrift) weitergeht, wird die Spannung des Lesers erneut in der Spannung der Protagonisten gespiegelt: Das Unverständnis der Referenz, das den Leser seit Beginn der Lektüre begleitet hat, erfasst nun endlich auch die Protagonisten und wird so im Roman selbst erzählbar (»Die Heiligtümer des Todes?« . . . »Sie haben noch nie davon gehört?«). Die Auflösung erfolgt dann innerhalb eines Märchens, das vorgelesen und kommentiert wird (hier nicht mehr wiedergegeben).

Achtung!
Das Beispiel zeigt, wie mit Themahinweisen die Ausbildung von Themaerwartungen gesteuert und wie dadurch das Verstreichen der Lesezeit selbst erfahrbar und als »Spannung« erlebbar wird. Das unterstreicht, wie wichtig es ist, den Fokus der Analyse nicht auf die Frage nach dem Thema selbst zu legen (wie wir es als Alltagsleser tun, wenn wir uns fragen: Was sind denn nun die Heiligtümer des Todes?), sondern auf die Themahinweise, die uns dazu bringen, überhaupt eine solche Frage zu stellen und gar auf ihre Antwort regelrecht zu warten!

Dass Titel den Charakter von Themaeinführungshinweisen haben, wird besonders in Untertiteln wie dem folgenden deutlich:

> Bsp. 3: Tortilla Flat
> 11. Kapitel
> *Wie unter den schwierigsten Umständen die Liebe über Big Joe Portagee kam*

Dass es sich bei solchen Untertiteln um (verdeckt) metakommunikative Hinweise auf die Textthematik handelt, ergibt sich daraus, dass jeweils ein Kommunikationsverb mitverstanden wird (aus der Autorenperspektive z. B. »In diesem Kapitel wird *erzählt*, wie ...«, aus der Leserperspektive z. B. »In diesem Kapitel *erfahren* der Leser und die Leserin, wie ...«). Die fraglichen mit *wie* eingeleiteten Adjunkte kommen zugleich einer Ergänzungsfrage nahe, auf die der folgende Text als Antwort erscheint (»Wie kam die Liebe über Big Joe Portagee, und welcher Art waren die schwierigsten Umstände?«). In dieser Struktur von Frage und Antwort kommt der Charakter der Themaeinführungshinweise als Thematisierung sehr anschaulich zum Ausdruck (siehe auch unter 6.2.3.1).

6.2.2   Metakommunikative Hinweise

Metakommunikative Hinweise können sich vom Titel lösen und ein Eigenleben im Text entfalten. Insbesondere am Textbeginn sind metakommunikative Hinweise nicht selten:

> Bsp. 4: Wer immer hofft, stirbt singend
> Hier ist die Rede von Antoine Billot. An der Katastrophe von Arles nahm er teil. ...

In Beispiel 4 wird die Referenz auf eine Person durch den Ausdruck *die Rede sein von* zum Hinweis auf das übergreifende Thema des Textes, auf den an dieser Stelle deiktisch mit »hier« verwiesen wird. *Die Rede sein von* steht dabei stellvertretend für eine Reihe von z. T. formelhaften Wendungen (Thematisierungsformeln), mit denen auf das Thema des Textes selbstbezüglich referiert werden kann. Insbesondere bei umfangreicheren Texten wird die metakommunikative Thematisierung ausgebaut – dies illustriert das folgende Beispiel 5 – oder gar in eigene Teiltexte mit spezieller Musterhaftigkeit ausgelagert (»Einführung«, »Einleitung«).

Bsp. 5: »Letzte Vorlesung«

Heute, zu Beginn der letzten Vorlesung, möchte ich auf drei literarische Praktiker des
Augenblicks zu sprechen kommen und zum Schluss auf die Frage eingehen, ob uns die
Schwierigkeiten der Spätmoderne überhaupt noch individuelle Augenblicke . . . erlauben.

Das Beispiel zeigt eine Reihe sprachlicher Formen, die für metakommunikative
Thematisierungen typisch sind:

– Bezeichnungen für die fragliche textuelle Einheit (hier: die »letzte Vorlesung«
  als markierte textuelle Untereinheit des Buches),
– Thematisierungsformeln, in denen der Akt des Thematisierens zum Ausdruck
  kommt, häufig mit *verba dicendi* und Kommunikationsverben (hier: »auf . . . zu
  sprechen kommen« und »auf . . . eingehen«),
– Das Abstraktum »die Frage« zur Bezeichnung der Thematizität (ebenso: *Thema,
  Punkt, Gedanke, Überlegung, Gegenstand*),
– Modalisierungen als Ausdruck von Thematisierungsintentionen (hier: »*möchte
  ich* auf . . . zu sprechen kommen«).

Auf diese Weise werden die für die *Vorlesung* relevanten Referenzen auf Welt
(»literarische Praktiker des Augenblicks«, »Schwierigkeiten der Spätmoderne«,
»individuelle Augenblicke«) explizit eingeführt und angekündigt.

Zur Vertiefung
Zifonun et al. 1997, S. 524 ff.; Altmann 1981, S. 82 ff.

6.2.3   Fokus-Hinweise

Mit Titeln und Überschriften sowie metakommunikativen Hinweisen haben wir
bislang Themaeinführungshinweise besprochen, die am Beginn des Textes auftreten und deren Reichweite daher in der Regel eine textuelle Einheit, im Falle
des Titels sogar eine textuelle Ganzheit ist. Innerhalb des Textes ergeben sich
Themaeinführungshinweise dadurch, dass Referenzen auf Welt relativ zur textuellen Umgebung hervorgehoben werden und so eine besondere Gewichtung und
Betonung erhalten, die zum Auslöser für Themaerwartungen wird. Dafür kommt
z. B. eine Hervorhebung im Druckbild in Frage oder aber eine Hervorhebung durch
spezielle Sprachzeichen (wie z. B. Fokus-Adverbien), mit denen z. B. eine nominale Referenz als thematisch weiterführungswürdig gekennzeichnet werden kann.
Ebenfalls möglich sind topologische Mittel, wie z. B. Herausstellungen. Anders als
im Fall von Titel und metakommunikativen Ankündigungen ist die thematische
Reichweite dieser Hervorhebungen in der Regel nicht eigens markiert: Sie muss
nicht mit Ganzheiten- und Einheitensignalen zusammenfallen, sondern kann sich
auch auf den Nahbereich beschränken.

Wir besprechen im Folgenden ausgewählte Möglichkeiten der Hervorhebung,
wie sie für die Themaeinführung besonders funktional sind. Dazu gehören:

– Fragen (6.2.3.1),
– Fokus-Adverbien (6.2.3.2),
– das Horizont-Pronomen *es* (6.2.3.3) sowie
– kataphorische Hinweise (6.2.3.4).

Auf Herausstellungen als topologisches Mittel der Hervorhebung gehen wir gesondert bei der Themawiedereinführung ein (s. u. 6.6).

Zur Vertiefung
Weinrich 2005, Kap. 4.4.4.1 und 4.4.4.2.

6.2.3.1 Fragen

Fragen haben für Thematisierungen grundsätzlich eine besondere Bedeutung: Themaeinführungshinweise provozieren immer eine Frage nach der auffällig gemachten Referenz, die der Leser mitversteht und die dazu beiträgt, dass er den folgenden Text als Antwort auf seine Themaerwartungen verstehen kann (s. o. Bsp. 5). Fragen dieser Art können in einem Text auch explizit gestellt werden wie in Beispiel 6 (s. u.!).

Die (im Original) grün hervorgehobenen Fragen erlauben als Überschriften eine Gliederung des Textes, und sie heben zugleich thematisch relevante Aspekte hervor, die im Anschluss aufgenommen und entwickelt werden, also beispielsweise Organe und Organerkrankungen (»Die oberen Atemwege – Was gehört dazu?«; »Was geschieht bei Infekten der oberem Atemwege?«). Das Beispiel zeigt, wie ein Text mit Fragen als Themaeinführungshinweisen den Charakter eines fingierten Dialogs zwischen Autoren und Lesern bekommen kann: Themabeibehaltung und -entwicklung können dann als Antwort auf eine Frage des Lesers und der Leserin präsentiert werden. Vgl. dazu auch die Frage »Was müssen Sie in der Schwangerschaft und Stillzeit beachten?« auf der Vorderseite des Beipackzettels (s. u. Bsp. 7!):

Zur Vertiefung
Zifonun et al. 1997, S. 529 ff.

Bsp. 6: »Sinupret«, Rückseite

Liebe Patientin, lieber Patient,

Sie haben mit Sinupret Dragees Bionorica ein pflanzliches Arzneimittel erhalten, das insbesondere bei Entzündungen der Nasennebenhöhlen eingesetzt wird.

Wir möchten Sie über das Krankheitsbild informieren und Ihnen aufzeigen, wie Sinupret Dragees Bionorica zu Ihrer Genesung beitragen kann.

Die oberen Atemwege – was gehört dazu?

Die Atemwege reichen von der Nasenhaupthöhle mit ihren Nebenhöhlen bis zu den Lungenbläschen. Die oberen Atemwege, die uns hier vor allem interessieren, bestehen aus der Nasenhaupthöhle mit den Nasennebenhöhlen und dem Rachen. Auf jeder Seite Ihres Gesichtes haben Sie Nasennebenhöhlen: die Stirnhöhlen, die Siebbeinzellen, die Keilbeinhöhle und die Kieferhöhlen. Diese Knochenhöhlen sind von innen mit Schleimhaut ausgekleidet und münden über enge Öffnungen (Ostien) in die Nasenhaupthöhle. Bei der Untersuchung Ihrer Nase schaut der Arzt nach diesen Öffnungen. Wenn diese durch die Entzündung der Nasen-

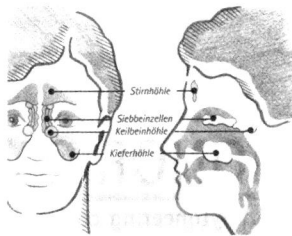

Stirnhöhle
Siebbeinzellen
Keilbeinhöhle
Kieferhöhle

schleimhaut zugeschwollen sind, entwickelt sich häufig eine bakterielle Nebenhöhlenentzündung (Sinusitis).

Was geschieht bei Infekten der oberen Atemwege?

Zumeist sind es Viren, die eine Entzündungsreaktion mit zunächst wässrigem und dann zunehmend zähflüssigem Schleimfluss auslösen. Solange die Verbindung zwischen Nasenhaupthöhle und Nebenhöhlen zu Beginn der Infektion noch offen ist, können die Viren sich auch dorthin ausbreiten. Wenn nun im Laufe der Entzündung der Nasenschleimhaut die Öffnungen (Ostien) zu den Nebenhöhlen zuschwellen, kann der Schleim von dort aus nicht mehr in die Nase abfließen und staut sich in den Nebenhöhlen. Die Flimmerhärchen, die das Sekret transportieren, können sich in zähen Schleim nicht mehr bewegen und verkleben. Der Selbstreinigungsmechanismus der Atemwege fällt aus. In dieser Situation fühlen sich Bakterien besonders wohl. Sie können sich vermehren und tun dies auch reichlich, wenn der Nährboden – wie hier der zähflüssige Schleim - stimmt.

Wie spüren Sie, dass die Nebenhöhlen betroffen sind?

Der Schleimstau in den Nebenhöhlen kann zu einem schmerzhaften Druckgefühl um die Augen herum, an der Nasenwurzel, der Stirn, den Wangen oder den Schläfen führen. Typischerweise ist der Schmerz beim Bücken

stärker. Der Schleimstau führt relativ leicht zu einer bakteriellen Entzündung mit Fieber und allgemeinem Krankheitsgefühl. Der Arzt spricht dann von einer akuten Sinusitis (Entzündung der Nebenhöhlen). In drei von vier Fällen entsteht die akute Sinusitis als Folge eines zunächst "banalen" Schnupfens.

Wieso ist die konsequente Behandlung einer akuten Sinusitis so wichtig?

Die konsequente Sanierung der Nebenhöhlen ist wichtig, da nach mehreren schlecht ausgeheilten akuten Entzündungen eine chronische Sinusitis entstehen kann. Dann ist das schmerzhafte Druckgefühl dauerhaft, und die Flimmerhärchen der Schleimhaut sind schwer geschädigt. Gehen Sie daher immer zum Arzt, wenn Sie längere Zeit an behinderter Nasenatmung leiden, ein Druckgefühl im Stirn- und Wangenbereich spüren, sich richtig krank fühlen oder Fieber haben.

Wie wirkt Sinupret® Dragees Bionorica?

Sinupret®
löst • öffnet • befreit

Sinupret Dragees Bionorica regt die verstärkte Bildung von frischem, dünnflüssigem Schleim an.

• Der Schleim löst sich und fließt ab.
• Die Entzündung der Nasenschleimhaut geht zurück und die Schleimhaut schwillt ab.
  Die Nebenhöhlen öffnen sich.
  Das Druckgefühl lässt nach.
• Die Selbstreinigungskraft der Atemwege wird wiederhergestellt.
  Sie können wieder frei atmen.

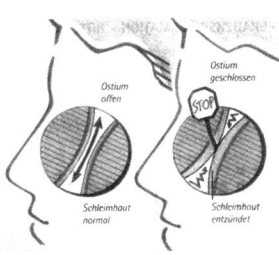

Ostium
offen

Ostium
geschlossen

Schleimhaut
normal

Schleimhaut
entzündet

Welche Wirkstoffe / Bestandteile enthält Sinupret® Dragees Bionorica?

Sinupret Dragees Bionorica ist ein pflanzliches Arzneimittel und enthält Enzianwurzel (Gentianae Radix), Schlüsselblumenblüten mit Kelch (Primulae Flores cum Calycibus), Gartensauerampferkraut (Rumicis Herba), Holunderblüten (Sambuci Flores) und Eisenkraut (Verbenae Herba).

Wie wird die gleichbleibende Qualität von Sinupret® Dragees Bionorica gewährleistet?

In Sinupret Dragees Bionorica stecken siebzig Jahre Erfahrung in der Forschung und Entwicklung pflanzlicher Arzneimittel. Alle Rohstoffe werden sehr sorgfältig ausgewählt, untersucht und weiter verarbeitet.
Schlüsselblume, Holunder, Eisenkraut und Sauerampfer stammen aus der Oberpfalz/Bayern und wachsen auf den Äckern in der Nähe des Unternehmens Bionorica AG.
Die Alpenpflanze Gelber Enzian wird in ihrem natürlichen

Bsp. 7: »Sinupret«, Vorderseite

GEBRAUCHSINFORMATION – BITTE SORGFÄLTIG LESEN!

Liebe Patientin, lieber Patient,
bitte lesen Sie folgende Gebrauchsinformation aufmerksam durch, weil sie wichtige Informationen darüber enthält, was Sie bei der Anwendung dieses Arzneimittels beachten sollen. Wenden Sie sich bei Fragen bitte an Ihre/n Ärztin/Arzt oder Apothekerin/Apotheker.

Sinupret®

Dragees
Bionorica

Zusammensetzung:
1 Dragee enthält: Arzneilich wirksame Bestandteile: Eisenkraut, gepulvert 18 mg; Enzianwurzel, gepulvert 6 mg; Gartensauerampferkraut, gepulvert 18 mg; Holunderblüten, gepulvert 18 mg; Schlüsselblumenblüten mit Kelch, gepulvert 18 mg.

Sonstige Bestandteile: Eudragit E 12,5; Gelatine; Glucosesirup, Kartoffelstärke; Lactose-Monohydrat; Maisstärke; Maisquellstärke; leichtes Magnesiumoxid; Montanglycolwachs; Natriumcarbonat; Polyvidon; raffiniertes Rizinusöl; Saccharose; Schellack; hochdisperses Siliciumdioxid; Sorbitol; Stearinpalmitinsäure; Talkum; Chinolingelb, E 104, Aluminiumsalz; Indigocarmin, E 132, Aluminiumsalz; Aluminiumoxid; E 170; E 171.

Darreichungsform und Inhalt:
Originalpackungen mit 50 (N2), 100 (N3) und 200 Dragees, Klinikpackung mit 1000 (20 x 50) Dragees.

Pflanzliches Arzneimittel bei Entzündungen der Nasennebenhöhlen.

Pharmazeutischer Unternehmer und Hersteller:
BIONORICA AG
Kerschensteinerstr. 11 - 15, 92318 Neumarkt
Telefon: 0 91 81 / 2 31-90 · Telefax: 0 91 81 / 2 31-2 65
Internet: www.bionorica.de · E-Mail: info@bionorica.de

Mitvertrieb:
PLANTAMED Arzneimittel GmbH
Kerschensteinerstr. 11-15, 92318 Neumarkt
Telefon: 0 91 81 / 2 31-0 · Telefax: 0 91 81 / 2 18 50

Anwendungsgebiete:
Bei akuten und chronischen Entzündungen der Nasennebenhöhlen.

Hinweis:
Bei Beschwerden, die länger als 7-14 Tage andauern oder periodisch wiederkehren, ist ein/e Arzt/Ärztin aufzusuchen.

Gegenanzeigen:
Was müssen Sie in der Schwangerschaft und Stillzeit beachten?
Wie alle Arzneimittel soll Sinupret Dragees Bionorica in der Schwangerschaft und Stillzeit nur nach strenger Indikationsstellung verordnet bzw. eingenommen werden.

6.2.3.2 Fokus-Adverbien

Zur Gruppe der Sprachzeichen, die von ihrer grammatischen Bedeutung her eine Referenz auffällig machen können, gehören die Fokus-Adverbien. Zu nennen sind hier beispielsweise *gerade, genau, ausgerechnet, insbesondere, vor allem, hauptsächlich, vornehmlich, namentlich.*

Zur Vertiefung
Altmann/Hahnemann 2007: Kap. 3.5.6; Weinrich 2005, Kap. 6.4.3.4.

Ein in der Fußballberichterstattung sprichwörtlich gewordenes Beispiel für ein Themaeinführungssignal, das u. a. auf der Verwendung eines solchen Fokus-Adverbs beruht, ist die Wendung »ausgerechnet Schnellinger«. So lesen wir in einem Fernsehprogrammheft den folgenden Absatz:

Bsp. 8: »Ausgerechnet Schnellinger«

Einen besonderen Rang in der Geschichte der Halbfinalbegegnungen nimmt die Partie zwischen Deutschland und Italien während der WM 1970 in Mexiko ein. Das Spiel schien bis kurz vor Spielende durch das Führungstor der Italiener entschieden. In der 90. Minute war es dann ausgerechnet Schnellinger, der in letzter Minute den Ausgleich besorgte und für die Verlängerung sorgte.

Hier lesen wir mit, dass es mit dem Spieler »Schnellinger« etwas Besonderes auf sich haben muss, das im Folgenden einzulösen ist und im Fortgang des Textes auch tatsächlich eingelöst wird:

Bsp. 9: »Ausgerechnet Schnellinger«, Fortsetzung

Schnellinger, der als einziger deutscher Nationalspieler in der italienischen Liga beim AC Mailand unter Vertrag stand, hatte den Treffer per Kopf erzielt. Es sollte sein einziger Treffer im Nationaldress bleiben. Letztlich blieb sein Ausgleichstor allerdings folgenlos: Die Italiener gewannen das Spiel in der Verlängerung und zogen ins Endspiel ein. Kommentator der Partie ist Ernst Huberty. . . .

Die Referenz auf Schnellinger wird im Textverlauf beibehalten (»Schnellinger«, »sein einziger Treffer«, »sein Ausgleichstor«), dann aber auch wieder aufgegeben. Die thematische Reichweite des Themaeinführungssignals ist in diesem Fall also auf wenige Sätze beschränkt. Dennoch wäre das Ausbleiben einer Thematisierung dessen, was die Verwendung des Fokus-Adverbs rechtfertigt, einer thematischen Enttäuschung gleichgekommen – oder wissensabhängig für Fußballinitiierte als Intertextualitätshinweis (Zitat) zu verstehen.

6.2.3.3 Horizont-Pronomen es

Beispiel 8 zeigt mit dem Satz »In der 90. Minute war es dann ausgerechnet Schnellinger, der in letzter Minute den Ausgleich besorgte und für die Verlängerung sorgte.« eine weitere syntaktische Möglichkeit, eine Referenz durch ein Gefälle von Auffälligkeit und Unauffälligkeit hervorzuheben. In dem Syntagma »es war« dient »es« dazu, den unauffälligen Hintergrund für die Profilierung der Referenz auf »Schnellinger« zu ermöglichen. Diese Funktionalität soll im Anschluss an Weinrichs Terminologie durch die Bezeichnung »Horizont-Pronomen« betont werden. Durch die Korrelation zwischen Horizont und Fokus wird in einem Satz ein maximales Gefälle zwischen dem unauffällig Vorauszusetzenden (Horizont) und dem auffällig Einzuführenden (Fokus) ausgedrückt. Die im Fokus stehende Referenz wird dadurch hervorgehoben, so dass die Beibehaltung und Entwicklung dieser Referenz erwartbar wird. Prototypisch kommt dieses Horizont-Fokus-Gefälle im formelhaften »Es war einmal« vieler Märchen zum Ausdruck (s. u. 8.3: Musterhinweise).

Themaeinführungshinweise, die ein solches Gefälle zwischen Horizont und Fokus ausnutzen, suggerieren das Zusammenfallen von Text- und Weltbeginn, so dass der Eindruck entsteht, der Text würde gleichermaßen bei Null beginnen. Als Horizont-Pronomen erlaubt es eine für den Textbeginn-als-Weltbeginn besonders geeignete Besetzung des Vorfeldes: Das Vorfeld des Satzes, das in vielen Fällen der Ort ist, an dem bereits Eingeführtes wiederaufgenommen wird, wird gleichermaßen stellvertretend mit einem reinen Platzhalter gefüllt. In der syntaktischen Funktion des »Platzhalter-es« kommt diese textthemarelevante Funktion besonders anschaulich zum Ausdruck (s. u. den ersten Satz aus Beispiel 10).

Terminologie:
Weinrich 2005, S. 396 f.: »Horizont-Fokus-Korrelation«; »Existenzausdrücke«, »Spalt- und Sperrsätze« (»cleft-Sätze« bzw. »Pseudocleftsätze«): Zifonun et al. 1997, S. 526 ff.

6.2.3.4 Kataphorische Hinweise

Im folgenden Märchenanfang (Beispiel 10) ist über das Horizont-Fokus-Gefälle hinaus mit der Verwendung des unbestimmten (»kataphorischen«) Artikels ein weiteres Themaeinführungssignal enthalten:

> Bsp. 10: Der Froschkönig oder der eiserne Heinrich
>
> Es war einmal eine Königstochter, die ging hinaus in den Wald und setzte sich an einen kühlen Brunnen. Sie hatte eine goldene Kugel, die war ihr liebstes Spielwerk, die warf sie in die Höhe und fing sie wieder in der Luft und hatte ihre Lust daran. Einmal war die Kugel gar hoch geflogen, sie hatte die Hand schon ausgestreckt und die Finger gekrümmt, um sie wieder zu fangen, da schlug sie vorbei auf die Erde, rollte und rollte und geradezu in das Wasser hinein.
> Die Königstochter blickte ihr erschrocken nach, der Brunnen war aber so tief, dass kein Grund zu sehen war. ...

Wenn von »*einer* Königstochter« die Rede ist, wird damit signalisiert, dass von der »Königstochter« an dieser Stelle im Text zum ersten Mal die Rede ist. Die Aufmerksamkeit wird also in besonderer Weise auf diese Referenz gelenkt – so dass der Leser automatisch die Erwartung ausbildet, dass die Referenz auf die »Königstochter« nicht gleich wieder aufgegeben, sondern im weiteren Textverlauf zumindest beibehalten wird. Die »Königstochter« kann, so der Hinweis, im weiteren Textverlauf zum (bekannt-eingeführten) Thema werden, an das sich dann neue (»rhematische«) Informationen anbinden lassen (»die ging hinaus in den Wald«). Man beachte im wiedergegebenen Text auch die kataphorischen Artikel in »*einen* kühlen Brunnen« und in »*eine* goldene Kugel«. Auch diese Referenzen werden auf diese Weise als neue Textbezüge eingeführt, die dann später zum Thema neuer (rhematischer) Informationen werden können (»der Brunnen war aber so tief« und »die war ihr liebstes Spielwerk«). Der unbestimmte Artikel eignet sich durch seinen Projektionscharakter grundsätzlich sehr gut als Themaeinführungssignal am markierten Textbeginn. Er ist insbesondere im Zusammenspiel mit dem bestimmten Artikel zugleich ein Verkettungshinweis (s. o. 5.3.1.9).

Achtung!
Die Verwendung des kataphorischen Artikels zeigt an, dass im Text gerade ein bestimmter Aspekt von Welt neu eingeführt wird. Ob und in welcher Weise dieser Weltbezug im weiteren Textverlauf beibehalten und vertieft wird, ist damit noch nicht entschieden!

6.3   Themabeibehaltungshinweise

Themabeibehaltungshinweise signalisieren, dass eine Referenz nicht zum ersten Mal im Text auftaucht, sondern als Beibehaltung einer schon vorgekommenen Referenz und in diesem Sinn als Beitrag zum Aufbau eines thematischen Strangs zu verstehen ist. Themabeibehaltungshinweise haben grundsätzlich einen *Retrospektionscharakter*: Sie weisen zurück auf bereits gegebene referenzielle Hinweise. Mit ihrem Retrospektionscharakter stehen die Themabeibehaltungshinweise in Opposition zu den prospektiven Themaeinführungshinweisen. Diese Opposition spiegelt sich in der Art der sprachlichen Formen, mit denen die Themabeibehaltung prototypisch signalisiert werden kann: anaphorischer/bestimmter vs. kataphorischer/unbestimmter Artikel (6.3.1), thematische Pronominalisierung durch *er, sie, es* vs. rhematische Pronominalisierung durch *der, die, das* (6.3.2). Themabeibehaltung kann darüber hinaus auch durch die Rekurrenz von nominalen Referenzen (6.3.3) und durch Ellipsen (6.3.4) signalisiert werden.

Achtung!
Stehen Themabeibehaltungshinweise im unmittelbaren Anschluss an Themaeinführungshinweise, ergibt sich ein starkes Maß an Textverknüpfung im Sinne der Verkettung von Referenzen zu einem thematischen Strang. Prototypisch ist dafür der Fall, dass eine gerade eingeführte Referenz im nächsten Satz durch Beibehaltungshinweise aufgenommen und durch die Einführung neuer Referenzen ergänzt wird. Diese Folge von Themaeinführungs- und -beibehaltungshinweisen von Satz zu Satz haben wir aufgrund ihrer primären Funktion der Textverknüpfung schon bei den Verknüpfungshinweisen behandelt (s. o. 5.3)!

6.3.1   Anaphorische Themabeibehaltungshinweise

Bestimmte Artikel sind nicht nur Textverkettungshinweise (s.o. 5.3.1.9), sondern gleichzeitig auch Themabeibehaltungshinweise. Insbesondere am Wechsel vom unbestimmten zum bestimmten Artikel lässt sich die Funktionalität der Anaphorik für die Themabeibehaltung gut studieren. Man betrachte dazu den folgenden Textanfang in Beispiel 11.

Bsp. 11: Der goldene Topf

Am Himmelfahrtstage, nachmittags um drei Uhr, rannte *ein* junger Mensch in Dresden durchs Schwarze Tor und geradezu in einen Korb mit Äpfeln und Kuchen hinein, die *ein* altes häßliches Weib feilbot, so daß alles, was der Quetschung glücklich entgangen, hinausgeschleudert wurde und die Straßenjungen sich lustig in die Beute teilten, die ihnen *der* hastige Herr zugeworfen. Auf das Zetergeschrei, das *die* Alte erhob, verließen die Gevatterinnen ihre Kuchen- und Branntweintische, umringten *den* jungen Menschen und schimpften mit pöbelhaftem Ungestüm auf ihn hinein, so daß er, vor Ärger und Scham, verstummend, nur seinen kleinen, nicht eben besonders gefüllten Geldbeutel hinhielt, den *die* Alte begierig ergriff und schnell einsteckte.

Wir beschränken uns zunächst auf die im Ausschnitt von uns hervorgehobenen For-men. Der kataphorische Artikel in »*ein* junger Mensch« signalisiert die Einführung der Referenz und damit ihre Relevanz für die Thematik des Textes. Da wir uns am markierten Textbeginn befinden, fallen Textbeginn und Weltbeginn in dieser Referenz zusammen. Das Gleiche gilt für die Verwendung des kataphorischen Artikels in »*ein* altes häßliches Weib«. Der anaphorische Artikel in »*der* hastige Herr« – und später in »*den* jungen Menschen« – gibt dagegen den Hinweis, dass diese Referenz an dieser Stelle nicht erstmalig auftritt, sondern als thematische Beibehaltung von »ein junger Mensch« zu betrachten ist. Das Gleiche gilt für die Verwendung des anaphorischen Artikels in »*die* Alte«. Mit dieser Abfolge von ka-taphorischem Theameinführungs- und anaphorischem Themabeibehaltungshinweis kommt der Text dem Lektüreprozess entgegen: Der Prozess der Lektüre entspricht dem Prozess des Eintauchens in die Textwelt.

Anaphorische Themabeibehaltungshinweise können auch am Textbeginn auf-treten, *ohne* dass kataphorische Themaeinführungshinweise vorausgegangen sind. Textbeginn und Textweltbeginn fallen dann auseinander, und der Leser findet sich mit Lektürebeginn mitten in der Textwelt wieder. Wir wollen das am Beispiel des Beginns einer Kurzgeschichte von Ernest Hemingway illustrieren, das zugleich ver-anschaulicht, wie durch Themahinweise die Leserperspektive mit der Perspektive einer in der Textwelt auftretenden Figur zur Deckung gebracht werden können:

Bsp. 12: Indianerlager

Am Seeufer war noch ein Ruderboot heraufgezogen. Die beiden Indianer standen wartend da.

Nick und sein Vater setzten sich hinten ins Boot; die Indianer stießen es ab, und einer stieg ein, um zu rudern. Onkel George saß im Heck des Lagerruderbootes. Der junge Indianer stieß das Lagerboot ab und stieg ein, um Onkel George zu rudern.

Die beiden Boote brachen in der Dunkelheit auf. Nick hörte das Geräusch von den Ruderdollen des anderen Bootes ein ganzes Stück entfernt vor sich im Nebel. Die Indianer ruderten mit schnellen, abgehackten Schlägen. Nick legte sich zurück in den Arm seines Vaters. Auf dem Wasser war es kalt. Der Indianer, der sie ruderte, arbeitete angestrengt, aber das andere Boot entfernte sich immer weiter im Nebel.

«Wo fahren wir hin, Dad?» fragte Nick.

«Rüber ins Indianerlager. Eine Indianerin ist krank.» «Oh!» sagte Nick.

Mit dem Beginn der Erzählung finden wir uns in einer weitgehend als bereits ein-geführt vorausgesetzten Textwelt wieder. Dazu gehören das Seeufer, das *schon* an diesem Ufer liegende Ruderboot, zu dem »noch« ein weiteres dazukommt, die bei-den wartenden Indianer, Nick, sein Vater und Onkel George, ein Handlungsrahmen der nächtlichen Abfahrt mit den Ruderbooten auf den See. Es sind allesamt Refe-renzen auf Welt, die nicht eigens eingeführt, sondern als bereits bekannt behandelt werden (Hinweis darauf u. a.: der anaphorische Artikel, z. B. in »Am Seeufer«, »Die beiden Indianer«). In die vorausgesetzte Textwelt neu eingeführt wird nur das wei-tere Ruderboot, das am Anfang der Erzählung kurz fokussiert in den Blick kommt (Indiz: der kataphorische Artikel in »noch ein Ruderboot«), und zwar in den Blick desjenigen, der sich dem Seeufer nähert und dem ein weiteres Ruderboot auffällt. Wir wohnen, so die Suggestion dieser fortlaufenden Themabeibehaltungshinweise, einem Geschehen bei, das niemand für uns eigens in Szene setzt und erzählt, sondern das bereits läuft, wenn die Geschichte beginnt. Insbesondere die Art der Referenz auf die beteiligten Personen suggeriert darüber hinaus eine besondere Nähe und Vertrautheit des Lesers mit »Nick«: Auf ihn wird mit dem Vornamen referiert und zwei weitere Personen werden durch ihren Bezug auf ihn gekennzeichnet (»sein Vater«, »Onkel George«). Nick steht auch im Mittelpunkt der Schilderung des Aufbruchs: Berichtet wird, was er wahrnimmt, während die Boote auf den See fahren (Geräusche, die rudernden Indianer, die Kälte auf dem Wasser).

Man kann deshalb sagen, dass es die Perspektive Nicks ist, durch die hindurch der Leser und die Leserin an der Textwelt teilhaben (und hinter der der Autor »Hemingway« verschwindet). Das, was für Nick bekannt und eingeführt ist, soll deshalb auch dem Leser und der Leserin bekannt und eingeführt erscheinen. Was für Nick neu ist, soll auch für den Leser und die Leserin neu sein. Nicks Perspektive und die Leserperspektive fallen zusammen. Das wird zu Beginn des wiedergegebenen Dialogs besonders deutlich: Es ist Nick, dem der erste starke Themaeinführungshinweis in Form einer Frage in den Mund gelegt wird: »›Wo fahren wir hin, Dad‹, fragte Nick.« Anlass und Ziel des Aufbruchs mit den Booten, die von Nick hier zum Gegenstand des Fraglichen (zu seiner »Informationslücke«) werden, sollen auch für den Leser fraglich werden. In der Antwort, die der Vater seinem Sohn gibt, erfahren wir dann, worin das Ziel und der Anlass des nächtlichen Aufbruchs bestehen. Damit werden zugleich die bereits durch den Titel ausgelösten Themaerwartungen (»Indianerlager«) aufgenommen, erneuert und weiter entwickelt. Mit Nick sind Leser und Leserin in der Geschichte angekommen.

Zur Vertiefung
Hoffmann 2000b.

6.3.2   Pronominale Themabeibehaltungshinweise

Neben der Anaphorik ist die Pronominalisierung das andere prototypische Themabeibehaltungssignal. Wir haben sie im Hinblick auf ihre Verkettungsfunktion bereits in ihrer Formenvielfalt beschrieben (s. o. 5.3.1.1), so dass wir uns hier auf die Illustration der Themabeibehaltungsfunktion beschränken können. Pronominalisierungen sind als alleinstehende Referenzen das prototypische Beispiel für reine Themabeibehaltungssignale, von denen für sich genommen keine weiteren Themaentwicklungssignale ausgehen. Betrachten wir dazu den folgenden Erzählanfang.

Bsp. 13: Die Verwandlung (Kursivsetzung durch die Autoren)
Als Gregor Samsa eines Morgens aus unruhigen Träumen erwachte, fand *er* sich in *seinem*
Bett zu einem ungeheuren Ungeziefer verwandelt. *Er* lag auf seinem panzerartig-harten
Rücken und sah, wenn *er* den Kopf ein wenig hob, *seinen* gewölbten, braunen, von
bogenförmigen Versteifungen geteilten Bauch, auf dessen Höhe sich die Bettdecke, zum
gänzlichen Niedergleiten bereit, kaum noch erhalten konnte. *Seine* vielen, im Vergleich zu
seinem sonstigen Umfang kläglich dünnen Beine flimmerten *ihm* hilflos vor den Augen.
»Was ist mit mir geschehen?« dachte *er*. Es war kein Traum.

Das Pronomen »er« ist ein Rückverweis auf die ganz zu Anfang erfolgende Referenz
auf eine Person namens »Gregor Samsa«. Diese Referenz wird beibehalten, sie ist
für das Thema des Textes durchlaufend von Bedeutung. Auch im (ebenfalls kursiv
gesetzten) Possessiv-Artikel ist dieser Rückverweis als Themabeibehaltungshinweis
enthalten. Gleichzeitig finden sich in diesem Abschnitt Themaentwicklungshinweise, die mit der Referenz auf ein »ungeheures Ungeziefer« zu tun haben: das
auf einem »panzerartig-harten Rücken« Liegen, einen »gewölbten, braunen, von
bogenförmigen Versteifungen geteilten Bauch« Sehen, die »vielen, im Vergleich
zu seinem sonstigen Umfang kläglich dünnen Beine« vor Augen Haben (s. u. 6.4:
Themaentwicklungshinweise). Die eigentümliche Spannung des Textes erwächst
nun u. a. daraus, dass die durchlaufende Pronominalisierung mit »er« die Vermi-
schung von Person (»Gregor Samsa«) und »Ungeziefer« aus der Perspektive der
eingeführten Person als irritierendes Verhältnis von Identität (Beibehaltung!) und
Differenz (Entwicklung hier im Sinne der »Verwandlung«!) erfahrbar macht: Im
fortlaufenden Rückverweis stellt sich immer mehr die Frage, ob und in welchem
Sinne »er« überhaupt noch »Gregor Samsa« ist bzw. zu wem oder was »Gregor
Samsa« im Text gemacht (»verwandelt«) wird.

Wenn man Pronominalisierungen als Themabeibehaltungshinweise versteht, hat
es auf den ersten Blick etwas Irritierendes, wenn man feststellt, dass sie auch
am Textbeginn auftreten können, ohne dass zuvor eine nominale Referenzform
vorausgeht, auf die sie zurückverweisen könnten. Konsequenterweise erklärt man
die Besonderheit solcher Vorkommen damit, dass der Text in diesen Fällen *so tut, als
ob* das Thema bereits eingeführt wäre und fragt dann nach den Textualitätseffekten,
die das hat. Wir greifen zur Illustrierung wieder auf den Beginn einer Erzählung
von Hemingway zurück.

Bsp. 14: Auf dem Quai in Smyrna
Das Seltsame war, sagte er, wie sie jede Nacht um Mitternacht schrien. Ich weiss nicht,
warum sie gerade um *die* [Herv. i. Orig.] Zeit schrien. Wir waren im Hafen, und sie
waren alle auf der Mole, und um Mitternacht begannen sie zu schreien. Wir pflegten die
Scheinwerfer auf sie zu richten, damit sie Ruhe gaben. Das funktionierte auch immer. Wir
strichen zwei- oder dreimal mit dem Scheinwerfer über sie hinweg, und sie hörten auf.
Einmal war ich der rangälteste Offizier auf der Mole, und ein türkischer Offizier kam in
einer furchtbaren Wut zu mir, weil einer unserer Matrosen außergewöhnlich frech gegen
ihn gewesen sei. (...)

Dieser Textbeginn wartet gleich mit zwei Pronominalisierungen auf, die suggerieren,
dass eine bereits gegebene Bezugnahme auf den Sprecher (»er«) und eine Mehrzahl

von Personen (?) (»sie«) (z. B. in Form einer Nominalphrase) an dieser Stelle wieder aufgenommen werden, so dass der Leser und die Leserin wissen, wer mit »er« und »sie« gemeint ist. Da Leser und Leserin es nicht wissen können, finden sie sich schon vor dem tatsächlichen Beginn der Lektüre in eine textuelle Welt involviert, in ein bereits laufendes Geschehen wie ein Mithörer hineingezogen. Daraus resultiert eine besondere Gespanntheit der Lektüre – sie wird in diesem Text dann vor allem dadurch aufrecht erhalten, dass mit dem andauernden Themabeibehaltungshinweis (»sie«) die fragliche Referenz zu einem Rätsel wird: Wer sind »sie«? Auch nachdem mithilfe eines Episodenmerkmals (s. o. 5.5.1) der Beginn einer narrativen Einheit markiert wird (»Einmal war ich der rangälteste Offizier ...«), wird dieses Rätsel nicht aufgelöst. Es bleibt im weiteren Textverlauf uneindeutig, wer »sie« sind und wer der Sprecher (»er«) ist, mit dessen Aussage der Text beginnt. Die pronominalen Themabeibehaltungshinweise inszenieren den Textbeginn als eine Art willkürlichen Einblick in eine schon andauernde Textwelt.

6.3.3 Themabeibehaltung durch Rekurrenz

Auch die Rekurrenz haben wir bereits als Wiederholung im Kontext der Text-verknüpfungshinweise behandelt (s. o. 5.2). Bei rekurrent gebrauchten nominalen Referenzen wird die Wiederholung gleicher Wortformen oder -gruppen über die Verknüpfung hinaus zu einem starken Themabeibehaltungshinweis. Im Vergleich mit der Pronominalisierung ist die Rekurrenz als Themabeibehaltungshinweis auf-fälliger: Im Extrem kann sie zu einem Eindruck von Monotonie führen, der den Charakter der reinen, gleichsam auf der Stelle tretenden Themabeibehaltung (ohne Themaentwicklung) sehr gut veranschaulicht:

Bsp. 15: Die Billigesser

Er, Koller, hatte sich, wenn auch zuerst nur innerlich und nur für sich allein, bereits mit den Billigessern angefreundet gehabt. Natürlich, so Koller, hätte alles einen anderen Verlauf nehmen können, hätte ich mich nicht an den Billigessertisch gesetzt, aber ich hatte mich ja an den Billigessertisch und an keinen andern gesetzt. Der Billigessertisch sei ihm schon gleich an der Tür als der einige für ihn mögliche Tisch aufgefallen gewesen, daß der Billigessertisch der für in tatsächlich geeignetste Tisch gewesen war, hatte sich sehr bald nachdem er, Koller, die an dem Billigessertisch sitzenden Billigesser in näheren Augenschein genommen hatte, bestätigt gehabt. Er war aber noch bevor er die Billigesser tatsächlich einer physiognomischen Prüfung unterziehen hatte können, bereits entschlossen gewesen, an dem Billigessertisch Platz zu nehmen, *unter allen Umständen*, so Koller, er hätte an dem Billigessertisch auch dann Platz genommen, wenn ihn die Billigesser gar nicht aufgefordert hätten an ihrem Tisch Platz zu nehmen, unumstößlich entschlossen, an dem Billigessertisch Platz zu nehmen, war er in die WÖK eingetreten.

Vor allem wenn man Beispiel 15 laut vorliest, macht sich die Rekurrenz der Kom-posita »Billigesser« und »Billigessertisch« aufdringlich bemerkbar. Über die The-mabeibehaltung der Referenz auf Personen an einem bestimmten Tisch hinaus wird die Aufmerksamkeit des Lesers durch die penetrante Rekurrenz auf den Text selbst

und sein obstinates Kreisen um die »Billigesser« gelenkt – wodurch die Rekurrenz
zu einem Unterhaltungshinweis wird (s. u. 7.3.5). In den Texten von Thomas Bernhard ist dieser Gebrauch der Rekurrenz musterhaft ausgeprägt, abhängig von der
Vertrautheit des Lesers und der Leserin mit diesen Texten liegt hierin also auch ein
Textsortenhinweis.

Häufiger (und stilistisch unauffälliger) ist allerdings die Abwechslung in der
Referenz mit anderen Themabeibehaltungshinweisen und Themaentwicklungshinweisen (s. dazu o. Beispiel 11 die Rekurrenz von »junger Mensch« und »die Alte«
oder im Eingangsbeispiel 1 die Rekurrenz von »Angst«). Rekurrenz kann »total«
sein, so dass Wortformen identisch wiederholt werden (»Alte« → »Alte«), oder sie
kann durch morphologische Markierungen (»ein junger Mensch«→ »den jungen
Menschen«) oder Wortbildungsmittel (»Angst« → »angstfrei«) eingeschränkt sein
(»partielle Rekurrenz«).

6.3.4   Elliptische Hinweise

Als einen weiteren Themabeibehaltungshinweis wollen wir hier bestimmte Typen
von Ellipsen aufführen, bei denen die Beibehaltung einer Referenz gerade durch ihre
syntaktische Aussparung im Fortgang des Textes verdeutlicht wird. Die fragliche
Referenz wird so mitverstanden und die Themabeibehaltung damit als eine Art
Selbstverständlichkeit präsentiert. In der Satzfolge »Ole hat keine Geschwister. Aber
er hat einen Hund. Und dann natürlich Murre« (s. o. Kap. 5, Bsp. 16) verstehen
wir Subjekt und Prädikat (»hat er«) mit. Darin eingeschlossen ist die Referenz auf
»Ole«, die dadurch wie selbstverständlich beibehalten und mitverstanden wird (zur
Verknüpfungsleistung von Ellipsen s. o. 5.3.2).

6.4   Themaentwicklungshinweise

Themaentwicklungshinweise signalisieren, dass eine bereits eingeführte Referenz
durch weitere Referenzen fortgeführt, differenziert und ausgebaut wird. Themaentwicklung impliziert notwendig den Anschluss an eine bestimmte, bereits eingeführte
Referenz. Im Gegensatz zur Themabeibehaltung geht es aber nicht um Themen-
konstanz, sondern um Themenvariation. Themaentwicklungshinweise sind deshalb
nicht nur retrospektiv, sondern auch prospektiv: Sie zeigen an, wie im Text das thematische Potenzial bereits eingeführter Referenzen zu einem thematischen Strang
auf- und ausgebaut wird.

Prototypisch manifestiert sich der Übergang von Themabeibehaltungs- zu Themaentwicklungshinweisen in der Substitution eines Referenzausdrucks durch einen
anderen mit identischer Referenz. Die dabei in der Regel durch den anaphorischen
Artikel signalisierte Themabeibehaltung erlaubt dann die Entwicklung des Themas
durch die Ersetzung des ersten Referenzausdrucks mit anderen Referenzausdrücken
(6.4.1: Substitution). Dabei ergibt sich die Themaentwicklung aus der Weiterfüh-

rung der Referenz mit unterschiedlichen Formen, aber gleichbleibender Referenz auf Welt (»Referenz-Identität«).

Themaentwicklung erschöpft sich aber nicht in der ko-referenziellen Substitution. Sie ergibt sich in vielen Fällen auch dadurch, dass neue Referenzen auf Welt auftreten, die in einer semantischen Beziehung zu der vorausgehenden Referenz stehen. Semantische Beziehungen dieser Art können lexikalisiert sein, so dass die Themaentwicklung durch die beteiligten Lexeme lexikalisch signalisiert wird. Dann sprechen wir von lexikalischen Themaentwicklungshinweisen (6.4.2). Sie können sich aber auch stärker wissensabhängig aus der Vertrautheit mit bestimmten Gebrauchskontexten der Referenzausdrücke ergeben, ohne bereits lexikalisiert zu sein. Wir sprechen dann von semantischen Themaentwicklungshinweisen (6.4.3). In beiden Fällen wird die Fortführung des Themas im Sinne von Bedeutungsbeziehungen zwischen den beteiligten Referenzausdrücken angezeigt. Zwischen lexikalisierten und semantischen Themaentwicklungshinweisen ist mit fließenden Übergängen zu rechnen.

Terminologie
Danes 1970: »thematische Progression«; Brinker/Sager 2001: Typen der »Wiederaufnahme«; Hoffmann 2000c: »Themaentfaltung«.

6.4.1   Substitution

Die Substitution ist die Ersetzung eines Referenzausdrucks durch einen anderen Referenzausdruck, wobei die Referenz erhalten bleibt (»Ko-Referenz«). In dieser Fortführung ist bereits eine über die Beibehaltung hinausgehende Variation und Themaentwicklung enthalten. Das Ausmaß an Themaentwicklung kann sich dabei erheblich unterscheiden: von einem Minimum an Variation, das den Eindruck vor allem formal (stilistisch) motivierter Substitution nahelegt bis zu einem Maximum an Variation, bei dem die Substitution zum Träger neuer Informationen wird. Im ersten Fall ist die Grenze zwischen Themabeibehaltungs- und Themaentwicklungshinweisen fließend, im zweiten steht die Themaentwicklung klar im Vordergrund.

Ein Beispiel für Substitutionen, die auf der Grenze zwischen Themabeibehaltung und -entwicklung stehen, liefern vor allem Substitutionen mit *Synonymen* – hier suggeriert die Substitution (anstelle etwa der Rekurrenz) in vielen Fällen stilistische Variation ohne nennenswerte Themaentwicklung. So im folgenden Textauszug aus der Internetselbstdarstellung einer Unternehmensberateragentur, die die Verwendung von Synonymen empfiehlt:

Bsp. 16: »Unternehmensberatung«
Verwenden wir in unserem Text nur das Wort Mangel, könnte das Ergebnis so aussehen:
Gestern stellte sich bei dem neuen Fernsehgerät der erste Mangel heraus. Folge dieses
Mangels war ein lauter Pfeifton. Da dieser Mangel immer erst mitten in der Nacht auftrat,
wurde die gesamte Nachbarschaft rebellisch.
Gleicher Text mit Synonymen:

Gestern stellte sich bei dem neuen Fernsehgerät der erste Mangel heraus. Folge dieser
Unzulänglichkeit war ein lauter Pfeifton. Da dieser Defekt immer erst mitten in der Nacht
auftrat, wurde die gesamte Nachbarschaft rebellisch.
Klare Sache: Der erste Text wirkt holprig und amateurhaft. Dagegen ist der zweite Text
flüssig zu lesen.

Wir lassen hier dahingestellt, ob die bessere Wirkung des ersten Textes eine »klare Sache« ist und ob es sich hier tatsächlich um Synonyme handelt. Interessant
ist, dass sich trotz gezielt gesuchter Synonymie kaum vermeiden lässt, dass sich
eine Variation des Themas ergibt. Die Ko-Referenz zwischen den gewählten Ausdrücken beruht hier nicht auf der lexikalischen Kraft der Synonyme, sondern auf
der grammatischen Kraft des anaphorischen Artikels (hier »diese/r«). Der Zuge-
winn an Themavariation ist vergleichsweise gering, man kann sagen: lexikalisch
minimalisiert.

Das ändert sich, wenn die Substitution nicht durch Synonyme, sondern durch
Referenzausdrücke erfolgt, die in einer anderen lexikalischen Beziehung zum ur-
sprünglichen Referenzausdruck stehen (Hyponymie, Hyperonymie oder eine losere
Art lexikalischer Relation). Wir wollen dazu kurz die Substitutionen in einem der
schon besprochenen Beispiele betrachten: Wenn wir im »Goldenen Topf« (Bsp. 11)
lesen »einen jungen Menschen« und weiterlesen »der hastige Herr«, verstehen wir
zunächst die durch den anaphorischen Artikel signalisierte Themabeibehaltung.
Durch die Substitution werden dann aber weitere für die thematische Relevanz
der Referenz möglicherweise wichtige Informationen im Sinne einer Themaentwicklung angezeigt. Das Substantiv »Herr« konnotiert eine bestimmte soziale
Stellung des »jungen Menschen« (die im Text sogleich kontrastiert mit der des
»häßlichen, alten Weibes«, aber auch mit der der »Straßenjungen«), das Attribut
»hastig« schließt einerseits Thema beibehaltend daran an, dass der »junge Mensch«
zuvor in einen »Korb ... hinein gerannt« ist, macht aber aus dem Verhalten Thema
entwickelnd schon eine Eigenschaft, die zu Mutmaßungen über dieses Hastig-Sein
anregt (Getrieben-Sein? Außer-sich-Sein? ...). Ähnlich zeigt der Wechsel von
einem »häßlichen, alten Weib« zu »die Alte« nicht nur die Themabeibehaltung
an, sondern auch den Übergang zu einer sozialen Typisierung als Mitglied einer
bestimmten Personengruppe.

Ein Maximum an Themavariation und Themaentwicklung durch Substitution
weisen oftmals Kurznachrichten in Zeitungsmeldungen auf. Hier ist die Art der
Substitution mit neuen (rhematischen) Informationen bereits zu einem Musterhinweis geworden, der auf die fragliche Textsorte der Zeitungsmeldung hinweist (s. u.
8.3.3).

Bsp. 17: »Maria Schell«

Schauspielerin wurde 79 Jahre alt

Maria Schell
ist tot

 **Wien** (ddp/AFP) –
Die international
bekannte österrei-
chische Schau-
spielerin Maria
Schell ist tot. Die
gebürtige Wiene-
rin starb im Alter
von 79 Jahren in
Kärnten an Herz-
versagen. Die we-
gen ihres mäd-
chenhaften
Charmes und trä-
nenfeuchten Augenaufschlags als „Seelchen" bekannte Schauspielerin (Foto:
AP) wurde mit dem Film „Die letzte Brü-
cke" (1954) berühmt. Einer ihrer größten Erfolge war „Die Brüder Karama-
sow". (Seite 3 und Panorama)

Man beachte die Substitution von »Maria Schell« durch »Schauspielerin« im Obertitel, »die international bekannte österreichische Schauspielerin Maria Schell«, »die
gebürtige Wienerin« und »die wegen ihres mädchenhaften Charmes und tränenfeuchten Augenaufschlags als ›Seelchen‹ bekannte Schauspielerin«. Insbesondere
die Expandierung der Nominalklammer im letzten Fall (»die wegen … bekannte
Schauspielerin«) illustriert sehr anschaulich die Themaentwicklung durch das Mittel der Substitution. Sie erlaubt eine besonders komprimierte Aufladung des Textes
mit rhematischen Informationen in Form von Nebenbei-Prädikationen.

Terminologie:
»Nebenbei-Prädikationen« durch Substitution: Linke et al. 2000b, außerdem von Polenz
1988: »prädizierendes Bezugnehmen« (S. 125) und »Wiederbezüge im Text«(S. 137); »komprimierte Thema-Rhema-Einheiten«: Zifonun et al. 1997, S. 589 ff.

6.4.2   Lexikalische Themaentwicklungshinweise

Themaentwicklung erschöpft sich nicht in der ko-referenziellen Fortführung einer
Referenz durch andere Referenzausdrücke, sondern impliziert in der Regel das
Auftreten von Ausdrücken, die auf andere und weitere Aspekte von Welt Bezug
nehmen. Die Themaentwicklung spiegelt sich dann in der semantischen Beziehung der Referenten. Wenn diese semantische Beziehung anhand der lexikalischen

Relation der beteiligten Lexeme ablesbar ist, haben wir es mit *lexikalischen Thema-entwicklungshinweisen* zu tun. Die wichtigsten lexikalischen Relationen, die dabei ins Spiel kommen, sind die folgenden:

- Relationen der hierarchischen Unter- und Überordnung, also Ober- und Unter-begriffe (Hypero- und Hyponymie) und Teil- und Ganzes-Begriffe (Mero- und Holonymie) (6.4.2.1),
- Relation zwischen gegensätzlichen Begriffen: Antonymie (6.4.2.2),
- Relation der Bedeutungsübertragung zwischen Begriffen: Metaphorik und Met-onymie, Homonymie (6.4.2.3).

6.4.2.1 Hypero- und Hyponymie, Holo- und Meronymie

Besteht zwischen den beteiligten Referenzausdrücken ein Verhältnis von Hypero- und Hyponymie (Ober- und Unterbegriff) oder eines von Holo- und Meronymie (Ganzes- und Teilbegriffe), weist das oftmals auf Themaentwicklung im Sinne eines Übergangs vom Allgemeinen zum Besonderen oder vom Ganzen zu seinen Teilen (bzw. umgekehrt) hin. Teil-Ganzes-Verhältnisse können dabei auch grammatisch durch Pronominalisierungen mit Indefinitpronomina angezeigt werden, sofern sie im Sinne einer partitiven Bedeutung als ›Teil-von-Relation‹ verstanden werden können (s. o. 5.3: Verkettungshinweise!).

Die Nachzeichnung von Themaeinführungs-, Themabeibehaltungs- und Thema-entwicklungshinweisen stellt grundsätzlich eine an den konkreten Text angepasste analytische Herausforderung dar, die nicht mechanisch durch ein Suchen nach Ober- und Unterbegriffen bzw. Teil-Ganzes-Begriffen geleistet werden kann. Eher geht es darum, in solchen begrifflichen Relationen lexikalisierte Hinweise auf eine zugrundeliegende Textthematik zu rekonstruieren. Wie man sich das vorzustellen hat, wollen wir am Beispiel »Kofferfisch« (Bsp. 1, Kap. 5) illustrieren. Wir gehen dazu den Artikel Schritt für Schritt durch und greifen die wichtigen Themahinweise stichwortartig heraus. Wir beginnen mit der Referenz auf den »Kofferfisch«, der das Textganze (Bild und Begleittext) als Aufhänger dominiert:

- Themaeinführungshinweis durch Bild und Überschrift (»Geschöpf der Un-terwelt«), mitverstandene Themafrage: Was ist das für ein merkwürdiges Tier/»Geschöpf«?
- Themaentwicklungshinweis: Substitution mit Hyponym (*»Geschöpf* der Unter-welt« → »dieser junge *Kofferfisch*«) – wobei die Abbildung durch die Deixis (»dieser«) in die ko-referenzielle Themaentwicklung einbegriffen ist – und Sub-stitution mit Hyperonym »Das *Tier*« (anaphorischer Artikel als Themabeibehal-tungshinweis!).
- Themabeibehaltung durch Pronominalisierung: »Gefunden hat *ihn* …«.
- Themaentwicklung durch Hyperonymie: »Tier« → »Vertreter einer bislang unbe-kannten Art«; gleichzeitig Themabeibehaltung durch partielle Rekurrenz: »Ver-treter einer bislang unbekannten *Art*«→ »*arten*reichstes Gewässer«→ »*Arten*«.

– Themaentwicklung durch Kohyponymie (Hyponyme eines gemeinsamen Hype-
ronyms): »schwarze Quallen«, »zehn Zentimeter grosse Würmer mit Tentakeln
am Kopf«, »neue Arten«.

Dieser thematische Strang macht den Kern der Thematik des Textes aus. Verknüpft
ist er mit zwei weiteren thematischen Strängen, die mit der Referenz auf bestimmte
»Gewässer« und mit der Referenz auf eine Gruppe von »Forschern« zu tun haben:

– Referenz auf ein »Gewässer«: »Celebessee zwischen Indonesien und den
Philippinen«→ »Das flache indonesische Meer« (Substitution) → »artenreichsten
Gewässer der Welt« (Hyperonymie) – »Meeresboden« (einerseits Themaentwick-
lung durch Meronym, andererseits Themabeibehaltung durch partielle Rekurrenz
»Meer«→ »Meeresboden«) → »diese Tiefen« (Themaentwicklung: Meronym)
→ »Unterwasserwelt« (Substitution mit Hyperonym) → »dieses Becken« (Sub-
stitution) → »in mehreren Kilometern Tiefe« (Teil-Ganzes) → »dort, wo nur ...«
(Substitution).
– Referenz auf »Forscher«: »ein Taucher«→ »Larry Madin« (Zusammenhang zum
»Taucher« bleibt unklar!) → »Meeresbiologen« (Hyperonym) → »die Biologen«
(Hyperonym, zugleich partielle Rekurrenz) → »sie« (Themabeibehaltung durch
Pronominalisierung) → »die Forscher« (Substitution mit Hyperonym) → »die
Forscher« (Themabeibehaltung durch Rekurrenz).

Übungsaufgabe 1
Zeigen Sie am folgenden Beispiel (Bsp. 18 »Löschspritze«) den Zusammenhang
der für die Themaeinführung, -beibehaltung und -entwicklung relevanten Referenzausdrücke für die »Löschspritze« auf!

Bsp. 18: »Löschspritze«

Wie neu: *Unterbrandmeister Alfred Rogga präsentiert die alte Löschspritze. Früher wurde sie im Idealfall von zwei Pferden gezogen, zwei Feuerwehrleute saßen auf dem Kutschbock, der Rest radelte hinterher.*
FOTOS: SVEN KIENSCHERF

Altes Schätzchen aufpoliert

Ehrenabteilung der Freiwilligen Feuerwehr Ummeln restaurierte Löschspritze

VON SVEN KIENSCHERF

■ **Ummeln.** Sie blinkt und blitzt und leuchtet rot: So gut wie neu sieht sie aus, die Löschspritze. Dabei hat sie fast schon 100 Jahre auf dem Buckel. Rund 800 Stunden haben die Männer der Ehrenabteilung der Freiwilligen Feuerwehr Ummeln investiert, um das Schätzchen, Baujahr 1912, in neuem Glanze erstrahlen zu lassen. Jetzt ist das Gefährt in den Räumen der Firma Goldbeck an der Ummelner Straße zu bewundern.

„Nun ist sie wieder voll einsatzbereit", sagt Hauptbrandmeister Dieter Wienke mit einem Augenzwinkern. Acht Männer sind nötig, um die zwei Druckstangen zu betätigen, mit denen der 500 Liter Tank leer gepumpt wird. „Das war damals wahre Schwerstarbeit", berichtet Wienke.

In den 1920er Jahren sei die Spritze von den Ummelner Feuerwehrleuten gebraucht gekauft und in Betrieb genommen worden. Im Idealfall zogen zwei Pferde das Gespann, zwei Feuerwehrleute fanden auf dem Kutschbock Platz, der Rest folgte mit dem Fahrrad. Wienke: „In jedem Haushalt mussten damals zwei Löscheimer stehen, die Bürger bildeten eine Kette zu einer Wasserquelle, so wurde der Tank nachgefüllt."

Bis zu 275 Liter pro Minute können durch die Schläuche gepumpt werden, maximale Reichweite: 30 Meter. Gebaut wurden

Waren fleißig: *Rolf Witt und Heinrich Rusche (auf der Kutsche). Bruno Klein, Dieter Wienke, Heinz Brummelte, Manfred Birkmann, Reinhard Schulz, Löschabteilungsführer Thomas Menzel, Horst Westheide (stehend, v. l.), Wilfried Vogt und Alfred Rogga (knieend, v. l.).*

Die Schläuche: *Durch sie fließen bis zu 275 Liter pro Minute.*

die Geräte von der Kölner Firma Fritz Hönig, die diesbezügliche Patentschrift stammt bereits aus dem Jahr 1879. Wienke: „Damals betrug der Neupreis 1.000

Ein Blick von oben: *In die Löschwanne der restaurierten Spritze passen bis zu 500 Liter Wasser rein.*

Goldmark." Die Löschspritze wurde bereits einmal Mitte der 1970er Jahre und dann noch einmal in den 80ern restauriert. „Damals wurde sie beinahe komplett zerlegt und dann wieder zusammengebaut, Metallteile wurden ausgetauscht, die Reifen neu bespannt", erinnert sich Unterbrandmeister Alfred Rogga. Diesmal nahmen sich die Wehrmänner unter anderem die Lackierung vor.

Die Farbe habe in den letzten Jahren ganz schön gelitten. „Die Spritze stand in einem alten Schuppen, der ziemlich feucht war", sagt Rogga. Abschleifen, vorstreichen, noch mal abschleifen, schließlich lackieren – unter Aufsicht von dem Oberfeuerwehrmann und gelernten Maler, Wilfried Vogt, fanden die Arbeiten statt. Für die Unterbodenlackierung konnte Wienkes Enkel, Tobias Heinzel, gewonnen werden. „Wir Alten kommen ja nicht mehr so gut da dran", sagt Wienke und lacht.

Terminologie
Hoffmann 2000: »Themenkomposition, -subsumption, -splitting«; Danes 1970: »thematische Progression mit abgeleiteten Themen«.

6.4.2.2 Antonymie

Zu den typischen semantischen Relationen gehören auch Gegensatz-Verhältnisse. Eine Themenentwicklung, die durch Gegensatz-Verhältnisse geprägt ist, kann lexikalisch durch die Antonymie der beteiligten Referenzausdrücke und grammatisch durch adversative Relationshinweise (s. o. 5.4.5) angezeigt werden.

Bsp. 19: »Frische Pasta«

Frische Pasta, die in der Regel aus Mehl und Eiern hergestellt wird, schmeckt zart und fein und harmoniert daher perfekt mit Sahne- und butterreichen Saucen. Außerdem bildet sie bekanntlich die Hülle für gefüllte Teigtaschen. Getrocknete Pasta enthält dagegen meist nichts anderes als Hartweizengrieß und Wasser.

In diesem kurzen Text wird die Gegensatzrelation zum einen durch einen adversativen Relationshinweis signalisiert (»dagegen«; s. o. 5.4.5), zum anderen durch den lexikalischen Gegensatz der Adjektiv-Attribute in »*Frische* Pasta« vs. »*Getrocknete* Pasta«.

Das Beispiel »frisch« vs. »getrocknet« zeigt schon, dass Gegensatz-Relationen oftmals gegenstands- und kontextabhängig sind, weshalb man sie nicht zuverlässig in einem Wörterbuch nachschlagen kann. Bisweilen werden Gegensatz-Relationen sogar erst im Text als solche entwickelt, so dass das Gegensatz-Verhältnis erst mit dem Text in die Welt kommt. Dafür ist das im Folgenden besprochene »Vorwort« zur *Semantik historischer Zeiten* von Reinhart Koselleck ein eindrucksvolles Beispiel (s. u. Bsp. 20 »Vergangene Zukunft«!).

Mit Themaeinführungs- und Themawiedereinführungshinweisen hervorgehoben wird gleich zu Beginn des Textes die Bezugnahme auf das Abstraktum »geschichtliche Zeit«. In einen Gegensatz gebracht zu »geschichtliche Zeit« werden dann »Taten und Gedanken, Pläne und Ereignisse« (angezeigt durch die Negation »nicht« und den Adversativ-Konnektor »aber«). Es ist offensichtlich, dass dieser Gegensatz im Text erst entwickelt wird – und zumindest an dieser Stelle noch nicht durch eine lexikalische Antonymie ausgedrückt wird.

Im weiteren Textverlauf finden wir Themaentwicklungshinweise und -beibehaltungshinweise der folgenden Art: »Taten und Gedanken, Pläne und Ereignisse« → »geschichtliche Sachverhalte« (Themaentwicklung: Teil-Ganzes, Hyperonymie) → »Ereignisse« (Themabeibehaltung: Rekurrenz; Themaentwicklung: Hyponymie). Daneben wird ein weiteres Gegensatz-Paar eröffnet: »Frage nach geschichtlicher Zeit« (ebenfalls von Anfang an eingeführt) vs. »exakte Datierung« (der Gegensatz wird auch hier wieder durch Negation (»nicht«) angezeigt und die Fokus-Partikel »nur«). In der Folge erfährt diese Gegenüberstellung eine Fortsetzung: »korrekte Datierung als Voraussetzung« (Themabeibehaltung durch Rekurrenz von »Datierung«, Themaentwicklung durch Substitution »korrekt« → »exakt«) wird der »Inhaltsbestimmung dessen, was ... ›geschichtliche Zeit‹ genannt werden mag« entgegengesetzt (angezeigt durch den adversativen Konnektor »Aber« sowie den Gegensatz von »*nur* Voraussetzung« zu »*noch keine* Inhaltsbestimmung«). Erst allmählich drückt sich diese Gegenüberstellung dann auch in den beteiligten

Bsp. 20: Vergangene Zukunft

Vorwort

Was geschichtliche Zeit sei, gehört zu den schwer beantwortbaren
Fragen der historischen Wissenschaft. Die Frage nötigt uns, das
Gebiet der historischen Theorie zu betreten, und zwar mehr als
dies in der Geschichtswissenschaft ohnehin erforderlich ist. Denn
die Quellen der Vergangenheit geben uns zwar über Taten und
Gedanken, über Pläne und Ereignisse, nicht aber über geschichtliche Zeit unmittelbare Auskunft. Es bedarf also theoretischer Vorklärung, um eine Frage zu beantworten, die sich zwar innerhalb
der Historie immer und überall stellen läßt, für die uns aber die
Zeugnisse der Überlieferung weitgehend im Stich lassen.
Im Zuge der Forschung, die sich auf geschichtliche Sachverhalte
einläßt, muß die Frage nach einer geschichtlichen Zeit nicht explizit gestellt werden. Nur eine exakte Datierung ist unerläßlich, um
Ereignisse einordnen und erzählen zu können. Aber eine korrekte
Datierung ist nur Voraussetzung, noch keine Inhaltsbestimmung
dessen, was ›geschichtliche Zeit‹ genannt werden mag. Die Chronologie beantwortet – als Hilfswissenschaft – Fragen nach der
Datierung, indem sie die zahlreichen im Lauf der Geschichte verwendeten Kalender und Zeitmessungen auf eine gemeinsame, die
physikalisch-astronomisch berechnete Zeit unseres planetarischen
Systems zurückbezieht. Diese eine, naturhafte, Zeit gilt dann,
wenn man die halbkugelverkehrten Jahreszeiten und die gleitende
Differenz eines Tagesumlaufes berücksichtigt, für alle Menschen
auf unserem Globus gleicherweise. Ebenso darf man davon ausgehen, daß die biologische Zeit des menschlichen Lebens, trotz
medizinischer Nachhilfen, von begrenzter Variabilität und allgemeiner Gleichartigkeit ist. Aber nicht an derartige natürliche Vor-
aussetzungen unserer Zeiteinteilung denkt, wer nach dem Zusammenhang von Geschichte und Zeit fragt, wenn es schon so etwas
wie ›geschichtliche Zeit‹ geben soll.
Wer sich im Alltag von geschichtlicher Zeit eine Anschauung zu
machen sucht, der mag auf die Runzeln eines alten Menschen achten oder auf Narben, in denen ein vergangenes Lebensschicksal
gegenwärtig ist. Oder er wird sich das Nebeneinander von Trümmern und Neubauten in Erinnerung rufen, und er wird auf den
augenfälligen Stilwandel blicken, der einer räumlichen Häuser-

9

Referenzen als Gegensatz-Verhältnis aus: »eine gemeinsame, die physikalisch-astronomisch berechnete Zeit unseres planetarischen Systems« → »diese eine, naturhafte, Zeit« → »die biologische Zeit unseres menschlichen Lebens« (Themabeibehaltung: Rekurrenz von »Zeit«, Themaentwicklung durch Substitution im Bereich der Adjektiv-Attribute) vs. »geschichtliche Zeit«. Dieser Gegensatz manifestiert sich im Text nicht als begrifflicher Gegensatz (z. B. durch Mittel der Wortbildung: *Naturzeit vs. *Gesellschafts- bzw. Kultur- oder Geschichtszeit), sondern als ein von mehreren Seiten umschriebener Gegensatz, der begrifflich am ehesten im Gegensatz der Adjektiv-Attribute zu »Zeit« zum Ausdruck gebracht wird (»naturhaft«, »biologisch«, »physikalisch-astronomisch berechnete« vs. »geschichtliche«). Den Text (bis hier hin) zu verstehen, heißt: diesen Gegensatz zu verstehen.

6.4.2.3 Metaphorik und Metonymie, Homonymie

Neben Teil-Ganzes- und Gegensatz-Verhältnissen wollen wir an dieser Stelle abschließend noch auf Verhältnisse der Bedeutungsübertragung aufmerksam machen. Diese kommen dadurch zustande, dass in einem Text von einer wörtlichen zu einer übertragenen (auch umgekehrt von einer übertragenen zu einer wörtlichen) Bedeutung eines Ausdrucks gewechselt wird bzw. im Falle der Homonyme: zwischen verschiedenen Bedeutungen des gleichen Ausdrucks. Nur in besonderen Fällen ist dieses Verhältnis auch lexikalisiert und textunabhängig signalisierbar, so dass man es z. B. in einem Wörterbuch nachschlagen kann.

Betrachten wir zur Illustrierung den letzten Ausschnitt des gerade besprochenen Beispieltextes.

Bsp. 21: Vergangene Zukunft, letzter Absatz

> Wer sich im Alltag von geschichtlicher Zeit eine Anschauung zu machen sucht, der mag auf die Runzeln eines alten Menschen achten oder auf Narben, in denen ein vergangenes Lebensschicksal gegenwärtig ist. Oder er wird sich das Nebeneinander von Trümmern und Neubauten in Erinnerung rufen und (…)

Zwischen »geschichtlicher Zeit« einerseits und »Runzeln«, »Narben« und »Trümmern und Neubauten« andererseits wird hier ein Verhältnis der exemplarischen Veranschaulichung signalisiert (»Wer sich … eine *Anschauung* zu machen sucht«). Zwar sind die »Narben« noch keine »geschichtliche Zeit«, doch offenbart sich in ihnen auf anschauliche, über die wörtliche Ebene hinausgehende Weise etwas, was für das Wesen »geschichtlicher Zeit« konstitutiv ist. »Narben, Runzeln, das Nebeneinander von Trümmern und Neubauten« werden in diesem Sinne im Text zu Metaphern »geschichtlicher Zeit«. In einem Wörterbuch nachschlagen kann man diese Metaphorik nicht. Sie wird erst im Text erzeugt.

Übungsaufgabe 2
Zeigen Sie am Beispiel des Titels (s. u. Bsp. 22!) und des ersten Satzes der Frankfurter Poetikvorlesungen von Wilhelm Genazino den Aufbau textthematischer Er-

wartungen durch Themaeinführungs-, -beibehaltungs- und -entwicklungshinweise
auf!

Bsp. 22: »Erste Vorlesung«

Batterien des Poetischen. Erste Vorlesung
Zu den effektvollsten und nachwirkendsten Geschenken, die mir als Kind gemacht wurden,
gehörte eine Taschenlampe.

6.4.3   Semantische Themaentwicklungshinweise

Semantische Themaentwicklungshinweise gehen über lexikalische Themaentwicklungshinweise hinaus, auch wenn sie oft lexikalische Hinweise beinhalten. Sie
lassen sich kaum formalisieren. Man muss sich deshalb in jedem Einzelfall fragen,
welches die für die Themaentwicklung im Text relevanten Bedeutungszusammen-
hänge sind und wie sie im Text signalisiert werden. Im Folgenden wollen wir
von zwei Seiten aus verdeutlichen, wonach man im Hinblick auf solche Signale
in Texten Ausschau halten muss. Wir wollen mit den semantischen Beziehungen
beginnen, die den lexikalischen Hinweisen relativ nahe stehen, und mit stärker
(welt)wissensabhängigen semantischen Beziehungen schließen. Zwischen diesen
Beziehungen ist mit Überlappungen zu rechnen. Im Einzelnen behandelt werden:

– die Wiederkehr semantischer Merkmale (Isotopiehinweise, 6.4.3.1) und
– Situations- und Handlungsrahmen (Rahmenhinweise, 6.4.3.2).

Achtung!
Es kommt darauf an, die Themaentwicklung *anhand der beteiligten Referenzausdrücke* nachzuzeichnen. Oft erhellt schon die Zusammenstellung der fraglichen
Lexeme, ob sich der Zusammenhang aus einer lexikalisierten semantischen Relation ergibt (s. o. 6.4.2) oder ob er aus der Gruppierung der fraglichen Lexeme
zu einem größeren semantischen Feld mit Wiederkehr semantischer Merkmale
und/oder der Aktivierung eines übergreifenden Situations- und Handlungsrahmens
zu erschließen ist!

Zur Vertiefung
Brinker 2005, S. 37; Hoffmann 2000c; Weinrich 1976.

6.4.3.1   Isotopiehinweise

Isotopiehinweise ergeben sich aus der Wiederkehr semantischer Merkmale in einem Text. Im Gegensatz zu den lexikalischen Hinweisen geht es aber nicht um
standardisierte lexikalische Relationen, sondern um die textbezogene Aktivierung
semantischer Merkmale. Solche Merkmale sind zwar im Prinzip in einer lexikalischen Semantik darstellbar. Welche dieser Merkmale aber in einem konkreten Text

relevant werden, lässt sich vorab nicht festlegen, sie ergeben sich immer relativ und in Differenz zu anderen Lexemen.

Im Falle der Isotopie wird eine semantische Beziehung zwischen unterschiedlichen Referenzausdrücken in einem Text durch die Wiederkehr eines semantischen Merkmals signalisiert. Dieses Merkmal bildet dann eine Art roten Faden in einem thematischen Strang. Die Aufdeckung von Isotopiehinweisen, die auf der Beibehaltung semantischer Merkmale beruht, erfordert eine sorgfältige Lektüre, weil die fraglichen semantischen Merkmale in der Regel im Text selbst nicht benannt sind und eben auch nicht einfach als wortsemantisch gegeben vorausgesetzt werden können.

Bsp. 23: Der kleine Herr Friedemann

Der kleine Herr Friedemann.

Novelle

I

Die Amme hatte die Schuld. – Was half es, dass, als der erste Verdacht entstand, Frau Konsul Friedemann ihr ernstlich zuredete, solches Laster zu unterdrücken? Was half es, dass sie ihr außer dem nahrhaften Bier ein Glas Rotwein täglich verabreichte? Es stellte sich plötzlich heraus, dass dieses Mädchen sich herbeiließ, auch noch den Spiritus zu trinken, der für den Kochapparat verwendet werden sollte, und ehe Ersatz für sie eingetroffen war, ehe man sie hatte fortschicken können, war das Unglück geschehen. Als die Mutter und ihre drei halbwüchsigen Töchter eines Tages von einem Ausgange zurückkehrten, lag der kleine, etwa einen Monat alte Johannes, vom Wickeltisch gestürzt, mit einem entsetzlich leisen Wimmern am Boden, während die Amme stumpfsinnig daneben stand.

Wenn wir aus diesem Textausschnitt zur Illustrierung die Lexeme herausgreifen, mit denen auf Flüssigkeiten Bezug genommen wird, erhalten wir die Reihe *Bier, Rotwein, Spiritus*. Die semantische Beziehung, die durch diese Referenzen signalisiert wird, beruht offenbar darauf, dass es sich jeweils um alkoholhaltige Flüssigkeiten handelt, dass also ein semantisches Merkmal der Art ›alkoholisch‹ in diesen Referenzen wiederkehrt. Für die Themaentwicklung ist dieser Isotopiehinweis wichtig: Er legt nahe, worin das »Laster« besteht, auf das zuvor im Text hingewiesen wurde: der Alkoholismus, der hier durch den Ausdruck »Laster« nicht als Krankheit, sondern als eine ethisch zu bewertende Trunksucht aufscheint. Verstärkt wird das Aus-dem-Rahmen-Fallen des Alkoholkonsums dabei zugleich dadurch, dass in der Reihe »Bier, Rotwein, Spiritus« neben der Wiederkehr zugleich ein Bruch semantischer Merkmale enthalten ist: Bier und Rotwein sind Getränke (+TRINKBAR), Spiritus ist kein Getränk (−›trinkbar‹),sondern ein »technischen Zwecken dienender (Ethyl)alkohol« (Duden Universalwörterbuch). Dieser Bruch wird über die lexikalische Bedeutung von Spiritus hinaus auch durch die jeweiligen Attribute verstärkt: »dem *nahrhaften* Bier«, »ein *Glas* Rotwein« vs. »den Spiritus . . ., *der für den Kochapparat verwendet werden sollte*«.

Isotopiehinweise sind nicht nur sprachlicher Natur, sondern auch wissensabhängig: Je vertrauter die fragliche Themaentwicklung ist, desto eher springen die auf

einer Isotopie beruhenden Hinweise bei der Lektüre ins Auge. Die Wissensabhängigkeit von semantischen Themaentwicklungshinweisen, die auf Isotopien gründen,
lässt sich gut am Beispiel von Konnotationen entwickeln, die ohnehin lexikalisch
schwieriger zu erfassen sind. Kehren wir dazu noch einmal zum »kleinen Herrn
Friedemann« zurück (Bsp. 23).

Wenn wir daran denken, dass im Titel nicht nur auf eine bestimmte Person mit
dem Nachnamen »Friedemann« hingewiesen wird, sondern u. a. auch die gehobene
Bürgerlichkeit dieser Person anklingt (durch den Zusatz der Anredeform »Herr«),
finden wir im Textbeginn eine Fortführung dieser konnotierten Bezugnahme auf
Welt durch folgende Formen: »Die *Amme*«, »*Frau Konsul* Friedemann«, »ihr Gatte,
der niederländische Konsul«. Stärker noch als der Anredezusatz im Titel verweisen
die Bezugnahme auf eine Bedienstete im Haushalt, die gegen Bezahlung das Stillen
eines Kindes übernimmt, und der Titel *Konsul* auf eine soziale Stellung vornehmer städtischer Bürgerlichkeit. Man kann in der Konnotation einer bestimmten
sozialen Stellung also ein rekurrentes semantisches Merkmal der ausgewählten
Referenzen entdecken, das eine Themenentwicklung hin zur Entfaltung der sozialen
Verhältnisse dieser Art von gehobener städtischer Bürgerlichkeit signalisiert. Es ist
aber klar, dass diese Isotopie durch ein Nachschlagen der beteiligten Lexeme, also
lexikalisch, kaum erfasst wird. Seine volle Wirksamkeit entfaltet der gerade rekon-
struierte Isotopiehinweis, wenn man mit dieser Thematik aus anderen Romanen,
Novellen und Erzählungen des Autors Thomas Mann vertraut ist (Überlappung mit
Intertextualitätshinweisen!).

Zur Vertiefung
Heinemann 2000d; Greimas 1974.

6.4.3.2 Rahmenhinweise

Die Themenentwicklung kann auch durch einen Bezug auf die Vertrautheit mit
einem Handlungsrahmen (*frame*) oder einem Handlungsablauf (*script*) signalisiert
werden. Wir nennen solche Bezüge hier Rahmenhinweise. Rahmenhinweise werden
oft durch lexikalische und durch Isotopiehinweise begleitet und unterstützt, als
Hinweise im Sinne der Aktivierung von Schemata der Wissensrepräsentation sind
sie darauf aber nicht angewiesen.

Wie Rahmenhinweise funktionieren, wollen wir weiterhin am Beginn des »kleinen Herrn Friedemann« erläutern (Bsp. 23). Schon wenn wir den ersten Satz
lesen (»Die Amme hatte die Schuld.«), bekommen wir mit der Wendung *Schuld
haben* den Hinweis auf ein Geschehen, von dem man sagen kann, dass jemand
daran »Schuld hatte«. Wie immer man die Bedingungen für ein solches Geschehen abstrakt explizieren könnte, sind mit dieser Wendung doch auf jeden Fall
Schemata der Wissensrepräsentation aktiviert, von denen bereits starke Themaentwicklungserwartungen ausgehen: im Hinblick auf das Geschehen selbst, seinen
Ablauf und seine Folgen, im Hinblick auf mögliche Beteiligungsrollen (Patiens,
Agens usw.). Man könnte dazu etwa an ein ›Unfall‹-Schema denken, das eine

Reihe typischer *slots* etabliert, die im weiteren Textverlauf durch geeignete *filler* auszufüllen sind. Im vorliegenden Fall werden Themaentwicklungserwartungen dieser Art vor allem dadurch geweckt, dass am Textbeginn suggeriert wird, es sei bereits bekannt, um was für ein Geschehen es sich handelt: Die Präpositional-Ergänzung zum Prädikats-Ausdruck *Schuld haben* (Schuld haben *an etwas/daran, dass*) bleibt auffällig ausgespart. Auf diese Weise entsteht der schon am Beispiel der Themabeibehaltungshinweise (»*Die* Amme«) kommentierte Sog hinein ins Weiterlesen.

Es ist leicht zu sehen, wie die auf der Aktivierung eines ›Unfall‹-Schemas beruhende Themaentwicklung im Fortgang durch weitere Referenzen signalisiert wird, die den Rahmenhinweis wiederaufnehmen und erneuern:

- »der erste Verdacht ... solches Laster«. Wir erfahren mehr über die für den Unfall Verantwortliche (Agens): Das schuldhafte Verhalten der Amme hat mit einer persönlichen Schwäche (»Laster«) zu tun, für die es bereit vor dem fraglichen Geschehen (dem »Unglück«) Indizien gab (»der erste Verdacht«).
- »Frau Konsul Friedemann«. Es gibt eine Person, die um die mögliche Gefahr, die aus dem fraglichen »Laster« resultieren könnte, gewusst hat (und so möglicherweise mitschuldig ist?).
- Isotopiehinweis: das »Laster« ist der Alkoholismus der Amme (s. o.).
- »das Unglück«. Das fragliche Geschehen wird im Sinne eines ›Unglück‹-Schemas konkretisiert. Daraus resultieren starke Erwartungen im Hinblick auf das Ausmaß der Unfall-Folgen.

Nach wie vor ausgespart ist die Rolle des von dem Unglück Betroffenen (Patiens). Durch den Hinweis auf die Amme und ihre typischen Tätigkeiten, für die sie im Haushalt verantwortlich ist, liegt allerdings bereits eine Lesart nahe: der Betroffene ist der (fremde) Säugling der Amme. Es kommt hinzu, dass mit dem Hinweis auf den »kleinen Herrn Friedemann«, »die Amme« und »Frau Konsul Friedemann« zugleich ein *frame* aktiviert ist, der als ›Haushalt/Familie mit Bediensteten‹ umschrieben werden kann und zu dem u. a. auch typische Familienrollen gehören. Die Rekurrenz des Familiennamens – und die Bezugnahme auf den »kleinen Herrn Friedemann« im Titel der Novelle als Themaeinführungssignal – legen nun nahe, dass es sich bei dem Betroffenen um den »kleinen Herrn Friedemann« (als Sohn der »Frau Konsul Friedemann« und als (fremder) Säugling der »Amme«) handelt.

Diese Themaentwicklungserwartungen werden im Fortgang partiell eingelöst:

- »die Mutter und ihre ... Töchter«, »der kleine, etwa einen Monat alte Johannes«: der Rahmen ›Familie‹ wird ausgefüllt;
- »der kleine, etwa einen Monat alte Johannes«: es geht um den (fremden) Säugling der Amme, der wohl zugleich der »kleine Herr Friedemann« ist (die Ko-Referenz wird u. a. durch den Titel und die Rekurrenz von »kleine« nahegelegt);
- »lag ... Johannes, vom Wickeltische gestürzt, mit einem entsetzlich leisen Wimmern am Boden«: das »Unglück« besteht darin, dass der Säugling vom Wickeltisch gefallen ist – mit offenbar ernsthaften Folgen für seine Gesundheit.

Erst an dieser Stelle werden also die aus der Aktivierung des ›Unfall‹- bzw.
›Unglück‹-Schemas resultierenden Themaentwicklungserwartungen eingelöst.

Achtung!
Gerade bei Rahmenhinweisen kommt es darauf an, genau zu bestimmen, an
welchen Stellen und durch welche Formen eine bestimmte Art von Rahmen ins
Spiel kommt und wie dadurch im Lektüreprozess Themaentwicklungserwartungen
aufgebaut werden!

Zur Vertiefung
Brinker 2005, S. 37; Linke et al. 2004; Linke/Nussbaumer 2000a; von Polenz 1988, Kap. 4.

6.5   Themaabschlusshinweise

Das Gegenstück zu den Themaeinführungshinweisen sind die Themaabschlusshinweise, mit denen signalisiert wird, dass bestimmte Referenzen für die weitere
Textlektüre nicht länger von Bedeutung sind, also fallen gelassen bzw. ausgeblendet
werden können. Das kann die Gesamtthematik eines Textes betreffen, aber auch
einzelne thematische Stränge.

In vielen Fällen ergeben sich Themaabschlusshinweise schon daraus, dass keine
Themabeibehaltungshinweise mehr auftreten. Das Aufgeben bestimmter Referenzen kann auch metakommunikativ signalisiert werden. Dafür stehen u. a. »Dethematisierungsformeln« zur Verfügung wie *Soviel zu …, Genug zu …*. Insbesondere
wenn zuvor Erwartungen auf Themabeibehaltung und -entwicklung im Text etabliert wurden, kann es auch zu metakommunikativen Abschlusshinweisen kommen,
die über solche Formeln hinausgehen.

Bsp. 24: Der Weg zum Friedhof
»Es war ein unvergleichliches Hündchen, Goldes wert, tief erheiternd; aber leider gehört
es nicht zur Sache, weshalb wir uns von ihm abkehren müssen.«

Hier wird im Rahmen der Beschreibung eines »Wagens« auf »ein gelbes Hündchen«
referiert. Diese Referenz wird zunächst beibehalten und durch Themaeinführungshinweise in Form von Fokus-Hinweisen (Horizont-Pronomen *es*, kataphorischer
Artikel, s. o. 6.2.3.3 und 6.2.3.4) besonders auffällig gemacht – um dann im gleichen
Atemzug explizit abgeschlossen zu werden. Bedenkt man, dass es der Text selbst ist,
der mit seinen Themaeinführungs- und -beibehaltungshinweisen die Erwartung der
Themaentwicklung zunächst weckt, um sie unmittelbar darauf metanarrativ schon
wieder außer Kraft zu setzen, bekommt der Text an dieser Stelle den Charakter
einer Abschweifung.

Achtung!
Themaabschlusshinweise fallen häufig damit zusammen, dass textuelle Einheiten
enden. In diesem Fall überlappen sie mit Abgrenzungs- und Gliederungshinweisen
(s. o. Kap. 4). Speziell im Falle von Erzählungen haben sich als Gegenstück zu den
in 6.2.3.3 besprochenen Einleitungsformeln auch eigene Abschlussformeln ausgebildet, die das Ende der Geschichte und damit auch das Ende weiterer Referenzen
signalisieren (»Und alles, alles war wieder gut.« – Eichendorff, Taugenichts).
Diese Abschlussformeln sind deshalb zugleich narrative Strukturhinweise (5.5.1),
oft auch starke Textsortenhinweise (vgl. »Und wenn sie nicht gestorben sind,
leben sie noch heute«).

Zur Vertiefung
Zifonun et al. 1997: »Thematisierungs- und Dethematisierungsformeln«, speziell »Dethe-
matisierung«, S. 514; S. 524 f.; zur Kommentierung des Beispiels (»Hündchen«): Weinrich
2001, S. 413 f.

6.6   Themawiedereinführungshinweise

Wenn in einem Text der Hinweis gegeben wird, dass eine bereits eingeführte (und
möglicherweise bereits entwickelte und abgeschlossene) Referenz erneut auffällig
gemacht wird, so dass es zu einer *Wieder*einführung kommt, haben wir es mit
Themawiedereinführungshinweisen zu tun. Damit wird signalisiert, dass man auf
eine schon im Text aufgetretene (und mittlerweile vielleicht in den Hintergrund
getretene) Referenz noch einmal zurückkommen wird.

Themawiedereinführungshinweise können metakommunikativ (6.6.1), aber auch
grammatisch realisiert werden: beispielsweise durch rhematische Pronominalisierungen (6.6.2), Demonstrativ-Artikel (6.6.3) oder topologische Mittel (6.6.4).

6.6.1   Metakommunikative Hinweise

Insbesondere nach Abschweifungen wird das Zurückkommen auf eine bereits
eingeführte Referenz oftmals ausdrücklich vermerkt. Dazu besteht die Möglichkeit, die oben bereits im Rahmen der Themaeinführungshinweise besprochenen
Thematisierungsausdrücke und -formeln (s. o. 7.2) so zu modifizieren, dass der Wie-
dereinführungscharakter der Bezugnahme deutlich wird. In Texten mit ausgeprägt
mündlichem Charakter ist die Formel »Um noch mal auf . . . zurückzukommen« sehr
verbreitet. In solchen und ähnlichen Fällen haben wir es mit metakommunikativen
Hinweisen im Sinne von *Rethematisierungsformeln* zu tun.

In vielen Fällen stehen diese Formeln syntaktisch im Vor-Vorfeld oder Vorfeld.
Die zu rethematisierende Referenz kann im Rethematisierungsausdruck enthalten
sein, es kann sich aber auch um eine inhaltsleere Rethematisierungsformel handeln:

Bsp. 25: Fiume, Belgrad, Budapest, Pressburg, Wien, München

> Sie fragen mich nach meiner Heimat, ich antworte: ich wurde in Fiume geboren, bin
> in Belgrad, Budapest, Pressburg, Wien und München aufgewachsen und habe einen
> ungarischen Pass – aber: »Heimat«? Kenn ich nicht. Ich bin eine typisch alt-österreichisch-
> ungarische Mischung: magyarisch, meine Muttersprache ist Deutsch. …
> Also, wie gesagt: Ich habe keine Heimat und leide natürlich nicht darunter, sondern freue
> mich meiner Heimatlosigkeit, …

In diesem Beispiel ist es die Rethematisierungsformel »wie gesagt«, die im Vor-
Vorfeld das Zurückkommen auf die Frage nach der »Heimat« signalisiert.

6.6.2 Rhematische Pronominalisierung

Themawiedereinführungshinweise kennzeichnet per definitionem eine Kombination
von Themaeinführung und Themabeibehaltung: Einerseits wird signalisiert, dass
die fragliche Referenz nicht zum ersten Mal im Text auftaucht (anders als z. B.
beim kataphorischen Artikel); andererseits wird signalisiert, dass die fragliche
Referenz nicht nur unauffällig beibehalten, sondern erneut auffällig eingeführt
wird. Diese Kombination von Anaphorik und Kataphorik ist für den Gebrauch
rhematischer Pronominalisierungen charakteristisch. Sie lässt sich häufig am Beginn
von Märchen studieren (s. o. Bsp. 10): »Es war einmal eine Königstochter, die …«.

Im Vergleich mit der unauffälligen Themabeibehaltung (»sie«) betont die rhematische Pronominalisierung durch »die« weiterhin die besondere Relevanz der
fraglichen Referenz für den Fortgang der Lektüre (»die ging hinaus in den Wald …«,
»Sie hatte eine goldene Kugel, die war ihr liebstes Spielwerk, die warf sie in die
Höhe …«). So wird die herausragende Bedeutung der »Königstochter« und der
»goldenen Kugel« für den Text signalisiert.

Terminologie
»rhematische Pronominalisierung«: Weinrich 2005, Kap. 4.4.2.2; »Anadeixis«: Zifonun et al.
1997, S. 554 ff.

6.6.3 Demonstrativ-Artikel

Ähnlich wie bei der rhematischen Pronominalisierung kann auch die Verwendung
des Demonstrativ-Artikels (*diese/r,s*) anzeigen, dass eine bereits eingeführte Referenz nicht nur beibehalten, sondern gleichzeitig wiedereingeführt wird. Man
vergleiche dazu die Verwendung des Demonstrativ-Artikels in »diese Geschichte«
aus dem »Vorsatz« vom »Zauberberg« (Bsp. 26).

Bsp. 26: Vorsatz

> Die Geschichte Hans Castorps, die wir erzählen wollen – nicht um seinetwillen (denn
> der Leser wird einen einfachen, wenn auch ansprechenden jungen Menschen in ihm
> kennenlernen), sondern um der Geschichte willen, die uns in hohem Grade erzählenswert
> scheint; (wobei zu Hans Castorps Gunsten denn doch erinnert werden sollte, daß es *seine*

Geschichte ist, und daß nicht jedem jede Geschichte passiert): diese Geschichte ist sehr lange her, sie ist sozusagen schon ganz mit historischen Edelrost überzogen und unbedingt in der Zeitform der tiefsten Vergangenheit vorzutragen (...)

Im Ganzen handelt es sich bei den syntaktisch mehrfach untergeordneten Gliedsätzen und Parenthesen zu Textbeginn um eine komplexe Vor-Vorfeldbesetzung: »Die Geschichte Hans Castorps, ...: diese Geschichte ist sehr lange her«. Mit der Verwendung des Demonstrativ-Artikels wird dem Leser nun signalisiert, dass der Autor zu der Referenz auf die »Geschichte«, die zwischenzeitlich zugunsten metanarrativer Kommentare und Erläuterungen aufgegeben worden ist, auch syntaktisch zurückkehrt. Die »Geschichte« wird damit auffällig rethematisiert. Thematisierungen mit anschließenden Rethematisierungen, wie sie durch Satzabbrüche und die Aufgabe angefangener syntaktischer Konstruktionen im weiteren Sinne (Anakoluthe, Digressionen) notwendig werden, sind insbesondere im mündlichen Sprachgebrauch sehr verbreitet, der nicht die Möglichkeit der nachträglichen Korrektur bietet. Die Inszenierung einer solchen Abschweifung gleich zu Textbeginn (»Vorsatz«!) evoziert also auch die Situation des mündlichen Erzählens.

6.6.4   Herausstellungen

Der Stellenwert einer Referenz im Text zeigt sich auch in der Stellung des Referenzausdrucks im Satz. Insbesondere im Falle von Herausstellungen (Links- und Rechtsversetzungen) und verwandten Phänomenen wird die Bedeutung der Topologie für Fokus-Hinweise im Kontext der Themaeinführung und -wiedereinführung sehr deutlich.

Links-Herausstellungen (Vor-Vorfeldbesetzungen) sind in der geschriebenen Sprache seltener als Rechts-Herausstellungen (s. u.). Ein Beispiel für eine Links-Herausstellung liefert der folgende Zeitungsartikel aus der Neuen Zürcher Zeitung (Bsp. 27). Der Artikel führt eine Reihe von individuellen Fällen an, in denen Deutsche, die in der Schweiz leben und arbeiten, die Schweiz aufgrund von Diskriminierungserfahrungen wieder verlassen (»Katrin Wilde«, »Anke«, »die Wimmers aus Solothurn«, »Mechthild Uhl aus Bayern«). Zum Abschluss dieser Reihe von Falldarstellungen heißt es dann:

Bsp. 27: »Jetzt gehen sie wieder«

Die Deutschen in der Schweiz, sie sind vergrault und packen die Koffer, oder sie sind es leid, sich jahrelang angepasst zu haben, und kritisieren und fordern und sind selbstbewusst – oder sie nehmen die Schweizer Staatsbürgerschaft an (...)

Die Linksherausstellung leistet hier die verallgemeinernde Rethematisierung der Gruppe der »Deutschen in der Schweiz«, nachdem diese Referenz zugunsten der Einzelfalldarstellungen zwischenzeitlich in den Hintergrund getreten war. Sie leitet also die abschließende Rethematisierung der im Titel und im Einleitungsteil fokussierten Fragestellung ein.

Auch Herausstellungen nach rechts treten in Kontexten auf, in denen eine schon eingeführte Referenz noch einmal auffällig hervorgehoben werden soll. So im Fall des schon analysierten Beispiels der »Löschspritze« (siehe Bsp. 18): »Sie blinkt und blitzt und leuchtet rot: So gut wie neu sieht sie aus, *die Löschspritze*.«

Mit der Rechts-Herausstellung wird die zunächst beibehaltene Referenz (Hinweis: Pronomen »sie«) auffällig wiedereingeführt. Wenn man den vollständigen Text hinzunimmt (s. Wiedergabe des Beispiels in 6.4.2.1), kann man sehen, dass als Vorgängertext, auf den hier zurückgegriffen wird, sowohl der Titel (»Altes Schätzchen neu aufpoliert. Ehrenabteilung der Freiwilligen Feuerwehr Ummeln restaurierte Löschspritze.«) als auch die Bilder in Frage kommen.

Zur Vertiefung
Hoffmann 2000a; Altmann 1981.

Übungsaufgabe 3
Sie finden im Folgenden drei Alternativen für den Beginn einer Erzählung.

a. Es war einmal ein alter Mann. Er saß mir in einer verräucherten Kneipe gegenüber, und er war gut und gern siebzig.

b. Der alte Mann saß mir in der verräucherten Kneipe gegenüber. Er war gut und gern siebzig.

c. Siebzig war er gut und gern, der alte Mann, der mir in der verräucherten Kneipe gegenübersaß

Bestimmen Sie jeweils die Themahinweise in jeder Variante (Themaeinführung, Themabeibehaltung, Themawiedereinführung)! Erläutern Sie ausgehend davon die Implikationen für das Verhältnis von Textbeginn und Textwelt!

7. Hinweise auf Textfunktionen

7.1 Worauf man bei der Analyse achten sollte

Worin besteht die kommunikative Nützlichkeit des Textes? Was sind die Dinge, die mit dem Text getan werden und auf welche übergreifenden Zielsetzungen des Textes lassen sie sich beziehen? Wer handelt im Text mit wem auf welche Weise? In dem Moment, in dem er gelesen wird, ist kein Text von der mit diesen Fragen illustrierten Einbettung in kommunikative Zwecke ausgenommen. Das Lesen (und Schreiben) von Texten vollzieht sich grundsätzlich nicht außerhalb der pragmatischen Wirklichkeit eines kommunikativen Ereignisses zwischen Autor und Leser. Texte haben grundsätzlich eine eigene pragmatische Nützlichkeit. Die Textualität eines Textes zu erfassen, heißt deshalb immer auch, diese ihm eigene(n) kommunikative(n) Nützlichkeit(en) zu erfassen. Dass wir die hier an den Anfang gestellten Fragen im Alltag der Lektüreroutine in den meisten Fällen gar nicht erst stellen, sondern einen Text wie selbstverständlich als einen Zusammenhang kommunikativer Handlungen verstehen, ist die Leistung der Hinweise auf Textfunktionen, die signalisieren, worin die Funktionen des Textes jeweils bestehen. Hinweise auf Textfunktionen werten wir in der Regel aus, ohne dass wir lange darüber nachdenken müssen. Erst wenn diese Hinweise fehlen oder systematisch außer Kraft gesetzt werden, wird die Frage nach dem Sinn und Zweck der Lektüre fraglich und kann Textualität unter dem Aspekt der Textnützlichkeit zu einem Problem werden.

Bei der Beschäftigung mit den Hinweisen auf Textfunktionen kommt es darauf an, die Textnützlichkeit so nachzuzeichnen, wie es im Text nahegelegt wird. Alles, was dazu beiträgt, den Text als einen in spezielle Zwecksetzungen eingebetteten Zusammenhang von Sprachhandlungen erkennbar zu machen, kommt deshalb prinzipiell als Hinweis auf Textfunktionen in Betracht. Was bei der Analyse der Textfunktionshinweise besonders zu beachten ist, wird im Folgenden vorausgeschickt:

– Die kommunikative Nützlichkeit eines Textes erwächst aus den einzelnen Sprachhandlungen, die in und mit einem Text vollzogen werden und die sich z. T. schon in den Satzarten manifestieren können (Fragen, Antworten, Aufforderungen, Aussagen). Die Analyse der Textfunktionen ist auf die Analyse solcher Sprachhandlungen angewiesen, aber sie erschöpft sich nicht darin: Sprachhandlungen sind in übergeordnete kommunikative Zusammenhänge eingebettet, und es sind diese übergeordneten Zusammenhänge, die den Fluchtpunkt der Textfunktionen ausmachen.

– Nicht immer muss ein Text genau eine Textfunktion haben. Ein Text kann gleichzeitig in verschiedene Zwecksetzungen eingebunden sein, die nebeneinander bestehen. Ob ein Text genau eine oder mehrere Textfunktionen hat, ist eine empirische Frage, die anhand konkreter Hinweise auch empirisch zu beantworten ist.

– Textfunktionen gehen oft mit Textsorten Hand in Hand. Hinweise auf Textsorten
  enthalten deshalb in der Regel auch Hinweise auf Textfunktionen.
– Der Handlungsgehalt eines Textes ist im Alltag der Lektüre als Teil unseres
  routinehaften Umgangs mit Texten in der Regel aufgrund von Hinweisen aus
  Situation und Kontext so evident, dass er in den meisten Fällen nicht eigens
  sprachlich ausgedrückt werden muss. Sprachliche Hinweise auf Textfunktionen
  sind also empirisch vergleichsweise rar.
– Wahrnehmungs- und wissensbasierte Hinweise auf Textfunktionen sind in hohem
  Maße selbstverständlich: Wenn wir an einer Tür in einer Universität einen Zettel
  mit dem Wort »Prüfung« (oder in einer Gaststätte das Schild »Damen«) lesen,
  verstehen wir die Nützlichkeit dieser Referenz wie selbstverständlich im Sinne
  eines handlungspraktischen Hinweises der Art: Nicht eintreten, in diesem Raum
  findet eine Prüfung statt! (oder: Durch diese Tür gelangen Sie zur Damentoilet-
  te!). Wir verstehen diesen Handlungsgehalt z. B. von der Wahrnehmbarkeit der
  Schrift auf einem unübersehbar an der Tür angebrachten *Zettel* (oder *Schild*) her,
  auf dem nur ein Wort geschrieben steht – und von der Vertrautheit mit Lektürekontexten, in denen wir uns an einem öffentlichen Ort orientieren müssen und
  auf Steuerungshinweise angewiesen sind.

Grundsätzlich gilt also, dass sich die Nützlichkeit eines Textes in vielen Fällen
aus Situation und Kontext ergibt. Sprachliche Hinweise fehlen oft gänzlich (»Prüfung«!, »Damen«!), und wenn sie auftreten, beziehen sie sich häufig nicht auf die
Funktion(en) des Textganzen, sondern auf einzelne Sprachhandlungen im Text. Das
Erkennen der Textfunktion(en) beruht deshalb in vielen Fällen auf dem Erschließen
eines Nützlichkeitszusammenhangs aus Situation, Kontext *und* Sprache. Was das
konkret heißt, wollen wir uns an Beispiel 1 (s. u. S. 141) klarmachen.
    Wenn wir die Nützlichkeit dieses Textes rekonstruieren wollen, müssen wir
systematisch auf das zurückgreifen,

– was wir sinnlich wahrnehmen können (die erste Seite, das Deckblatt eines gefalteten Zettels (»Faltblatt«),
– was wir aufgrund unserer Vertrautheit mit diesem speziellen Lektürekontext von
  vornherein erwarten können (ein »Reiseplan«, der in einem Zug in großer Zahl
  »ausliegt«, also nicht zufällig liegen geblieben ist) und
– was wir auf dem Faltblatt alles lesen können (u. a. besonders hervorgehoben wie
  ein Titel: »Ihr Reiseplan«).

Die Frage nach der kommunikativen Nützlichkeit zielt dann auf die textuelle Ganzheit des »Faltblattes« (s. o. 4.2.1: Ganzheitshinweise!) – und nicht nur auf die
Identifikation einzelner Sprachhandlungen, die im Text auftreten (wie z. B. das
Empfehlen: »Tipp des Monats« oder das Versprechen: »Leichter leben ohne Harndrang«). Diese den Sprachhandlungen prinzipiell übergeordnete kommunikative
Nützlichkeit haben wir vor Augen, wenn wir in diesem Kapitel von *Textfunktionen*
sprechen.

Bsp. 1: »Ihr Reiseplan«

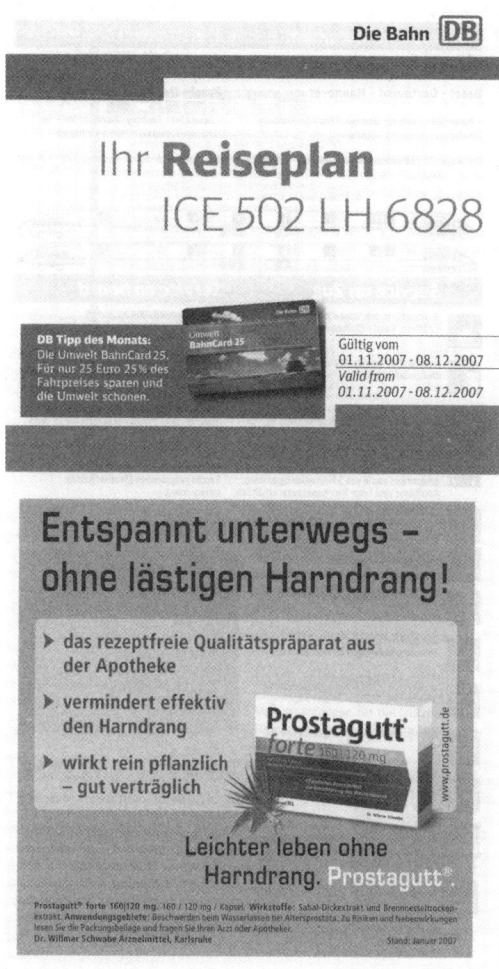

Textfunktionen stehen in der Regel in einem hierarchischen Verhältnis der Über- und Unterordnung zueinander. Mit ihnen sind jeweils unterschiedliche textuelle Einheiten verbunden (in diesem Fall also z. B. die obere und die untere Hälfte des Faltblattes). Wir setzen hier drei aufeinander bezogene Ebenen von Textfunktionen an und unterscheiden entsprechend drei Arten von Textfunktionshinweisen:

– Hinweise auf textuelle Grundfunktionen,
– Hinweise auf Texthandlungen und
– Hinweise auf gesellschaftliche Funktionsbereiche von Texten.

Textuelle Grundfunktionen bezeichnen immer wiederkehrende Ausprägungen von
Textnützlichkeit, die jeweils durch eine Vielfalt von Sprachhandlungen realisiert
werden können und die sich häufig auf textuelle Untereinheiten beziehen lassen.
Diese Grundfunktionen sind uns aus unserer Vertrautheit mit Lektürekontexten als
typische Ausprägungen von Textnützlichkeit vertraut, so dass wir sie entsprechend
schnell wiedererkennen können. Zu solchen Grundfunktionen zählen wir *Darstellung, Steuerung, Beleg, Kontakt, Unterhaltung und Reflexion.* Hinweise auf textuelle Grundfunktionen lassen sich dementsprechend als Darstellungs-, Steuerungs-,
Beleg-, Kontakt-, Unterhaltungs- und Reflexionshinweise verstehen (s. u. 7.2).

Texthandlungen bezeichnen spezifische Ausprägungen der textuellen Grundfunktionen, für die sich eigene Textsorten herausgebildet haben (so z. B. das *Türschild*,
das *Bewerbungsschreiben* oder die *Gebrauchsanweisung* als Ausprägungen der
Steuerungsfunktion). Mit dem Wiedererkennen dieser Textsorten erkennen wir auch
eine mit ihr verbundene dominante Texthandlung wieder (wie das Orientieren im
öffentlichen Raum, das Bewerben um eine ausgeschriebene Stelle oder das Anleiten
zur sachgerechten Bedienung eines technischen Gerätes). Texthandlungen beziehen
sich in der Regel auf einen Text im Sinne einer textuellen Ganzheit (s. u. 7.3). Sie
werden oft durch performative bzw. verdeckt performative Hinweise signalisiert
(s. u. 7.3.2).

Gesellschaftliche Funktionsbereiche von Texten bezeichnen übergreifende Funk-
tionszusammenhänge von Texthandlungen und Textsorten, in denen sich die funktionale Differenzierung der modernen Gesellschaft in unterschiedliche Funktionssysteme (wie Politik, Wirtschaft, Recht, Religion, Kunst oder Wissenschaft) manifestiert. Gesellschaftliche Funktionsbereiche beziehen sich in der Regel auf eine
Vielzahl von Texthandlungen und eine korrespondierende Vielzahl von Textsorten.
Beispielhaft dafür ist z. B. die Vielfalt literarischer Gattungen als Vielfalt von Texthandlungen und Textsorten im Funktionsbereich der literarischen Kommunikation.
Die Nützlichkeit eines Textes ergibt sich auch aus seinem Beitrag zur kommunikativen Funktionalität solcher Handlungs- und Kommunikationsfelder der modernen
Gesellschaft (s. u. 7.4).

Zur Vertiefung
Brinker 2005, S. 83 ff.; Brinker 2000; Gansel/Jürgens 2002, S. 60 ff.; Engel 1996, S. 118 ff.;
Rolf 1993; von Polenz 1988, S. 194 f.

Entdeckungsaufgabe 1
Worin besteht die kommunikative Nützlichkeit des in Beispiel 1 wiedergegebenen
Textes?

1. Geben Sie zunächst eine spontane Antwort, ohne auf Details der Textoberfläche
   zu achten: Worin besteht für Sie die pragmatische Nützlichkeit des Textes?
   Sammeln Sie die Funktionen des Textes, die Ihnen dazu einfallen!

2. Nehmen Sie dann eine Systematisierung und Hierarchisierung der genannten
   Funktionen vor: Welche gehören zusammen und welche sind Ihrer Meinung
   nach für den fraglichen Text besonders wichtig? Orientieren Sie sich bei der

Beantwortung dieser Frage auch an der Dreiteilung von Grundfunktionen, Texthandlungen und gesellschaftlichen Funktionsbereichen!

3. Beginnen Sie erst danach mit einer genauen Inspektion des Textes: Welche
Hinweise auf die von Ihnen genannten Funktionen lassen sich im Text erkennen?
Welche Hinweise auf die Systematisierung und Hierarchisierung der Funktionen
lassen sich ausmachen? Welches sind *sprachliche* Hinweise, und welche Hinweise ergeben sich aus der *Wahrnehmung der Situation* und der *Vertrautheit mit
dem Kontext*?

7.2   Hinweise auf textuelle Grundfunktionen

Textuelle Grundfunktionen sind für unser Verständnis der textuellen Nützlichkeit
konkreter Sprachhandlungen wesentlich. Sie lassen sich als typische Ausprägungen
von Textnützlichkeit verstehen, die sich in unzähligen Erscheinungsformen manifestieren. Wenn man – wie es in der einschlägigen textlinguistischen Forschung über
alle Unterschiede hinweg üblich ist – eine Anzahl von Grundfunktionen ansetzt
(drei als Minimum, sechs als Maximum), um die unendliche Welt der Textvorkommen zu erfassen, versteht es sich von selbst, dass jede dieser Grundfunktionen für
einen Großbereich von Texthandlungen und -sorten steht, der in sich in vielfacher
Weise weiter differenziert. Man versteht die Wirkweise dieser Grundfunktionen
deshalb nur dann, wenn man sie in Relation zueinander und bezogen auf eine
übergeordnete Einheit sieht. Diese übergeordnete Einheit ist das soziale Ereignis
der schriftbasierten Kommunikation (Lektüresituation und -kontext). Die Grundfunktionen gewinnt man, wenn man von den für die Kommunikation konstitutiven
Elementen ausgeht. Dazu zählen unbestritten:

– die Welt (er/sie/es/sie),
– der Autor/die Autorin (ich/wir) und
– der Leser/die Leserin (du/ihr).

Wenn ein Text überhaupt als Erscheinungsform von Kommunikation in Betracht
kommt, dann müssen diese drei Komponenten irgendwie im Spiel sein. Kein Text,
mit dem kommuniziert wird, kann sich von irgendeiner dieser Komponenten frei
machen. Er kann aber gleichwohl so tun »als ob«: Er kann suggerieren, dass seine
Nützlichkeit durch den Bezug auf nur eine dieser Komponenten gegeben sei! Genau
daraus ergeben sich die textuellen Grundfunktionen:

– Indem sich ein Text primär als informationsbezogen ausgibt, trägt er – so seine
  eigene Suggestion von Nützlichkeit – zur *Darstellung* von Welt bei,
– indem sich ein Text primär als mitteilungsbezogen ausgibt, eignet er sich – so
  seine eigene Suggestion von Nützlichkeit – als autororientierter *Beleg*,
– indem sich ein Text primär als verstehensbezogen ausgibt, fungiert er – so seine
  eigene Suggestion von Nützlichkeit – als *Steuerung* des Lesers.

In dem Maße, in dem ein Text vorgibt, seine Nützlichkeit primär und dominant auf eine dieser Grundfunktionen zu gründen, blendet er die anderen Grundfunktionen tendenziell als irrelevant aus. Ein Text kann sich also in seiner Suggestion pragmatischer Nützlichkeit (*ich diene dazu, …*) über die für seine kommunikative Wirklichkeit gleichwohl konstitutiven Elemente hinwegsetzen. Er kann z. B. signalisieren, dass es ihm nur um Darstellung geht (wie das z. B. häufig im Falle von *Nachrichten* der Fall ist). Die Aufgabe besteht dann darin, solche *Darstellungshinweise* zu rekonstruieren (s. u. 7.2.1)!

Man kommt zu weiteren Grundfunktionen, wenn man sieht, dass es Texte gibt, die vorgeben, dass sie sich von *allen* diesen genannten praktischen Nützlichkeiten freimachen. Der Text suggeriert dann, sich selbstreferenziell auf den Akt des Kommunizierens (und in diesem Sinne auf sich selbst) zu beziehen. Fremdreferenzielle Bezüge auf vermeintlich textexterne Gegebenheiten (einen Autor/eine Autorin, einen Leser/eine Leserin, eine Welt), wie sie für die genannten Grundfunktionen konstitutiv sind, werden dann außer Kraft gesetzt. Textuelle Selbstbezüglichkeit dieser Art gibt es als Bezugnahmen

– auf die im Augenblick der Lektüre hergestellte *Beziehung* zwischen Autor/Autorin und Leser/Leserin,
– auf die im Augenblick der Lektüre *sinnlich wahrnehmbare Form* des Textes oder
– auf das im Augenblick der Lektüre vorausgesetzte *System der Sprache*.

In dem Maße, in dem diese selbst- und rückbezügliche Orientierung der Kommunikation (auf Kommunikation) dominant wird, können sich auch in diesen Fällen textuelle Grundfunktionen ergeben, die über die oben genannten Grundfunktionen hinausgehen:

– Indem ein Text die Aufmerksamkeit auf die durch ihn herbeigeführte Beziehung zwischen Autor/Autorin und Leser/Leserin lenkt, wird seine Lektüre – so seine eigene Suggestion von Nützlichkeit – zum *Kontakt*,
– indem ein Text die Aufmerksamkeit auf die Wahrnehmbarkeit seiner Formen lenkt, wird seine Lektüre – so seine eigene Suggestion von Nützlichkeit – zur selbstgenügsamen *Unterhaltung*,
– indem ein Text die Aufmerksamkeit auf die Lesbarkeit seiner Sprache lenkt, wird seine Lektüre – so seine eigene Prätention von Nützlichkeit – zur metasprachlichen *Reflexion*.

Wir setzen deshalb sechs textuelle Grundfunktionen an, aus denen sich jeweils eigenständige Nützlichkeitshinweise ergeben. Die aus den Grundfunktionen sich ergebenden Hinweise entstehen jeweils aus einer im Text manifestierten Orientierung an einer Leitunterscheidung (mit Präferenz für die eine Seite der Unterscheidung). Für jede dieser Grundfunktionen haben sich in der Sprach- und Textgeschichte spezifische Texthandlungen und Textsorten ausgeprägt:

– Darstellungshinweise (7.2.1): Leitunterscheidung *wahr* vs. *falsch*; Texthandlung und -sorte: z. B. Berichten, Nachricht;
– Steuerungshinweise (7.2.2): Leitunterscheidung *erfolgreich* vs. *erfolglos*; Texthandlung und -sorte: z. B. Orientieren, Verkehrsschild;
– Beleghinweise (7.2.3): Leitunterscheidung *echt* vs. *gefälscht*; Texthandlung und -sorte: z. B. Bescheinigen, Urkunde;
– Kontakthinweise (7.2.4): Leitunterscheidung *adressiert* vs. *nicht adressiert*; Texthandlung und -sorte: z. B. Grüßen, Ansichtskarte;
– Unterhaltungshinweise (7.2.5): Leitunterscheidung *spannend* vs. *langweilig*; Texthandlung und -sorte: z. B. Erzählen, Novelle;
– Reflexionshinweise (7.2.6): Leitunterscheidung *metasprachlich* vs. *objektsprachlich*; Texthandlung und -sorte: z. B. Begriffswahl erklären und festlegen, Definition.

Darstellungs-, Steuerungs-, Beleg-, Kontakt-, Unterhaltungs- und Reflexionshinweise sind Hinweise auf textuelle Grundfunktionen. Ein Text hat oft mehr als nur eine Grundfunktion. Unsere folgenden Beispiele sind deshalb so gewählt, dass die Vielfalt von Grundfunktionshinweisen innerhalb einer textuellen Einheit sichtbar wird. Sie sollen sensibel machen für das Erkennen der auf diese Grundfunktionen bezogenen Signale. Es ist dann schon eine weitergehende Frage, wie Darstellungs-, Steuerungs-, Beleg-, Kontakt-, Unterhaltungs- und Reflexionshinweise auf die für den fraglichen Text insgesamt konstitutive(n) Texthandlung(en) bezogen werden können (siehe dazu unten 7.3: Texthandlungshinweise!).

Zur Vertiefung
Adamzik 2004, S. 107 ff.; Heinemann 1991, S. 137 ff.; Bühler 1982, S. 24 ff.; Jakobson 1972.

7.2.1   Darstellungshinweise

Bei der Grundfunktion der Darstellung ergibt sich die Nützlichkeit eines Textes primär aus seiner Referenz auf Sachverhalte und Gegenstände, auf Welt, auf all das, was in einer konkreten Kommunikationssituation weder Autor noch Leser, weder Sender noch Empfänger ist (sensu Weinrich). Sprachliche Handlungen, die von diesem Typ von weltbezogener Nützlichkeit her als Beitrag zur Darstellung verstanden werden können, sind alle sprachlichen Handlungen, in denen das Bezugnehmen auf Welt im Vordergrund steht, z. B. in Form des Informierens oder Wiedergebens. Typisch für die Darstellung ist das Zurücktreten von Autor und Leser hinter die Referenz auf Welt. Alles, was in einem Text dazu beiträgt, das Bezugnehmen auf Welt als primäre Funktion des Textes zu signalisieren, kommt prinzipiell als Darstellungshinweis in Frage. Ausgeprägte Themahinweise, mit denen ein Text seine Nützlichkeit primär in der Referenz auf Welt (s. o. Kap. 6) signalisiert, sind deshalb in vielen Fällen zugleich auch Hinweise im Sinne der Grundfunktion der Darstellung.

Mit der Darstellungsfunktion berühren wir eine Art von kommunikativer Nützlichkeit, bei der die Lektüre ganz im Zeichen der Erfahrung von Welt steht – als
würde der Text gleichsam transitiv auf Welt durchgreifen können! Etwas zugespitzt
gesagt: Der Text suggeriert, dass er nur von Welt handelt und nichts anderes tut, als
Welt sichtbar und erfahrbar zu machen. Der Text stellt sich ganz in den Dienst der
Vermehrung von Informationen und von Wissen. Die Leitunterscheidung, von der
aus er gelesen werden will, ist die Differenz von *wahr* vs. *falsch*. Natürlich handelt
es sich hier um eine Suggestion des Textes, um eine höchst paradoxe Suggestion
zumal, weil damit der Handlungsgehalt des Textes, an dem auch die Darstellungsfunktion teilhat, gleichsam im Text selbst zum Verschwinden gebracht wird (siehe
auch die Analyse von Beispiel 3).

Ein typisches Beispiel, an dem man die Charakteristik der Darstellungshinweise
studieren kann, liefert der »Kofferfisch« (s. Bsp. 1, Kap. 5). Als Darstellungshinweise kommen in Frage:

– Dominanz der Referenzformen ohne Formen der Markierung der Schreiber- und
  Leserrolle;
– deskriptive und explanatorische Hinweise: z. B. Bezug auf ein Lebewesen und
  seine Eigenschaften (Größe) und Verortung (Meer), klassifizierende Einordnung;
– narrative Hinweise im Sinne des Berichtens (siehe aber auch unten!): Redewiedergabe, »der eine zweiwöchige Expedition leitete«, »versuchten die Biologen«,
  »Tatsächlich entdeckten sie«;
– Dominanz von Aussage- bzw. Deklarativsätzen mit Verben im Indikativ (Ausnahme: Konjunktiv bei indirekter Rede: » ... habe bislang noch niemand aufgesucht,
  sagt ...«);
– Modalisierungen im Sinne der Hervorhebung einer epistemischen Einstellung
  (Modalisierung des Wahrheitsanspruches von Aussagen), z. B. durch Geltungs-
  adverbien (»Das Tier ist *womöglich* ein Vertreter ...«; » ... Ob es sich *tatsächlich*
  um neue Arten handelt, müssen ...«), durch Verben mit epistemischer Bedeutung
  (»Das flache ... Meer *gilt* als eines der ...«);
– Dominanz des Präsens, unterbrochen durch wenige Formen des Präteritums
  (narrative Hinweise, s.o.);
– Bezugnahmen auf Wissenssysteme durch Fachsprachlichkeit (Geografie: »in der
  Celebessee zwischen Indonesien und den Philippinen ... Zwischen den Inseln
  Sulawesi, Borneo und Mindanao ...«; Meeresbiologie: »Kofferfisch«, »Vertreter
  einer bislang unbekannten Art«, »als eines der artenreichsten Gewässer der Welt«,
  »Meeresbiologen«, »seltene oder gar unbekannte Arten«, »Tentakeln am Kopf«,
  »mit genetischen Untersuchungen«);
– ausgeprägte thematische Hinweise: Themaeinführung, -beibehaltung und
  -entwicklung (s. o. die Analyse des Beispiels in 6.4.2.1)!

Mit Hinweisen wie den hier aufgezählten gibt der Text ausdrückliche Hinweise auf
Darstellung als textuelle Grundfunktion. Gleichzeitig weist das Beispiel aber auch

Hinweise auf eine weitere Grundfunktion auf. Der Titel (»Geschöpf aus der Unterwelt«) liefert mit seiner Doppeldeutigkeit auch die Anspielung auf eine Metaphorik der *Unterwelt* (es heißt eben nicht: »Unterwasserwelt«) und zusammen mit der Bezeichnung *Geschöpf* einen Bedeutungsbereich, der über die Darstellung eines bestimmten Lebewesens hinaus Unterhaltungswert hat (Woran denkt man, wenn man »Geschöpf der Unterwelt« liest?). Auch das Bild liefert über seine illustrative Funktion einen Überschuss an Anschaulichkeit. Ebenso enthält das Berichten bereits Anteile des Erzählens (Redewiedergabe, »Und tatsächlich«, Wechsel zum szenischen Präsens: »Die Forscher berichten von schwarzen Quallen . . .«). Wir verstehen das als *Unterhaltungs*hinweise, mit der Leseanreize geschaffen werden, die in der Lektüre selbst liegen (s. u. 7.2.5). Diese Präsenz der Unterhaltungshinweise, die neben den dominanten Darstellungshinweisen unübersehbar sind, verweist zugleich auf die Überschneidung zweier gesellschaftlicher Funktionsbereiche: Wissenschaft und Massenmedien (s. u. 7.4.1). Diese Überschneidung ist für die »populärwissenschaftliche« Darstellung selbst schon musterhaft und so auch ein Textsortenhinweis (s. u. 8.3.4).

Texthandlungen und Textsorten im Sinne der Ausprägung der Darstellungsfunktion sind z. B. das Informieren (*Information*), das Berichten und Wiedergeben (*Nachricht*), das Beschreiben (Achtung: Überlappung mit deskriptiven Strukturhinweisen!) und das Erklären (Achtung: Überlappung mit explanatorischen Strukturhinweisen!).

Terminologie
»assertive« (auch »repräsentionale«) Zwecke in der Sprechakttheorie; oft auch »Informationsfunktion« genannt: Engel 1996, S. 35 ff.; Rolf 1993; »Darstellung«: Bühler 1982.

Übungsaufgabe 1
Die moderne Literatur ist voll von Beispielen, die mit Übergängen zwischen Darstellungs- und Unterhaltungsnützlichkeit spielen. Vgl. dazu das folgende Beispiel 2:

Bsp. 2: Die Tatsachen im Fall Valdemar

Selbstverständlich will ich nicht den Anschein erwecken, als fände ich es erstaunlich, daß der so außergewöhnliche Fall des M. Valdemar Aufsehen erregt hat. Es wäre ein Wunder gewesen, hätte er dies nicht – ganz besonders unter den obwaltenden Umständen. Vermöge des Wunsches aller Beteiligten, die Angelegenheit wenigstens fürs erste vor der Öffentlichkeit geheimzuhalten, oder doch so lange, bis zu weiterer Untersuchung wir Gelegenheit gefunden – vermöge unserer darauf bezüglichen Bemühungen gelangte nur entstellte oder übertriebene Nachricht in Umlauf und ward die Quelle vieler widriger Verdrehungen und natürlich gehörigen Zweifels.

So erweist es sich nun als notwendig, daß ich die *Tatsachen* berichte – soweit ich selbst sie begreife. Und dies sind, kurz, die folgenden:

In den letzten drei Jahren hatte der Gegenstand des Mesmerismus wiederholt meine Aufmerksamkeit auf sich gezogen; und vor etwa neun Monaten kam mir jählich der Gedanke, daß die Reihe der bisher unternommenen Experimente eine gar bemerkenswerte und höchst unerklärliche Lücke aufweise: – bis jetzt war noch kein Mensch je in *articulo mortis* mesmerisiert worden. Zunächst bliebe zu klären, ob in solchem Zustande bei einem Patienten überhaupt Empfänglichkeit für den magnetischen Einfluß vorhanden wäre; [...]. (Edgar Allan Poe)

1. Welches sind die Darstellungshinweise in diesem Text?
2. Gehen Sie anschließend kurz darauf ein, wie diese Darstellungshinweise für heutige Leser in der Regel durch Unterhaltungshinweise überlagert werden?

7.2.2   Steuerungshinweise

Bei der Grundfunktion der Steuerung ergibt sich die Nützlichkeit eines Textes primär aus der Orientierung am Leser, der durch die Lektüre im Hinblick auf seine Handlungen und/oder seine Einstellungen irgendwie beeinflusst und in diesem Sinne gesteuert werden soll. Damit steht das Potenzial eines Textes im Vordergrund, Handlungen des Lesers auszulösen und/oder Einstellungsveränderungen zu bewirken. Die Leitunterscheidung eines dominant steuerungsfunktionalen Textes ist deshalb die Unterscheidung von *erfolgreich* vs. *erfolglos*. In den Hinweisen, die dazu dienen, den Leser zu etwas zu bringen, wird diese Erfolgsorientierung im Text manifest. Bei der Steuerungsfunktion steht also das Bewirkungspotenzial des Textes ganz im Vordergrund, und ganz zugeschnitten auf diese Funktionalität zeigen sich die textuellen Erscheinungsformen. Ihr Sinn ist praktisch-handlungsauslösender Natur, der Bezug auf Welt ist dieser Steuerungsfunktion untergeordnet. Der Text, so die Suggestion und die auch in diesem Fall paradoxe Prätention, soll nicht gelesen, sondern sofort im Sinne einer Handlungsanweisung oder Einstellungsbeeinflussung umgesetzt werden. Das beste Beispiel dafür sind Verkehrsschilder, aber auch ein Zettel mit dem Wort »Prüfung!« oder ein Schild mit der Aufschrift »Damen« auf einer Tür in einem öffentlichen Raum. Nicht zufällig sind wir hier am Übergangsbereich von Schrift und nichtsprachlichen Symbolen (Piktogrammen). Die Grundfunktion der Steuerung kann sehr unterschiedliche Ausprägungen annehmen und sich sowohl auf praktische Handlungen als auch auf handlungsfernere Einstellungen aller Art beziehen.

Ein besonders anschauliches Beispiel für eine textuelle Nützlichkeit im Sinne der Steuerung belegt der folgende Brief, der mit einem Gewinnversprechen lockt, um den Adressaten zum Anrufen zu motivieren (Bsp. 3).

Bsp. 3: Gewinnversprechen

DIES IST DIE LETZTE AUFFORDERUNG ZUR PREIS-ANFORDERUNG AN SIE

Noch haben Sie Zeit zu gewinnnen. Und da uns Ihre Antwort zur Prüfung innerhalb 10 Tagen nach Erhalt dieses Schreibens erreicht haben muss, müssen Sie sich beeilen. Sie können dies schriftlich oder telefonisch erledigen.

Bitte widmen Sie uns Ihre volle Aufmerksamkeit und befolgen Sie diese einfachen Anweisungen:

1. Wenn Sie sich nicht melden riskieren Sie den unwiderruflichen Verlust Ihrer Rechte.

2. Ihren Gewinn können Sie am schnellsten telefonisch unter der, auf dem Aufforderungs-Schein angegegebenen Durchwahl, abrufen! Dort bestätigen Sie mir ausdrücklich die Registrierung Ihres Gewinnes, so dass das Ausschüttungs-Verfahren auch wirklich nach Ihrem Wunsch ausgeführt wird. Wir werden alles ganz einfach und unbürokratisch klären.

3. Sie können dies auch schriftlich erledigen, aber bitte schreiben Sie mir alles ganz genau auf. Unsere Anschrift finden Sie auf dem Aufforderungs-Schein.

Ich danke Ihnen für Ihr sofortiges Reagieren

Stefan Clausen
Offizieller Gewinn-Juror

```
> > > > > > > > > > > >  2 6 . 7 5 0
< < < < < < < < < < < < G E W O N N E N
```

Steuerungshinweise finden sich in diesem Schreiben in mehrfachen Varianten:

– Der Text bezeichnet sich selbst (»Dies ist . . .«) als »letzte Aufforderung zur Preis-Anforderung«, stellt also die Sprachhandlung des Aufforderns ausdrücklich heraus, im Druck zudem hervorgehoben durch Versalien, Unterstreichung und größere Schrifttype;

– Teile des Textes werden als »Anweisungen« bezeichnet (»und befolgen Sie diese einfachen Anweisungen«), es finden sich Aufforderungssätze (»Bitte widmen Sie uns ihre volle Aufmerksamkeit und befolgen Sie . . .«, »Dort bestätigen Sie mir ausdrücklich . . .«, »bitte schreiben Sie mir alles ganz genau auf«;

– durchgehende Adressierung des Lesers als Adressaten der Aufforderung: » . . . letzte Aufforderung . . . an Sie«, »haben Sie Zeit zu gewinnen«, »Ihre Antwort« (alleine in den ersten zwei Zeilen!);

– Darstellung von Handlungsverpflichtung und -gebot durch Modalisierung mit *müssen* (»Und da uns Ihre Antwort . . . erreicht haben muss, müssen Sie sich beeilen.«);

– Darstellung von Handlungsmöglichkeiten und -alternativen durch Modalisierung mit *können* (»Sie können dies schriftlich oder telefonisch erledigen.«);

– Empfehlen/Raten durch Darstellung von Vorteilen und die Emphase: »Ihren Gewinn können Sie am schnellsten telefonisch . . . abrufen!«;

– Versprechen erwünschter Handlungen nach Befolgen der Aufforderung: » ... so dass das Ausschüttungs-Verfahren auch wirklich nach Ihrem Wunsch ausgefüllt wird«;

– Androhung negativer Folgen bei Nicht-Befolgen der »Anweisungen« in Form einer Wenn-Dann-Verknüpfung mit Negation im Wenn-Teil (»Wenn Sie sich nicht melden riskieren Sie den unwiderruflichen Verlust Ihrer Rechte«);

– Vorwegnahme der erwünschten Handlung durch den Adressaten (»Ich danke Ihnen für Ihr sofortiges Reagieren«).

Die Vorderseite dieses Schreibens sieht so aus:

Bsp. 4: Vorderseite des Gewinnversprechens

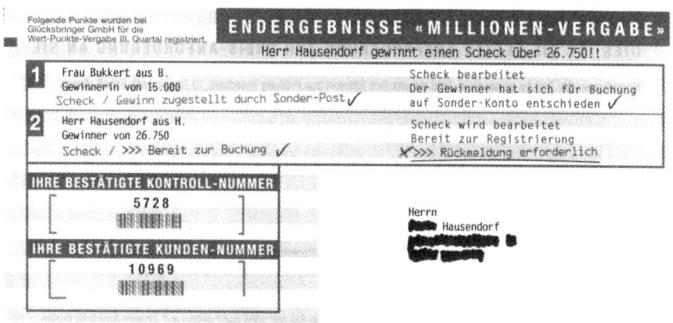

Wenn Sie fristgerecht Ihren Scheck registrieren lassen
Herr Hausendorf,
dann garantieren wir Ihnen die Buchung
dieses Schecks zu Ihren Gunsten (über den Betrag von 26.750!)

Sehr geehrter Herr Hausendorf,

dies ist das offiziell bestätigte Ergebnis unserer «Millionen-Vergabe» IV. Quartal. Frau Bukkert aus B. hat einen Scheck über 15.000 gewonnen. Er wurde ihr umgehend auf einem Sonder-Konto gebucht.

Der Scheck über 26.750 wird bearbeitet. Er wird an Sie freigegeben, wenn Sie sich fristgerecht bei uns melden und diesen registrieren lassen. Bereiten Sie dazu Ihre obenstehende Kontroll-Nummer und Kunden-Nummer zur Prüfung vor. (siehe Aufforderungsschein)

Im Mittelpunkt des Anschreibens steht auch hier (typografisch hervorgehoben) die Aufforderung an den Leser (»Herr Hausendorf«), etwas zu tun (»Scheck registrieren lassen«). Ausgedrückt wird sie durch eine Wenn-Dann-Verknüpfung, die im Wenn-Teil die erwünschte Handlung des Lesers enthält und im Dann-Teil das Versprechen einer für den Leser vorteilhaften Handlung (» ... die Buchung dieses Schecks zu Ihren Gunsten«). Eine ähnliche Konstruktion findet sich auch im zweiten Abschnitt des Anschreibens (»Er wird an Sie freigegeben, wenn Sie sich fristgerecht bei uns melden ...«). Hier wird der Aufforderungscharakter durch einen Imperativ-Satz auch explizit (»Bereiten Sie dazu ...«).

Wie sich dann aus dem beiliegenden »Aufforderungsschein« ergibt (den wir unten als Beispiel für Beleghinweise heranziehen, s. Kap. 7.2.3), wird dem Leser nahegelegt, die »Registrierung« durch eine »Meldung« per Telefonanruf vorzunehmen: »Bitte melden, schriftlich oder telefonisch.«. Im Gegensatz zur mehrfach abgedruckten und typografisch hervorgehobenen Telefonnummer findet sich die Anschrift allerdings sorgfältig versteckt am oberen rechten Rand des »Aufforderungsscheins«. Der Appell, der in diesem Schreiben auf vielfache Weise ausgedrückt wird, besteht also darin, die angegebene Nummer anzurufen. – Durch typografische Mittel gut versteckt (Kleindruck, Platzierung) findet sich auf dem »Aufforderungsschein« auch der Hinweis, dass ein Anruf 1,99 Euro pro Minute kostet (s. u. Bsp. 5).

Die kommunikative Nützlichkeit dieses Textes ergibt sich ganz von seiner Steuerungsfunktion her. Dabei wird gezielt durch typografische Mittel und durch Gliederungs- und Ganzheitshinweise der Anschein eines amtlichen Schreibens erweckt (s. u. 7.2.3, 7.3.1: Beleg- und Musterhinweise). Nur bei sehr genauer Lektüre mögen der Leser und die Leserin feststellen, dass hinter der auf allen Schreiben wiederholt genannten Summe von »26.750« kein Währungszeichen steht. Und sie mögen im Kleingedruckten auf der Rückseite des »Aufforderungsscheines« lesen, dass sie (der Leser und die Leserin) »durch ihre Meldung bestätigen, dass bei ihnen nicht der Eindruck erweckt worden ist, dass die genannte Punktezahl einem Geldbetrag entspricht«. Nach allem, was hier über Textualitätshinweise nachzulesen ist, wird in diesem Schreiben auf systematische Weise genau dieser Eindruck erweckt. Es handelt sich also um einen Fall gezielter Täuschung und Irreführung des Lesers und der Leserin.

Terminologie
»Appellfunktion«: Brinker 2005; »Auffordern«, »Veranlassen«: Engel 1996; »direktiv« in der Sprechakttheorie (vgl. Rolf 1993); »Steuern«: Heinemann 1991; »Appell«: Bühler 1982.

7.2.3   Beleghinweise

Bei der Grundfunktion des Belegs ergibt sich die Nützlichkeit eines Textes daraus, dass er – zugespitzt gesagt – nicht gelesen, sondern aufbewahrt (und in vielen Fällen auch: vorgezeigt) werden will. Seine Nützlichkeit besteht darin, als Dokument zu fungieren, mit dem sich der Autor und die Autorin auf etwas festgelegt hat. Ein solcher Text muss naturgemäß einigen Aufwand treiben, seine Authentizität als Dokument zu demonstrieren. Seine hervorstechende Eigenschaft als Beleg ist seine *Echtheit* und damit die Orientierung an der Unterscheidung von *echt* vs. *gefälscht*. Alles, was dazu beiträgt, diese Orientierung zu demonstrieren, kommt als Beleghinweis in Frage. Von dieser Orientierung am Wert der Echtheit eines Textes her ist zu verstehen, dass Texte als Belege in vielen Fällen spezifischen Aufbewahrungsbedingungen unterliegen (»Tresor«! s. u. Bsp. 5). Die Nützlichkeit und der Wert des Textes bestehen ganz darin, so die Suggestion, eine Selbstfestlegung des Autors zu beglaubigen und zugleich die Art und Weise der Selbstfestlegung zum Ausdruck zu bringen. Aus dieser mit dem Text dokumentierten Selbstfestlegung des

Autors resultieren der Belegwert des Textes und seine kommunikative Nützlichkeit als Dokument. In Fällen, in denen der Autor ein Kollektiv ist, das durch den Text selbst begründet wird – wie in einem Vertrag: »Wir, die Unterzeichnenden, …« – wird der für die Belegnützlichkeit dominante Bezugspunkt auf den Autor sehr anschaulich: Der Leser fällt sozusagen weg bzw. ist der Autor selbst! Alles, was dazu beiträgt, eine solche Orientierung am Autor nahezulegen, kommt prinzipiell als Beleghinweis in Betracht.

Die folgenden Beispiele illustrieren den Prototyp dieser Art von Beleg-Nützlichkeit. Wir nehmen diese Beleg-Nützlichkeit wissensabhängig mit wahr, wenn wir den Text in seiner Textsortenzugehörigkeit wiedererkennen (und deshalb in einigen Fällen gar nicht erst lesen): Banknoten, Aktien, Kontoauszüge, Fahrscheine und Eintrittskarten, Quittungen und Garantiescheine, Miet- und Kaufverträge, Zeugnisse, Ausweise (Führerschein, Personalausweis, Studentenausweis), häufig: Kleingedrucktes aller Art. Die Belegfunktion muss in solchen Fällen sprachlich nicht eigens signalisiert werden. Um sprachliche Beleghinweise zu illustrieren, können wir auf das schon besprochene Beispiel des Gewinnversprechens zurück kommen. Dem oben besprochenen Anschreiben (Bsp. 4) liegt nämlich ein spezieller »Aufforderungs-Schein« bei (s. u. Bsp. 5):

Wir greifen nur ein paar Details heraus, die hier als Hinweise auf eine Belegfunktion verstanden werden können:

– der Titel »Anforderungs-Schein WPKT/07«: Lexem »Schein« als verdeckt performativer Hinweis (s. u. 7.3.2) auf *Bescheinigen* als Sprachhandlung; verdeckt performativer Hinweis auf *Garantieren* als Sprachhandlung (»rechtlich garantiert«, »garantiert Ihnen einen«); codeartiges Kürzel »WPKT/07«, das einen Kontext der Verschlüsselung und damit einen besonderen Dokumentcharakter nahelegt;
– unterschiedliche Stempel (im Original mehrfarbig!) als Signale amtlich-institutioneller Beglaubigung und Bestätigung;
– handschriftliche andersfarbige Unterschrift als Signal persönlicher Beglaubigung und Haftung;
– Formularcharakter des »Scheins« mit auszufüllenden Feldern und vorgesehenen Angaben (»Datum/Unterschrift/Stempel«), handschriftlich und maschinenschriftlich ausgefüllt;
– Dokumentcharakter des »Scheins« durch aufgebrachte Bearbeitungsvermerke anonymer Mitarbeiter (»… konnte ich ihn telefonisch nicht erreichen«);
– Hinweis auf »Originalblatt« und besondere Vorkehrungen zur Aufbewahrung (»bleibt im Tresor«).

Bsp. 5: Aufforderungs-Schein

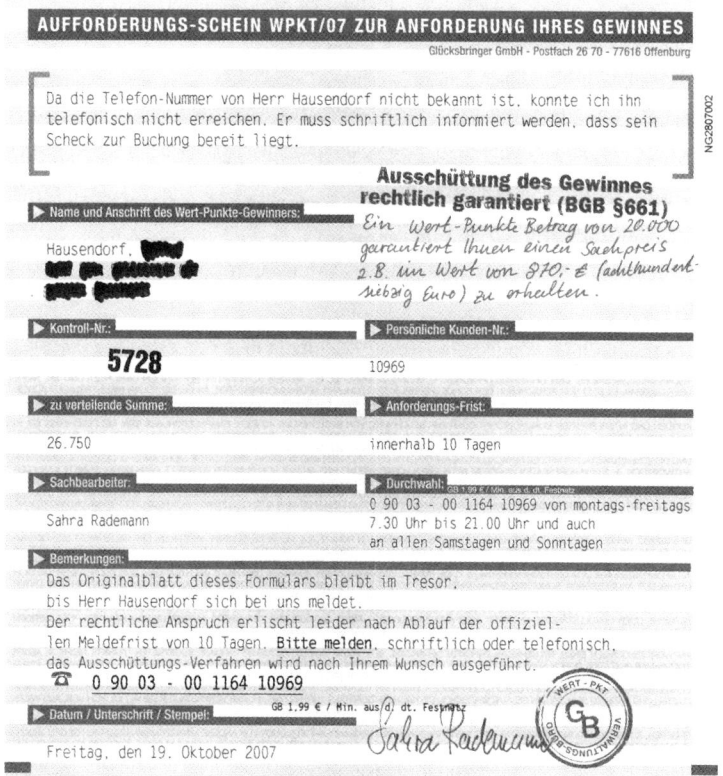

Alle diese Hinweise können als Beleghinweise in dem Sinn aufgefasst werden, dass sie das Gewinnversprechen im Sinne eines »Scheines« beglaubigen, den man vorweisen und -zeigen könnte! Man kann an diesem Beispiel sehr gut sehen, wie das, was als Text im Briefumschlag beim Empfänger ankommt, von den Funktionen her auf zwei textuelle Untereinheiten verteilt wird: auf die Funktion der Steuerung (dominant: Anschreiben) und hier auf die Funktion des Beleges (dominant: »Schein«) – eine im Sinne der Täuschung wohl recht funktionale Aufteilung!

Die wichtigsten Kandidaten für die Signalisierung der Belegfunktion sind zusammengefasst:

– Echtheitshinweise (besonderes Papier, besondere Formate, besondere Aufdrucke, Prägungen, Stempel, Unterschriften),
– Ausdrücke der Schreibereinstellung im Sinne der Selbstverpflichtung,
– Festlegung und Klärung der Autorenrolle im Text (»die Unterzeichnenden«).

Als explizit und verdeckt performative Hinweise auf Sprachhandlungen, die im Sinne von Beleghinweisen verstanden werden können, kommen in Betracht: das

Garantieren, Bestätigen, Bescheinigen, Anerkennen, Attestieren, Quittieren, …
Explizit performative Ausdrücke dieser Art finden sich typischerweise in dem im
textuellen Abseits versteckten Kleingedruckten, so auch auf der Rückseite des oben
besprochenen Gewinnversprechens (Bsp. 3–5):

> »Jeder Teilnehmer bestätigt durch seine Meldung, dass bei ihm nicht der Eindruck erweckt
> worden ist, dass die genannte Punkteanzahl einem Geldbetrag entspricht.«

Dass die im Anschreiben gezielt provozierte Meldung des Adressaten die hier
zitierte »Bestätigung« impliziert und somit gleichzeitig eine Belegfunktion erfüllt,
erfahren der Leser und die Leserin nur, wenn sie sich die Mühe machen, diese durch
das Layout bis zur Unlesbarkeit gestalteten Zeilen zu entziffern!

Terminologie
»Obligationsfunktion« und »Deklarationsfunktion«: Brinker 2005; »Emphase-Abbau«: Engel 2004; »kommissiv« und »expressiv« in der Sprechakttheorie (vgl. Rolf 1993); »sich
ausdrücken«, »selbst darstellen«: Heinemann 1991; »selbstdarstellende Funktion«: Große
1976.

7.2.4   Kontakthinweise

Bei der Grundfunktion des Kontakts ergibt sich die Nützlichkeit eines Textes vor
allem aus der Herstellung, Aufrechterhaltung und Auflösung der kommunikativen Beziehung zwischen Autor/Autorin und Leser/Leserin. Dies umfasst sowohl
die Sicherstellung der Lektüreaufmerksamkeit (z. B. durch Leseanreize) als auch
die Gestaltung der sozialen Beziehung zwischen Autor und Leser. Die Leitunterscheidung kontaktdominanter Texte ist die Unterscheidung von *adressiert* vs.
nicht adressiert: Die explizite Adressierung eines Lesers ist deshalb nicht nur ein
oberflächliches Indiz für Kontaktherstellung, sondern zugleich der Fluchtpunkt, auf
den konktaktdominante Texte bezogen sind. Unter der Grundfunktion des Kontakts
geht die Nützlichkeit eines Textes, so die Suggestion, ganz in der Fokussierung
auf den (persönlichen) Kontakt zwischen Autor und Leser auf, der durch den Text
hergestellt wird.

Texthandlungen und Textsorten im Sinne der Ausprägung der Kontaktfunktion
sind vor allem das (Be)Grüßen (Gruß-Karte, Grußbotschaft SMS), das Ansprechen
und Verabschieden, das Hofieren und Herzen, das Wünschen, Gratulieren und
Kondolieren (Gratulations-, Kondolenzschreiben). Der Prototyp dieser Art textueller
Nützlichkeit ist die Ansichtskarte, wenn und insofern sie ganz in dem Signal »ich
denke an Dich« aufgeht, im fernkommunikativ übermittelten »Gruß«:

Bsp. 6: Ansichtskarte (Anschriftseite), Namen und Adresse aus Datenschutzgründen nicht wiedergegeben

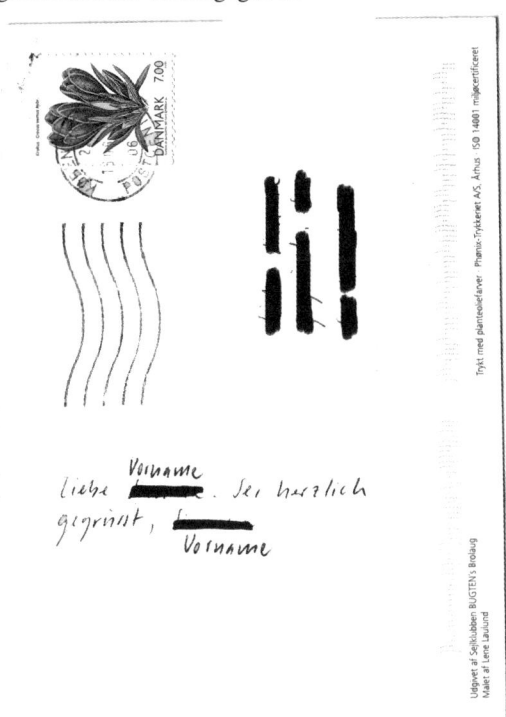

Der Text auf der Anschriftseite der wiedergegebenen Ansichtskarte illustriert bereits
die wesentlichen Kontakthinweise:

– ein Ausdruck der Kontaktherstellung wie *grüßen* als Performativ (hier in leicht
   gehobener Ausdrucksweise mit »sei« und Partizip),
– eine Anredeform mit Eigennamen (hier Vorname) und
– eine Absender-/Autorangabe (hier Vorname).

Die Kontaktaufnahme impliziert stets auch eine Kontakt*definition* im Sinne einer
Darstellung der sozialen Natur des Kontaktes und der Art der suggerierten Beziehung zwischen Autor und Leser. So verweisen die Vornamen im vorliegenden,
vergleichsweise unspektakulär-alltäglichen Fall, das Anrede-Adjektiv »Liebe« und
die Imperativ-Form »sei« auf ein soziales Verhältnis der Vertrautheit, das durch den
Text bestätigt und aktualisiert wird. Wenn sich Texte wie im gerade besprochenen
Beispiel ganz auf Kontaktaufnahme und -definition beschränken oder die Kontakthinweise zumindest dominant sind, entstehen oft Texte mit stark vorgeformten,
formelhaften Wendungen, was dem Text schnell den Charakter eines kommunikativen Rituals gibt. Es ist deshalb kein Zufall, dass sich für kontaktdominante

Textsorten in vielen Fällen eine spezielle Ratgeberliteratur mit Normierungen und Formulierungsvorschlägen (z. B. *Briefsteller*) herausgebildet hat.

Dass sich ein Text ganz auf Kontaktaufnahme und -definition beschränkt, ohne den hergestellten Kontakt für andere Grundfunktionen zu nutzen, ist vergleichsweise selten. Auch in Urlaubs-Ansichtskarten der gerade illustrierten Art, die als Prototyp einer kontaktfunktionalen Textsorte gelten können, treten neben den schon besprochenen Kontakthinweisen immer auch Hinweise auf andere Funktionen auf (s. u. 8.3.3: Musterhaftigkeit der Ansichtskarte!, siehe auch unter 7.2.5: Unterhaltungshinweise auf der Ansichtskarte!). Auch das folgende Beispiel zeigt, wie Kontakthinweise mit anderen Hinweisen verbunden werden können (Bsp. 7).

Bsp. 7: »baby«

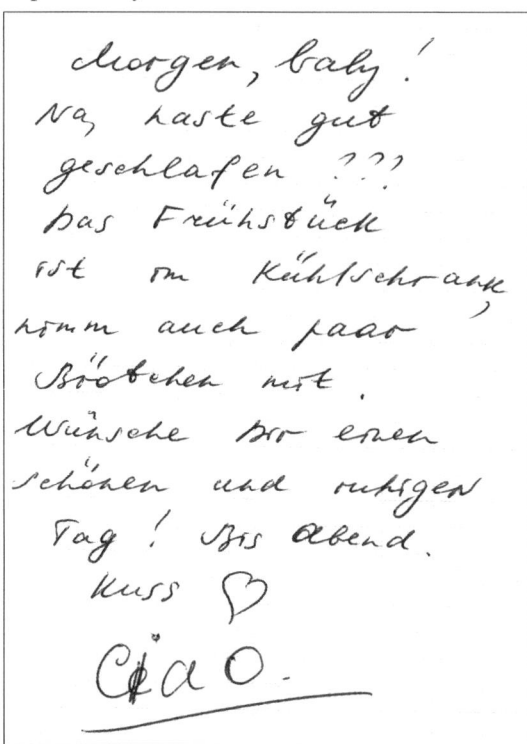

Als Kontakthinweise finden sich in diesem Beispiel:

– Grußformel »Morgen«,
– Anrede durch Kosenamen (»baby«),
– Verabschiedungsformen (»bis abend ciao«),
– Vertrautheits- und Intimitätsformen der Verabschiedung (»Kuss« und gemaltes Herz),

– Explizit performative Wunschformel »Wünsche Dir einen schönen und ruhigen Tag«,
– Frage mit Anredeform »na«,
– Markierung der Leser-Rolle durch Vertrautheitsform (»haste«, »nimm«, »Dir«),
– insgesamt eine stark mündlichkeitsorientierte Darstellung (Dialogpartikel »na«, an der gesprochenen Sprache orientierte Orthografie (»haste«) und Syntax (»nimm auch paar Brötchen mit«, »Wünsche Dir einen …«), Interpunktion zum Ausdruck von Emphase (»???«).

Die Häufung und Vielfalt und die Hervorhebung dieser Kontakthinweise auf einem kleinen Zettel sind ein starker Hinweis darauf, dass die Nützlichkeit dieses Textes vor allem in der Herstellung, Darstellung und Ausgestaltung des Kontakts zwischen Autor und Leserin im Sinne einer Beziehung sozialer Nähe (Intimität) liegt. Als dieser Kontaktfunktion untergeordnet verstehen wir die weiteren Funktionshinweise: Darstellungshinweise (Bezugnahme auf »Frühstück« und Tagesanbruch), Steuerungshinweise (Anleitung zur Zubereitung des »Frühstücks« – »ist im Kühlschrank« – und Aufforderung zur Proviantierung: »Nimm … Brötchen mit«). Diese Darstellungs- und Steuerungshinweise sind hier den Kontakthinweisen untergeordnet: Sie tragen zur Darstellung von Nähe bei (Fürsorglichkeit!).

Wenn in einem Text wie im gerade besprochenen »Guten-Morgen-Zettel« die Kontaktaufnahme und -darstellung dominant sind, sind die Kontakthinweise offensichtlich. In vielen anderen Fällen treten sie aber nur begleitend zu anderen Grundfunktionen bzw. untergeordnet unter diese auf. Es ist wichtig, sie dann nicht zu übersehen – zumal in vielen Texten Kontakthinweise zu dem zu gehören scheinen, was man mit anderen Grundfunktionen sozusagen miterledigt. Ein anschauliches Beispiel dafür sind Kontakthinweise auf dem Kassenzettel (Bsp. 8).

Bsp. 8: Kassenzettel, Name aus Datenschutzgründen geändert

Übungsaufgabe 2
Zeigen Sie an diesem Kassenzettel zunächst Kontakthinweise auf! Welche anderen Hinweise auf textuelle Grundfunktionen finden sich darüber hinaus?

Terminologie
»Kontakt«, »Kontaktpflege«: Engel 1996; »phatische Kommunikation«: Jakobson 1972.

7.2.5   Unterhaltungshinweise

Bei der Grundfunktion der Unterhaltung ergibt sich die Nützlichkeit eines Textes vor allem aus der Lektüre um der Lektüre selbst willen. Wenn man sich eine
Kommunikationssituation als durch Welt (Gegenstände und Sachverhalte, auf die
man referieren kann), durch einen Autor/Autorin und durch einen Leser/Leserin
bestimmt vorstellt, dann lebt die Grundfunktion der Unterhaltung von der Ab-
koppelung der Nützlichkeit des Textes von all diesen Komponenten zugunsten
der Fokussierung auf die sinnlich wahrnehmbare Erscheinungsform des Textes
selbst. Seine Nützlichkeit besteht, so die paradoxe Suggestion, in seiner vermeintlichen Nutzlosigkeit, in einer Autonomie der von allen externen Zwecken befreiten
Wahrnehmung der Form des Textes um seiner selbst willen. In dem Maße, in dem
Lektüre auf die Wahrnehmung der Formen des Textes hin bezogen wird, wird
eine solche Lektüre um ihrer selbst willen lohnenswert. Hinweise auf eine solche
Art formenbezogener Lektürenützlichkeit wollen wir als Unterhaltungshinweise
verstehen. In vielen – aber nicht in allen – Fällen begründen Unterhaltungshinweise
in ihrer Betonung pragmatischer Autonomie und in ihrer Fokussierung auf die
sinnlich wahrnehmbaren Formen des Textes zugleich einen ästhetischen Verdacht:
Die demonstrierte Herauslösung des Textes aus der Pragmatik der Kommunikationssituation macht es möglich, den Text als Kunstwerk wahrzunehmen und zu
behandeln. Unterhaltsamkeit kann dann bedeuten, dass die Selbstgenügsamkeit
eines Textes daraus resultiert, dass seine Lektüre einen Genuss verspricht. Aber das
ist nur eine besonders anspruchsvolle Ausfüllung dessen, was Unterhaltung mit und
in Texten empirisch bedeuten kann. Für uns erschöpft sich die Unterhaltungsfunktion von Texten nicht in der ästhetischen Funktion, auch wenn man gerade an diesem
Bereich gut erkennen kann, was es heißt, wenn Texte dominant auf Unterhaltung
ausgerichtet werden.

Die für die Unterhaltungsfunktion charakteristische Leitunterscheidung sehen wir
in der Differenz von *spannend* vs. *langweilig*. In dem Maße, in dem die Darstellung
der Grundfunktion der Unterhaltung untergeordnet ist, ist der Weltbezug des Textes
nicht mehr fremdreferenziell, sondern selbstreferenziell. Bewähren muss sich ein
solcher fiktionaler Weltbezug dann in seiner Unterhaltsamkeit. Unterhaltsam ist ein
Text, indem er suggeriert, die Aufmerksamkeit des Lesers und der Leserin für das
Lesen als selbstgenügsamen Zeitvertreib in Anspruch zu nehmen. Der Text muss
dazu mit einem Versprechen auf gute Unterhaltung locken und dieses Versprechen
in seiner Formgestaltung einlösen.

Alles, was dazu beiträgt, Unterhaltsamkeit der Lektüre als die primäre Nützlichkeit des Textes hervorzuheben und den Leser und die Leserin mit dem Versprechen
auf Unterhaltung anzulocken, kommt deshalb als Unterhaltungshinweis in Frage.
Was *Unterhaltsamkeit* dabei im Einzelnen heißen kann und auf welche Weise sie
im Text hergestellt und angezeigt werden kann, ist dann bereits eine empirische
Frage. Einen Einblick liefern z. B. die »Unterhaltungsseiten« in Zeitungen, in denen
das Unterhalten den Status einer übergeordneten Texthandlung hat. Hier finden
sich typischerweise Textsorten, deren primäre Nützlichkeit im selbstgenügsamen

Lektürezeitvertreib liegt: Rate- und Rätselspiele aller Art, Cartoons, Comics, Karikaturen, Polemik, Spott, Parodie und Satire, Gedichte, Sprüche, Wortspiele oder Witze. Texthandlungen, die in solchen Textsorten zum Ausdruck kommen, sind das Spielen, Rätseln, Überzeichnen, Übertreiben, Verspotten, Sich-Lustig-Machen, Belustigen, Amüsieren, Dichten, Sprüche, Wortspiele und Witze Machen.

Texte mit dominanter Unterhaltungsfunktion finden sich in spezifischer Ausprägung in der literarischen Kommunikation. Hier gibt es mit dem System der literarischen Gattungen eine hoch entwickelte Texthandlungs- und Textsortendifferenzierung im Gegenstandsbereich selbst! Der Hinweis auf eine literarische Gattung (wie z. B. eine *Novelle*) kommt dann einem Texthandlungs- und Textsortenhinweis gleich, mit dem der Leser von vornherein auf eine Ausprägung der Unterhaltungsfunktion im Sinne der literarischen Kommunikation (also z. B. im Sinne des Erzählens) eingestimmt ist (s. u. 7.3.1). Anders verhält es sich, wenn die Unterhaltungsfunktion in Texten auftritt, in denen sie nicht von vornherein als Texthandlung mit eigener Textsorte erkennbar ist. Die Frage ist dann, worin dort die Unterhaltungshinweise bestehen.

Worauf man dabei achten muss, zeigt das bereits oben besprochene Beispiel einer Ansichtskarte (»Kapstadt«, Bsp. 1, Kap. 3). Wenn wir lesen

> »Nach tollen Safaritagen, eindrücklichen Landschaften … geniessen wir … Kapstadt mit Tafelberg und Bergen auf der Tafel …«,

erfahren wir nicht nur etwas über Südafrika als Urlaubsort und den typischen Tagesablauf eines Touristen. Der Text treibt an einer Stelle über diese Darstellungsfunktion hinaus einen Formulierungsaufwand, der über die Information, dass es viel zu essen gibt, hinausschießt: »mit Bergen auf der Tafel« ist nicht nur ein Hinweis auf die Menge des Essens, es ist auch ein Wortspiel mit dem unmittelbar zuvor erwähnten und mehrfach hervorgehobenen Namen »Tafelberg«. Dieses Wortspiel lenkt die Aufmerksamkeit auf den Text selbst und seine sprachliche Machart – und macht seine Lektüre genau damit potenziell unterhaltsam. Wortspiele sind insofern generell ein Unterhaltungshinweis – auch wenn sie wie in diesem Fall die dominante Kontaktfunktion nicht in Frage stellen.

Das gerade analysierte Beispiel des Wortspiels auf der Ansichtskarte zeigt ein allgemeines Phänomen, das generell für Unterhaltungshinweise charakteristisch scheint. In dem Maße, in dem ein Text Aufmerksamkeit auf sich selbst im Sinne seiner sinnlich wahrnehmbaren Formen lenkt, macht er die Lektüre zum Selbstzweck und liefert einen Hinweis auf Unterhaltung als textuelle Grundfunktion. Oft beruhen die hier anzusetzenden Hinweise darauf, dass Selbstverständlichkeiten des Sprachgebrauchs durch besonders anspruchsvolle Darstellungstechniken entautomatisiert und damit auffällig werden, so dass auf einmal sinnlich wahrnehmbar wird, was im Alltag der (automatisierten) Lektüre der Wahrnehmung entzogen bleibt. Unterhaltung beruht insofern auf »sinnlicher Reflexivität« (Weinrich): Die Wahrnehmbarkeit eines Textes will *erfahren* und in diesem Sinne *genossen* werden. Die Wahrnehmbarkeit der Formen eines Textes kann sich auf alle der in diesem Buch eingeführten Textualitätsmerkmale beziehen und – alternativ zu der hier im Mit-

telpunkt stehenden kognitiv-analytischen Reflexivität – eine sinnliche Reflexivität
dieser Merkmale bewirken!

Terminologie
»ästhetische« Funktion: Brinker 2005; »Unterhaltung«: Duden-Grammatik 2005; Heinemann
1991; »Poetische« Funktion: Jakobson 1972, zusätzlich: Jakobson 1979.

Zur Vertiefung
Weinrich 1985; Posner 1980; Jakobson 1972.

7.2.6   Reflexionshinweise

Bei der Grundfunktion der Reflexion ergibt sich die Nützlichkeit eines Textes vor
allem aus der Selbst- und Rückbezüglichkeit des Textes auf die Sprache, die er
verwendet. Die eigene (Objekt)Sprache wird gewissermaßen zum Thema einer
übergeordneten (Meta)Sprache. Konstitutiv dafür ist also eine Unterscheidbarkeit
von Gegenstands- bzw. Objektsprache und Beobachtungs- bzw. Metasprache. Die
Leitunterscheidung für Reflexion ist deshalb *objektsprachlich* vs. *metasprachlich*!
Wann immer Hinweise gegeben werden, dass diese Unterscheidung für die Lektüre
wichtig ist, haben wir es mit Reflexionshinweisen zu tun. Es versteht sich, dass
diese Art von Selbst- und Rückthematisierung schnell an ihre Grenzen gerät, wenn
man sie radikalisiert: Ein Text, der seine eigene Sprache konsequent zum Thema
machen wollte, sieht sich schnell einem nicht entrinnbaren Sog zur Dauerreflexion
ausgesetzt, der die Grenzen des Schreibbaren (und des Lesbaren) erfahrbar macht.

Texte thematisieren deshalb in der Regel immer nur ausgewählte Bereiche ihrer eigenen Sprachlichkeit, vorzugsweise ihre Begriffe und Begrifflichkeiten. Betrachten
wir dazu ein bereits mehrfach besprochenes Beispiel, den Beginn des »Vorwortes«
zu dem Buch *Vergangene Zukunft* von R. Koselleck (s. Bsp. 19 in Kap. 6). Wir
wollen diesem Textbeginn eine Auswahl typischer Reflexionshinweise abgewinnen.
Dazu zählen:

– Thematisierung von Geschriebenem: das Thematisieren der an den Anfang
  gestellten Frage »was geschichtliche Zeit sei« im Sinne einer der »schwer beantwortbaren Fragen der historischen Wissenschaft«;
– Bezugnahme auf Geschriebenes: z. B. mithilfe Sprache thematisierender Ausdrücke wie »Fragen« und »Frage«, »zu beantworten«, »Frage ... stellen lässt«,
  »gestellt werden«; z. B. durch auffällige Rekurrenz (die Wendung »geschichtliche
  Zeit« taucht auf der ersten Seite gleich fünfmal auf!);
– Distanzierung von Geschriebenem: die Distanzierung von der an den Anfang
  gestellten Frage durch den Konjunktiv (»Was geschichtliche Zeit *sei*«), so dass
  diese Frage den Charakter einer bereits gestellten Frage bekommt, die der Autor
  hier zitiert; später im Text die Anführungszeichen um »geschichtliche Zeit«;
  Thematisieren des Benennungsaktes (»was ›geschichtliche Zeit‹ genannt werden
  mag«);

– Bezugnahmen auf eigene Sprachhandlungen: z. T. metaphorisch (»nötigt uns,
  das Gebiet der historischen Theorie zu betreten«, z. T. fachsprachlich (»theoretischer Vorklärung, um eine Frage zu beantworten, … stellen lässt«), z. T.
  in normalsprachlichen Ausdrücken des Bezugnehmens auf Sprachhandlungen,
  hier im Sinne des Stellens und Beantwortens von Fragen, der Explizierung von
  Annahmen (»darf man davon ausgehen«, »aber nicht an derartige … denkt«);

Auf kleinem Raum finden sich hier eine Reihe von Distanzierungen und Bezugnahmen auf Sprachhandlungen und Begriffe, die vom ersten Satz an keinen Zweifel
lassen, dass die Nützlichkeit dieses »Vorwortes« in der Reflexion eines bestimmten
für den Text zentralen Sprachgebrauchs liegt (nämlich der Wendung »geschichtliche Zeit«). Wir fassen die dem Beispiel entnommenen Reflexionshinweise im
Folgenden verallgemeinernd zusammen. In Frage kommen:

– metasprachliche und -kommunikative Ausdrücke, mit denen man auf Sprachliches im weitesten Sinne (von den Phonemen/Grafemen über die Morpheme und
  Syntagmen bis zu textuellen Einheiten) und auf Sprachhandlungen referieren
  kann;
– Sprachhandlungen wie hinterfragen, problematisieren, korrigieren, anders oder
  genauer sagen, Begriffe erklären und einführen (Definieren), zitieren, Geschriebenes richtigstellen usw.;
– Zitate, Autonymie und verwandte Phänomene, mithilfe derer signalisiert wird,
  dass Sprachliches zum Gegenstand gemacht wird;
– Übersetzungen (von einer Nationalsprache in eine andere, von Gemein- in Fach-
  sprache etc.);
– Definitionen, terminologische Hinweise, Nomenklatur und verwandte Phänomene, mit denen signalisiert wird, dass die Verwendung von Ausdrücken einen
  besonderen (oftmals normierten) Status hat.

Reflexionshinweise dieser Art können sich auch in Texten einnisten, in denen
Reflexion nicht die primäre Grundfunktion ist. Ein Beispiel dafür ist der bereits
mehrfach besprochene Beipackzettel »Sinupret«, Rückseite (s. o. Bsp. 6, Kap. 6).

Übungsaufgabe 3
Rekonstruieren Sie die Reflexionshinweise im Beispiel 6 aus Kapitel 6. Welche
anderen textuellen Grundfunktionen sind für diesen Text noch relevant und wie ist
das Verhältnis dieser Grundfunktionen?

Terminologie
»metasprachliche« Funktion: Jakobson 1972.

7.3   Hinweise auf Texthandlungen

Darstellungs-, Steuerungs-, Beleg-, Kontakt-, Unterhaltungs- und Reflexionshinweise zeigen, wie einzelne Sprachhandlungen im Sinne typischer Ausprägungen

von Textnützlichkeit verstanden werden können. Wir haben auch gesehen, dass ein
Text in den meisten Fällen mehrere dieser textuellen Grundfunktionen erkennen
lässt. Das Faltblatt »Ihr Reiseplan« etwa enthält mindestens Kontakt-, Darstellungs-
und Steuerungshinweise; der Kassenzettel einer bekannten Schweizer »Confiserie«
etwa mindestens Kontakt-, Darstellungs- und Beleghinweise. Diese Grundfunktionen bestehen nicht zusammenhangslos nebeneinander. Vielmehr verbinden wir mit
einem Text in der Regel eine grundlegende Texthandlung.

Man kann Texthandlungen dabei als spezifische Ausprägung jeweils einer der
genannten Grundfunktionen verstehen, relativ zu der dann die anderen indizier-
ten Grundfunktionen verstanden werden. In diesem Sinne verstehen wir als Texthandlung des Faltblattes »Ihr Reiseplan« eine spezifische Ausprägung der Steuerungsfunktion im Sinne des Hinweisens auf handlungsrelevante Ankunfts- und
Abfahrtszeiten von Zügen, als Texthandlung des Kassenzettels eine spezifische
Ausprägung der Belegfunktion im Sinne des Bestätigens einer geleisteten Zahlung.
Je musterhafter sich die Realisierung einer solchen Texthandlung in einer eigens auf
diese Texthandlung hin zugeschnittenen Textsorte ausgeprägt hat, desto stärker tritt
die Texthandlung als solche, d. h. als die auf das Textganze bezogene Textfunktion
hervor.

Die stärksten Hinweise auf Texthandlungen gehen deshalb von Musterhinwei-
sen aus, aufgrund derer wir mit einer bestimmten Textsorte auch eine bestimmte
Texthandlung wiedererkennen (s. u. Kap. 8.3). Und nicht selten kommt sogar in der
Textsortenbezeichnung die fragliche Texthandlung zum Ausdruck (wie im Falle
des *Kommentars* das Kommentieren, im Falle der *Mahnung* das Mahnen oder im
Falle der *Bewerbung* das Sich-Bewerben). Texthandlungen sind deshalb eine Art
Kristallisationspunkt für Textsorten: In ihnen nehmen Ausprägungen einer spezifischen Form von Textnützlichkeit musterhaft Gestalt an. Texthandlungshinweise
und Textsortenhinweise gehen also grundsätzlich Hand in Hand.

Um die Texthandlung zu rekonstruieren, ist es nötig zu bestimmen, wie die
textuellen Grundfunktionen in einem Text über- und untergeordnet sind. Diese
Über- und Unterordnung von textuellen Grundfunktionen erschließen wir in der
Regel wissensabhängig als *indem*- und *wobei*-Verknüpfungen, so dass sich eine
Struktur von Haupt-, Unter- und Nebenhandlungen ergibt. So könnte man etwa
sagen, dass die Darstellungshinweise auf dem Kassenzettel (z. B. das Informieren
über Preise und Waren) als Unterhandlung den Beleghinweisen (dem Bestätigen
der geleisteten Zahlung) als Haupthandlung untergeordnet sind: *Indem* Preise und
Waren aufgeführt werden, wird die geleistete Zahlung bestätigt. Demgegenüber
haben die Steuerungshinweise (im Sinne des Werbens für das ausgebende Geschäft und der Kundenbindung) eher den Charakter von Neben-Handlungen: Die
geleistete Zahlung wird bestätigt, *wobei* gleichzeitig Werbung für die Confiserie
Sprüngli gemacht wird. Solche Nebenhandlungen können dann ihrerseits wieder
Unterhandlungen implizieren: So kann man die Kontakthinweise (das Ansprechen
des Lesers als Kunden und das Sich-Bedanken beim Leser-Kunden) wiederum
als Unterhandlungen zu den Steuerungshinweisen verstehen: *Indem* der Leser als
Kunde hofiert wird, wird für weitere Einkäufe in der Confiserie Sprüngli geworben.

Die Annahme von Texthandlungen impliziert derartige aus unserer alltäglichen Vertrautheit mit den fraglichen Handlungszusammenhängen hervorgehende *indem*- und *wobei*-Verknüpfungen. In vielen Fällen wirken sie wissensabhängig, ohne dass die Verknüpfungen sprachlich ausgedrückt werden müssen und ohne dass insbesondere die Konjunktionen *indem* und *wobei* selbst im Text auftreten müssen. *Indem*- und *wobei*-Verknüpfungen sind aber nicht nur eine Implikation von Texthandlungen, sondern auch ein Indikator für Texthandlungen: Alles, was dazu beiträgt, eine Relation von Haupt- und Unterhandlung (*indem*) bzw. von Haupt- und Nebenhandlung (*wobei*) im Text zu signalisieren, kommt deshalb als Texthandlungshinweis in Betracht.

Im Folgenden wollen wir knapp illustrieren, an welche Art von Hinweisen man mit Bezug auf die Texthandlungen primär zu denken hat. Wir besprechen dazu Musterhinweise (7.3.1), performative und verdeckt performative Hinweise (7.3.2) sowie Hierarchiehinweise auf Neben- und Unterhandlungen (7.3.3).

7.3.1 Musterhinweise

Textsorten- und Texthandlungshinweise können sich wissensabhängig aus dem Wiedererkennen der Musterhaftigkeit eines Textes ergeben. So sind das Faltblatt »Ihr Reiseplan« (s. o. Bsp. 1) und der Kassenzettel der Confiserie Sprüngli (s. o. Bsp. 8) etwa Beispiele dafür, wie sich für alltäglich wiederkehrende kommunikative Handlungen wie das Hinweisen auf Abfahrtszeiten und -orte und dem Bestätigen einer geleisteten Zahlung mit *Fahrplan* und *Kassenzettel* eigene Textsorten entwickelt haben, in denen die fraglichen kommunikativen Handlungen zu Texthandlungen geronnen sind. Texthandlungen haben in solchen Fällen eine spezifische Erscheinungsform angenommen, die wir als solche wahrnehmungsabhängig wiedererkennen, noch bevor wir mit der Lektüre begonnen haben. Dabei kommt die Lektüresituation im Vollsinne dessen in Betracht, was wir aus den Begleitumständen des Auftauchens des Textes wahrnehmen können:

– Im Falle des Faltblattes z. B. schon die Situation im Zugabteil, wenn wir von A nach B fahren und einen ausliegenden Zettel der »Deutschen Bahn« vorfinden;
– im Falle des Kassenzettels z. B. schon die Situation an der Kasse, an der wir die ausgewählten Waren bezahlen und im Gegenzug einen kleinen Zettel erhalten.

An solche mitwahrnehmbare Hinweise aus der Situation schließen die Lektüre und mit ihr die sprachlichen Hinweise unmittelbar an, wenn wir lesen »Ihr Reiseplan« oder unser Blick auf eine Summierung von Zahlen fällt und wir wie selbstverständlich auf die mit dieser Lektüresituation kompatible Textsorte (Fahrplan bzw. Kassenzettel) mit der dazugehörigen Texthandlung schließen. Abgrenzungs- und Gliederungs-Hinweise (speziell: Ganzheitshinweise) unterstützen diesen Prozess dabei: so etwa die Form des Faltblattes (Leporello) und die tabellarische Anordnung von Orts- und Zeitangaben oder die Form des perforierten Abrisszettels mit dem Kassenaufdruck. Es sind Hinweise, die darauf beruhen, dass Abgrenzungs- und

Gliederungshinweise selbst musterhaft geworden sind, so dass wir von ihnen aus wahrnehmungs- und wissensabhängig gleichsam automatisch auf eine bestimmte Textsorte und ihre Texthandlung schließen. Die für die Texthandlung maßgeblichen Hinweise können also unmittelbar in die Abgrenzungshinweise des Textes eingehen: so beim *Kassenzettel* die Form des Kassenaufdrucks, so z. B. im Falle der *Wasch- und Pflegeanleitung* die Form des angenähten Etiketts, im Fall des *Urlaubsgrußes* die Form der Ansichtskarte oder im Falle des *Gefahrenhinweises* die Form des Verkehrsschildes.

Wenn wir auf einem an einer Straße aufgestellten Verkehrsschild beim Vorbeifahren lesen »Spielende Kinder« (ein Beispiel von de Beaugrande/Dressler), dann erfassen wir schon aus der Wahrnehmung der materialen Form »Verkehrsschild« die Texthandlung im Sinne einer Ausprägung der Steuerungsfunktion als beachtenswerte Mitteilung, die unmittelbar handlungsauslösend wirkt (langsamer fahren!). Oder: Wir fangen an, ein Wäscheetikett in einem T-Shirt zu lesen und nehmen auch hier über einen Ganzheitshinweis (das Angenähte) wie selbstverständlich den Hinweis auf eine Ausprägung der Steuerungsfunktion im Sinne des Instruierens über den Umgang mit dem anhängenden Kleidungsstück als Texthandlung wahr. Oder: Wir erkennen das Layout einer Todesanzeige oder einer Werbeanzeige und aktivieren dann ausgelöst durch die Wahrnehmung dieser Lektüresituation unser Vorwissen über die für diese Textsorten charakteristischen Texthandlungen. Entscheidend ist dabei nicht, dass wir als Alltagsleser die fraglichen Texthandlungen »ausbuchstabieren« können, wenn wir danach gefragt werden, sondern dass wir das, was geschrieben steht, vor dem Hintergrund der Erwartung der mit diesen Textsorten verbundenen Texthandlung verstehen.

7.3.2   Performative und verdeckt performative Hinweise

Was die soeben beschriebenen Musterhinweise aus der Wahrnehmung der Formen eines Textes leisten, können auch sprachlich-lesbare Hinweise leisten, indem eine Textsorte bzw. eine Texthandlung selbst- und rückbezüglich benannt wird. Der Prototyp dafür sind performative Hinweise, die den selbst- und rückbezüglichen Charakter der Benennung explizit zum Ausdruck bringen (»Hiermit …«). Bei »verdeckt performativen« (von Polenz) Hinweisen wird die Selbst- und Rückbezüglichkeit der Benennung mitverstanden (z. B. im Fall von Überschriften und Titeln, in denen substantivierte Sprachhandlungsverben vorkommen).

Wie sich aus explizit und verdeckt performativen Hinweisen Texthandlungshinweise ergeben können, wird am folgenden Beispiel 9 offenbar. Es handelt sich um einen Ausschnitt aus einer Zuschrift auf eine Wohnungsanzeige.

Bsp. 9: Zuschrift

… und möchte mich hiermit um die von Ihnen ausgeschriebene 4 ZKBB-Wohnung *bewerben*.

Die für diesen Text relevante Texthandlung ergibt sich einerseits aus einer Reihe von Musterhinweisen der Abgrenzung und Gliederung (s. u. 8.3.1) als *Geschäftsbrief* (s. o. 4.2.2.2, Bsp. 6 die Wiedergabe eines Beispiels). Performativ expliziert wird diese Texthandlung als »Sich Bewerben«. In der Selbstbeschreibung als Sprachhandlung des Bewerbens kommt die Nützlichkeit der Zuschrift als Ausprägung der Steuerungsfunktion zum Ausdruck, mit der der Adressat zu etwas veranlasst werden soll (hier: zur Rückmeldung im Anschluss an eine Offerte), so dass wir alles, was sonst noch in diesen Texten geschrieben (z. B. die Darstellung im Sinne des Beschreibens der eigenen Situation) und sonst wie wahrnehmbar gemacht wird (z. B. die Wahl des Briefpapiers und das Layout, die Selbstdarstellung) vor dem Hintergrund einer spezifischen Ausprägung der Steuerungsfunktion verstehen.

Hinweise auf Textfunktionen können sich verdeckt performativ auch aus Titeln und Überschriften ergeben. Das gilt insbesondere dann, wenn Titel und Überschriften durch deverbale Substantive gebildet werden, die eine Sprachhandlung benennen, so dass wir den implizit performativen Hinweis mitverstehen: »Mahnung → mahnen«, »Bewerbung → bewerben«, »Kommentar → kommentieren« usw. Die nominalisierte Sprachhandlung steht dann für den Text selbst und kann in diesem Sinne als Signal sowohl für die Texthandlung als auch für die Textsorte verstanden werden. Textsorte und Texthandlung fallen dann, so das Signal, unmittelbar zusammen.

Freilich darf man sich von performativen und implizit performativen Texthandlungshinweisen nicht in die Irre führen lassen. Was ein Text als seine Texthandlung ostentativ hervorhebt, muss nicht immer seine einzige und seine primäre Nützlichkeit sein. Es gilt also stets, den Text nach weiteren Textfunktionshinweisen zu durchsuchen. Die Packungsbeilage zu Arzneimitteln ist dafür ein gutes Beispiel, weil es hier neben performativen Texthandlungshinweisen auf Steuerung (im Sinne des Umgangs mit dem Medikament) noch weitere Hinweise auf andere kommunikative Nützlichkeiten gibt.

Zur Vertiefung
Brinker 2000; Motsch 2000; Gülich/Meyer-Hermann 1982.

7.3.3   Hierarchiehinweise auf Neben- und Unterhandlungen

Der Zusammenhang von Textfunktionen ergibt sich in der Regel im Sinne einer Hierarchie von Haupt-, Unter- und Nebenhandlungen. Ein solcher handlungslogischer Zusammenhang ist gemeint, wenn in diesem Abschnitt von *Hierarchiehinweisen* die Rede ist.

Hierarchische Relationen von Grundfunktionshinweisen werden in der Regel mitverstanden, aber nicht expliziert. Dafür ist z. B. der schon besprochene Kassenzettel ein Beleg (s. o. Bsp. 8). Das Bezugnehmen auf Waren und Preise, das Addieren und das Subtrahieren von Zahlen sowie das Nennen des ausgebenden Geschäftes verstehen wir als Unterhandlungen zu einer Texthandlung der Zahlungsbescheinigung. Wir verstehen also über die Darstellungsfunktion hinaus einen auf

den Text bezogenen Handlungszusammenhang im Sinne der Belegfunktion mit.
Dafür sind neben den Musterhinweisen auf die Textsorte des »Kassenzettels« (s. o.
7.3.1) handlungslogisch implizierte *indem*-Hinweise maßgeblich. Neben diesen
Haupt- und Unterhandlungen gibt es auf dem Kassenzettel aber auch Nebenhand-
lungen. So verstehen wir die auftretenden Kontakthinweise als Beiträge zu einer
Steuerungsfunktion im Sinne des Werbens für das ausgebende Geschäft. Solche
Neben-Handlungen verstehen wir als handlungslogisch implizierte *wobei*-Hinweise
mit.

Achtung!
Die Gewichtung von Grundfunktionshinweisen im Sinne von Haupt-, Unter-
und Nebenhandlungen ist stark wissensabhängig, und sie wird selten sprachlich
explizit markiert. Die hier zur Beschreibung verwendeten Konjunktionen *indem*
und *wobei* kommen in performativer Verwendung außerhalb fachsprachlicher
Kontexte deshalb so gut wie nicht vor!

Zur Vertiefung
Klein 2000; von Polenz 1988, S. 328 ff.

7.4   Hinweise auf gesellschaftliche Funktionsbereiche

Texthandlungen und Textsorten sind eingebettet in größere Funktionszusammenhän-
ge im Sinne von gesellschaftlichen Funktionssystemen mit eigenen Organisationen
und Institutionen. Die Nützlichkeit eines Textes ergibt sich auch aus dem Mitvollzug
eines solchen gesellschaftlichen Funktionssystems. Auch dieser Funktionsaspekt
kann in Texten signalisiert werden. Wir sprechen dann von Hinweisen auf gesellschaftliche Funktionsbereiche. Wenn wir z. B. auf der ersten Seite eines mehrseiti-
gen Faltblatts im DIN-A4-Format lesen »Mietvertrag zwischen ...«, verstehen wir
das als Hinweis auf eine Textsorte und -handlung im Sinne einer Ausprägung der
Grundfunktion des *Belegs* (Text als Beleg der Selbstbindung der Unterzeichnenden),
zugleich aber auch den Mietvertrag als Vollzug und Bestandteil einer spezifischen
Form der *Rechts*kommunikation. – Wenn wir auf dem Deckblatt eines Buches den
Untertitel »Roman« lesen, verstehen wir das als Hinweis auf eine Textsorte und
-handlung im Sinne einer Ausprägung der Grundfunktion der *Unterhaltung* (im
Sinne der Texthandlung des Erzählens), zugleich aber auch den Roman als Vollzug
und Bestandteil einer spezifischen Form der *literarischen* Kommunikation.

Neben solchen Hinweisen auf gesellschaftliche Funktionsbereiche, die von
Texthandlungs- und Textsortenhinweisen mit ausgehen, gibt es aber auch eigenständige Hinweise auf Funktionssysteme, die wir anschließend kurz besprechen
wollen. Dazu zählen wir Systemhinweise (wie »Wissenschaft«), mit denen die
fraglichen Funktionsbereiche signalisiert werden (7.4.1) und Institutionshinweise
(wie »Deutsche Bahn«), mit denen die Institutionen und Organisationen, aber auch

organisationsspezifische Funktionen, Ämter und Funktionsrollen (wie Arzt – Patient oder Verkäufer – Kunde) benannt werden (7.4.2).

Terminologie
»Handlungsbereiche«: Brinker 2005, S. 148 ff.

Zur Vertiefung
Gansel/Jürgens 2002; Heinemann 1991; Schmidt 1981.

7.4.1   Systemhinweise

Ein Text kann seine Zugehörigkeit zu einem bestimmten Funktionsbereich dadurch anzeigen, dass der fragliche Funktionsbereich benannt wird, dass also die Begriffe, die wir eingangs zur Illustrierung verwendet haben, im Text selbst auftauchen und zur Einordnung des Textes benutzt werden. Wir nennen solche performative bzw. verdeckt performative Hinweise auf die Funktionszugehörigkeit eines Textes Systemhinweise, um zu betonen, dass damit selbst- und rückbezüglich auf ein bestimmtes Funktionssystem der Gesellschaft referiert wird. Im Anschluss an Ansätze aus der Soziologie zur funktionalen Differenzierung der Gesellschaft kann man dazu etwa die folgenden Funktionsbereiche ansetzen:

– Wirtschaftskommunikation,
– Rechtskommunikation,
– Kunstkommunikation, z. B. literarische Kommunikation,
– Gesundheitskommunikation,
– politische Kommunikation,
– Wissenschaftskommunikation,
– religiöse Kommunikation,
– Intimkommunikation,
– Kommunikation in den Massenmedien,
– pädagogische Kommunikation (Erziehungssystem)
– …

Für die Zwecke der Textlinguistik muss es reichen, diese Bereiche zu benennen (ohne sie im Einzelnen zu erläutern). Wichtig ist, sich klar zu machen, dass damit charakteristische Formen des Kommunizierens gemeint sind, die sich voneinander durch ihre Leitorientierung(en) und ihre Zwecksetzungen unterscheiden und die im Laufe der Geschichte häufig eigene Organisationen und Institutionen entwickelt haben (in der Wissenschaft z. B. Universitäten, in der Gesundheitskommunikation z. B. Krankenhäuser). Hinweise auf diese Funktionssysteme können sich nun in lexikalisierter Form dadurch ergeben, dass im Text Begriffe für Funktionssysteme aufgegriffen werden, um die Nützlichkeit der vollzogenen Texthandlungen in einen größeren Kontext zu stellen. Sie können sich aber auch dadurch ergeben, dass Texte eine für ein Funktionssystem charakteristische Semantik aufgreifen, die über einzelne Begriffe hinausgeht, insofern in ihnen die Zwecksetzung des jeweiligen Funktionssystems zum Ausdruck kommt. Einen wissenschaftlichen Text erkennt man z. B. nicht nur daran, dass darin Systemhinweise und institutionelle Hinweise enthalten sind, sondern auch an seiner spezifischen Orientierung an *Wahrheit*, einen religiösen Text an seiner spezifischen Orientierung an *Glauben* oder einen juristischen Text an seiner Orientierung an *Recht*. Wir verstehen diese Funktionssystemverortung in der Regel mit, ohne darüber zu reflektieren. Textlinguistische Analysen sollten offen dafür sein, auch diesen Mitvollzug anhand von Systemhinweisen zumindest mit in den Blick zu nehmen.

Zur Vertiefung
Luhmann 1997, Kap. 4; Baraldi et al. 1997, Eintrag »Gesellschaftsdifferenzierung«, S. 65 ff.

Übungsaufgabe 4
Zeigen Sie am Beispiel des »Vorwortes« von R. Koselleck (s. o. Bsp. 19, Kap. 6), welches gesellschaftliche Funktionssystem für die Nützlichkeit dieses Textes relevant ist und wie das durch Systemhinweise zum Ausdruck gebracht wird!

7.4.2   Institutionelle Hinweise

In dem Maße, in dem Texte ihre Nützlichkeit primär als Mitvollzug organisierter und institutionalisierter Kommunikation innerhalb bestimmter Kommunikationsbereiche gewinnen, lässt sich ihre Zugehörigkeit zu dem jeweiligen Funktionsbereich in der Regel schon auf den ersten Blick in der Selbstbezeichnung der fraglichen Institution bzw. Organisation erkennen: Im Falle von Briefen z. B. im Briefkopf oder auf dem Briefumschlag mit dem Namen einer Institution (»Universität Zürich«) und der Kennzeichnung des Autors im Sinne eines institutionsspezifischen Amtes (»Der Rektor«). Wir nennen solche und ähnliche Hinweise auf funktionsspezifisch organisierte Kommunikation *institutionelle* Hinweise. Institutionelle Hinweise dieser Art finden ihren Ausdruck z. B. in:

– Bezeichnungen für Institutionen (wie »Universität«, »Gericht«, »Klinik«), häufig als Name einer konkreten Institution (»Universität Zürich«, »Universitätsspital«, »Landgericht …«) sowie in
– Bezeichnungen für institutionelle Funktionen, Rollen und Ämter (wie *Rektor*, *Chefarzt*, *Richter*).

Mit ausgeprägt institutionellen Hinweisen ergibt sich eine spezifische Aufladung der Kontaktfunktion. Die Kontakthinweise sind in ihrer Definition der sozialen Beziehung zwischen Autor und Leser dann spezifisch institutionalisiert: Der Leser und die Leserin werden von vornherein in einer bestimmten funktionsbereichsspezifischen Rolle angesprochen, der Autor und die Autorin geben sich von vornherein in einer komplementären Rolle zu erkennen. Belege dafür sind mit Bezug auf die in diesem Kapitel behandelten Beispiele etwa

- der Hinweis »Deutsche Bahn« (mit dem entsprechenden Firmenlogo) auf dem Faltblatt »Ihr Reiseplan«), mit dem sich der Autor im Sinne eines *Wirtschafts*unternehmens präsentiert, der sich selbst als Dienstleister und den Leser als Kunden anspricht (»Ihr Reiseplan«);
- die Anrede »Lieber Patient« auf dem Beipackzettel, mit der eine für die *Gesundheits*kommunikation spezifische Funktionsdifferenzierung von Arzt/Ärztin und Patient/Patientin aufgerufen wird; zugleich finden wir aber auf dem Beipackzettel auch die Selbstdarstellung des Autors als Hersteller des fraglichen Medikamentes und damit einen Hinweis auf *Wirtschafts*kommunikation;
- der Hinweis »Es bediente Sie« auf dem Kassenzettel, mit dem die Art der sozialen Beziehung als eine für die *Wirtschafts*kommunikation typische Aufteilung zwischen *Verkäufer* und *Kunde* dargestellt wird; aber auch
- die Selbststilisierung des Autors als kunstvoller und reflektierter Erzähler und die Stilisierung des Lesers als »Leser« einer Novelle, eines Romans oder einer Geschichte, mit der die soziale Beziehung als eine für die *literarische* Kommunikation typische dargestellt wird.

Zur Vertiefung
Brinker et al. 2000, Kap. IX (»Kommunikationsbereiche und ihre konstitutiven Textsorten«).

8. Hinweise auf Textsorten

8.1 Worauf man bei der Analyse achten sollte

Zu welcher Textsorte gehört der Text? Woran kann man das erkennen? Worin besteht die für seine Textsortenzugehörigkeit typische Musterhaftigkeit? Dass sich Fragen wie diese im Alltag der Lektüre selten stellen, ist die Leistung der Textsortenhinweise. Sie signalisieren die für den Text als Exemplar einer Gattung charakteristische Musterhaftigkeit. Die Textualität eines Textes zu erfassen, impliziert immer auch, die ihm eigene Musterhaftigkeit mitzuerfassen. Hinweise auf Textsorten werten wir in der Regel wie selbstverständlich aus, ohne dass wir lange darüber nachdenken müssen. Erst wenn diese Hinweise fehlen oder systematisch außer Kraft gesetzt werden, wird die Frage nach der Musterhaftigkeit eines Textes akut und kann Textualität unter dem Aspekt der Musterhaftigkeit problematisch werden.

Bei der Beschäftigung mit den Hinweisen auf Textsorten kommt es darauf an, die Textsortenzugehörigkeit eines Textes im Sinne der in ihm realisierten Musterhaftigkeit so nachzuzeichnen, wie es im Text nahegelegt wird. Alles, was dazu beiträgt, dass wir einen Text als musterhafte Ausprägung einer bestimmten Gattung von Texten wiedererkennen, kommt deshalb prinzipiell als Textsortenhinweis in Frage. Was man bei der Analyse der Textsortenhinweise besonders beachten sollte, wird im Folgenden vorausgeschickt:

– Das Erkennen von Textsortenzugehörigkeit ist grundsätzlich stark wissensabhängig, d. h.: abhängig von unserer Vertrautheit mit der fraglichen Textsorte – es handelt sich also immer und notwendig um ein *Wieder*erkennen!

– Textsorten sind – wie im vorangehenden Kapitel schon erläutert – als musterhafte Ausprägungen der Realisierung von Texthandlungen zu verstehen. Texthandlungen und Textsorten verweisen deshalb wechselseitig aufeinander: Zum Teil erkennen wir Texthandlungen aus Textsortenhinweisen im Sinne der Musterhinweise (s. u. 8.3), zum Teil erkennen wir Textsorten aus Texthandlungshinweisen im Sinne der performativen und verdeckt performativen Hinweise (s. u. 8.2).

– Musterhaftigkeit erstreckt sich auf alles, was einen Text und seine Textualität ausmacht. Wir begegnen an dieser Stelle also allen Textualitätsmerkmalen wieder – und gewinnen ihnen unter dem Aspekt ihrer Musterhaftigkeit einen weiteren Aspekt von Textualität ab: Jeder Textualitätshinweis ist *auch* ein Musterhinweis! Diese Aufladung von Textualitätshinweisen zu Musterhinweisen ist charakteristisch für eine entwickelte Textkultur.

– Hinweise auf Textsorten und die ihnen eigene Musterhaftigkeit zeigen sich am deutlichsten in der Zusammenschau einer korpuslinguistischen Untersuchung, in der man sich die Musterhaftigkeit relevanter Textualitätshinweise durch Wiederholung und Abweichung in anderen Exemplaren plausibel macht.

– Die Textsorten unserer Textwelt gehorchen in den meisten Fällen nicht der
  Strenge einer wissenschaftlichen Definition und der Systematik einer Taxonomie
  von Gattungen und Gattungsmerkmalen. Musterhaftigkeit impliziert keineswegs
  wissenschaftliche Klassifizierbarkeit!
– Musterhaftigkeit ist in Texten immer auf unterschiedlichen Ebenen ausgeprägt.
  Textsortenhinweise sind deshalb von unterschiedlicher Feinheit: Sie können
  vergleichsweise allgemein sein (und z. B. eine textuelle Musterhaftigkeit im
  Sinne des *Buches* oder des *Briefes* signalisieren), und sie können vergleichsweise
  konkret sein (und z. B. eine textuelle Musterhaftigkeit im Sinne des *Romans* oder
  des *Liebesbriefes* signalisieren).
– Wir entwickeln im Folgenden keine Textsortentypologie, sondern wollen zeigen,
  worauf eine Analyse von Textsortenhinweisen über die Analyse der bislang
  besprochenen Textualitätshinweise hinaus abzielt.

Bevor wir eine Entdeckungsaufgabe anschließen, wollen wir die Musterhaftigkeit
von Texten mit einem Vergleich aus der Fauna und Flora veranschaulichen: Woran
erkennen wir im Alltag die Gattung eines Tieres oder einer Pflanze wieder? Wenn
wir durch einen Zoo oder einen botanischen Garten spazieren, haben wir es leicht:
Wir finden die fragliche Gattung in der Regel in der Nähe des Geheges bzw. der
Pflanzung bezeichnet und erläutert. Auf Beschilderungen dieser Art sind wir in
der Nahwelt der uns umgebenden Pflanzen und Tiere aber zumeist nicht angewiesen: Einen Schäferhund, Boxer oder Dackel erkennen wir auch ohne Täfelchen:
Wahrnehmbare Merkmale fügen sich zu einem bestimmten Muster zusammen, das
unserem Bild von der fraglichen Gattung entspricht. Die Merkmale (z. B. die Form
der Schnauze) sind also die Hinweise, aus denen wir auf Musterhaftigkeit schließen.
Das alles kann gleichsam reibungslos aufgehen, es kann aber auch vorkommen,
dass unser Bild gestört wird, sich nicht alles zusammenfügt und wir eine Art Mus-
termischung feststellen: ein bisschen was von einem Schäferhund, ein bisschen was
von einem Boxer.
    In unserem Umgang mit Texten verhält es sich so ähnlich: Manchmal gibt es
Schildchen und Täfelchen, auf denen eine Gattung für uns bezeichnet und in ihren
Merkmalen erklärt wird: Das ausgefeilte System der literarischen Gattungen ist
dafür ein anschauliches Beispiel. Die Texte im Nahbereich unserer alltäglichen
Textroutine des Zeitung-, SMS-, Etiketten- und Beipackzettel-Lesens erkennen
wir aber zumeist ohne solche Beschriftungen wieder, und ähnlich wie bei den
Tieren und Pflanzen auf den ersten Blick! Einen Geschäftsbrief erkennen wir in
der Regel schon im Briefkasten, bevor wir den Briefumschlag geöffnet haben.
Auch in der Welt der Texte muss es also wahrnehmbare Erscheinungsformen
geben, in denen sich Merkmale von Gattungszugehörigkeit manifestieren und
die wir wie selbstverständlich auswerten: die Materialität des Textes und sein
Erscheinungsort im Leben (in einer Zeitung oder einem Buch, auf einem Etikett
oder als Zettel in einer Packung oder einem speziellen Umschlag) die Qualität des
Papiers, auf dem gedruckt oder geschrieben wurde, das Layout, Länge und Aufbau
der Sätze, die Wahl des Wortschatzes. Letztlich kommt hier alles in Betracht, was die

Textualität eines lesbaren Etwas *als Text* ausmacht: Textgrenzen, Textverknüpfung, Textthema, Textfunktion, Textbezüge. Deshalb sind Textualitätshinweise immer auch Musterhinweise, aus denen wir auf Textsortenzugehörigkeit schließen. All das kann, wie im Tier- und Pflanzenreich auch, reibungslos ablaufen, es kann aber auch zu Irritationen kommen: viel von einem Kochrezept, ein bisschen was von einer biografischen Erzählung. Wir müssen also auch in der Textwelt gelegentlich mit Mustermischungen rechnen.

Entdeckungsaufgabe 1

Zu welcher Textsorte gehört das folgende Textexemplar? Beantworten Sie diese Frage zunächst aus Ihrer Textroutine! Versuchen Sie dann die Hinweise ausfindig zu machen, die Ihnen diese Zuordnung ermöglicht haben! Welcher Art sind die Hinweise, die Sie aus der im Alltag gegebenen Lektüresituation und aus dem Lektürekontext ergänzt haben? Was können Sie den hier wiedergegebenen sprachlichen Erscheinungsformen im Sinne von Textsortenhinweisen entnehmen?

Bsp. 1: Mitternächtliche Frühstückspfanne

Mit diesem Rezept verbindet mich eine lange Geschichte. Sie reicht zurück bis in die Zeit, als ich noch ein Milchbart war. Damals kippte ich mit meinen Kumpels im Pub von Saffron Walden meine ersten Bierchen, und weil ich noch nicht volljährig war, verschaffte ich mir mit einem gefälschten Ausweis Zutritt. Nicht, dass Sie mich jetzt für einen frühreifen Alkoholiker halten: Das haben wir wohlgemerkt nur ab und zu gemacht. Wahrscheinlich hat so ziemlich jeder, ob nach einer größeren Sause oder auch einem eher friedlichen Abendprogramm, schon einmal nach Mitternacht diesen Appetit auf etwas Herzhaftes verspürt. Warum hätten sonst auch die Kebab-Buden bei uns zu später Stunde noch so viel Zulauf? Jedenfalls brachte ich bei solchen Gelegenheiten regelmäßig drei, vier Freunde mit nach Hause. Manchmal übernachteten sie bei uns, auf jeden Fall aßen wir noch etwas zusammen. Wir waren hungrig, müde und entsprechend ungeduldig, und dieses Gericht hatte den unschätzbaren Vorteil, dass sowohl seine Zubereitung als auch der anschließende Abwasch schnell gingen. Genau genommen, musste ich hinterher nur die Pfanne auswischen.

Während man die Zutaten zusammensucht, wird schon auf hoher Stufe die größte beschichtete Pfanne, die zur Verfügung steht, erhitzt. Klar, dass man auf eine solche Situation nicht vorbereitet ist. Also wandert hinein, was gerade da ist. Am besten schmeckt mir das Gericht mit Pilzen, Frühstücksspeck (Bacon), Tomaten, Würstchen und Eiern. Die Würstchen längs durchschneiden, flach drücken – so werden sie schneller gar – und in eine Pfannenhälfte legen. In die andere etwas Öl gießen und die Pilze einlegen, die Sie nach Belieben ganz lassen, grob zerpflücken oder zerschneiden können. Die Pfanne leicht rütteln, bis die Pilze mit Öl überzogen sind. Salzen, pfeffern und auf der Seite zusammenschieben. Auf die frei gewordene Fläche in der Pfanne kommen jetzt ein paar Speckscheiben und Tomatenhälften oder -viertel. Einige Minuten braten, bis der Speck knusprig und goldbraun ist. Die Pfanne wieder rütteln und den Speck wenden. Jetzt ist es an der Zeit, einige Weißbrotscheiben in den Toaster zu stecken.

Weil eine solche Mitternachtspfanne ruhig etwas deftig daherkommen darf oder sogar sollte, mischen Sie jetzt alles durcheinander und schlagen in einigem Abstand zueinander zwei, drei Eier hinein. Die Temperatur etwas verringern und alles noch 1 Minute braten, bis das Eiweiß, das zwischen den Würsten, den Speck, die Tomaten und die Pilze gelaufen ist, leicht stockt. Zuletzt schieben sie die Pfanne unter den Grill, bis die Eier die Konsistenz haben, die Sie mögen. Aus einer beschichteten Pfanne gleitet das Ganze so geschmeidig auf einen Teller wie ein gut geworfenes Frisbee durch die Luft. Und genauso schnell ist es garantiert auch verschwunden. Sollen wir wetten?

Wenn man anfängt, etwas intensiver darüber nachzudenken, woraus sich unser Wiedererkennen des Exemplarischen eines Textes speist, stößt man bald darauf, dass es eine unüberschaubare Vielfalt von Merkmalen eines Textes gibt, die potenziell als Hinweise auf Musterhaftigkeit – wir wollen sie *Musterhinweise* nennen – ins Spiel kommen und die auf verschiedenen Ebenen der Gattungs- bzw. Textsortenspezifizierung ansetzen: Das fängt mit der Materialität des Textes an, die wir automatisch mitwahrnehmen, wenn wir auf ein Textexemplar stoßen, und hört mit Details der sprachlichen Formgebung auf, auf die wir im Zuge der Lektüre stoßen. Nicht zufällig begegnen uns in dem, was die Merkmale eines Textes und davon ausgehend seine Musterhaftigkeit ausmacht, unsere Textualitätsmerkmale wieder: Entsprechend manifestiert sich Musterhaftigkeit in der Art und Weise,

– wie ein Text seine Abgrenzung und seine Gliederung nach innen signalisiert (s. o. Kap. 4: Abgrenzungs- und Gliederungshinweise!),
– wie er die Verknüpfung seiner Elemente signalisiert (s. o. Kap. 5: Verknüpfungshinweise!),
– wie er die thematische Zusammengehörigkeit seiner Elemente signalisiert (s. o. Kap. 6: Themahinweise!),
– wie er seine kommunikative Nützlichkeit signalisiert (s. o. Kap. 7: Textfunktionshinweise!) und
– wie er seine Textbezüge signalisiert (s. u. Kap. 9: Textbezugshinweise!).

Musterhaftigkeit wird dabei auf einer Skala zwischen Allgemeinheit und Spezifik indiziert. Aus allgemeinen Textualitätshinweisen ergeben sich auch allgemeine Textsortenhinweise: So z. B. aus der Abgrenzung eines Textes durch Buchdeckel eine Facette von Musterhaftigkeit im Sinne des *Buches* oder aus der Hervorhebung der Nützlichkeit eines Textes im Sinne der ästhetischen Unterhaltung eine Facette von Musterhaftigkeit im Sinne der *Literatur*. Je spezifischer die Textualitätshinweise sind, desto spezifischer werden auch die Textsortenhinweise. So ergibt sich z. B. aus der Abgrenzung eines Textes in Form eines mehrfach gefalteten, beigepackten Stück dünnen Papiers eine Facette von Musterhaftigkeit im Sinne des *Beipackzettels*. Aus der Abgrenzung in Form eines angenähten und bedruckten Stückchens Stoff ergibt sich die Musterhaftigkeit des *Etiketts*. Aus der Hervorhebung der Nützlichkeit eines Textes im Sinne des realistischen Erzählens einer kurzen Geschichte mit überraschendem Ausgang ergibt sich eine Facette von Musterhaftigkeit im Sinne der *Novelle*. Aus der Nützlichkeit eines Textes im Sinne des Anleitens zur Bedienung eines technischen Gerätes ergibt sich eine Facette von Musterhaftigkeit im Sinne der *Gebrauchsanleitung*. Und damit haben wir nur ein Textualitätsmerkmal herausgegriffen und das Zusammenspiel mit den anderen Textualitätshinweisen noch ganz vernachlässigt. Aber schon, wenn man nur einzelne Textualitätshinweise herausgreift, kann man sehen, wie mit Textualitätshinweisen in den bislang beschriebenen Merkmalsdimensionen grundsätzlich *auch* Hinweise auf die Musterhaftigkeit eines Textes Hand in Hand gehen. Im Alltag der Textroutine werten wir diese auf Musterhaftigkeit und Textsortenzugehörigkeit bezogene Funktionalität der Textualitätshinweise automatisch mit aus.

Wie man sich das im Einzelnen vorzustellen hat, wollen wir im Folgenden auf exemplarische Weise veranschaulichen. Wir fangen mit den Fällen an, in denen Texte selber ihre Textsortenzugehörigkeit bezeichnen, also Schildchen und Täfelchen aufstellen. Wir sprechen hier von performativen bzw. verdeckt performativen Hinweisen (s. u. 8.2). Alle anderen Hinweise wollen wir im gerade besprochenen Sinne *Musterhinweise* nennen: Sie signalisieren wissensabhängig die Musterhaftigkeit eines bestimmten Textualitätshinweises (s. u. 8.3).

> *Achtung!*
> Nicht jedes Textualitätsmerkmal ist für die Musterhaftigkeit eines bestimmten Textes gleich bedeutsam: Für ein Etikett ist die Musterhaftigkeit der Text*abgrenzung* (das Angenähte!) aussagekräftiger als die Musterhaftigkeit der Text*verknüpfung*, für ein Gedicht umgekehrt die Musterhaftigkeit der Text*verknüpfung* (das Gereimte!) aussagekräftiger als die Musterhaftigkeit der Text*abgrenzung*. Wir konzentrieren uns bei der Darstellung der Musterhinweise deshalb jeweils auf Fälle und Beispiele, die zeigen, wie die Musterhaftigkeit bestimmter Textualitätshinweise Textsorten bildend werden konnte.

Zur Vertiefung
Gansel/Jürgens 2002, S. 78 ff.; Adamzik 2000; Heinemann 2000a; Heinemann 2000b; Kallmeyer 1986; Gülich/Raible 1972.

8.2   Performative und verdeckt-performative Hinweise

Als musterhafte Lösungen für wiederkehrende kommunikative Aufgaben haben sich für Textsorten vielfach Bezeichnungen herausgebildet, mithilfe derer musterhafte Lösungen im Sinne bekannter Textsorten (Gattungen) benannt werden können und in Texten selbst auch vielfach benannt werden. Texte können auf diese Weise selbst Auskunft über ihre Musterhaftigkeit geben. Wie immer sind diese metakommunikativen Hinweise die ins Auge springenden Hinweise. Wie immer tauchen sie typischerweise in Titeln und Überschriften auf.

– »Gebrauchsinformation« (Bsp. 6 in Kap. 6)
– »Reiseplan« (Bsp. 1 in Kap. 7)
– »Aufforderungs-Schein« (Bsp. 5 in Kap. 7)

Die Begriffe, mit denen Texte ihre eigene Textsortenzugehörigkeit zum Ausdruck bringen können, sind vielfältig und zahlreich. Einen ersten Eindruck von dieser

Vielfalt ermöglicht ein Wörterbuch der deutschen Sprache, wenn man darin gezielt potenziell Textsorten benennende Ausdrücke (von A wie *Anschreiben* bis Z wie *Zuschrift*) sucht (s. u.). Es scheint unmöglich, diese Vielfalt auf eine wissenschaftlichen Ansprüchen genügende taxonomische Ordnung abzubilden, ohne den Textverhältnissen Gewalt anzutun. Klassifizierbarkeit ist in den allermeisten Fällen kein Anspruch, der für das Entstehen solcher Ausdrücke relevant gewesen wäre. Gleichwohl fällt auf, dass sich in vielen Fällen Ausdrücke finden, in denen die Musterhaftigkeit eines bestimmten Textualitätsmerkmals und der darauf bezogenen Textualitätshinweise auf den Begriff gebracht worden ist. So stehen z. B.

– Begriffe wie *Buch, Zettel* oder *Ansichtskarte* (aber auch *Schild* oder *Aufschrift*) für jeweils bestimmte Ausprägungen der Musterhaftigkeit materialer *Textabgrenzung* und Begriffe wie *Absatz, Spalte, Strophe* oder *Vers* für jeweils bestimmte Ausprägungen der Musterhaftigkeit typografischer *Textgliederung*;
– Begriffe wie *Gedicht, Roman* oder *Beschreibung* für jeweils bestimmte Ausprägungen der Musterhaftigkeit sprachlicher *Textverknüpfung*;
– Begriffe wie *Sport*-Bericht oder *Liebes*-Gedicht für jeweils bestimmte Ausprägungen der Musterhaftigkeit *thematischer Zusammengehörigkeit*;
– Begriffe wie *Kommentar, Bewerbung* oder *Kontakt*-Anzeige für jeweils bestimmte Ausprägungen der Musterhaftigkeit von *Textnützlichkeit*;
– Begriffe wie *Rezension, Literaturkritik, Parodie* oder *Pastiche* für jeweils bestimmte Ausprägungen der Musterhaftigkeit von *Textbezügen*.

Zur Vertiefung
Techtmeier 2005; Kniffka 2003; Adamzik 1995; Franke 1990; Dinter 1981.

8.3   Musterhinweise

8.3.1   Textabgrenzung und Textgliederung als Musterhinweise

Wenn man sich fragt, in welchen Fällen die Musterhaftigkeit der Textabgrenzung Textsorten bildend geworden ist, stößt man insbesondere auf Belege, in denen sich eine Textnützlichkeit im Sinne der *Steuerungs*hinweise ausgeprägt hat (s. o. 7.2.2). Wenn man daran denkt, dass Steuerungshinweise in den besonders offensichtlichen Fällen praktische Handlungen in einer konkreten Lektüresituation betreffen, verwundert es nicht, dass sich diese Situationsbindung häufig schon in der Materialität der Textabgrenzung niedergeschlagen hat. Die praktische Zwecksetzung der Lektüre prägt sich gleichsam unübersehbar in die Erkennbarkeit einer textuellen Einheit ein. Besonders anschaulich wird das im Falle von Schildern, speziell von Verkehrsschildern (Bsp. 2).

Bsp. 2: Verkehrsschilder

Die hier abgebildeten Verkehrsschilder illustrieren die Materialität der auf Blech geprägten Aufschrift als Abgrenzungshinweis, und sie illustrieren darüber hinaus das *Schild* als einen Textualitätshinweis, in dem die Musterhaftigkeit der Textabgrenzung Textsorten bildend geworden ist. Die Beispiele zeigen, wie sich über diese materiale Musterhaftigkeit hinaus mit der Art der Prägung, der Art der abgebildeten Zeichen, der farblichen Gestaltung sowie der Schriftgestaltung sofort weitere Musterhinweise im Sinne der Textsorte des *Verkehrsschildes* und stärker wissensabhängig (theoretische Führerscheinprüfung!) Musterhinweise auf die Textsorten *Vorschrifts-* und *Richt*zeichen ergeben.

Die Musterhaftigkeit der Textabgrenzung ist aber nicht auf die Textnützlichkeit im Sinne der Steuerung zu reduzieren. Sie hat sich dort nur besonders anschaulich ausgeprägt. Viele andere Belege ergeben sich, wenn man gezielt nach materialen Abgrenzungshinweisen außerhalb des Buches und des Papiers als Druckträger Ausschau hält. Bedruckte *Karten* sind ein solcher Beleg für musterhafte Abgrenzungshinweise (Bsp. 3).

Bsp. 3: Eine Mehrfachfahrkarte

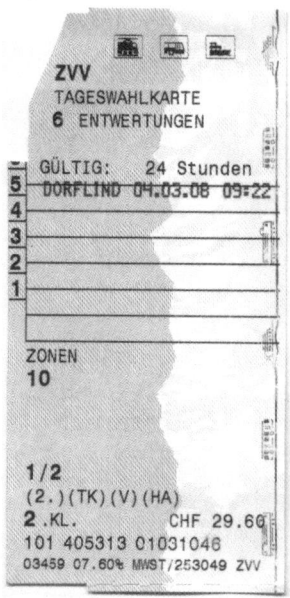

Dieses Beispiel illustriert den Abgrenzungshinweis eines speziellen Typs von Karte: Ein kleines Stück Karton, auf der einen Seite liniert (je nach Anzahl der Einzelfahrten), oft perforiert oder wie hier mit regelmäßigen »Ecken«, die bei der Entwertung durch den Automaten abgeschnitten werden. Auch hier erkennen wir auf den ersten Blick die Musterhaftigkeit der »Fahrkarte« wieder – und der Textsorten bezeichnende Begriff enthält als Grundform (»-karte«) wieder den fraglichen Abgrenzungshinweis.

Die Welt der Texte ist voll von musterhaften Abgrenzungshinweisen, mit denen wir zugleich eine bestimmte Textsortenzugehörigkeit wiedererkennen. Weitere sprechende Begriffe dafür sind: *Leporello, Aufkleber, Faltblatt, Flugschrift, Ordner, Hefter, Post-it* usw. Hand in Hand mit der materialen Abgrenzung hat sich in solchen Fällen auch eine jeweils eigene Art von Schriftlichkeit ausgeprägt, über die die zuzuordnenden Textsorten ein beredtes Zeugnis ablegen – wenn wir an die Welt der Ordner-Schriftlichkeit (mit *Aktennotizen, Vorgängen, Protokollen*) oder an so etwas wie Heft- und Kladdenschriftlichkeit denken (mit *Alben* und *Schreibheften* verschiedenster Art). Mit dem Aufkommen elektronischer Texterzeugung auf Computerbildschirmen erleben wir seit einiger Zeit, wie diese auf einer physischen Materialität beruhenden Abgrenzungshinweise tendenziell entwertet werden. An diese Stelle treten hier neuartige Gliederungs- und Verknüpfungshinweise mit einer eigenen Musterhaftigkeit (s. u. 8.3.2).

Was für die Abgrenzungshinweise gilt, gilt auch für die Gliederungshinweise, mithilfe derer eine textuelle Obereinheit in Untereinheiten aufgeteilt wird. Ein Beispiel dafür sind z. B. die typografischen Gliederungshinweise auf einem Geschäftsbrief, wie im Beispiel 6 in Kapitel 4. Die Felder-Aufteilung des Blattes durch ein spezifisches Layout (mit Freiräumen, Zeilenumbrüchen, links- und rechtsbündigem Druck), illustriert eine Reihe von Gliederungssignalen, mit denen die Adresse des Absenders, die Anschrift des Empfängers, die Orts- und Datumsangabe, die Betreffzeile, Anrede und Mitteilung sowie die Grußformel und Unterschrift voneinander abgegrenzt werden. Aufgrund der Musterhaftigkeit dieser typografischen Gliederungshinweise (standardisiert durch die DIN-Norm 5008) erkennen wir in dieser Art von Seitenaufteilung auf den ersten Blick eine besondere Spielart des Briefes, den *Geschäftsbrief.*

Ein ganz anderes Beispiel für die Musterhaftigkeit von Gliederungshinweisen illustriert die bereits behandelte erste Seite einer Tageszeitung (ebenfalls Kap. 4, Bsp. 8). Hier ist es die Aufteilung unterschiedlicher Meldungen in kleinere Textblöcke durch Gliederungshinweise vielfältiger Art (s. o. 4.3), die Schlagzeilen, Untertitel, Spalten, Kolumnen, Rubriken, Bildbeschriftungen entstehen lassen und von uns sogleich als musterhaft für das Titelblatt moderner Tageszeitungen wiedererkannt wird. Man kann hier mit Fug und Recht von einer eigenen Zeitungsschriftlichkeit sprechen, die eine eigene Kultur musterhafter Gliederungshinweise hat entstehen lassen.

Entdeckungsaufgabe 2
Ein Feld des Ausprobierens und der Entwicklung neuartiger Muster der Textgliederung bieten die Möglichkeiten elektronischer Gliederungshinweise auf Bildschirmtexten. Nehmen Sie den Screenshot, der die Homepage der Universität Zürich zeigt (Bsp. 4 in Kapitel 4). Identifizieren Sie Gliederungshinweise, die als Musterhinweise für die Musterhaftigkeit der Textsorte *Homepage* in Frage kommen! Achten Sie darauf, sich auf Gliederungshinweise zu beschränken – nach Verknüpfungshinweisen ist an dieser Stelle nicht gefragt!

8.3.2 Textverknüpfung als Musterhinweis

Die Fälle, in denen insbesondere die Text*verknüpfung* musterhaft geworden ist, in denen also insbesondere Verknüpfungshinweise starke Musterhinweise sind, begegnen uns prominent in der Welt der literarischen Gattungen, in denen sich vor allem eine Textnützlichkeit im Sinne der ästhetischen Unterhaltungshinweise ausdifferenziert hat (s. o. 7.2.5). Angesichts der für diese Unterhaltungshinweise charakteristischen Formorientierung verwundert es nicht, dass insbesondere sprachliche Verknüpfungshinweise musterhaft weiterentwickelt worden sind. Ostentativ künstliche Verknüpfungen sind besonders geeignet, die Aufmerksamkeit des Lesers auf die Formen des Textes zu lenken. Ein anschauliches Beispiel dafür ist die Musterhaftigkeit der Textverknüpfungshinweise im Gedicht (s. o. 5.2.2), aus der sich wissensabhängig auf Textsortenzugehörigkeit im Sinne lyrischer Gattungen (wie z. B. das *Sonett*) schließen lässt.

Einen anderen anschaulichen Beleg für die Musterhaftigkeit der Textverknüpfung entnehmen wir Fällen, in denen Verknüpfungshinweise im Sinne der Aufzählung Textsorten bildend geworden sind (additive Relationshinweise: s. o. 5.4.1). *Alphabetische Register, Listen* und *Verzeichnisse* sind Belege für die Musterhaftigkeit dieser Art von Verknüpfung. Wir finden sie als textuelle Untereinheiten (das Register z. B. am Schluss des Buches), aber auch als textuelle Ganzheiten, etwa in Form eines *Telefonbuchs*. In dem Maße, in dem die alphabetische Verknüpfung Textsorten bildend geworden ist (nichts als Reihung und Aufzählung!), entwickelt ein Text seine Nützlichkeit im Sinne der Steuerung des Lesers zum schnellen Auffinden von Angaben und Informationen – so dass derjenige auffällig wird, der einen solchen Text wie einen x-beliebigen Text von vorne bis hinten durch- oder vorliest.

8.3.3   Musterhaftigkeit des Textthemas

Belege, in denen die Musterhaftigkeit der Themahinweise Textsorten bildend geworden ist, finden sich naturgemäß häufig in Texten, in denen eine Textnützlichkeit im Sinne der Darstellung besonders ausgeprägt ist. Wir illustrieren das am Beispiel von einem kurzen, willkürlich gewählten Zeitungstext, den wir bereits unter dem Aspekt der Themahinweise behandelt haben: »Maria Schell« (Bsp. 16 in Kap. 6). Es gibt in diesem Beispiel eine für sehr viele Zeitungstexte charakteristische Übereinstimmung in der Art und Weise der Bezugnahme auf die jeweils im Mittelpunkt stehende Person: Man betrachte zunächst unvoreingenommen die ko-referenziellen Ketten von »Schauspielerin« – »Maria Schell« – »Die international bekannte österreichische Schauspielerin Maria Schell« – »Die gebürtige Wienerin« – »Die wegen ihres mädchenhaften Charmes und tränenfeuchten Augenaufschlags als ›Seelchen‹ bekannte Schauspielerin«.

Auch ohne eingehende Analyse erkennt man eine charakteristische Aufladung der referenziellen Bezugnahmen mit weiteren Informationen: Man erfährt mehr über die fragliche Person (Beruf, Popularität, Renommee, Nationalität, Herkunft, Charakter- bzw. Darstellungseigenschaften), ohne dass diese Informationen selbst prädikativ ausgedrückt werden. Daraus erwächst eine Komprimierung der Texte im Sinne einer spezifischen Ausprägung der Darstellungsnützlichkeit: möglichst viel Darstellung von Welt auf möglichst kleinem Raum. In der Welt der Zeitungsschriftlichkeit ist diese Aufladung und Komprimierung im Sinne einer *Kurznachricht* bzw. *Kurzmeldung* auf der Titelseite Textsorten bildend geworden. An der Oberfläche greifbar wird diese Textsortenzugehörigkeit nicht nur durch die bereits beschriebenen zeitungstypischen Abgrenzungs- und Gliederungshinweise, sondern eben auch durch thematische Hinweise im Sinne der oben behandelten Themaentwicklungshinweise bezüglich der expandierten Substitution (s. o. 6.4.1). Themaentwicklungshinweise dieser Art sind also zugleich Musterhinweise!

Ein anderes (viel besprochenes) Beispiel aus der Welt der Zeitungsschriftlichkeit ist eine Spezifik der Themaeinführungs-, -beibehaltungs- und -entwicklungshinweise: der pyramidale Aufbau von Informationen in einer Meldung (mit Headline, Lead und Body). Auch dieser Fall belegt, wie thematische Hinweise eine textsortenspezifische Ausprägung annehmen und damit zugleich zu Textsortenindikatoren werden können.

Auch Rahmenhinweise (6.4.3.2) können musterhaft ausgeprägt sein. Ein anschauliches Beispiel dafür liefern Urlaubsansichtskarten in ihrer charakteristischen Orientierung an dem, was es aus dem Urlaub zu berichten gilt (siehe die folgende Übungsaufgabe).

Übungsaufgabe 1

Das folgende Textbeispiel zeigt den Beginn eines Textes von G. Perec. Er heißt »Zweihundertdreiundvierzig Postkarten in Echtfarbendruck« – und er enthält in der Tat 243 Texte. Wir geben hier die ersten zehn davon wieder (s. u. Bsp. 4). Rekonstruieren Sie anhand dieser Texte die typischen semantischen Rahmenelemente der Themaentwicklung auf Urlaubskarten!

Vergleichen Sie anschließend das Beispiel »Kapstadt« (Beispiele 1 und 3 aus Kap. 3): Welche der Rahmenelemente finden sich wieder, die für die Musterhaftigkeit der Urlaubsansichtskarte sprechen?

Bsp. 4: 234 Postkarten in Echtfarbendruck, davon die ersten zehn

Wir zelten in der Nähe von Ajaccio. Das Wetter ist sehr schön. Das Essen ist gut. Ich habe mir einen Sonnenbrand geholt. Liebe Grüße und Küsse.

Wir sind im Hotel Alcazar. Wir sonnen uns. Wir fühlen uns rundum wohl! Ich habe eine Menge Kumpels gefunden. Am 7. kommen wir zurück.

Wir sind mit dem Schiff in der Nähe von Ile Rousse. Wir lassen uns bräunen. Das Essen ist prima. Ich habe mir einen unheimlichen Sonnenbrand geholt! Grüße, Küsse und alles.

Wir haben gerade Dahomey abgegrast. Tolle Nächte. Sensationelle Badeplätze. Spazierritte auf Kamelrücken. Wir werden am 15. in Paris sein.

Wir sind endlich in Nizza gelandet. Farniente und Heia Heia. Wir fühlen uns unheimlich wohl (trotz der Sonnenbrände). Grüße und Küsse.

Wir haben unsere Zelte in der Nähe von Fécamp aufgeschlagen. Wir sind ein ganzer Haufen Kumpels, die sich im Sande sonnen. Wir denken an Euch.

Einen wunderschönen Tag aus Jerez. Sehr komfortables Zimmer. Gepflegte Mahlzeiten. Ich habe zwei Kilo zugenommen. Wir kommen am 22. zurück.

Wir sind im Bella-Vista Super-Komfort. Gastronomische Spezialitäten. Jeden Abend Canasta! Wir vergessen Dich nicht.

Wir sind im Negresco abgestiegen. Wunderbares Wetter. Alles ist vollkommen. Mein Schnupfen ist geheilt. Wir kommen am 17. zurück.

Wir kreuzen vor der Küste von Yukatan. Ideales Wetter. Alles ist bestens. Ich habe einen kleinen Hai von 30 Kilo gefangen. Grüße und Küsse.

8.3.4   Musterhaftigkeit der Textfunktion

Textfunktionen sind für die Ausprägung von Musterhaftigkeit besonders bedeutsam. Denn Musterhaftigkeit, so haben wir argumentiert, ist grundsätzlich zu verstehen als ein Effekt des Umgangs mit immer wieder gleichen bzw. ähnlichen Textaufgaben. Deshalb bezeichnen Texthandlungen ja in vielen Fällen zugleich Textsorten, und deshalb sind Textsortenausdrücke umgekehrt sehr oft aus Verben zur Bezeichnung von Texthandlungen abgeleitet (*Bedienungsanleitung, Rezension* etc.). Hinweise auf die Musterhaftigkeit bestimmter Textfunktionshinweise ergeben sich zum einen aus den Hinweisen auf textuelle Grundfunktionen (also auf Darstellung, Steuerung, Beleg, Unterhaltung, Kontakt und Reflexion). Zum anderen ergeben sie sich aus den Texthandlungshinweisen im Sinne der Hierarchie-Hinweise (s. o. 7.3.3), also aus der Art und Weise, wie Texthandlungen durch untergeordnete Darstellungs-, Steuerungs-, Beleg-, Unterhaltungs-, Kontakt- und Reflexionshinweise realisiert werden. Das Zusammenkommen mehrerer Textfunktionen zur gemeinsamen Lösung einer kommunikativen Aufgabe (wie sie in der Texthandlung zum Ausdruck kommt) ist selber textsortenspezifisch ausgeprägt und in diesem Sinne ein Hinweis auf die fragliche Textsorte.

Wir illustrieren diese beiden Ausprägungen von Musterhaftigkeit im Bereich der Textfunktionen anhand des in der Entdeckungsaufgabe verwendeten Beispiels der »mitternächtlichen Frühstückspfanne« (s. o. Bsp. 1). Dass es sich bei diesem Beispiel um ein Exemplar der Gattung *Kochrezept* handelt, erkennen wir nicht nur an dem performativen Hinweis in der ersten Zeile und auch nicht nur an den semantischen Rahmenhinweisen im Sinne der Themaentwicklung (siehe die Lösungen zur Entdeckungssaufgabe 1). Wir erkennen es auch an der Musterhaftigkeit der Textfunktionshinweise. Ein erster Beleg dafür ist die Ausprägung der Steuerungshinweise, die sich vor allem in dem mittleren Textabsatz auf kleinem Raum in großer Vielfalt findet:

– »Während man die Zutaten zusammensucht, wird schon auf hoher Stufe die größte beschichtete Pfanne … erhitzt.« Markant ist an dieser Stelle zum einen der Wechsel vom Präteritum, das die Textnützlichkeit im Sinne der Unterhaltung anzeigt (Erzählen!), zum Präsens: »Damals kippte ich« bis »musste ich hinterher nur die Pfanne auswischen« vs. »zusammensucht« oder »wird erhitzt«). Markant ist zum anderen der Übergang vom »ich« und »wir« zu »man« und der Aussparung des Agens durch Passiv (»wird erhitzt«). Ein Gliederungssignal (Absatz) hebt diesen Wechsel auch typografisch hervor. – Wir können nicht überlesen, dass sich die Textnützlichkeit an dieser Stelle markant verändert: von der Unterhaltung durch eine Erzählung (»Geschichte«) zur Steuerung im Sinne einer Kochanleitung (»Rezept«). Indiziert wird diese Steuerungsnützlichkeit aber lediglich durch die beiden Übergänge: den Übergang zum Präsens und die Neutralisierung der Referenz (»man«), die als Darstellungssignal stilistisch auffällig wäre, aber als Steuerungssignal sofort Sinn macht: Es geht nicht um das Agens des Kochens (Wer kocht?), sondern um den Vorgang, das Wie des Kochens (Was muss »man« machen, um eine »mitternächtliche Frühstückspfanne« hinzubekommen?). Dieser Steuerungshinweis im Sinne einer »man macht«-Modalisierung von Handlungsanweisungen stellt eine musterhafte Ausprägung des Steuerns dar, die wir als Musterhinweis auf die Textsorte *Kochrezept* verstehen.

- Einmal etabliert, können diese musterhaften Steuerungshinweise (Präsens, Aussparung des Agens) fortgesetzt werden: »Also wandert hinein, was gerade da ist.« … »Auf die frei gewordene Fläche kommen jetzt ein paar Speckscheiben.« … »Aus einer beschichteten Pfanne gleitet das Ganze so geschmeidig auf einen Teller wie ein gut geworfenes Frisbee durch die Luft.«
- Dazu kommen weitere Steuerungshinweise in Form des frei stehenden Infinitivs (»Die Würstchen längs durchschneiden«), den wir als eine spezifische Modalisierung zwischen Imperativ (*Schneiden Sie die Würstchen längs durch!) und einem Modalverb wie *müssen* (*Sie müssen die Würstchen längs durchschneiden) verstehen. Gerade diese Art von Steuerungshinweis kann als hochgradig musterhafte Ausprägung der Steuerungsfunktion im *Kochrezept* gelten!
- Weitere Steuerungshinweise finden sich dann noch in Form des Imperativs (»mischen Sie jetzt alles durcheinander«; »Zuletzt schieben Sie die Pfanne unter den Grill …«) und der Wendung »Jetzt ist es an der Zeit, …« mit anschließendem Infinitiv mit *zu*.

Der Text ist also ein Beispiel dafür, dass und wie Steuerungshinweise textsortenspezifisch ausgeprägt werden können, so dass sie als Musterhinweise auf ein Muster, eine Gattung von Texten verweisen können. Das gilt für Darstellungs-, Beleg-, Kontakt-, Unterhaltungs- und Reflexionshinweise gleichermaßen.

Die Musterhaftigkeit des *Kochrezeptes* kommt aber auch noch auf andere Weise in diesem kleinen Text zum Ausdruck, nämlich durch die Kombination unterschiedlicher Hinweise auf Grundfunktionen, die über die gerade aufgeführten Steuerungshinweise im Sinne der Kochanleitung hinausgehen und einen spezifischen Typus von *Rezept* hervortreten lassen, der sich von anderen Exemplaren der Textsorte *Rezept* unterscheidet. Wir wollen dazu nur ein paar markante Punkte herausgreifen:

- Steuerungshinweise im Sinne des Empfehlens, Ratens, Tipp Gebens (»Am besten schmeckt mir das Gericht mit Pilzen, …«; »Weil eine solche Mitternachtspfanne ruhig etwas deftig daherkommen darf oder sollte, …«);
- Steuerungshinweise im Sinne des Aufzeigens von Alternativen (»die Sie nach Belieben ganz lassen, grob zerpflücken oder zerschneiden können«; »und Tomatenhälften oder -viertel«; »bis die Eier die Konsistenz haben, die Sie mögen«);
- Steuerungshinweise im Sinne des Werbens für das »Gericht« (»den unschätzbaren Vorteil«; »Und genauso schnell ist es garantiert auch verschwunden«), aber auch für bestimmte Küchengeräte (»Aus einer beschichteten Pfanne gleitet das Ganze …«);
- Darstellungshinweise im Sinne des Erklärens (»so werden sie schneller gar«);
- Unterhaltungshinweise im Sinne des Erzählens (»eine lange Geschichte«), aber auch des Amüsierens (z. B. durch ungewöhnliche Ad-hoc-Metaphern: »gleitet das Ganze so geschmeidig auf einen Teller wie ein gut geworfenes Frisbee«);
- Kontakthinweise im Sinne der Adressierung des Lesers (»Sie«; »wir«), des Aufbaus einer auf Nähe und Vertrautheit beruhenden informellen, eher persönlichen

Beziehung bisweilen mit Hilfe der Suggestion von Mündlichkeit und Interaktion (»Nicht, dass Sie mich jetzt für einen Alkoholiker halten«; »Sollen wir wetten?«).

Aus der charakteristischen Kombination dieser unterschiedlichen Funktionshinweise ergibt sich die Art und Weise, wie die Texthandlung *Kochanleitung* musterhaft als Ensemble verschiedener Unter- und Nebenhandlungen realisiert wird: Die Texthandlung der *Kochanleitung* wird realisiert, *indem* Steuerungshinweise im Sinne des Anleitens, Empfehlens, Aufzeigen von Alternativen, des Werbens für das Gericht und indem Darstellungshinweise im Sinne des Erklärens gegeben werden, *wobei* vor allem Unterhaltungshinweise im Sinne des Erzählens und Belustigens und Kontakthinweise im Sinne des Aufbaus einer Nähe-Beziehung zwischen Autor und Leser auftreten. Es ist wohl vor allem die Expansion der zuletzt genannten Nützlichkeitshinweise (durch *wobei*-Relationen), die dem fraglichen Text seine spezielle Note als Ausprägung der Textsorte verleihen.

Das Beispiel macht deutlich, dass sich ein Musterhinweis nicht nur aus Hinweisen auf eine einzelne textuelle Grundfunktion ergibt, sondern auch aus der charakteristischen Art und Weise, wie mehrere Texthandlungen in einem Text durch *indem*- und *wobei*-Relationen verbunden sind (s. o. 7.3 und 7.3.3).

8.3.5   Musterhaftigkeit der Intertextualitätshinweise

Auch die Art und Weise der Intertextualitätshinweise (s. o. Kap. 9) ist grundsätzlich textsortenspezifisch und in diesem Sinne ein Musterhinweis. Wir wollen das an einigen wenigen besonders klaren Fällen illustrieren, in denen Intertextualitätshinweise Musterhinweise mit ausgeprägter Differenzierung sind.

Viele Beispiele für die Musterhaftigkeit von Intertextualitätshinweisen liefern wissenschaftliche Texte, so auch das vorliegende Buch, wenn sie mithilfe bibliografischer Angaben Bezüge auf andere (wissenschaftliche) Texte herstellen:

Bsp. 5: Abschnitt *Zur Vertiefung* in diesem Buch

Zur Vertiefung
Anleitungen zum Abfassen wissenschaftlicher Arbeiten, die unterschiedliche Zitierregeln disziplinorientiert vorstellen und erläutern, liefern reichhaltiges Anschauungsmaterial für die Musterhaftigkeit von Intertextualitätshinweisen. Vgl. dazu z. B.: Eco/Schick 2005; Höge 2002.

Text-Text-Hinweise dieser Art – mit Abkürzungen wie »vgl.«, Autor-, Titel-, Orts- und Jahresangabe – sind zunächst Musterhinweise in dem Sinne, dass wir u.a. daran wissenschaftliche Texte (wieder)erkennen. Und nicht nur das: Wissensabhängig verstehen wir Text-Text-Hinweise auch als Hinweise auf linguistische im Unterschied zu literaturwissenschaftlichen Texten. Während in linguistischen Texten auf andere Texte in der Regel im Text und mit einer Kurzform wie »Vgl. Eco 2005, S. 12« verwiesen wird, sieht der für literaturwissenschaftliche Texte musterhafte Text-Text-Hinweis in der Regel wie auf der folgenden Beispielseite (Bsp. 6) aus:

Bsp. 6: Literatur als Medium

> Hier interessieren die nachrichtentechnischen Folgerungen, die sich ver-
> stärkt um das Verhältnis von Rauschen und Nachricht bemühen, nicht.[38] In-
> teressant für unseren Zusammenhang ist statt dessen, daß dieses Modell sich
> an einer Bifurkationsstelle kommunikationstheoretischer Forschung ver-
> orten läßt. Auf der einen Seite ist dieses Modell untrennbar mit der Entwick-
> lung kybernetischer Konzeptionen, insbesondere wie sie in die Nachrichten-
> technik selbst Eingang gefunden haben, verbunden, auf der anderen Seite hat
> dieses Modell das – wie gesagt: wirkungsmächtige[39] – Strukturmuster für ein
> allgemeines, sprachliches und auch auf Menschen beziehbares und bezogenes
> Kommunikationsmodell vorgegeben.[40] Darin liegt eine kommunikations-
>
> 33 Hagemeyer: Die Entstehung von Informationskonzepten, S. 108.
> 34 Siehe hierzu auch Burkart: Kommunikationswissenschaft, S. 398 ff. und zur Syste-
>   matik der Modelle, S. 394 ff.
> 35 Kümmel: Mathematische Medientheorie, hier bes. S. 218 ff.; Krippendorf: Der ver-
>   schwundene Bote, S. 92-94.
> 36 Siehe die Skizze bei Merten: Kommunikation, S. 43.
> 37 Kümmel: Mathematische Medientheorie, Skizze S. 218.
> 38 Neben Kümmel: Mathematische Medientheorie; Kittler: Signal-Rausch-Abstand.
> 39 Krippendorf: Der verschwundene Bote, S. 94.
> 40 Siehe hierzu exemplarisch: Herrlitz: Einführung in die allgemeinen Grundlagen
>   der Kommunikation, S. 34 u. ff. und ders.: Aufbau eines Modells der sprachlichen
>   Kommunikation.
>
>   178

Musterhinweise dieser Art müssen nicht immer zuverlässig sein – aber sie tragen
grundsätzlich zur Differenzierung von Textsorten bei. Und sie sind, wie die oben
angeführte Literatur zur Abfassung wissenschaftlicher Arbeiten belegt, Gegenstand
von Normierung, d. h. als Textsortenhinweise erlernbar!

Einen Beleg zur Illustrierung der Musterhaftigkeit von Intertextualitätshinweisen
außerhalb der Wissenschaft liefern Anspielungen wie etwa die folgenden:

Er kam, sah und siegte nicht – als Titel eines Artikels über die ersten Wochen des neuen
Trainers des »1. FC Köln«

Er kam, sah zu und siegte – als Titel eines Artikels über die ersten Monate des Torwarts
Timo Hildebrand nach seinem Wechsel zum »FC Valencia«

Johannes der Täuscher – als Titel eines Artikels über den Ministerpräsidenten des Landes
Nordrhein-Westfalen und späteren Bundespräsidenten Johannes Rau.

Hier handelt es sich um nicht nur um Intertextualitätshinweise im Sinne von Anspielungen (9.2.2), sondern auch um Musterhinweise: Anspielungen auf verbreitete
formelhafte Wendungen sind insbesondere in den Printmedien musterhaft ausgeprägt, wo sie vorzugsweise in Überschriften als Aufmerksamkeitsfänger dienen und
zugleich zur Unterhaltung beitragen.

Auf weitere Beispiele für die Musterhaftigkeit von Intertextualitätshinweisen
gehen wir bei der Besprechung dieser Hinweise ein (Kap. 9!)!

9. Intertextualitätshinweise

9.1 Worauf man bei der Analyse achten sollte

Welches sind die anderen Texte, die für die Lektüre eines Textes von Bedeutung sind? Auf welche anderen Texte bezieht sich der Text? Welche anderen Texte muss man/sollte man gelesen haben, um den Text zu verstehen? Auf welche größeren Zusammenhänge von und zwischen Texten bezieht sich der vorliegende Text, an welche Textwelten schließt er an? Dass sich Fragen wie diese im Alltag der Lektüre selten stellen, ist die Leistung der Intertextualitätshinweise. Sie signalisieren, welche anderen Texte und welche Textwelten außerhalb des vorliegenden Textes für den vorliegenden Text von besonderer Bedeutung sind. Die Textualität eines Textes zu erfassen, impliziert immer auch, die Einbettung eines Textes in die Welt anderer Texte mitzuerfassen. Intertextualitätshinweise werten wir in der Regel wie selbstverständlich aus, ohne dass wir darüber länger nachdenken müssen. Erst wenn diese Hinweise fehlen oder systematisch außer Kraft gesetzt werden, wird die Frage nach den Textbeziehungen eines Textes fraglich und kann Textualität unter dem Aspekt der Intertextualität zu einer Irritation werden.

Bei der Beschäftigung mit den Intertextualitätshinweisen kommt es darauf an, die Einbettung eines Textes in die Welt anderer Texte so nachzuzeichnen, wie sie im Text selbst nahegelegt wird. Alles, was dazu beiträgt, dass wir einen Text in Beziehung setzen zu anderen Texten und Textwelten, kommt prinzipiell als Intertextualitätshinweis in Frage. Was man bei der Analyse der Intertextualitätshinweise besonders beachten sollte, wird im Folgenden vorgreifend erläutert:

– Intertextualitätshinweise sind grundsätzlich Hinweise auf *andere* Texte und auf Textwelten *außerhalb* des vorliegenden Textes. Wo ein vorliegender Text seine Grenzen zieht und wo sein »Außerhalb« beginnt, hängt von den Abgrenzungshinweisen ab, mit denen sich eine Lektüreeinheit als Ganzheit präsentiert (s. o. 4)! Nur auf dem Hintergrund solcher Ganzheitshinweise kann ein Text suggerieren, sich auf andere Texteinheiten zu beziehen.

– Ein Text kann seine Textbezüge auffällig hervorheben und dem Leser unter die Nase reiben. Das Bezugnehmen auf (einen) andere(n) Text(e) kann sogar die primäre Nützlichkeit eines Textes ausmachen (wie das z. B. bei *Rezensionen* oder *Gesetzeskommentaren* der Fall ist). Intertextualitätshinweise treten in diesen Fällen naturgemäß stark hervor, und ihr Mitvollzug ist wesentlicher Bestandteil der Lektüre!

– Ein Text kann umgekehrt aber auch seine Textbezüge ganz im Hintergrund lassen und vor dem Leser geradezu verstecken. Intertextualitätshinweise treten dann stark zurück, so dass sie für Schnell-, Wenig- und Flüchtigleser mehr oder weniger verborgen bleiben. Ihre Entdeckung wird dann zu einer Sache für professionelle Textspezialisten, für Langsam-, Viel- und Intensivleser (wie z. B. »Literaturwissenschaftler«).

– Ein Text ist ganz frei darin, seine eigenen Textumwelten zu schaffen: Für die Analyse der Intertextualitätshinweise ist es letztlich unerheblich, ob es die Texte, auf die ein Text Bezug nimmt, außerhalb des Textes tatsächlich gibt oder nur innerhalb des Textes.

– In vielen Fällen und insbesondere im Fall des Auftretens sprachlicher Intertextualitätshinweise wird es zutreffen, dass der Autor und die Autorin diese Hinweise bewusst und gezielt gegeben haben und dass sie der Leser und die Leserin beim Lesen mehr oder weniger bewusst nachvollziehen. In anderen Fällen, insbesondere bei stark wissensabhängigen Intertextualitätshinweisen, mag man genau das mit guten Gründen anzweifeln: und zwar nicht nur für Leser und Leserinnen, sondern auch für den Autor und die Autorin. Textualität erweist sich gerade in solchen Fällen als ein *Potenzial* – ob und in welcher Weise dieses Potenzial bei der Textproduktion und -rezeption empirisch ausgeschöpft wird, hängt von vielen Umständen ab, braucht uns aber in der Textlinguistik nicht weiter zu kümmern.

Zur Vertiefung
Linke/Nussbaumer 1997; Klein/Fix 1997; Fix 2000; Lachmann 1984; Holthius 1993.

Entdeckungsaufgabe 1
Auf welche Texte und welche Textwelten bezieht sich der folgende Text? Suchen und bestimmen Sie die sprachlichen Formen, mit denen im Text auf andere Texte und auf andere Textwelten verwiesen wird!

Bsp. 1: Theorie der Sprechakte

John L. Austin (1911–1960) verdankt seinen Einfluß in der Philosophie der normalen Sprache so wie Wittgenstein und anders als Ryle nicht seinen Veröffentlichungen: zu seinen Lebzeiten veröffentlichte er wenige Aufsätze, und seine beiden Bücher erschienen als posthume Bearbeitungen seiner Vorlesungsnotizen; sondern er wirkte vor allem dank seiner Lehrtätigkeit in Oxford. Das hat dazu geführt, daß über seine wichtigste Leistung, die sprachphilosophische Theorie der Sprechakte, in der Literatur viele unvollständige und voneinander abweichende Vorstellungen anzutreffen sind; denn Austin entwickelte die Theorie aus Vorstellungen über die Unterscheidung zwischen Behauptungen und »explizit performativen Äußerungen« und brauchte dazu eine Reihe von Jahren. Wer ihn zu verschiedenen Zeiten gehört hat, dürfte also verschiedene Stadien der Theorie mitbekommen haben. Sie liegt jetzt in den letzten fünf Vorlesungen von »How to do things with words« geschlossen vor.

Das Beispiel zeigt auch bei flüchtiger Lektüre, dass ein Text die für seine Lektüre relevanten Textbezüge sowohl konkret und präzise markieren (». . . und seine beiden Bücher«) als auch vage und allgemein andeuten kann (»in der Literatur«). Wir wollen deshalb ein Kontinuum an Textbezügen ansetzen. An dem einen Ende dieses Kontinuums steht der Bezug auf eine klar identifizierbare textuelle Einheit, der Bezug auf einen konkreten Text (hier: die »beiden Bücher« von Austin). An dem anderen Ende steht der Bezug auf eine nicht näher definierte Menge textueller Einheiten, der Bezug auf eine irgendwie bestimmbare Textwelt (die Textwelt der »Literatur« zu Austin, zur »Theorie der Sprechakte«). Zwischen diesen Extremen ist mit fließenden Übergängen zu rechnen. Ungeachtet dieser Übergänge unterscheiden wir in der folgenden Darstellung entsprechend zwischen Text-Text-Hinweisen (9.2) und Text-Textwelt-Hinweisen (9.3).

Terminologie
»Text-Text-Bezüge«, »Text-Textwelt-Bezüge«: Fix 2000, S. 449.
»Markierung« von Intertextualität: Holthius 1993, S. 108 ff.; Helbig 1996.

9.2   Text-Text-Hinweise

Text-Text-Hinweise sind Hinweise, mit denen im Text eine andere textuelle Einheit als relevante textuelle Umwelt des vorliegenden Textes ins Spiel kommt. Als Hinweise dafür kommen in Frage:

– metakommunikative Kommentare, in denen der Text-Text-Bezug selbst- und rückbezüglich thematisiert wird (9.2.1),
– Textnachweise, mit denen der fragliche Text identifiziert wird (9.2.2),
– Textwiedergaben, mit denen der fragliche Text auszugsweise (aber auch komplett) zitiert und/oder paraphrasiert wird (9.2.3) und
– Anspielungen auf den als bekannt unterstellten fraglichen Text (9.2.4).

9.2.1   Metakommunikative Text-Text-Hinweise

Die Beziehung eines Textes zu einem anderen Text kann im Text nicht nur angezeigt, sondern auch thematisiert werden. Insbesondere im Funktionsbereich der *Wissenschaft* (s. o. 8.3.4) sind solche metakommunikativen Text-Text-Hinweise geradezu musterhaft ausgeprägt, um Übereinstimmungen und Abgrenzungen zu anderen Arbeiten deutlich zu machen. Zahlreiche Belege für die Definition von selbst- und rückbezüglichen Text-Text-Beziehungen sind insbesondere in der Textsorte »Vorwort« musterhaft ausgeprägt, wenn man z. B. an die Thematisierung von Text-Text-Beziehungen im Sinne der Kontinuität und Diskontinuität oder – stärker personalisiert – im Sinne des Dankes denkt:

> Bsp. 2: Deutsche Satzsemantik, Vorwort
> Früheste Anregungen zur Beschäftigung mit diesem neuen Gebiet (=Satzsemantik, H.H./W.K) verdanke ich den zum Weiterdenken herausfordernden sprachtheoretischen Neuansätzen von Lucien Tesnière (Éléments de syntaxe structurale, 1959), Franz Schmidt (Logik der Syntax, 1957) und John L. Austin (How to do things with Words, 1962).

Das Beispiel zeigt, wie die Beziehung des Textes (die »Deutsche Satzsemantik«, deren »Vorwort« wir gerade lesen) mit anderen Texten im Sinne einer Anknüpfung und Fortführung thematisiert wird. Im Mittelpunkt steht hier aber nicht die Definition dieser Text-Text-Beziehungen, sondern das Danken: Eine auf Texte im Sinne gedruckter Bücher (nicht auf Personen aus Fleisch und Blut) bezogene *Autorschaft* (Personen aus Papier) erlaubt es, dass Text-Text-Beziehungen letztlich als Beziehungen zwischen *Autoren* (zwischen dem »ich« als Autor und Urheber der »Deutschen Satzsemantik« »Peter von Polenz« und den Urhebern wissenschaftlicher Ansätze: »Lucien Tesnière«, »Franz Schmidt«, »John L. Austin«) textuell personalisiert werden können. Die Art der Identifizierung der fraglichen Texte (durch die Angabe des Titels und des Erscheinungsjahrs in Klammern) führt dann bereits zu den Textnachweisen (s. u. 9.2.2). Das Danken in Form der Personalisierung von Text-Text-Beziehungen durch Autorschaft ist, wie bereits erwähnt, für die Textsorte des »Vorwortes« zu wissenschaftlichen Abhandlungen charakteristisch (und in diesem Sinne gleichzeitig ein Musterhinweis: s. o. 8!). Nicht immer sind dabei die Grenzen zwischen der Thematisierung von Text-Text-Beziehungen und persönlichen Beziehungen klar zu ziehen:

Bsp. 3: Die gesellschaftliche Konstruktion der Wirklichkeit, Vorwort

Wir haben uns bemüht, das Buch lesbar zu halten, ohne gegen seine innere Logik zu verstoßen. Hoffentlich haben unsere Leser Verständnis für Wiederholungen, die wir nicht vermeiden konnten. Ibn ul' Arabi, der große islamische Mystiker, ruft aus: »Bewahre uns, Allah, vor dem Ozean der Namen«. Beim Lesen theoretischer Soziologie haben wir seinen Stoßseufzer oft wiederholt und am Ende beschlossen, unseren zentralen Gedankengang nicht mit Namen zu befrachten. Die zusammenhängende Darlegung unserer eigenen Position soll deshalb für den Leser nicht unterbrochen werden durch Feststellungen à la: »Weber sagt dies« – »Durkheim sagt jenes« – »Wir stimmen hier mit Durkheim, nicht mit Weber überein« – »Wir glauben, Durkheim ist in diesem Punkte mißverstanden worden« – und so weiter und so fort. Daß auch wir nicht ex nihilo argumentieren, wird auf jeder Seite offenbar. Aber wir wollen unsere Konzeption nach eigenem Verdienst beurteilt wissen, nicht unter exegetischen oder synthetischen Aspekten. Deshalb haben wir alle Verweisungen und – in Kürze – einige Einwände unseren Quellen gegenüber in die Anmerkungen gebracht. Der Anmerkungsapparat ist also beträchtlich geworden. Wir frönen damit allerdings keiner rituellen »Wissenschaftlichkeit«, sondern erfüllen einfach die Treuepflicht historischer Dankbarkeit. (...) Wieviel wir Alfred Schütz † verdanken, wird allerorts im folgenden deutlich. Doch wollen wir schon jetzt Eindruck und Einfluß seiner Lehre und Schriften auf uns nachdrücklich hervorheben. Zum Verständnis von Max Weber haben wir Entscheidendes von Carl Mayer (Graduate Faculty, New School for Social Research, New York) gelernt.

Übungsaufgabe 1
Kommentieren Sie Beispiel 3 im Hinblick auf die Thematisierung von Text-Text-Beziehungen im »Vorwort«: Mit welchen sprachlichen Formen werden hier Text-Text-Beziehungen thematisiert? Welche Indizien finden sich dafür, dass die Grenze zwischen Text-Text-Beziehungen und persönlichen Beziehungen z. T. unscharf wird?

9.2.2   Textnachweise

Metakommunikative Thematisierungen von Text-Text-Bezügen implizieren die
Möglichkeit, einen anderen Text als abgrenzbare Einheit zu identifizieren. Dafür
gibt es eine große Vielfalt unterschiedlicher Textnachweisformen, die in vielen Fällen formel- und musterhaft ausgeprägt sind. Im Funktionsbereich der Wissenschaft
ist diese Art des »Literaturhinweises« bekanntermaßen normiert, und sie divergiert
z. T. von Disziplin zu Disziplin. Intertextualitätshinweise sind deshalb auch Musterhinweise (s. o. Bsp. 6, Kap. 8 zur Musterhaftigkeit des Literaturhinweises in einem
literaturwissenschaftlichen Text!).

Textnachweise sind immer dann gehäuft anzutreffen, wenn die Thematisierung eines anderen Textes bzw. anderer Texte (im Sinne ihrer Kommentierung, Auslegung,
Deutung, Erläuterung, Bewertung oder Beschreibung) für die Textnützlichkeit von
besonderer Bedeutung ist und z. B. den Rang einer Texthandlung hat. Wir haben es
dann mit speziellen Ausprägungen von »Sekundärliteratur« zu tun, in denen andere
Texte zum Ausgangs- und Fluchtpunkt (zur »Quelle«) der eigenen Darstellung
gemacht werden. Für den Umgang mit Textnachweisen haben sich in diesen Fällen
spezielle Textroutinen entwickelt. Kürzel in Klammern, die auf Textverzeichnisse
(Bibliografien) verweisen, aber auch »Anmerkungen« und »Fußnoten« sind dafür
prägnante Belege.

Textnachweise gibt es nicht nur in Texten aus dem Funktionsbereich der Wissenschaft, sondern in allen modernen Funktionsbereichen der Gesellschaft. Hochgradig
formelhafte Textnachweise finden sich z. B. auch und gerade in Texten des Rechts-
systems mit Blick auf *Gesetze* als Primär- und Ausgangstexte. Im Bereich der
religiösen bzw. der Glaubenskommunikation liefern/t die *Heiligen Schriften/die
Heilige Schrift* den für viele Texte relevanten Primär- und Ausgangstext, dessen
gerade relevante Stellen insbesondere im Falle auszugsweiser Textwiedergaben
(s. u. 9.2.3) formelhaft nachgewiesen werden können. Das belegt das Beispiel eines
Plakats, das für den 31. Evangelischen Kirchentag wirbt (Bsp. 4).

Bsp. 4: Evangelischer Kirchentag

»Lebendig und kräftig und schärfer« ist nicht nur das Motto des »31. Deutschen Evangelischen Kirchentages«, sondern auch ein Zitat aus einem bestimmten Text. Darauf verweist hier der in Klammern hinzugefügte, formelhaft abgekürzte Textnachweis »Hebr 4.12«, mit dem die Stelle editionsunabhängig angegeben wird, an dem sich die fraglichen Wörter finden: der 12. Absatz des 4. Kapitels des »Briefes an die Hebräer«, einem der »Lehrbücher« des »Neuen Testaments« der »Bibel«.

9.2.3   Textwiedergaben

Ein anderer Text, der für einen vorliegenden Text relevant ist, kann im Text nicht nur thematisiert und/oder identifiziert, sondern auch *wiedergegeben* werden. Die Wiedergabe kann einer wörtlichen Übereinstimmung entsprechen. Dann handelt es sich um ein *Zitat*. Sie kann sich aber auch stärker vom Wortlaut entfernen und eine nur sinngemäße (freie) Wiedergabe darstellen. Dann wollen wir von einer *Paraphrase* sprechen.

Texte können im Extrem gänzlich aus Zitaten und Paraphrasen bestehen. Das kann die Form einer Textmontage annehmen, die erkennbar aus schon vorhandenen Texten zusammengesetzt ist (»Collagen«). Es gibt aber auch den Fall, dass sich ein Text als bloße Wiedergabe eines vorgefundenen Dokuments bzw. Original-Textes präsentiert. Die Frage der Autorschaft, die wir gewohnt sind, außerhalb des Textes bzw. vor dem Textbeginn auf dem Deckblatt oder Einband geklärt zu finden, wird dann innerhalb des Textes wiederaufgenommen und gewissermaßen verschoben: aus dem Autor (dem auf dem Deckblatt Genannten) wird dann z. B. einer, der einen fertigen Text bereits vorgefunden hat und nur noch veröffentlicht. Ein berühmtes Beispiel dafür ist Goethes »Werther«: Der als Buch veröffentlichte Text präsentiert sich als Sammlung vorgefundener Briefe, also als bloße Wiedergabe von Texten. Hinter den (fingierten) Autor dieser Briefe (»der arme Werther«) tritt der Autor des Buches (»Johann Wolfgang Goethe«) als (fingierter) Sammler und »Herausgeber« zurück.

Zitate und Paraphrasen anderer Text(teil)e können in einem Text sprachlich als solche kenntlich gemacht werden. Dafür gibt es eine Reihe von Indikatoren, die vor allem aus der (direkten und indirekten) Redewiedergabe bekannt sind. Der Text-Text-Hinweis tritt dann stark in den Vordergrund (s. u.). Zitate und Paraphrasen können aber auch auftreten, ohne dass sie als Textwiedergaben sprachlich markiert sind – der Text-Text-Hinweis, der von ihnen ausgeht, ist dann wissensabhängig und tritt stark in den Hintergrund. Hier gibt es fließende Übergänge zum Feld der Anspielungen (s. u. 9.2.4). Wird der Text-Text-Hinweis von Zitaten und Paraphrasen in betrügerischer Absicht verborgen, handelt es sich um Plagiate – von Text-Text-*Hinweisen* kann dann nicht mehr die Rede sein.

Hintergründige Text-Text-Hinweise in Form nicht gekennzeichneter Zitate und Paraphrasen findet man häufig innerhalb literarischer Texte. Wir wählen dafür ein x-beliebiges Beispiel. Es stammt aus dem Roman »Die dritte Rochade des Bernard Foy« von Lars Gustafsson und spielt in Paris. Die Hauptfigur des ersten Teils flieht vor einer Gruppe von Männern, die ihm Böses wollen, und findet sich vor einer Passage wieder:

Bsp. 5: Die dritte Rochade des Bernard Foy

Er befand sich kurz vor dem Eingang der Passage des Panoramas. Auf merkwürdige Weise fühlte er sich sicherer, als er in das milchweiße Licht der Passage eintauchte. Es waren immer noch viele Leute unterwegs. In diesem Quartier hinter der Börse schließen die Geschäfte wahrscheinlich spät, dachte er. Es schienen vor allem elegante, gehetzte Sekretärinnen unterwegs zu sein. Er blieb einen Augenblick vor einem Schaufenster stehen. Es war nicht zu leugnen, daß er ein wenig unordentlich aussah. Der große schwarze Hut war verrutscht, der Schlips hatte sich gelockert.

Diskret brachte er seine Kleidung in Ordnung. Immer mehr Leute schienen durch die Passage zur nächsten Metrostation zu strömen. Der Charakter eines Mannes ist, wie wir schon betont haben, sein Schicksal.

Das sollte sich auch jetzt wieder bewahrheiten. Denn als sich Bernard, jetzt kokett und sensibel, wieder zur Passage hin umdrehte, deren seltsames Exterieur zugleich ein Interieur ist, sah er in einem Sekundenbruchteil die schönste Frau vorübergehen, der er je begegnet war. Das Erlebnis hatte tatsächlich etwas von der Unmittelbarkeit des Blitzes, das heißt, ihr Blick traf ihn dunkel, trotzig, heiß und kalt zugleich, lange vor dem Donner, der dieser Offenbarung selbstverständlich hätte folgen müssen.

Sie war ganz in Schwarz gekleidet. Eine behandschuhte Hand hatte den altertümlich langen, weiten Rock hochgerafft, als wollte sie die Rüsche mit der Blumengirlande davor bewahren, durch den Staub der Passage zu schleifen. Einen einzigen Augenblick lang sah er einen Schimmer ihrer Wade, ihr Weiß, ihr erschreckendes Marmorweiß.

Noch Minuten später, als er Sterns Gravierladen in der Nummer 47 betrat, unter dem leisen Bimmeln der kleinen Türglocke zwischen all den gravierten Bögen mit Herzogskronen, Einladungen zu privaten Konzerten oder Ausstellungen und Aktien für neue interessante Banken auf Les Îles de Cayman, noch in diesem friedlichen Laden, wo ein sehr kleiner und zudem völlig glatzköpfiger Herr mit Schwalbenschwanz ihn fragte, womit er dienen könne, war Bernard völlig betäubt von dem Schock.

Es schien ein sehr distinguiertes Unternehmen zu sein. Überall hingen Proben der Produktion; schön graviertes Briefpapier mit herzoglichen und gräflichen Kronen, prachtvolle Briefköpfe für altmodische feierliche Anwaltskanzleien mit vielen Partnern. Und hinter dem Ladentisch ganz überraschend ein gerahmtes Bild von einem altertümlichen Luftschiff, das über einer makellos weißen arktischen Insel schwebte. Es war eine sehr alte, etwas vergilbte Fotografie. Bernard fragte sich, woher sie wohl stammen mochte.

Eigentlich wollte er nichts von dem sehen, was ihm hier vor Augen kam. Das einzige, was er noch immer sah, war die Dame, der er dort draußen im milchweißen Licht der Passage begegnet war. Von dieser Frau wußte er, daß er sie hätte lieben können. Und, durchfuhr es ihn, während er sich auf beide Arme gestützt über den Ladentisch lehnte und die Sprache wiederzufinden versuchte: auch sie wußte es.

Geschildert wird eine Begegnung mit einer Passantin, ein kurzer Blickkontakt mit einer, die vorübergeht. Diese Begegnung erlebt der Held als schockartiges Gewahrwerden der Möglichkeit einer Liebesbeziehung. – Unschwer erkennbar, um nicht zu sagen: unübersehbar ist dies die prosaförmige Nachbildung eines Gedichts aus den »Fleurs du Mal« von Baudelaire (»A une passante«) – wenn man das fragliche Gedicht kennt und vor Augen hat. Es handelt sich also um eine

Textwiedergabe im Sinne der Paraphrase. Der Text-Text-Hinweis dieser Paraphrase ist in seinem Textualitätseffekt wissensabhängig. Kenntlich gemacht als Paraphrase eines bestimmten Gedichts wird diese Schilderung jedenfalls nicht – zumindest nicht an dieser Stelle des Buches von Gustafsson: Erst ca. 150 Seiten später, im »zweiten Teil« des Buches, findet sich dann der entsprechende Textnachweis mit dem Zitat des fraglichen Gedichts, eingebettet in die Erinnerung einer Figur, die – so die Fiktion – den ersten Teil des Romans verfasst hat und auf die Frage nach einem von ihm übersetzten Gedicht antwortet:

> Das ist Baudelaire, ›A une passante‹, aus ›Tableau Parisiennes‹. Ein sehr bekanntes Gedicht«, fügte Bernard vielleicht ein wenig unvorsichtig hinzu.

In der Folge wird dieses Gedicht dann auch in einer Übersetzung im Text wiedergegeben. Autoren und Autorinnen können, das zeigt dieses Beispiel, ein Spiel daraus machen, Zitate und Paraphrasen als versteckte Textwiedergaben zu platzieren und das im Text selbst an anderer Stelle zu thematisieren.

Der in Textwiedergaben enthaltene Text-Text-Hinweis tritt in dem Maße in den Vordergrund, in dem die Wiedergabe selbst sprachlich markiert wird. Dafür gibt es eine Reihe von Indikatoren, die vor allem aus der Markierung der Redewiedergabe (direkte und indirekte Rede) bekannt sind. Dazu zählen:

– Interpunktion/Grafematik: Doppelpunkt und Anführungsstriche und andere typografische Anführungszeichen (z. B. Guillemets, Gänsefüßchen), mit denen die wiedergebenen Formen eingerahmt werden;
– Verba dicendi und Kommunikationsverben, die die Wiedergabe ankündigen oder abschließen und syntaktisch übergeordnet sind (inquit-Formel);
– typografische Hervorhebungen der wiedergegebenen Formen (z. B. durch Kursivierung, Einrückung oder Voranstellung als Motto);
– Konjunktiv und »würde«-Formen.

Zur Vertiefung
Brendel 2007; Steyer 1997.

Die schon besprochenen Textnachweise in Form von Quellen- und Literaturangaben (s. o. 9.2.2) wirken ebenfalls als Indikatoren für Textwiedergaben: Dass der Leitspruch »Lebendig und kräftig und schärfer« ein Zitat darstellt, wird eben auch durch den in Klammern hinzugefügten Textnachweis »Hebr 4,12« angezeigt (s. o. Bsp. 4). Ein ähnliches Signal ist die Kennzeichnung von Autorschaft durch die Nennung eines Autors. Schließlich können Textwiedergaben auch durch Formen indiziert werden, die den Charakter der Wiedergabe durch materiale und oder fotografisch-bildliche Hinweise deutlich machen. Bekanntes Beispiel dafür sind *Collagen* und *Montagen* (s. o. Kap. 4, Bsp. 2!). Aber auch die durch das Scannen ermöglichte fotografische Abbildung von Texten, wie sie in diesem Buch häufiger verwendet wird, ist ein Beispiel dafür, wie Textwiedergaben auf den ersten Blick als solche kenntlich gemacht werden können.

9.2.4 Anspielungen

Text-Text-Hinweise treten auch auf, ohne dass der fragliche andere Text identifiziert und benannt, bibliografisch nachgewiesen oder auszugsweise wiedergegeben wird. Es gibt auch die Möglichkeit, dass in einem Text auf einen bestimmten anderen Text *angespielt* wird. Wie im Falle der nicht eigens kenntlich gemachten Zitate und Paraphrasen sind Anspielungen naturgemäß stark wissensabhängig: Sie leben von der Unterstellung der Bekanntheit des Textes, auf den angespielt wird, und aktivieren diesen Text als Hintergrund für die aktuelle Lektüre. Sie geben dem Text insofern eine zusätzliche Note, einen besonderen Akzent – ohne dass der fragliche andere Text in seiner textuellen Eigenständigkeit und um seiner selbst willen auftritt. Der andere Text, auf den angespielt wird, wird deshalb gerade nicht benannt und gerade nicht unverändert wiedergegeben. Prototypisch dafür sind Anspielungen als sprachspielerische Verfremdungen eines Originaltextes:

> Bsp. 6: Titel und Überschriften
>
> *Er kam, sah und siegte nicht* – als Titel eines Artikels über die ersten Wochen des neuen Trainers des »1. FC Köln«
>
> *Er kam, sah zu und siegte* – als Titel eines Artikels über die ersten Monate des Torwarts Timo Hildebrand nach seinem Wechsel zum »FC Valencia«
>
> *Johannes der Täuscher* – als Titel eines Artikels über den damaligen Ministerpräsidenten von Nordrhein-Westfalen Johannes Rau
>
> *Schlaflos in Hannover* – als Überschrift über einer Werbeanzeige für die Stadt Hannover auf einem Zug-Faltblatt
>
> *Paradigm lost* – als Titel einer Rede, die der Soziologe Niklas Luhmann anlässlich der Verleihung des Hegel-Preises 1989 gehalten hat

Man kann an diesen Beispielen sehen, wie Anspielungen als Text-Text-Hinweise primär dazu dienen, dem Text durch den Hinweis auf einen anderen Text eine zusätzliche Note zu geben, die aus der Funktionalisierung und Instrumentalisierung des fraglichen anderen Textes resultiert. Diese Instrumentalisierung kommt prototypisch in der verfremdenden Variation zum Ausdruck, die mit ihrem sprachspielerischen Charakter dem Text eine zusätzliche Nützlichkeit im Sinne der aufmerksamkeitsfangenden Unterhaltung verleiht. In dieser Funktionalität sind Anspielungen insbesondere für Zeitungsartikel, aber auch für Werbeanzeigen typisch und insofern zugleich Musterhinweise auf diese Textsorten (s. o. 8.3).

Anspielungen sind Text-Text-Hinweise, mit denen ein anderer Text ins Spiel kommt, ohne dass er identifiziert und nachgewiesen wird. Wie die obigen Beispiele zeigen, implizieren Anspielungen Textwiedergaben, die es wissensabhängig möglich machen, dass der fragliche Text wiedererkannt werden kann. Die partielle Wiedergabe ist dabei aber bereits auf den neuen Text zugeschnitten: In den oben angeführten Beispielen zeigt sich das in der sprachspielerischen Verfremdung des Ausgangstextes. In vielen anderen Beispielen zeigt sich das in der Wiedergabe eines bloßen Bruchstücks aus einem anderen Text, das in den neuen Text unmittelbar eingesetzt wird, aber wissensabhängig den fraglichen Ausgangstext noch erkennen lässt, ohne dass dafür der wiedergegebene Text verfremdet oder variiert wird. Besonders gut geeignet für Anspielungen in Form des Integrierens solcher Textbruchstücke sind Eigennamen (insbesondere Personen- und Ortsnamen), sofern ihre Kenntnis an einen bestimmten Text gebunden ist, wie das vor allem bei Texten mit fiktionalem Weltbezug der Fall ist.

Achtung!
Es gibt einen Grenz- und Übergangsbereich, wo es sich zwar wissensabhängig um einen Text-Text-Hinweis handelt, aber dieser Hinweis sehr stark formelhaft geworden ist (»Er kam, sah und siegte«, s. o. die Beispiele für die entsprechenden Anspielungen). Letztlich geht es in solchen Fällen nicht (mehr) um einen Text-Text-Hinweis (also um den Hinweis auf das »Leben des Caesar« von Plutarch), sondern um ein Spiel mit überlieferter Formelhaftigkeit.

Terminologie
allusio in der Rhetorik: Hughes 1992; *Anspielungen*: Rößler 1994:S. 151–160; Stenzel 1997; Wilss 1989; »Parodie« und »Persiflage« als Sonderfälle: Verweyen/Witting 1982.

9.3   Text-Textwelt-Hinweise

Text-Textwelt-Hinweise sind Hinweise, mit denen eine unscharfe, nicht klar abgrenzbare Menge von Texten als relevanter Hintergrund der Lektüre ins Spiel kommt. Wir besprechen dazu zunächst die Thematisierung von Textwelten (9.3.1). In vielen und insbesondere in den analytisch interessanten Fällen sind Text-Textwelt-Hinweise weniger greifbar und stark wissensabhängig. Textwelten und Wissenswelten (Enzyklopädisches) gehen in diesen Fällen Hand in Hand, und der Nachvollzug der entsprechende Hinweise kann schnell eine exklusive Sache für Viel-, Langsam- und Genaueleser werden. Er kann aber immer auch umschlagen in *Vorwissen* und *Stereotype*. Wir wollen diese Spannbreite anhand des Anspielens auf Textwelten (9.3.2) illustrieren.

9.3.1   Thematisierung von Textwelten

Text-Textwelt-Bezüge können eigens thematisiert werden. Das ist im folgenden Beispiel der Fall:

Bsp. 7: Danksagung

Danksagung

Was muß alles zusammenkommen, daß an einer modernen Massenuniversität und an einem Institut mit weit mehr als tausend Studenten ein neues grammatisches Grundlagenwerk entstehen kann?

Die erste Voraussetzung ist, daß es in der Linguistik der deutschen Gegenwartssprache einen hohen Forschungsstand gibt. Das ist in der Tat in der internationalen Germanistik der Fall, und die vorliegende *Textgrammatik der deutschen Sprache* kann in mehrfacher Hinsicht an diesen Forschungsstand anknüpfen. Das im einzelnen zu dokumentieren, erlaubt die systematische Anlage einer solchen Grammatik jedoch nicht, und auch die Bibliografie, die wegen des begrenzten Raumes nur Bücher und keine Aufsätze umfaßt, kann davon nur ein unzureichendes Bild geben.

Die Textwelt, die hier thematisiert wird, stammt aus der Welt der wissenschaftlichen Texte. Auf sie wird Bezug genommen mit Formen wie »Linguistik der deutschen Gegenwartssprache«, »Forschungsstand«, »internationale Germanistik«, »Bücher«, »Aufsätze«. Die Thematisierung einer solchen Textwelt versteht sich vor dem Hintergrund, dass die im Buch enthaltene »Bibliografie« mit ihren Textnachweisen in Form von »Büchern« diese Textwelt nur »unzureichend« wiedergeben kann. Ein expliziter Text-Textwelt-Hinweis ist also nötig, weil die im Buch gegebenen Text-Text-Hinweise nicht ausreichen.

9.3.2   Anspielungen auf Textwelten

Wie schon im Falle der Text-Text-Hinweise sind natürlich auch die Text-Textwelt-Hinweise nicht auf selbst- und rückbezügliche Bezugnahmen auf Textwelten beschränkt. In vielen Fällen ergeben sie sich dadurch, dass Textwelten als relevanter Bezugshintergrund der aktuellen Lektüre *anklingen*, ohne dass diese Textwelten dafür auch aus- und angesprochen werden müssen. Es gibt nicht nur Anspielungen auf Texte, sondern auch Anspielungen auf Textwelten. Wir illustrieren das im Folgenden am Beispiel der Verwendung von

– Eigennamen (»Bounty«, 9.3.2.1),
– Schlüsselwörtern (»recycling«, 9.3.2.2) und
– Motiven und Topoi (»das Weinland Südafrika«, 9.3.2.3).

Eigennamen, Schlüsselwörter sowie Motive und Topoi sind für Anspielungen auf Textwelten in dem Maße geeignet, in dem durch sie spezielle Wissensgebiete aufgerufen werden können, mit denen die Lektüre wissensabhängig mit einer Art enzyklopädischer Aufladung versehen werden kann. Textwelten sind in diesem Sinne immer auch Welten des Wissens, die zwar in der Regel textvermittelt und textgebunden sind, aber die enge Bindung an einen konkreten Text verloren haben.

9.3.2.1   Eigennamen

Eigennamen können grundsätzlich als Wissensspeicher betrachtet werden und unter bestimmten Bedingungen als Chiffren für Textwelten fungieren. Ein alltägliches Beispiel dafür ist die Verpackung eines Kokosriegels:

Bsp. 8: »Bounty«

»Bounty« ist nicht nur ein irgendwie exotisch klingender Anglizismus als Bezeich-
nung für einen Kokosriegel mit Schokoummantelung, sondern auch der Name eines
Schiffes, mit dem wir wissensabhängig einen viel beschriebenen und verfilmten
Aufstand verbinden, der als »Meuterei auf der Bounty« bekannt geworden ist. Der
Produktname zitiert in diesem Sinne wissensabhängig eine Fülle von Texten (Filme
eingeschlossen), die in irgendeiner Weise um die Geschehnisse auf diesem Schiff,
Anlass und Verlauf seiner Fahrten und die Umstände der Reisen der »Bounty«
kreisen. Einen kleinen Eindruck von dieser Textwelt vermittelt innerhalb von Se-
kunden eine Suchanfrage im Internet. Der Name des Schiffes (»Bounty«) erinnert
daran, wie die Kontaktaufnahme der Seefahrer mit den Bewohnern unbekannter
Inseln durch die Überreichung von Gaben und Gegengaben etabliert werden sollte.
Die Schiffsladung der »Bounty« bestand aus den Früchten des Affenbrotbaums,
und noch die Form des Riegels erinnert an ein kleines Brot – so wie die wellen-
förmige Gestaltung des Schokomantels auf die an den Strand rollenden Wellen
anspielt. Ob und in welcher Tiefenschärfe empirische Leser (und Konsumenten)
diese Anspielungen auf eine Textwelt nachvollziehen (oder lediglich die Konnotation einer mit Kokos verbundenen Inselexotik und -romantik goutieren), mag für
die Werbeabteilung des Herstellers von Belang sein, textlinguistisch ist es nicht
relevant: Textualität erweist sich auch und gerade mit Blick auf das Merkmal der
Intertextualität als ein Potenzial, das empirisch unterschiedlich aktiviert wird. Text-
Textwelt-Hinweise dieser Art sind insbesondere in Werbetexten häufig anzutreffen:
Sie locken mit dem, was man schon gehört, gelesen oder sonst wie mitbekommen
hat, mit einer »Vulgata des Wissens« (R. Barthes), mit Stereotypen und Klischees
des bereits Gewussten.

Zur Vertiefung
Barthes 1988a; Barthes 1976.

9.3.2.2 Schlüsselwörter

Ähnlich wie Eigennamen können auch Schlüsselwörter als Aufhänger für die
Aufrufung von Textwelten fungieren. Da Schlüsselwörter als solche nicht eigens
kenntlich gemacht werden müssen, ist ihre Wahrnehmung stark wissensabhängig.
Wir greifen zur Illustrierung kurz auf ein unscheinbares lesbares Etwas zurück,
das sich auf dem ausfaltbaren Boden von Plastiktüten befindet (siehe auch unter
Kap. 11, Aufgabe 1).

Bsp. 9: Plastiktüte

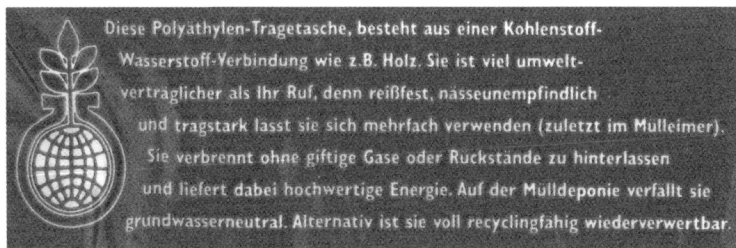

In diesem Text stecken Hinweise auf eine Textwelt, die mit Auseinandersetzungen um die Plastiktüte als Inbegriff einer konsumorientierten und umweltpolitisch ignoranten Wegwerfgesellschaft zu tun haben. Schlüsselwörter dieser Auseinandersetzungen sind die Lexeme *Umwelt* (hier in »umweltverträglicher«) und *Recycling* (hier in »recyclingfähig«). Als Schlüsselwörter verweisen sie auf die Textwelten der öffentlichen Debatte um Umweltschutz. Einer der Gegentexte, der hier wissensabhängig anklingt und auch angezeigt wird (»viel umweltverträglicher als ihr Ruf«), ist der Slogan »Jute statt Plastik«. Auf das Wort *Plastik* wird hier (wie in fast allen Texten dieser Gattung) verzichtet: ein Beispiel dafür, dass und wie durch die Vermeidung von Schlüsselwörtern bestimmte Textwelt-Bezüge verhindert werden sollen!

Dass und wie Schlüsselwörter in literarischen Texten aufgenommen und verwendet werden können, belegt ein bereits besprochener Textbeginn einer Erzählung von E. A. Poe.

Bsp. 10: Die Tatsachen im Fall Valdemar (s. o. Bsp. 2, Kap. 7)
In den letzten drei Jahren hatte der Gegenstand des Mesmerismus wiederholt meine Aufmerksamkeit auf sich gezogen (...)

Der Erzähler beginnt seinen Bericht mit dem Hinweis auf den »Gegenstand des Mesmerismus«. Daran ist nicht nur die Suggestion von Wissenschaftlichkeit durch die Referenz auf einen »Gegenstand« interessant, sondern auch das Zitieren eines Schlüsselwortes: »Mesmerismus« kann wissensabhängig als ein Begriff verstanden werden, mit dem sich all das verbindet, was im späten 18. und beginnenden 19. Jahrhundert als spektakuläres neues Wissensgebiet besprochen und beschrieben wurde (auch bekannt als »Magnetismus«). Indem der Text dieses Schlüsselwort aufgreift und zudem prominent positioniert (»der Gegenstand des Mesmerismus«), schließt er in unspezifischer Weise an all das an, was man über »Mesmerismus« schon gehört und gelesen hat – also an eine wie immer unspezifisch abgegrenzte Textwelt. »Gute« Leser lassen sich diesen Hinweis auf eine Textwelt nicht entgehen, sondern nehmen ihn als Aufforderung zur Recherche, den Text im Hinblick auf seine Textualität zu öffnen und zu erschließen.

Zur Vertiefung
Zur Analyse der Poe-Erzählung: Barthes 1988b; zu Schlüsselwörtern: Liebert 2003, 1994.

9.3.2.3 Topoi und Motive

Topoi und Motive sind Gegenstand insbesondere der Literaturwissenschaft und
-geschichte. Ihre Aufspürung im Text fällt in den Bereich der Text-Textwelt-
Hinweise. Das Auftreten von Topoi und Motiven ist aber nicht auf literarisch-
künstlerische Texte beschränkt. Ein instruktives Beispiel für Topoi und Motive als
Textwelt-Hinweise liefern z. B. Ansichtskarten (siehe Beispiele 1 und 3 »Kapstadt«
in Kap. 3):

> Bsp. 11: »Kapstadt«, abgeschrieben
>
> Cape Town 28/02/07
>
> Hallo!
>
> Nach tollen Safaritagen, eindrücklichen Landschaften und Weinexpeditionen im Weinland
> Südafrika, geniessen wir noch Sonne, Hitze + Kapstadt mit Tafelberg und Bergen auf der
> Tafel … Herzliche Grüsse aus dem heissen Südzipfel Afrikas

Wenn wir lesen »… im Weinland Südafrika«, lesen wir die Information mit, dass
»Südafrika« ein Weinland ist – wissensabhängig mögen wir auch mitlesen, dass
uns diese Information hier nicht zum ersten Mal begegnet. Man weiß, und man
hat es schon gehört, gelesen und gesehen, dass »Südafrika« ein »Weinland« ist:
Es ist etwas, worüber man sich auslassen kann und was sich beispielsweise als
Thema eines Gesprächs eignet. In diesem Sinne wollen wir hier von einem *Topos*
sprechen. Wer daran zweifeln mag, dass es sich hier um einen Topos handelt,
mag eine Internetrecherche mit der Wendung »Weinland Südafrika« starten oder
einen x-beliebigen Reiseführer über Südafrika aufschlagen. Es sind insbesondere
die Textwelten des Tourismus', die auf Ansichtskarten auf diese Art und Weise
musterhaft ins Spiel kommen, so dass Textwelthinweise durch landeskundliche
Topoi (und Stereotype) zugleich Textsortenhinweise sind.

Und auch für die Frage nach dem, was ein »Motiv« sein soll, ist die Ansichtskarte
denkbar eindeutig – liefert sie auf ihrer Ansichtsseite doch genau das: ein bestimmtes Motiv (s. o. Kap. 3, Bsp. 3), die Bucht von Kapstadt, vom Wasser kommend,
mit Blick auf den Tafelberg. Ein zig-mal fotografiertes Motiv, das die Ansichtskarte
in genau dieser Eignung als »sight« hier aktualisiert: Landschaft als das zig-fach
Gesehene und Fotografierte, Landschaft als touristisches »Motiv«.

Es versteht sich, dass ein literarischer Text mit seinen Motiven etwas vorsichtiger
und etwas weniger plakativ umgeht. Wir wollen das an einem bereits besprochenen
Beispiel (Bsp. 23, Kap. 6) belegen, dem »kleinen Herrn Friedemann« von Th.
Mann. Schon in der Überschrift, aber stärker dann im Anfang der Novelle schwingt
unverkennbar eine Konnotation gehobener, hanseatisch-städtischer Bürgerlichkeit
mit:

> Bsp. 12: Thomas Mann, Der kleine Herr Friedemann
>
> I
>
> Die Amme hatte die Schuld. – Was half es, dass, als der erste Verdacht entstand, Frau
> Konsul Friedemann ihr ernstlich zuredete, solches Laster zu unterdrücken?

Diese Konnotation einer bestimmten Art vornehmer städtischer, hanseatischer Bürgerlichkeit, wie sie hier durch den Titel »Frau Konsul«, aber auch durch den Hinweis auf die »Amme« anklingen (s. o. die Analyse in 6.2), erweist sich unter dem Aspekt der Text-Textwelt-Hinweise als ein Motiv, das an dieser Stelle hintergründig aufgenommen wird und anklingt – und wissensabhängig an das denken lässt, was über dieses Motiv sonst schon geschrieben und gelesen wurde (unter Anderem: einige der Romane des Autors »Thomas Mann«).

Es geht nun nicht darum, die fraglichen Texte mit solchen Hinweisen »aufzu-schlüsseln« und zu »dechiffrieren«, sondern sich klar zu machen, wie ein Text mit der Verwendung von Motiven Intertextualitätspotenziale gewinnt, die wie ein Magnet die Lektüre weiterer Texte anziehen können. Ein Schlüssel für solche (versteckten) Text- und Textwelt-Bezüge sind Topoi und Motive.

Zur Vertiefung
Wolpers 2002.

10. Lösungen zu den Entdeckungs- und Übungsaufgaben

Kap. 3, Entdeckungsaufgabe 1

1. Es geht bei dieser Aufgabe nicht um »richtig« oder »falsch«, sondern um das Entdecken möglicher Signale von Texthaftigkeit. Wir geben nur ein paar Anhaltspunkte und verweisen für die Details auf die Lösungen zu Übungsaufgabe 1 in Kap. 3!

Sprachliche Hinweise

– Begrüßung (»Hallo«) und Abschluss (»Herzliche Grüße aus ...«)
– Hinweis auf Funktion, die mit der Karte erfüllt wird (»Herzliche Grüße aus ...«)
– Satzförmigkeit im Mitteilungsfeld
– wiederkehrende Bezüge auf Urlaubsort (»Kapstadt«, »Südafrika«)
– Benennung des Texttyps auf der Karte (quer- und kleingedruckt: »Postcard«)

Hinweise aus der Wahrnehmung

– Ganzheitlichkeit der Karte
– Aufteilung in verschiedene Felder (Adressfeld, Mitteilungsfeld)
– Ausfüllen des Mitteilungsfeldes mit sprachlichen Zeichen

Hinweise aus der Vertrautheit

– Bekanntheit des Schreib- und Lektüreanlasses: eine Urlaubsansichtskarte lesen
– Bekanntheit dieses Typs von bedrucktem Karton als *Ansichtskarte* mit Anschrift- und Ansichtsseite (Ansichtsseite an dieser Stelle noch nicht wiedergegeben, s. Bsp. 3 in Kap. 3!)

2. Bezogen auf die Angaben in (1) könnten entsprechende Merkmale sein:

– ein Text hat Anfang und Ende, ist ein Ganzes mit mehreren Teilen
– ein Text hat eine kommunikative Funktion
– es gibt sprachliche Zeichen
– es gibt einen Formenzusammenhang
– es gibt einen Sinnzusammenhang
– es gibt einen bestimmten Texttyp

Kap. 3, Übungsaufgabe 1

Grenzhinweise

- Karte als materialer Grenzhinweis
- Anrede und Gruß als Eröffnungs- und Beendigungshinweis
- typografische Gliederungshinweise auf Anschrift- und Mitteilungsfeld (Druck- vs. Schreibrichtung, Vorgedrucktes, Querdruck als Felderbegrenzung)

Verknüpfungshinweise

- Wiederholungen (»Cape Town«, »Kapstadt«, »Table Bay«, »Tafelberg«, »Wein-«, »Afrika«), auch zur Verknüpfung der beiden Seiten der Karte
- syntaktische und morphologische Verknüpfungshinweise

Thematische Hinweise

- Referenz auf Urlaubsort durch das Bild auf der Ansichtsseite als Themaeinführung: »Kapstadt« als touristische Sehenswürdigkeit
- Wiederkehr der Referenz auf Urlaubsort auf der Anschriftseite (»Kapstadt«, »Südafrika«) als Themabeibehaltungshinweis: »Kapstadt« und »Südafrika« als touristische Sehenswürdigkeiten
- Referenz auf Aktivitäten (»Safari-Tage«), Wetter (»Sonne, Hitze«, »aus dem heißen …«) und Essen (»Berge auf der Tafel«) als Themaentwicklung gemäß einer Vorstellung von *Urlaubsbericht*

Funktionshinweise

- Begrüßung, Anrede und Grüße als Hinweise auf eine Nützlichkeit im Sinne des Feriengrußes (Kontakthinweise)
- Wortspiel (»mit Tafelberg und Bergen auf der Tafel«) als Hinweis auf eine Nützlichkeit im Sinne der Unterhaltung des Lesers und der Leserin (Unterhaltungshinweis)

Textsortenhinweise

- Bezeichnung »Postcard« als Hinweis auf Textsorte *Postkarte*
- Musterhaftigkeit der Gestaltung mit Bild- und Schriftseite als Hinweis auf Textsorte *Ansichtskarte*
- Musterhaftigkeit des Berichts über Aktivitäten, Essen und Wetter als Hinweis auf Textsorte der *Urlaubsansichtskarte*

Intertextualitätshinweise

- landeskundliche Topoi und Motive (Ansichtseite!, »Weinland Südafrika«, »Safari-Tage« »Südzipfel Afrikas«) als Hinweis auf die Textsorten des Tourismus und Fremdenverkehrs

Kap. 4, Entdeckungsaufgabe 1

1. Lektüreeinheiten

– das Besucherbuch als Ganzes
– eine aufgeschlagene Seite
– die einzelnen Einträge im Buch

2. Abgrenzungshinweise
Abgrenzungshinweise nach außen

– das Buch, die Kladde mit Einband und gebundenen Innenseiten als materialer
  Ganzheitshinweis

Gliederungshinweise zur Differenzierung in Untereinheiten im Sinne von Einträgen

– Handschrift als kalligrafischer Hinweis
– Größe der Schrift als chirografischer Hinweis
– Zeilenabstände und Leerräume als typografische Hinweise
– Bildung von Schriftblöcken
– Datumsangaben über bzw. unter den Einträgen
– Unterschriften und Namensangaben unter den Einträgen
– Bilder, Symbole unter den Einträgen

3. Notizen

– Gemeint sind: Ordnungshinweise (»a«) und Seitenzahlen oben links und rechts,
  Kürzel wie (»I, B«)
– Besonderheit: Alphabet und Zahlen als Ordnungssysteme zur Gliederung und
  Differenzierung von Untereinheiten durch nachträgliche Notizen

Kap. 4, Übungsaufgabe 1

Textträgerhinweise

– aufgestelltes Schild auf Bürgersteig (Breakfast)
– Zettel, aufgeklebt an der Tür
– im Hintergrund des Ladens: Aufschriften, Kärtchen, . . .
– Kaufhausgroßbuchstaben über dem Eingang eines Kaufhauses (»SLEEPY'S«)
– Reklameschautafel an Bushaltestelle (mit Text?)
– Leuchtaufschrift auf Bus
– . . .

Kap. 4, Übungsaufgabe 2

Aufladung der Oberfläche der Bildschirmseite mit Schalt-, Berühr- und Klickflächen, die durch Manipulation mit dem Mauszeiger aktiviert werden können (Hyperlinks) und grafisch auf eine vielfältige Weise markiert werden, z. B. durch

– grafische Aufteilung mit Kopf (»Universität Zürich«), Spalten mit Überschriften, Flächen, Feldern, Reitern, Leisten und Rahmenelementen aller Art
– farbliche Aufteilung in unterschiedliche Flächen mit weiterer (z. T. berührungs-abhängiger) Farbdifferenzierung
– Zeigelemente unterschiedlichster Art vor und neben Überschriften, auf Flächen: Pfeile in verschiedenen Formen, nach rechts, nach unten und nach oben, deikti-sche Ausdrücke (»top«),
– explizite Benutzerhinweise, z. B.: adressatenspezifische Hinweise (»für Studien-interessierte«), Aufschriften mit Aufforderungen und Bitten (»Bitte wählen ...«, »go!«), Fortsetzungshinweise auf Schaltflächen (»weiter«), Hinweise auf Lektü-rewege und -pfade (»Direkteinstieg«), Sprachwahlhinweise (»Englisch«)

Zusammengenommen: eine Flut von Lesersteuerungshinweisen zur Kompensation fehlender materialer Abgrenzungshinweise, insbesondere fehlender Textsamm-lungshinweise (kein Aufschlagen und Blättern in Broschüren, keine Bindung von Seiten mit vorgegebenem Anfang und materialer Reihenfolge, ...).

Kap. 4, Übungsaufgabe 3

1. »Geschichte«, »Buch«, »Erzählung«, »Roman«
2. »das Ende«, »beendete«, »Ende«, »mein Schluss«
3. Erste Person als Autor einer Geschichte, Verfasser eines Buches, Erzähler, Ro-mancier (»mein/er«, »ich«), der das »Buch beendet«, »ein Ende ausheckt« und ohne es zu wollen »einen richtigen Roman geschrieben hat«; der zur Beendigung des Buches über das Beenden der Geschichte schreibt und das Ende der Geschich-te erläutert und bewertet (»vielleicht gar nicht so unbefriedigend«). »Der Leser« wird als jemand einbezogen, den man nicht beim Beenden der Geschichte »in der Luft hängen« lassen darf, sondern beim Schreiben, speziell beim Beenden der Geschichte im Auge haben muss. Das Erzählen, insbesondere das Beenden wird so zum Anlass einer metanarrativen, selbst- und rückbezüglichen Kommentierung des eigenen Tuns als Autor und Erzähler.

Kap. 4, Übungsaufgabe 4

1. Abgrenzung nach außen

– Titelzeile mit Namen der Zeitung »Süddeutsche ...« und Untertitel (»Zeitung für ...«)

- Unterzeile mit Datum, Ausgabeart, Nachweis dieser Zeitung – eine Art Impressum
- Signalisierung des Warenwertes der Zeitung (»Preis«)
- selbst- und rückbezügliche Hinweise auf die Zeitung an verschiedenen Stellen, oftmals mit Ankündigungscharakter (»Heute in der SZ«)
- materialer Textsammlungshinweis: die Zeitung als Ganzheit zusammen- und ineinander gelegter Bögen

Gliederungshinweise

- Spalten
- Absätze
- Überschriften: Schlagzeile (lead, header, body)
- Striche, Rahmen
- Bilder mit Untertiteln, Beschriftung
- Fettdruck
- Schriftgröße
- Einrückung
- …

Ähnlich wie auf der Homepage (Übungsaufgabe 2) werden mit den typografischen Gliederungshinweisen Steuerungshinweise für den Leser und die Leserin gegeben, z. B. Lektürepfade angeboten (»Heute in der SZ« oder »weiter auf S. …«), die der Textsammlung gemäß durch Aufschlagen, Blättern und Weiterblättern aktiviert werden müssen! Die Zeitung, so das Signal, muss als Textsammlung nicht von vorne bis hinten »durchgelesen« werden.
2. Typische textuelle Einheiten auf dem Geschäftsbrief mit typografischer Abgrenzung (ohne Rückgriff auf Norm):

- Absenderangabe: Anordnung oben rechts als Schriftblock (Seitenanfang, rechtsbündig)
- Anschriftfeld: linksbündig als Schriftblock, vertikal im Anschluss an die Absenderangabe
- Orts- und Datumsangabe: rechtsbündig, vertikal im Anschluss an das Anschriftfeld
- »Betreff«: linksbündig, mit Zeilenabstand zur Orts- und Datumsangabe
- Anrede: durch Zeilensprung und Absatz vom Mitteilungsfeld abgegrenzt
- Mitteilung mit Zeilensprüngen und Leerzeilen zur Binnengliederung von Absätzen
- Grussformel und Unterschrift durch Leerzeilen vom Mitteilungsfeld abgegrenzt
- insgesamt: Aufteilung der Felder auf die gesamte DIN-A4-Seite

Kap. 5, Entdeckungsaufgabe 1

- Signalisierte textuelle Untereinheiten: Textblock und Bild; im Textblock: Überschrift und Fließtext; im Fließtext: satzförmige Einheiten
- Hinweise auf Text-Bild-Verknüpfung:
  - Nähe von Schriftblock und Bild
  - Schriftblock endet genau auf Grundlinie des Bildes
  - Beziehbarkeit des Titels (»Geschöpf«) auf das Bild
  - Deiktischer Verknüpfungshinweis: das Demonstrativpronomen *dieser* (»dieser junge Kofferfisch«) verweist auf das fotografierte Tier
- Verknüpfungshinweise im Textblock
  - Verknüpfung durch Typografie: Gruppierung der Zeilen zu einem Absatz, Wiederkehr von Zeichen der gleichen Schrifttype und -größe
  - Verknüpfung durch Pronominalisierung: »dieser junge Kofferfisch« → »ihn«, »die Biologen« → »sie«
  - Verweis auf Vorinformation durch anaphorischen Artikel (»dieser junge Kofferfisch« → »Das Tier«; »[eine Expedition] amerikanischer und philippinischer Meeresbiologen« → »Die Forscher«) und Demonstrativartikel (»diese Tiefen«, »dieses Beckens«)
  - Rekurrenz, auch partiell: »Meer ... Meeresboden ... Meeresbiologen«; »Taucher ... Tauchroboter«; »Meeresbiologen ... Biologen«; »Art ... artenreichsten ... Arten ... Arten ...«; »Tiefen ... Tiefe«; »Geschöpf ... Geschöpfe«; »Forscher ... Forscher«; »Tatsächlich ... tatsächlich«
  - Relationshinweis zwischen Sätzen: »Tatsächlich ...«

Achtung: Es gibt viele weitere Verknüpfungshinweise, die sich daraus ergeben, dass wir die Sätze als thematisch zusammengehörig verstehen. Hinweise dieser Art besprechen wir (auch anhand des Beispiels 1 »Kofferfisch«) bei den Themahinweisen (s. u. 6.4.2.1).

Kapitel 5, Übungsaufgabe 1

- Die beständige Wiederholung des morphologischen Merkmals Präsens in den Verben des Texts ist hier ein prominenter Hinweis auf Textverknüpfung (Satz 1: »erfährt ... wird ... erscheint«, 2: »gilt«, 3: »lassen«, 4: »findet ... ist«, 5: »tritt«, 6: »wird«, 7: »wird ... absieht«).
- Nur an zwei Stellen findet ein Wechsel zu nicht-präsentischen Verbformen statt: nämlich im Verlauf von Satz 3 (»aufgegriffen wurden ... wirksam geworden sind«) und in Satz 8 (»konnte«). Dieser Wechsel weg vom und wieder hin zum Präsens weist zwei textuelle Untereinheiten aus. Diese Untereinheiten zeichnen sich übrigens auch inhaltlich durch einen Kontrast zum übrigen Text aus. In ihnen wird die gesamthafte Betrachtung des Textbegriffs aufgegeben zugunsten einer Betrachtung, die an einzelnen historischen Phasen des Werdens und der

Veränderung des Textbegriffs interessiert ist (»republikanische Gebrauchsbedingungen«).

– Die Textverknüpfung durch das Tempus Präsens kontrastiert hier auffallend mit dem allgemeinen Vergangenheitsbezug des Textes. Das zeigt, dass das Präsens hier nicht der Verankerung des Geschriebenen in der Gegenwart des Schreibens dient, sondern dass es hier dazu dient, allgemeine, zeitlose (»generische«) Aussagen zu treffen. Zusammen mit der auffälligen Rekurrenz des Wortes »Text« – hier ökonomisch als »T.« abgekürzt – und mit anderen Hinweisen wie z. B. der Dominanz passivischer Formen bildet dies einen Musterhinweis auf eine Textsorte wie *Lexikonartikel*.

Kapitel 5, Übungsaufgabe 2

– Am augenfälligsten: Wiederholung von Satz- und Konstruktionsabbrüchen
– ebenso prominent: wiederholtes Auftreten von Parenthesen: »und davon sollte man ausgehen«, »ohne darum herum zu reden«, »und das ist es was wir unseren Wählern schuldig sind«, »und das muss vor diesem hohen Hause einmal unmissverständlich ausgesprochen werden«
– Wiederkehr von Modalisierungen mit »sollte«, »kann«, »muss«
– Wiederkehr formelhafter Wendungen: »in Anbetracht der Situation, in der wir uns befinden«, »und das muss … ausgesprochen werden«; »was wir unsern Wählern schuldig sind«
– durchgängig Präsens

Kapitel 5, Übungsaufgabe 3

– Wie in der Darstellung der Relationshinweise beschränken wir uns bei der Lösung der Aufgabe ausschließlich auf Relationshinweise, die die Verknüpfung satzförmiger Einheiten anzeigen
– »Deshalb« kennzeichnet Sachverhalt 2 (die Vielfalt der Umschreibungen von »Angst«) als Folge des Sachverhalts 1 (Ideal der Angstlosigkeit) – Hinweis auf Ursache-Wirkung-/Grund-Folge-Relation
– »So« kennzeichnet Sachverhalt 2 (Reihe der Beispiele: »angespannt … verwirrt … nervös … Streß«) als Exemplifizierung und Konkretisierung des Sachverhalts 1 (Vielfalt der Umschreibungen von »Angst«) – explikativer Relationshinweis
– »oder« kennzeichnet die Glieder der Aufzählung als Wahlmöglichkeiten: alternativer Relationshinweis
– »Dadurch« kennzeichnet das Verhältnis von Angsttabu und der Problematik, die Funktion nicht nutzen zu können, als eines von Grund und Folge – Hinweis auf Ursache-Wirkung-/Grund-Folge-Relation.

Kap. 6, Entdeckungsaufgabe 1

1. Ein Abschnitt (und ein Buch) über *unseren Umgang mit Angst*, ein Buch über »Angst« und wie »wir« damit »umgehen«; die Funktion von »Angst« in unserem Leben ...
2. »Angst«

– »Angst« als erstes Wort im Text, ohne Artikel
– Häufigkeit / Wiederholung des Wortes »Angst«, auch in Komposita (wie »angstfrei«)
– Rück-Verweise auf »Angst« (»dazu«, »sie«, »ihrem«, »dafür«)
– Substitution durch andere Ausdrücke wie »Gefühl«, »angespannt sein«, ...

»unser Umgang mit Angst«

– Häufigkeit / Wiederholung von »wir«/»uns«
– Substitution durch »der Mensch«, »man«
– »unser heutiger Umgang«
– »Ausdrücke für Angst«, »so sagen wir«, »zu benennen wagen«, »andere Ausdrücke dafür brauchen«, »bei ihrem Namen zu nennen«
– »dazu stehen oder auch nicht«, »möglichst angstfrei zu sein«, »Angst bemänteln«

»Funktionen von Angst«

– letzter Satz mit Ankündigungscharakter durch Neueinführung von »Funktionen«: welche Funktionen sind gemeint?
– Übergang von »unserem Umgang mit Angst« zu einem Defizit, das behoben werden soll: Funktionen kennen!

3. Relationshinweise:

– Verknüpfung vor allem durch Ursache-Wirkung- und Grund-Folge-Hinweise (»Deshalb«, »So«, »Dadurch«). Dadurch bekommt die Einleitung den Charakter der Begründung einer These mit Belegen, Beispielen (»so sagen wir etwa«) und einer durch adversative Verknüpfung besonders hervorgehobenen negativen Folge (»Dadurch können wir aber ...«)
– Hinweis aus diesen Verknüpfungshinweisen: Es wird in dem Buch wohl vor allem darum gehen, dass »wir« diese negative Folge vermeiden und die »wichtige Funktion« der Angst erkennen und nutzen
– ein Buch über Angst und die Möglichkeiten, mit Angst umzugehen (aber z.B. kein Buch über die Sprache der Angst)!

Das Buch heißt: »Vom Sinn der Angst. Wie Ängste sich festsetzen und wie sie sich verwandeln lassen.« (Verena Kast. Freiburg, Basel, Wien: Herder 1997, 4. Aufl.)

Kap. 6, Übungsaufgabe 1

Wir beschränken uns bei den Lösungshinweisen auf den thematischen Strang des Referenzzusammenhangs »Löschspritze« – ein anderer thematischer Strang ist z. B. die »Ehrenabteilung der Freiwilligen Feuerwehr Ummeln«.

Themaeinführungs- und -wiedereinführungshinweise:

– Bild(er), auf denen die »Löschspritze« zu sehen ist
– Titel und Untertitel des Artikels: »Altes Schätzchen« – mit zeitungstypischer Titelellipse (»Altes Schätzchen aufpoliert«), »Löschspritze« (Substitution)
– Rethematisierung zu Artikelbeginn durch Herausstellung: »Sie blinkt und blitzt …: So gut wie neu sieht sie aus, die Löschspritze.«

Themabeibehaltungshinweise (im Artikel und Bildunterschriften)

– Pronominalisierung mit »sie« im ersten Satz und im weiteren Textverlauf
– anaphorischer Artikel zu Artikelbeginn: »die Löschspritze«, »das Schätzchen«, »das Gefährt«
– Rekurrenz: »die Spritze« (auch partielle Rekurrenz); »der Tank«; »die Löschspritze« (Rekurrenz); »die Schläuche«; »auf der Kutsche« (partielle Rekurrenz)

Themaentwicklung

– koreferenzielle Substitution: »die Löschspritze«, »das Schätzchen«, »das Gefährt«, »das Gespann«; »die Lackierung«, »die Farbe«; »der 500-Liter-Tank«, »die Löschwanne«
– Teil-Ganzes-Relationen: Teile der »Löschspritze«: »die zwei Druckstangen«, »der 500 Liter Tank«, »Kutschbock«, »die Schläuche«; »die Reifen«, »die Lackierung«, »Metallteile«; Überordnung/Verallgemeinerung: »die Geräte« (Hyperonymie)

Kap. 6, Übungsaufgabe 2

Titel

– »Erste Vorlesung« als relevante textuelle Einheit (Gliederungshinweis), »Batterien des Poetischen« als Thema der Einheit
– Verbindung von Konkret-Anschaulich-Technischem (»Batterien«) mit Abstrakt-Unanschaulichem (»das Poetische«); es gibt keine »Batterien des Poetischen« in dem Sinne, dass damit etwas bezeichnet wäre, was man in einem Laden kaufen könnte
– Themaerwartung deshalb: keine wörtliche, sondern übertragene Bedeutung; es wird um ein Bild, eine Veranschaulichung eines Abstrakten durch etwas Anschaulich-Konkretes gehen, z. B. im Sinne einer metaphorischen Bedeutung, die durch die beschriebene Verschränkung von Konkretheit und Abstraktheit entsteht und nunmehr im Text zu entwickeln sein wird!

Erster Satz

- Themaeinführungshinweis (Fokus-Hinweis) durch kataphorischen Artikel in »eine Taschenlampe«. Erwartung: von dieser Taschenlampe und ihrem Gebrauch wird im weiteren Fortgang noch die Rede sein (im Sinne der Themabeibehaltung und -entwicklung)
- Themaeinführungshinweis auch durch die Platzierung in dem für neue Informationen besonders geeigneten Mittelfeld (topologischer Fokus-Hinweis). Das, was es mit der Taschenlampe auf sich hat, wird also für die Thematik des gerade begonnenen Textes von Bedeutung sein. Worin genau diese Bedeutung liegen wird und als wie bedeutsam sie sich für die sich allmählich aufbauende Textthematik erweisen wird, ist an dieser Stelle noch nicht abzusehen
- Das ergibt sich aber z. T. aus den mit dem Titel aufgebauten Themaerwartungen: In »Taschenlampe« steckt auch schon ein lexikalischer Themaentwicklungshinweis im Sinne einer Teil-Ganzes-Beziehung: »Taschenlampe« kann man als ein Holonym zu »Batterien« verstehen. Die »Taschenlampe« wird also für die »Batterien des Poetischen« von Bedeutung sein
- Worin diese Bedeutung des »Geschenks« einer Taschenlampe und ihrer Erinnerung an dieser Stelle des Vorlesungsbeginns liegen wird, wird deshalb – so die nahegelegte Themaerwartung – mit ihrem metaphorischen Wert für die Erläuterung des Poetischen zu tun haben – die Themaentwicklungserwartung aus dem Titel wird durch die Holonymie also auf die »Taschenlampe« übertragen
- Wir lesen die Geschichte des Geschenks einer Taschenlampe also von vornherein mit einer übertragenen, metaphorischen Zusatzbedeutung. Die Thematik wird sich nicht etwa in der Mechanik und im Funktionieren der Taschenlampe erschöpfen, sondern ihr Wert für das »Poetische« wird die Thematik ausmachen (lexikalische Thementwicklung durch Metaphorik)

Kap. 6, Übungsaufgabe 3

1. Zunächst Themaeinführungshinweise: Fokus-Hinweise: Horizont-Pronomen *es*, kataphorischer Artikel (»ein alter Mann«, »einer verräucherten Kneipe«), dann Themabeibehaltungshinweis: Pronominalisierung (»ein alter Mann«, »er«). Signal: Textbeginn und Weltbeginn fallen zusammen, der Leser und die Leserin werden in die Welt des Textes eingeführt, erst danach treten Themabeibehaltungshinweise auf.
2. Text beginnt mit Themabeibehaltungshinweisen: anaphorischer Artikel (»der Mann«, »in der verräucherten Kneipe«), Pronominalisierung (»Er«). Signal: Textwelt dauert schon an, wenn der Text beginnt, die Geschichte ist im Gang, Leser und Leserin kommen dazu.
3. Zunächst ein Themabeibehaltungssignal wie in (2) durch Pronominalisierung am Textbeginn (»er«); dann aber ein Fokus-Hinweis durch die Rechtsherausstellung von »der alte Mann« (mit Relativsatz-Atrribut). Signale von Themabeibehaltung

und Themaeinführung, die auf eine Rethematisierung schließen lassen. Die Textwelt hat schon begonnen, wenn der Text beginnt, sie wird aber (für den Leser und die Leserin) wieder eingeführt (die »ihn« ja noch nicht kennen können). (3) ist die vom Autor, E. Kästner, gewählte Variante (s. Bsp. 10 in Kap. 5).

Kap. 7, Entdeckungsaufgabe 1

1. Mögliche Funktionen auf den ersten Blick:

– Informieren über den Fahrplan des Zuges (Zeiten, Bahnhöfe, Anschlussmöglichkeiten: Wann bin ich in ... Wie geht's weiter?)
– Orientieren im Hinblick auf den fraglichen Zug (Bin ich im richtigen Zug?)
– Werben für die »DB« und für »Prostagutt« (Warum soll ich Zug fahren (anstatt Auto/Flugzeug)? Warum soll ich dieses Mittel einnehmen?)
– Empfehlen günstiger Angebote (Wie fahre ich am günstigsten?)
– Unterhalten des Fahrgastes während der Reise (Was gibt's im Zug zu lesen?)
– Willkommen heißen und Hofieren des Fahrgastes (Was steht mir im Zug alles zur Verfügung?)
– Versprechen auf Pünktlichkeit (»Ihr Reiseplan«) und angenehme Reise (»ohne lästigen Harndrang«) (Worauf kann ich mich verlassen?)
– ...

2./3. Das Deckblatt enthält grafische und farbliche Gliederungshinweise zur Aufteilung des Deckblatts in zwei separate textuelle Einheiten (obere und untere Hälfte) mit unterschiedlicher pragmatischer Nützlichkeit. Wir konzentrieren uns auf die obere Hälfte des Faltblattes (siehe aber unten). Auf der Ebene der *textuellen Grundfunktionen* muss die Analyse bei den Sprachhandlungen ansetzen. Sprachhandlungen sind etwa

– das Ansprechen des Lesers (Anredepronomen in der Wendung »*Ihr* Reiseplan«) als Beitrag zur Kontaktfunktion (Herstellung einer bestimmten Beziehung zwischen Autorin (»Die Bahn«) und Leser und Leserin)
– das Benennen des Zuges (fachsprachliche Abkürzung »ICE 502«) als Beitrag zur Darstellungsfunktion (die Welt der Züge und ihrer Haltestationen und Ankunfts- und Abfahrtszeiten)
– das Einschränken der Verwendbarkeit des Textes (»Gültig vom ...«) als Beitrag zur Belegfunktion (der »Reiseplan« als Dokument einer Verpflichtung der Autorin)
– das Empfehlen eines bestimmten Angebotes (»DB Tipp des Monats«) als Beitrag zur Steuerungsfunktion (Werben für ein bestimmtes Produkt der »Bahn«: die »Umwelt Bahncard 25«).

Auf der Ebene der *Texthandlung* stellt sich die Frage nach der Hierarchie der Grundfunktionen. Aus der Vertrautheit mit der Lektüresituation und der Vertrautheit mit dem Inhalt des Faltblattes als Fahrplan (tabellenförmig angeordnete, detaillierte Orts- und Zeitangaben) ergibt sich eine Texthandlung im Sinne der Steuerung des Ein-, Um- und Aussteigens, wofür z. B. das Darstellen (Haltestationen und Ankunfts- und Abfahrtszeiten, Zugidentifizierung), aber auch die im Beleg (Fahrplan als Dokument) zum Ausdruck kommende Berufbarkeit auf die fraglichen Angaben unmittelbar funktional sind. Die anderen Grundfunktionen werden gewissermaßen neben dieser Texthandlung auf dem Faltblatt mitbedient. Das typografisch als Titel hervorgehobene »Ihr Reiseplan« kann als unterstützender sprachlicher Hinweis auf die Textfunktion verstanden werden. Die Steuerungsfunktion im Sinne des Fahrplans ergibt sich aber in erster Linie aus der Wahrnehmung des Faltblattes (Musterhaftigkeit des Fahrplans) und der Vertrautheit mit der Situation.

Mit Blick auf *gesellschaftliche Funktionsbereiche* gibt es mit »Die Bahn« und dem entsprechenden Logo (»DB«) den Hinweis auf ein Wirtschaftsunternehmen (wissensabhängig: auf die *Deutsche Bahn AG*), so dass wir die textuellen Grundfunktionen, insbesondere die Kontakthinweise (»Ihr Reiseplan«), auch als Beitrag zur Wirtschaftskommunikation im Sinne eines kundenorientierten Hofierens verstehen können, mit dem für »Die Bahn« als ein kundenorientiertes Dienstleistungs- und Serviceunternehmen geworben wird. Die mit dem Fahrplan verbundene Texthandlung des steuernden Hinweisens auf Abfahrts- und Ankunftsorte und -zeiten sowie auf Anschlussmöglichkeiten wird auf dem Deckblatt also unübersehbar begleitet durch Texthandlungen des Werbens für das eigene Unternehmen – und durch die Bereitstellung einer Werbefläche für Dritte (»Prostagutt«), die immerhin fast die gleich große zweite untere Hälfte einnimmt! Man kann daran sehen, wie aus einem (vormals amtlichen) »Fahrplan« ein (privatwirtschaftlicher) »Werbeprospekt« wird.

Kap. 7, Übungsaufgabe 1

1. Darstellungshinweise:

– Bezugnahme auf feststehende Sachverhalte in der Welt (hier lexikalisiert gleich im Titel mit den Ausdrücken »Tatsachen«, »Fall«)
– Hervorhebung einer dominant epistemischen Orientierung an der Unterscheidung von wahr vs. falsch (»Tatsachen« vs. »entstellte oder übertriebene Nachricht«, »die Quelle widriger Verdrehungen«)
– Abwertung anderer möglicher Schreibmotive: »Aufsehen erregen« vs. »geheim halten«
– Performativer Hinweis auf eine Handlung des Darstellens: »dass ich die Tatsachen berichte«

Dieser Duktus, dieses »Und dies sind, kurz, die folgenden:«, das ist der Versuch, den Text als der welt- und faktenbezogenen Darstellung dienend hinzustellen. Im Fortgang des Textes werden diese Hinweise dann u. a. mit Hinweisen auf den Funktionsbereich wissenschaftlicher Erkenntnis (»Untersuchungen«, »der Gegenstand des Mesmerismus«, »Experimente«, »in articulo mortis«, »bliebe zu klären« etc.) weiter durchgehalten.

2. Unterhaltungshinweise:

- Autorname (»Edgar Allen Poe«) als Hinweis auf einen bekannten Autor literarischer Texte
- Erscheinungsort des Textes in einem Band mit einem Untertitel wie »Gesammelte Erzählungen« oder »Meistererzählungen«

Wenn solche Unterhaltungshinweise fehlen – wie bei der Erstveröffentlichung des Textes in einer Zeitung –, verwundert es nicht, dass zeitgenössische Leser diesen Text nicht als eine der Unterhaltung dienende Fiktion gelesen und verstanden haben, sondern als Tatsachenbericht im Sinne der Darstellung von Welt! Man sieht also, wie sich im Laufe der Rezeptionsgeschichte eines Textes auch die Lesbarkeit seiner Nützlichkeitshinweise wandeln kann.

Kap. 7, Übungsaufgabe 2

Kontakthinweis

- Anredeformen (»Es bediente Sie: E. Hart« … »Danke für Ihren Einkauf«) zur Herstellung einer personalisierten / persönlichen Beziehung zwischen dem Leser und der Leserin als »Kunde« und der Verkäuferin als »Bedienung«!

Weitere Hinweise

- Darstellungshinweise: z. B. Referenz auf Produkte und Preise (»Patisserie 2 3,20«), Summen (»Total«) und Steuern (»MWST 2,40 %«)
- Beleghinweise zur Dokumentation der geleisteten Zahlung (Zahlbeleg: wissensabhängig mitverstanden mit dem Wiedererkennen der Musterhaftigkeit des Kassenzettels), für die die genannten Darstellungshinweise funktional sind
- Steuerungshinweise im Sinne des Werbens von Kundschaft. Funktional dafür die Art und Weise der Kontakthinweise (Kontaktpflege als Kundenpflege), zusätzlich: auffällige Hervorhebung der Absenderangabe »Confiserie Sprüngli AG« (Fett- und Großdruck, Zusatz »Confiserie«)

Der Kassenzettel ist also ein anschauliches Beispiel dafür, wie auf engstem Raum unterschiedliche textuelle Grundfunktionen angezeigt werden können. Die Texthandlung des Zahlbelegs wird realisiert, wobei die Grundfunktion der Steuerung im Sinne des Werbens miterfüllt wird.

Kap. 7, Übungsaufgabe 3

Reflexionshinweise

- Das Hinzufügen fach- und fremdsprachlicher Termini in Klammern im Anschluss an eine umschreibende Erläuterung (»enge Öffnungen (Ostien)«; »eine bakterielle Nebenhöhlenentzündung (Sinusitis)«

– das Hinzufügen fach- und fremdsprachlicher Termini in Klammern als Übersetzung deutschsprachiger Begriffe (»Enzianwurzel (Gentinae Radix)«

– die Einführung von Fachsprachlichkeit durch Hinweise auf Expertenredeweise
(»Der Arzt spricht dann von einer akuten Sinusitis«)

– die Abgrenzung von Laien- und Expertenperspektive durch das Zitieren von
Ausdrücken (»... entsteht die akute Sinusitis als Folge eines zunächst ›banalen‹
Schnupfens.«)

Mit solchen punktuell eingesetzten rück- und selbstbezüglichen Bezugnahmen auf
die Sprache des Textes suggeriert der Text den Anschein einer Nützlichkeit auch
im Sinne der Reflexion – und der Wissenschaftlichkeit.
Weitere Grundfunktionshinweise

– Darstellungshinweise, z. B.: performativ (»Wir möchten Sie über das Krankheitsbild informieren ...«), z. B. ausgebaute Themaeinführungs-, -beibehaltungs- und
-entwicklungshinweise (»Die oberen Atemwege – was gehört dazu?«)

– Kontakthinweise, z. B. durch Anredeformen (»Lieber Patient, liebe Patientin, Sie
haben ...«, »An jeder Seite Ihres Gesichtes haben Sie ...«), durch Frage-Antwort-
Thematisierung (»Wie spüren Sie, dass die Nebenhöhlen betroffen sind?«)

– Steuerungshinweise im Sinne des Werbens für das Produkt, z. B. durch Implikation der positiven Wirkweise des Produkts (»... und Ihnen aufzeigen, wie
Sinupret Dragees Bionorica zu Ihrer Genesung beitragen kann«), z. B. durch
griffige Zuschreibung positiver Wirkweisen (»Sinupret löst, öffnet, befreit«)

Verhältnis der Grundfunktionshinweise
Reflexionshinweise (aber auch: Kontakthinweise und Darstellungshinweise) werden
zugunsten der übergeordneten Grundfunktion der Steuerung im Sinne der Produkt-
werbung instrumentalisiert: Es wird geworben (gesteuert), *indem* der Text durch
Reflexionshinweise einen Akzent von Wissenschaftlichkeit erhält und *indem* das
Verhältnis von Autorin (»Bionorica AG«) und Leser und Leserein (»Liebe Patientin,
lieber Patient«) durch Kontakthinweise als Näheverhältnis und als Verhältnis von
Experte und Laie innerhalb der Gesundheitskommunikation gestaltet wird!

Kap. 7, Übungsaufgabe 4

Systemhinweise

– gleich zu Beginn im ersten Satz in der Referenz auf die »historische Wissenschaft«

– im zweiten Satz als Hinweis auf die »Geschichtswissenschaft«. Flankiert werden
diese Hinweise durch weitere Referenzen, die mit Wissenschaft und »Geschichtswissenschaft« zu tun haben: »Gebiet der historischen Theorie«, »theoretische
Vorklärung«, »Forschung«

Auch wenn der Autor seinen eigenen Text nicht explizit performativ als Vollzug von »Geschichtswissenschaft« bzw. »historischer Wissenschaft« kennzeichnet, wird durch die Fokussierung auf eine »Frage«, die »zu den schwer beantwortbaren Fragen der historischen Wissenschaft gehört«, klar, dass der Text selbst als ein spezifischer Vollzug dieser Art von Wissenschaft zu verstehen ist.

Kap. 8, Entdeckungsaufgabe 1

Textsortenzuordnung intuitiv

– »Kochrezept«

Textsortenhinweise aus Lektüresituation (Wahrnehmung) und -kontext (Vertrautheit):

– »Kochbuch« als Textsammlung (wahrnehmbarer Ganzheitshinweis)
– Bild (fotografierte Speisen) und Text (vertraute Themaeinführungs-, -beibehaltungs- und -entwicklungshinweise: die »Frühstückspfanne« als Gericht, wie sieht es aus? was braucht man dazu? wie macht man es?)

Sprachliche Textsortenhinweise (in Auswahl)

– Titel mit Bezeichnung eines Gerichts (»Frühstückspfanne«)
– selbst- und rückbezügliche Benennung der Textsorte (»Mit diesem Rezept ...«)
– selbst- und rückbezügliche Benennung des Themas (»Frühstückspfanne«) als »Gericht« (»... und dieses Gericht hatte den unschätzbaren Vorteil, ...«)
– musterhafte Steuerungshinweise im Sinne der Anleitung zur Zubereitung (»Während man die Zutaten zusammensucht, wird schon auf hoher Stufe...«; »Die Würstchen längst durchschneiden«)
– musterhafte Darstellungshinweise im Sinne der Aufzählung von Zutaten (»Am besten schmeckt mir das Gericht mit Pilzen, Frühstücksspeck (Bacon), Tomaten, ...«)

Daneben enthält das Beispiel aber z. B. auch Unterhaltungshinweise im Sinne des Erzählens einer Geschichte (»... verbindet mich eine lange Geschichte. Sie reicht zurück, ...«) und Kontakthinweise im Sinne der Herstellung einer Nähebeziehung zwischen Autor und Leser (als »Kumpel«: »Sollen wir wetten?«). Weiterführende Hinweise zu diesen unterschiedlichen Textsortenhinweisen in diesem Beispiel finden sich im Text selbst: 8.3.4!

Kap. 8, Entdeckungsaufgabe 2

Die Musterhaftigkeit der Gliederungshinweise auf dem Bildschirm zeigt sich in der Entwicklung und Standardisierung spezieller dreidimensionaler Simulationen auf der grafischen Benutzeroberfläche zur Auslösung von Bewegungen mit Zeigehilfen (»Maus«). Dazu gehören z. B.

– Fenster mit Rahmenelementen wie
– Taskleisten mit Icons
– Bildlaufleisten
– Schaltflächen (buttons)
– Dialogfeldern und -fenstern
– Menus mit Drop-Down-Listen
– Registerkarten
– Symbolleisten
– Navigationsleisten

mit deren eine Bildschirmseite auch im Druck sofort als solche wieder erkennbar wird.

Kap. 8, Übungsaufgabe 1

Semantische Rahmenelemente der Themaentwicklung bei Perec

– Urlaubsort (»in der Nähe von Ajaccio«; »Dahomey«, »Nizza«, ...),
– Unterbringung (»Wir zelten...«, »Hotel Alcazar«, ...)
– Aktivitäten (»Wir sonnen uns«, »Wir lassen uns bräunen«, »Farniente und Heia Heia«)
– Kontakte (»eine Menge Kumpels«)
– Verpflegung (»Das Essen ist gut«)
– Befinden (»Wir fühlen uns rundum wohl«)
– Wetter (»Das Wetter ist sehr schön«)
– Rückkehr (»Am 7. kommen wir zurück.«)
– ...

Semantische Rahmenelemente im Beispiel »Kapstadt«

– Urlaubsort (»Kapstadt«, »Südafrika«)
– Wetter (»aus dem heißen Südzipfel Afrikas«)
– Verpflegung (»Berge auf der Tafel«)
– Aktivitäten (»Nach Safari-Tagen ... genießen wir die Sonne«)

Kap. 9, Entdeckungsaufgabe 1

Sprachliche Hinweise auf Texte

– »seinen Veröffentlichungen«, »wenige Aufsätze«, »seine beiden Bücher«, »seiner Vorlesungsnotizen«: Texte des Autors »John L. Austin«
– »»How to do things with words««: Titelhinweis auf die gleichnamige Schrift (in deren deutscher Ausgabe der vorliegende Textausschnitt wiederabgedruckt ist)

Sprachliche Hinweise auf Textwelten

– »in der Literatur«: nicht näher spezifierte Texte aus der Welt der Wissenschaft (über die »Sprechakttheorie«, aus der »Sprachphilosophie«, …)

Wissensabhängige Hinweise auf Texte und Textwelten

– Nennung von Autorennamen: »Wittgenstein«, »Ryle«
– Nennung von Wissensgebieten: »Philosophie der normalen Sprache«, »die sprachphilosophische Theorie der Sprechakte«
– Zitat aus »How to do things with words«: »… und ›explizit performativen Äußerungen‹ und brauchte …«

Kap. 9, Übungsaufgabe 1

Thematisierung von Text-Text- und Text-Textwelt-Hinweisen

– Text-Text-Hinweise (in Form der Nennung von Namen im Sinne von Autorschaft) als zu vermeidendes Übel: »Ibn ul' Arabi, …, ruft aus: ›Bewahre uns, Allah, vor dem Ozean der Namen‹.«
– Erklärung des bewussten Verzichts auf Text-Text-Hinweise (in Form von Namensnennungen): »und … beschlossen, unseren … Gedankengang nicht mit Namen zu befrachten.«
– Zitieren typischer Text-Text-Hinweise in unterschiedlichen Varianten, so dass die Musterhaftigkeit solcher Hinweise (in der »theoretischen Soziologie«) deutlich wird: »›Weber sagt dieses‹ – … – und so weiter und so fort.«
– darunter auch (zitiertes) Beispiel für Text-Text-Beziehungen im Sinne von Übereinstimmung und Abgrenzung (»Wir stimmen hier mit Durkheim, nicht mit Weber überein«)
– Definition von Text-Text-Beziehungen im Sinne von »exegetischen« oder »synthetischen Aspekten«
– Erklärung des Umgangs mit Text-Text-Hinweisen im vorliegenden Buch: »… alle Verweisungen … in die Anmerkungen gebracht«.

Hinweise auf »Vorwort«-Charakter des Textes

– Text-Text-Beziehungen durchgängig personalisiert im Sinne von Autorschaft (»wir«, »Namen«, Nennung von Namen im Text: »Ibn ul'Arabi«, »Max Weber«)
– Text-Text-Hinweise in Form des Dankens (»Treuepflicht historischer Dankbarkeit«, »Wieviel wir … verdanken, …«, »gelernt«)
– zusätzlich metakommunikative Thematisierung des Thematisierens von Text-Text-Beziehungen (s. o.: Thematisierung von Text-Text-Hinweisen), inklusive Zitieren von Formen des Text-Text-Hinweises (s. o.)
– texterklärender Hinweis auf »Anmerkungsapparat« und Darstellung im vorliegenden Buch

Hinweise auf Übergänge zwischen Text-Text-Hinweisen und persönlichen Beziehungen:

– zunächst: Namen als Kürzel für Autorschaft (s. o.), dann: Übergang zu »Alfred Schütz« mit Namen als Kürzel für Person
– einerseits: Name wird nicht wie vorher in Anführung gesetzt; Aussprechen des Dankens ohne Nennung von Texten, Emphase und Hyperbel (»wird allerorts im folgenden deutlich«)
– zusätzlich: »†« als Zeichen: eine Person aus Fleisch und Blut ist gemeint (ein »Autor« aus Papier kann nicht sterben)
– andererseits aber auch Hinweis auf Autorschaft: »Einfluss seiner Lehre und Schriften«
– also Hinweis nicht nur auf Autorschaft, sondern auch auf Lehrer-/Meisterschaft (Schüler-Lehrer/Meister-Verhältnis) – eingeschränkter dann auch bei »Carl Mayer« – ohne Hinweis auf Texte

11. Klausuraufgaben mit Lösungen

Im Folgenden finden Sie eine Auswahl von Textbeispielen. Rekonstruieren Sie darin jeweils die auffindbaren Textualitätshinweise für alle Textualitätsmerkmale (Begrenzbarkeit, intratextuelle Verknüpfbarkeit, thematische Zugehörigkeit, pragmatische Nützlichkeit, Musterhaftigkeit und Intertextualität)! Unterscheiden Sie dabei wahrnehmbare, sprachliche und vertrautheitsabhängige Textualitätshinweise!

(Die stark wissens- und z. T. rechercheabhängigen Textualitätshinweise können selbstverständlich nicht Gegenstand der Klausur sein! Sie werden aber der Vollständigkeit halber bei den Lösungen mit aufgeführt.)

Klausuraufgabe 1, »Plastiktüte«

Besonderheit der folgenden Aufgabe: Sie finden mehrere Beispiele eines bestimmten Typs von Texten, die sich auf der Außenseite des Bodens von Plastiktüten befinden. Beziehen Sie alle Beispiele in die Lösung mit ein!

Beispiel 1

PRAKTIZIERE UMWELTSCHUTZ
Diese Tragetasche besteht aus Polyethylen –
ein Produkt aus Wasser- und Kohlenstoff.
Sie ist mehrfach verwendbar und recyclingfähig
Nach Gebrauch bitte nicht in die Landschaft.

Beispiel 2

Diese Tragetasche ist aus Polyethylen (PE).
Sie verhält sich auf der Mülihalde grund-
wasserneutral und ist recyclingfähig.

Beispiel 3

Unserer Umwelt zuliebe!
Bitte verwenden Sie
mich mehrmals!
Ich bin aus umwelt-
freundlichem Polyäthylen.

Beispiel 4

Unsere Kunststoff-Tragetaschen werden aus Polyethylen (PE) gemacht. Für die Umwelt sind sie - das haben Untersuchungen ergeben - besser als vergleichbare Papiertüten.
- **denn ihre Herstellung erfordert viel weniger Rohstoffe und Energie**
- **denn die Produktion belastet die Umwelt ungleich weniger**
- **denn beim Verbrennen gibt's keine giftigen Dämpfe oder Gase**
- **denn sie enthalten keine Weichmacher oder Stabilisatoren**
- **und sie sind (fest sowie unempfindlich gegen Nässe) mühelos mehrfach verwendbar.**

Beispiel 5

Stichworte zur Lösung von Klausuraufgabe 1

1. Begrenzbarkeit: Was gehört dazu? (Abgrenzungs- und Gliederungshinweise)
1.1 Wahrnehmung

- die »Plastiktüte« als Textträgerhinweis: Alles auf der Plastiktüte kommt zunächst in Betracht
- dann aber eine Reihe typografischer Abgrenzungshinweise auf der Plastiktüte: die Platzierung der Beispieltexte auf dem Boden der Tüte, der Kontrast der Schriftgröße zu dem sonst noch auf der Tüte Gedruckten (Kleingedrucktes), Gestaltung des Gedruckten als Schriftblock (Feld mit mehreren Zeilen), z. T. auch mit Einrahmung des Schriftbocks (Bsp. 2)
- Schriftblock und Symbol: nicht nur Schrift, sondern auch Bilder und Symbole

1.2 Sprache

- Überschrift als Titel-Hinweis zur Abgrenzung (Bsp. 1, 3)
- Schriftblock mit wenigen und einfachen Sätzen (syntaktische, z. T. auch typografische Gliederungshinweise durch Zeilensprung)

1.3 Vertrautheit

- normierte Bildsymbolik (»Der grüne Punkt«, »Der blaue Engel«, Bsp. 3; »Materialkennzeichnungssymbol«) als Hinweis auf spezielle Recycling-Angaben auf dem Boden der Tüte

2. Verknüpfbarkeit: Was hängt miteinander zusammen? (Verknüpfungshinweise)
2.1 Wahrnehmung

- Platzierung, Integration und Anpassung von Bild und Schriftblock als typografische Hinweise auf Verknüpfung von Bild und Schrift
- Wiederholungshinweise: Wiederholung von Einzelbuchstaben (wie »PE« in Bsp. 2) in Schriftfeld und Bildsymbol

2.2 Sprache

- Wiederholungshinweise zur Verknüpfung der Sätze: Wiederholung syntaktischer Strukturen (wie in Bsp. 4)
- Verkettungshinweise: Pronominalisierung (»Diese Tragetasche« … »Sie«, Bsp. 1, 2)
- Relationshinweise: z. B. additiv im Sinne des Aufzählens (Bsp. 4 mit Aufzählungszeichen)
- argumentative Strukturhinweise in Bsp. 4: Standpunkt (»Für die Umwelt sind sie …«), Berufung auf Autoritätstopos (»das haben Untersuchungen ergeben«), Folgen von Begründungen (markiert jeweils mit Konnektor »denn«)

2.3 Vertrautheit

- Wiederkehr der Umweltschutzthematik in Bildsymbol und Schrift: Wortbildungsmorpheme wie »mehr-« (in »mehrfach« und »mehrmals«: Bsp. 1, 3) oder »recycl-« (in Bsp. 1, 2, 5) und Symbolik von Kreisläufigkeit (in Bsp. 1, 2, 3, 5)

3. Thematische Zusammengehörigkeit: Worum geht es? (Themahinweise)
3.1 Wahrnehmung

- Beschaffenheit der Tragetasche als Thema: taktil wahrnehmbar (*Plastik*), aktualisiert durch Deixis (»Diese Tragetasche …«: Bsp. 1, 2, 5; »Bitte verwenden Sie mich … Ich bin aus …«, Bsp. 3)
- Umweltschutz als Thema: wahrnehmbar durch typografische Hervorhebung von Bildsymbolik (Bsp. 3, 5)

3.2 Sprache

– Umwelt und Umweltschutz als Thema: Themaeinführungshinweise in Form von Titel-Hinweisen (Bsp. 1, 3)
– Tragetasche als Thema: Themabeibehaltungshinweise in Form der Pronominalisierung (s. o.)
– Umwelteigenschaften der Tragetasche als Thema: lexikalische und semantische Themaentwicklungshinweise (z. B. Bsp. 4: Ko-Hyponyme »Kunststoff-Tragetaschen« und »Papiertüten«; Isotopiehinweis *Umweltschutz*: »Umwelt«, »Rohstoffe und Energie«, »belastet die Umwelt«, »giftigen Dämpfe oder Gase«, »Weichmacher oder Stabilisatoren«, »mehrfach verwendbar«)

3.3 Vertrautheit

– Wiederverwertung und Recycling als Thema: Bildsymbolik als Hinweis (»Materialkennzeichnungssymbole« mit Abkürzungen wie »PE-LD«)
– Umwelt- und Naturschutz als Thema: Bildsymbolik als Hinweis (»Der grüne Punkt«, »Der blaue Engel«, Natursymbolik wie in Bsp. 3, 5).

4. Pragmatische Nützlichkeit: Was wird getan? (Funktionshinweise)
4.1 Wahrnehmung

– Belegfunktion: typografische Hinweise (Kleindruck und Platzierung auf dem im Normalgebrauch kaum sichtbaren Boden der Tüte), Buchstaben- und Zahlencodes
– aber z. T. auch Unterhaltungsfunktion: Leseanreize durch Motivdruck (wie in Bsp. 3, 5)

4.2 Sprache

– Darstellungshinweise im Sinne der Referenz auf Beschaffenheit der Tragetasche: Fachsprachlichkeit (»Polyäthylen«, »Polyethylen«), Worterklärungen (»ein Produkt aus …«, Bsp. 1), Orientierung an *wahr* vs. *falsch* (Bsp. 4: »das haben Untersuchungen ergeben«)
– Steuerungsfunktion im Sinne des Appellierens an Umweltschutz: Aufforderungen (Bsp. 1, 3), Bitten (Bsp. 1, 3)
– Steuerungsfunktion im Sinne des Werbens für Kunststofftragetaschen: z. B. werbesprachliche Adjektive auf »-bar« und »-fähig«, positiv konnotierte Adjektive wie »umweltfreundlich«, Slogans (»Unserer Umwelt zuliebe!«), Personalisierung (»Ich bin aus …«)

4.3 Vertrautheit

– Steuerungsfunktion: Werben für Kunststoff, Funktionssystem: Wirtschaft (Industrieverband Papier- und Folienverpackung)

- Belegfunktion: Deklarieren der Beschaffenheit, Funktionssystem: Recht (Verpackungsverordnung), Regulieren der Weiterverarbeitung, Funktionssystem: Politik (Umweltmanagement)
- Steuerungsfunktion: Appellieren an Umweltschutz, Funktionssystem: Politik (Umweltschutzpolitik)

5. Musterhaftigkeit: Was für ein Text ist das? (Textsortenhinweise)

5.1 Wahrnehmung

- Musterhaftigkeit der Abgrenzungshinweise: das Kleingedruckte
- Musterhaftigkeit der Integration von Schrift und Bildsymbolik: Güte- und Prüfsiegel (wie in Bsp. 3):

5.2 Sprache

- Musterhaftigkeit der Steuerungshinweise zur Beeinflussung der Einstellung zu Kunststoff-Tragetaschen (z. B. Bsp. 4): Werbetext
- Musterhaftigkeit der Steuerungshinweise zum Umweltschutz (z. B. Bsp. 1): Naturschutzhinweis auf Schildern, Tafeln

5.3 Vertrautheit

- Musterhaftigkeit der Funktionshinweise aus Politik, Recht und Wirtschaft: Umwelt-Produkt-Deklaration (Eco-Environmental Labelling)
- Musterhaftigkeit der Darstellungshinweise (Prädikationen der Form »x besteht aus y zu .. %«): Self-declared Environmental Claims (Typ II ISO 14021)
- Musterhaftigkeit des Güte- und Prüfsiegels: Third Party Declaration (Typ I ISO 14024)

6. Intertextualität (Intertextualitätshinweise)

6.1 Wahrnehmung

- Symbolzitate (Umweltgütesiegel): Prüf- und Gütesiegel des Umweltschutzes und ihre Erläuterung
- Wiedergabe von Zahlen- und Buchstabencodes: Kunststoffdeklarationen und ihre Erläuterung

6.2 Sprache

- Zitate von Bezeichnungen wie »Der grüne Punkt«, »Der blaue Engel«: die Textwelten der politisch-rechtlichen Regulierung der Verpackungsdeklaration
- Anspielungen auf umweltwissenschaftliche Textwelten (»das haben Untersuchungen ergeben«, Bsp. 4)

6.3 Vertrautheit

- argumentative Strukturhinweise (Bsp. 4), Steuerungshinweise im Sinne des Werbens für Kunststofftragetaschen, Vermeidung des Ausdrucks *Plastik*: öffentlichkeitswirksame Kampagnen gegen die Verwendung von Plastiktüten in den 70er Jahren (mit Slogans wie *Jute statt Plastik*).

Klausuraufgabe 2, »Streiflicht«

Der folgende Text ist in der Tageszeitung »Süddeutsche Zeitung« auf der ersten Seite, am linken Rand in einer eingerahmten Spalte mit der Überschrift »Das Streiflicht« erschienen. Beziehen Sie insbesondere bei den Abgrenzungshinweisen diesen Erscheinungsort mit ein (siehe zur Wiedergabe einer solchen Seite Bsp. 8, Kap. 4)!

Beispiel 6

Das Streiflicht

(SZ) Die menschliche Nase ist ein Sinnesorgan, das technisch noch nicht so ganz ausgereift ist. Die Hundenase etwa ist in puncto Funktionalität, ja selbst im Design wesentlich weiter, und das lassen diese Köter ihren Besitzer in oft demütigender Weise spüren, wenn sie an Bäumen olfaktorische Paradiese entdecken, die dem Menschen verschlossen bleiben. Man wüsste gerne, welche Sensationen so ein Stück feuchter Baumrinde zu bieten hat, das Hunde mit ebenso viel Aufmerksamkeit studieren wie unsereins ein gutes Buch. Offenbar sind es meist Liebesromane, die sich die Tiere da reinziehen, jedenfalls führen sie sich bei der Rezeption entsprechend auf. Daran teilzuhaben, bedarf es sensibelster Sensoren, die in einem Organ, das auch Reichkolben heißt, selbstverständlich fehlen. In puncto Geruchssinn verbietet sich dem Menschen jegliche Hochnäsigkeit, solange er noch nicht einmal in der Lage ist, die Ausdünstungen eines reifen Camemberts von denen eines häufig genutzten Wanderstiefels zu unterscheiden.

Um solche Nachteile halbwegs auszugleichen, hat der Mensch das Parfüm erfunden, ein Gemisch aus aufdringlichen Duftstoffen, dessen Odeur selbst der leistungsschwächste Zinken registriert. Im Idealfall wirkt das Parfüm wie ein Liebeszauber, und zwar dergestalt, dass sein Duft den begehrten Partner praktisch willenlos macht. So sind zum Beispiel Männer unwiderstehlich, die ein Rasierwasser auftragen, das sowohl den körpereigenen Männerduft abtötet als auch aufs Betörendste nach Mann riecht, also nach Pferdesattel und Motorenöl. Noch raffinierter sind die Duftnoten für Frauen, die sich gern mit dem unschuldig zarten Duft der Rosen umwölken, aber auch das Aroma eines arabischen Serails nicht verschmähen. Generell ist es so, dass der Mensch dem eigenen Geruch misstraut. Wer Parfüm aufträgt, folgt einer Botschaft seines Unterbewusstseins: Tja, ich bin eigentlich ein ausgelatschter Wanderstiefel, möchte aber als Camembert rüberkommen.

In Kanada ist dieses Bestreben offenbar so weit ins Kraut geschossen, dass es seit einiger Zeit eine Bürgerbewegung gegen das Parfüm gibt. Deren Feldzug ist, wie dpa meldet, inzwischen in der Bundeshauptstadt Ottawa angelangt, wo die meisten Ministerien und Institutionen zu parfümfreien Zonen erklärt wurden. Und wer in der Provinz Ontario zu Vorstellungsgesprächen Parfüm aufträgt, kann sich den Job gleich abschminken. Angeblich möchte man damit Allergiker und Asthmatiker schützen, aber wer glaubt das schon? Vermutlich ist der Kanadier einfach nur überfordert mit all den künstlichen Düften, die seinem Land das Fluidum eines Pariser Boudoirs verleihen. Schließlich ist er von Natur aus Holzfäller, und als solchem bietet ihm der Baum Wohlgerüche genug. Darin übertrifft ihn allenfalls der Hund.

Stichworte zur Lösung von Klausuraufgabe 2

1. Begrenzbarkeit: Was gehört dazu? (Abgrenzungs- und Gliederungshinweise)
1.1 Wahrnehmung

– *Zeitung* als Ganzheitshinweis (Textsammlungshinweis)
– typografische Hinweise auf textuelle Untereinheit als eigenständige Kolumne am linken Rand der Seite, z. T. mit Rahmenlinien (sichtbar in Bsp. 8, Kap. 4)
– Absätze als Gliederungshinweis: ein Text mit 3 Absätzen

1.2 Sprache

– Überschrift (»Das Streiflicht«) als Titel-Hinweis auf Abgrenzung
– Absätze mit komplexen Sätzen (syntaktische Gliederungshinweise)
– Rückkehr zum Ausgangspunkt (»Hund«) als Abschlusshinweis im letzten Satz des Textes

1.3 Vertrautheit

– Quellennachweis »(SZ)« als textsortenspezifisches Anfangssignal in Zeitungstexten
– Überschrift (»Das Streiflicht«) als Hinweis auf eine regelmäßig erscheinend eigenständige Kolumne der »Süddeutschen Zeitung«

2. Intratextuelle Verknüpfbarkeit: Was hängt miteinander zusammen? (Verknüpfungshinweise)
2.1 Wahrnehmung

– Absätze durch Satz in einer Kolumne

2.2 Sprache

– Wiederholungen von Worten und Lexemen in Wortbildungen: z. B. »Nase« – »Hundenase« – »Hochnäsigkeit«, »Sinnesorgan« – »Organ«, »Hundenase« – »Hunde« – »der Hund«, »Bäumen« – »Baumrinde«, »Menschen« (2x) – »der Mensch« (2x), »Parfum« (5x) – »parfümfrei«, »Duftstoff« (2x) – »Duft« (2x) – »Mannesduft« – »Duftnoten« – »Düften«, »Geruchssinn« – »Geruch« – »Wohlgerüche«, »Männer« – »Mannesduft« – »Mann«, »Wanderstiefel« (2x), »Camembert« (2x), »Kanada« – »Kanadier«
– Tempuskonstanz: dominantes Tempus im gesamten Text ist das Präsens, im ersten Absatz ausschließlich, im zweiten Absatz taucht nur einmal das Perfekt (»hat der Mensch das Pafüm erfunden«), im letzten Absatz nur einmal das Präteritum auf (»zu parfümfreien Zonen erklärt wurden«), wo es die Wiedergabe einer »dpa«-Meldung markiert.

– Verkettungshinweise: Grammatische Vor- und Rückverweise durch Proformen (»die sich die Tiere *da* reinziehen« [»an Bäumen«]); »der Kanadier« – »*er*«; »*Daran* teilzuhaben, bedarf es …« (unspezifischer Rückverweis, möglich: an »der Rezeption«, an den »Liebesromanen«, »Sensationen«, »olfaktorische Paradiese«), »*Darin* übertrifft ihn …« (dass »ihm der Baum Wohlgerüche bietet«), Artikel (»*solche* Nachteile«, »*dieses* Bestreben«)
– Relationshinweise, explikativ (»So sind z. B. Männer, …«)

2.3 Vertrautheit

– die Absätze bilden zusammen einen kurzen eigenständigen Text in der »Süddeutschen Zeitung«, das »Streiflicht«

3. Thematische Zusammengehörigkeit: Worum geht es? (Themahinweise)
3.1 Wahrnehmung

– (keine thematischen Hinweise aus der Wahrnehmung)

3.2 Sprache

– Vergleich der olfaktorischen Sinnesorgane von Mensch und Hund als Thema (im ersten Absatz): Themabeibehaltungshinweise durch Rekurrenz, auch partielle Rekurrenz (*Mensch, Hund, Nase, Organ,* s. o.), Themaentwicklungshinweise durch Substitution (»menschliche Nase« – »Sinnesorgan« – »Sensoren« – »Organ« – »Riechkolben« – »Zinken«; »diese Köter« – »Hunde«); lexikalische Hinweise im Sinne der Ober- und Unterordnung: »menschliche Nase« – »Sinnesorgan« (Hyperonym) – »Hundenase« (Ko-Hyponym zu »menschliche Nase«); »Buch« – »Liebesromane« (Hyponym zu »Buch«), Isotopiehinweise mit Bezug auf das Merkmal olfaktorischer Wahrnehmbarkeit: »olfaktorische Paradiese« – »Sensationen« – »Ausdünstungen«
– Parfüm als Zaubermittel der olfaktorischen Verführung als Thema (im zweiten Absatz): Themaeinführungshinweis durch Nachfeldbesetzung (»das Parfum erfunden, ein Gemisch aus …«); Themabeibehaltungshinweise durch Rekurrenz von *Parfüm, Duft*; Themaentwicklung durch Substitution »Duft« – »Odeur« – »Aroma«, lexikalische Hinweise der Ober- und Unterordnung »Parfüm« – »Rasierwasser« (Hyponym), Rahmenhinweis Verführung: »Liebeszauber« – »den begehrten Partner« – »praktisch willenlos« – »unwiderstehlich« – »aufs Betörendste« – »raffinierter« – »Aroma eines arabischen Serails«
– Bürgerbewegung gegen Parfüm in Kanada als Thema (im dritten Absatz): Themabeibehaltung durch partielle Rekurrenz: »Kanada« – »Kanadier«, Themaentwicklung durch Ganzes-Teil-Beziehung (»Kanada« – »Bundeshauptstadt Ottawa«, »Provinz Ontario«)
– Verbindungen zwischen diesen auf die drei Absätze verteilten thematischen Strängen: Themabeibebehaltung »Parfüm« im zweiten und dritten Absatz, Rahmenhinweis Verführung taucht auch im dritten Absatz wieder auf (»das Fluidum eines Pariser Boudoirs«); Themabeibehaltung und -entwicklung zu »Hund« und

»Baum«/»Baumrinde« auch im dritten Absatz (»Holzfäller« – »Baum«), zugleich Abschlusshinweis (s. o.); Themaentwicklung »menschliche Nase« aus dem ersten Absatz: Substitution mit »Zinken« im zweiten Absatz; alle Absätze übergreifend: Isotopie olfaktorischer Wahrnehmbarkeit

3.3 Vertrautheit

– Titel-Hinweis »Das Streiflicht« signalisiert wissensabhängig die versteckte Thematisierung einer aktuellen Meldung (»wie dpa meldet«) innerhalb der Entwicklung einer allgemein-menschlichen Thematik

4. Pragmatische Nützlichkeit: Was wird getan? (Funktionshinweise)
4.1 Wahrnehmung

– Text wird als Teil der Textsammlung »Zeitung« mit zeitungstypischer Nützlichkeit wiedererkannt (s. u. Punkt 4.3 Vertrautheit!)

4.2 Sprache

– Darstellungsfunktion: Referenz auf Wissensgebiet der Sinneswahrnehmung bei Mensch und Tier, z. T. mit fachsprachlichem Wortschatz (»olfaktorische«, »Sensationen«, »Rezeption«, »Sensoren«, »Odeur«); Referenz auf Wissensgebiet der Wirkweisen des Parfüms (»Generell ist es so, dass der Mensch . . .«), Referenz auf aktuelle Meldung der »dpa«: ein Geschehen in der Welt (»In Kanada«, »wie dpa meldet«, »in der Bundeshauptstadt Ottawa«, »in der Provinz Ontario«)
– schwächer ausgeprägt: Reflexionsfunktion durch Fokussierung auf die Sprache des Textes, z. B. im Sinne der Ausdrücke für »Nase« (s. o. Substitution!), z. B. im Sinne der Thematisierung von Benennungen (»auch . . . heißt«), z. B. im Sinne der Nachahmung von Redeweisen (»Tja, ich bin eigentlich ein . . . Wanderstiefel, möchte aber als Camembert rüberkommen«)
– dominant ist aber die Unterhaltungsfunktion aufgrund einer Reihe von allgegenwärtigen Unterhaltungshinweisen: Wortspielereien mit Metaphorik und Mehrdeutigkeit als Themaentwicklungshinweis (»Hochnäsigkeit«, »reinziehen«, »abschminken«); Ironisierung von Wissensgebieten durch Gegensatz von fachsprachlicher und dezidiert umgangssprachlicher Ausdrucksweise (s. o. Substitution für »menschliche Nase« mit »Riechkolben« und »Zinken«, Ausdrücke wie »diese Köter«, »reinziehen«, »rüberkommen«); Veranschaulichung durch Hyperbeln und Stereotype (»Ausdünstungen eines reifen Camemberts von denen eines häufig genutzten Wanderstiefels zu unterscheiden«, »also nach Pferdestall und Motorenöl«, »ist er von Natur aus Holzfäller«).

4.3 Vertrautheit

– Unterhaltungsfunktion als Texthandlung der Kolumne »Das Streiflicht« schon mit dem Titel signalisiert

5. Musterhaftigkeit
5.1 Wahrnehmung

– Musterhaftigkeit der Kolumnengestaltung und der Platzierung auf der ersten
  Seite als Hinweis auf das »Streiflicht« in der »Süddeutschen Zeitung«

5.2 Sprache

– »Das Streiflicht« als Titel-Hinweis auf eine Textsorte, in der eine aktuelle Mel-
  dung »gestreift« wird
– Musterhaftigkeit der Themenentwicklung durch Bedeutungsübertragung im
  Sinne von Metaphorik und Mehrdeutigkeit
– Musterhaftigkeit der Instrumentalisierung von Meldungen (zur Information des
  Lesers: Darstellungsfunktion) für Belustigung des Lesers (Unterhaltungsfunk-
  tion)

5.3 Vertrautheit

– »Das Streiflicht« als Titel-Hinweis auf die Textsorte »Glosse«: eine aktuelle Meldung wird zum Anlass der unterhaltsam-belustigenden Kommentierung eines
  allgemein-menschlichen Themas und der damit verbundenen sprachlichen Aus-
  drucksformen genommen

6. Intertextualität (Intertextualitätshinweise)
6.1 Wahrnehmung

– die Präsenz anderer Texte in der Textsammlung »Zeitung«

6.2 Sprache

– Text-Text-Hinweis im Sinne des Textnachweises und der Wiedergabe: »wie dpa
  meldet«, Hinweis auf *Meldung* als Bezugstext für die Thematik des vorliegenden
  Textes

6.3 Vertrautheit

– Text-Textwelt-Hinweise im Sinne der Bekanntheit des Motivs »Parfüm/
  Duft/Geruch als Liebeszauber« und damit verbundener Stereotype (»Aroma
  eines arabischen Serails«, »Fluidum eines Pariser Boudoirs«)

Klausuraufgabe 3, »Matthäus 1«

Beispiel 7

Evangelium S. Matthäi.

Das 1. Capitel.

Christi Geschlechtsregister, Empfängnis, Name und Geburt.

(Evang. am Tage Mariä Geburt.)

1. Dies ist das Buch *von der Geburt JESU Christi, der da ist ein Sohn Davids, des Sohnes Abrahams. *Luc. 3. 23

2. Abraham *zeugete Isaak. Isaak †zeugete Jakob. Jakob **zeugete Juda und seine Brüder.
*1. Mos. 21, 2.3. †1. Mos. 25, 26. **1. Mos. 29, 35.

3. Juda *zeugete Pharez und Sara, von der Thamar. Pharez †zeugete Hezron. Hezron zeugete **Ram.
*1. Mos. 38, 29.30. †1. Chron. 2, 5.9. **Ruth 4, 19.

4. Ram zeugete *Aminadab. Aminadab zeugete Nahasson. Nahasson zeugete Salma. *1. Chron. 2, 10.

5. Salma zeugete Boas, *von der Rahab. Boas zeugete †Obed, von der Ruth. Obed zeugete **Jesse.
†Ruth 4, 21. **Ruth 4, 17. 22.

6. Jesse *zeugete den König David. Der König David †zeugete Salomo, von dem Weibe des Uria.
*1. Chron. 2, 15. †2. Sam. 12, 24.

7. Salomo *zeugete Roboam. Roboam †zeugete Abia. Abia zeugete Assa.
*1. Kön. 11, 43. †1. Chron. 3, 10.

8. Assa zeugete *Josaphat. Josaphat zeugete †Joram. Joram zeugete **Osia.
*1. Kön. 15, 24. †1. Kön. 22, 51. **1. Chr. 3, 11.12.

9. Osia zeugete *Jotham. Jotham zeugete †Achas. Achas zeugete **Ezechia.
*2. Kön. 15, 7. †2. Kön. 16, 1. **2. Kön. 16, 20.

10. Ezechia zeugete *Manasse. Manasse zeugete †Amon. Amon zeugete **Josia.
*2. Kön. 20, 21. †2. Kön. 21, 18. **2. Kön. 21, 24.

11. Josia *zeugete Jechonia und seine Brüder, um die Zeit der babylonischen Gefangenschaft. *1. Chron. 3. 15.

12. Nach der babylonischen Gefangenschaft zeugete Jechonia Sealthiel. Sealthiel zeugete Zorobabel.

13. Zorobabel zeugete Abiud. Abiud zeugete Eliachim. Eliachim zeugete Asor.

14. Asor zeugete Zadok. Zadok zeugete Achin. Achin zeugete Eliud.

15. Eliud zeugete Eleasar. Eleasar zeugete Matthan. Matthan zeugete Jakob.

16. Jakob zeugete Joseph, den Mann Mariä, von welcher ist geboren JESUS, der da heißt *Christus.] *c. 27, 17. 22.

17. Alle Glieder von Abraham bis auf David sind vierzehn Glieder. Von David bis auf die babylonische Gefangenschaft sind vierzehn Glieder. Von der babylonischen Gefangenschaft bis auf Christum sind vierzehn Glieder.

18. Die Geburt Christi war aber also gethan. Als *Maria, seine Mutter, dem Joseph vertrauet war, ehe er sie heimholete, erfand sich's, daß sie schwanger war von dem heiligen Geist.
*Luc. 1. 27. 34. c. 2. 5.

19. Joseph aber, ihr Mann, war fromm, und wollte sie nicht *rügen; gedachte aber sie heimlich zu verlassen.
*4. Mos. 5, 15. 5. Mos. 24, 1.

20. Indem er aber also gedachte, siehe, da erschien ihm ein Engel des HErrn im Traum, und sprach: Joseph, du Sohn Davids, fürchte dich nicht, Maria, dein Gemahl, zu dir zu nehmen; denn *das in ihr geboren ist, das ist von dem heiligen Geist. *Luc. 1. 35.

21. Und sie wird einen Sohn gebären, deß *Namen sollst du JEsus heißen; denn Er †wird sein Volk selig machen von ihren Sünden.
*Luc. 2, 21. †Apost. 4, 12. c. 8, 31.

22. Das ist aber alles geschehen, auf daß erfüllet würde, das der HErr durch den Propheten gesagt hat, der da spricht:

23. Siehe, *eine Jungfrau wird schwanger sein, und einen Sohn gebären, und sie werden seinen Namen Emanuel heißen, das ist verdolmetschet: GOtt mit uns. *Jes. 7, 14. Luc. 1. 31.

24. Da nun Joseph vom Schlaf erwachte
[1]*

Stichworte zur Lösung von Klausuraufgabe 3

1. Begrenzbarkeit: Was gehört dazu? (Abgrenzungs- und Gliederungshinweise)
1.1 Wahrnehmung

– Textsammlung *Buch* als Ganzheitshinweis (Textsammlungshinweis)
– Hierachiehinweise durch unterschiedlich gesetzte Titel:
– Obertitel (spaltenübergreifend zentriert, fett, größerer Schrifttyp) als Abgrenzungshinweis
– mehrere Untertitel (spaltenbezogen zentriert, fett) als Gliederungshinweise (Einheitenhinweise)
– 18 Absätze, zusätzlich durchnummeriert von »1.« bis »18.«
– Text-Text-Verweise durch kleine Schrift sowie z.T. Zentrierung als eigene Untereinheiten abgegrenzt (s.u. Beziehbarkeit)
– Eröffnungshinweis: Initial »D« zu Beginn des ersten Absatzes größer und fett gedruckt
– vertikaler Spaltentrennstrich

1.2 Sprache

– Obertitel mit Ganzheitshinweis »Evangelium«, oberster Untertitel als Gliederungsüberschrift aus Ordinalzahl und Lexem für Teiltext (»Das 1. Capitel«)
– die Absätze bestehen mindestens aus einem, höchstens aus drei Sätzen (syntaktische Gliederungshinweise)
– metakommunikativer Abgrenzungshinweis im ersten Absatz, »Buch« als Ganzheitshinweis für die als »Evangelium« betitelte Ganzheit: »Dies ist das Buch von der Geburt JESU Christi, . . .«;
– narrative Strukturhinweise als Beendigungshinweise der Untereinheit »Christi Geschlechtsregister« (». . . von welcher geboren ist JESUS, der da heißt Christus«), s. u. Verknüpfungshinweise!
– narrative Strukturhinweise als Eröffnungshinweise der Untereinheit »Empfängnis, Name und Geburt«, s. u. Verknüpfungshinweise!
– Zusammenfassung in »17« als Beendigungshinweis der Untereinheit »Christi Geschlechtsregister«

1.3 Vertrautheit

– Die *Bibel* als besondere Textsammlung
– Das »Evangelium S. Matthäi« als erstes Buch des *Neuen Testaments*
– Abgrenzungs- und Gliederungshinweise als Mittel der Textidentifizierbarkeit und Voraussetzung für Intertextualitätshinweise (Textnachweise wie *Matthäus 1, 1*, s. o. 10.2.2!)

2. Verknüpfbarkeit: Was hängt miteinander zusammen? (Verknüpfungshinweise)

2.1 Wahrnehmung

– Relationshinweise, additiv in Form der Aufzählung der Absätze mit Zahlen (weisen auf eine Verknüpfung hin, die über den gliedernden Spaltentrennstrich hinausgeht)
– Sternchen und Kreuze im Fließtext weisen auf eine Verknüpfung zu anderen Textstellen hin, die jeweils mit identischen Sternchen und Kreuzen eingeleitet sind

2.2 Sprache

– narrative Strukturhinweise: Erzählankündigung der narrativen Untereinheit »Empfängnis, Name und Geburt« (besondere Erzählbarkeit): »Die Geburt JESU Christi war aber also gethan.«; narrative Strukturhinweise auch als Beendigungshinweise zur narrativen Teileinheit »Christi Geschlechtsregister? (Vollständigkeitshinweis: »von welcher ist geboren JESUS, der da heißt Christus«; Zusammenfassung: »Alle Glieder von Abraham bis auf David sind ...«); Präteritum als dominantes Tempus, ausgesetzt nur in 1 (Eröffnung) sowie 16 und 17 (Beendigung).
– Relationshinweise, additiv: Reihung der »Glieder« von »Abraham« »bis auf Christum«
– Verkettungshinweise, durchgängige Thema-Rhema-Verkettung (»Pharez zeugete Hezron. Hezron zeugete Ram. ... Ram zeugete Aminadab. Aminadab zeugete Nahasson. ...«), z.T. erweitert durch Hinweise auf Geschwister der Gezeugten oder auf die Frau des Zeugenden, einmal erweitert durch zeitliche Angaben, markanter Wechsel zum Abschluss (in 16), s. Themahinweise!
– Wiederholungen von Namen innerhalb der Verkettung von jeweils zwei Sätzen (»... zeugete Eleasar. Eleasar zeugete Matthan. Matthan zeugete ...«)
– übergreifende Wiederholungen von Namen: »JESUS« bzw. »JESU« »Christus« bzw. »Christi« (3x), »Abraham« (3x), »David« (5x), »Joseph«, »Maria« (jeweils 2x)
– Wiederholung der Prädikation »x zeugete y« in 15 von 18 Absätzen (mit Tempuskonstanz Präteritum, s.o. narrative Strukturhinweise)

2.3 Vertrautheit

– Das »Evangelium Matthäi« (»Matth. 1«) als Teil der Textsammlung Bibel, als eines der vier Evangelien des Neuen Testaments

3. Thematische Zusammengehörigkeit: Worum geht es? (Themahinweise)

3.1 Wahrnehmung

– Ungewöhnliche Großschreibung bei »JESUS« bzw. »JESU« (sowie weiter unten: »JEsus« in 21)

3.2 Sprache

– Untertitel als Themaeinführungshinweise: Es geht um »Christi Geschlechtsregister« und »Empfängnis, Name und Geburt« mit Themabeibehaltungshinweis (Ellipse von »Christi«)
– Erzählankündigung (s. o. Verknüpfungshinweise) als Themaeinführungshinweis: es geht – »Stammbaum« und »Geburt« übergreifend – um die »Geburt JESU Christi«
– Themabeibehaltungs- und Themaabschlusshinweise im Sinne der Thema-Rhema-Gliederung von Satz zu Satz (s. o. Verknüpfungshinweise). Von der Folge mit satzförmig wechselnder Themabeibehaltung und wechselndem Themaabschluss werden nur einige wenige durchgehende Rekurrenzen ausgenommen (»Jesus« und » Christus« in unterschiedlicher Deklinationsform, »Abraham«, »David«, »Maria«, »Josef«).
– Themaentwicklung im Sinne einer Isotopie der hebräischen (semitischen) Herkunft der Eigennamen, so dass die »Geschichte JESU« auch eine Geschichte eines Volkes ist (inklusive seiner »babylonischen Gefangenschaft«)
– Themaentwicklung und Verknüpfung wird thematisiert in Form der Hervorhebung der jeweils »vierzehn Glieder von … bis …« (in »17«), eine Art metakommunikativer Kommentar zu den vierzehn Absätzen im Text (mit jeweils drei jeweils neu genannten »Gliedern«)
– Themaeinführungshinweis durch Abwandlung und Rethematisierung in 16! Es heißt nach »Jakob zeugete Josef.« nicht wie zu erwarten »Josef zeugete JESUS«, sondern »… zeugete Josef, *den Mann Mariä*«. Frauen werden sonst im Text, wenn überhaupt, nur als Frau des Zeugenden und Mutter des Gezeugten erwähnt (»Boas zeugete Obed, von der Rut«), aber nicht als Frau des Gezeugten. »JESUS« steht so als letztes »Glied« außerhalb der Reihe von Zeugenden und Gezeugten, und »Maria« tritt in diese Reihe (als Gebärende) ein, die den sprachlichen Übergang zu »JESUS« möglich macht. Diese Abwandlung ist als Abschluss von »Christi Geschlechtsregister« ihrerseits erzähl- und erklärungsbedürftig. Abgeschwächt wird dieses Erzählbarkeitssignal durch die anschließende Rethematisierung von »JESUS, der da heißt Christus« in 16.

3.3 Vertrautheit

– Obertitel (»Evangelium S. Matthäi«) als die durch den Apostel Matthäus überlieferte Geschichte Jesu Christi
– die »Geburt Jesu Christi« als bekannte, oft erzählte Geschichte, als »frohe Botschaft«
– »Christi Geschlechtsregister« als die Genealogie der Söhne der »Söhne des Sem« (s.o. Isotopie der Herkunft der Eigennamen)
– die Schwangerschaft »der Jungfrau Maria« als bekanntes Rätsel und als heiliges Wunder

4. Pragmatische Nützlichkeit: Was wird getan? (Funktionshinweise)
4.1 Wahrnehmung

– der mit dem Lesen der *Bibel* verknüpfte pragmatische Nützlichkeitszusammen-hang (s. u. Vertrautheit)

4.2 Sprache

– Darstellungsfunktion: Bezug auf Genealogie als Monotonie der »x zeugete y (männlich)«-Prädikation im Indikativ, nur an wenigen Stellen erweitert durch Bezugnahmen auf Frauen und die »Zeit der babylonischen Gefangenschaft«.
– untergeordnet unter die Darstellungsfunktion: Unterhaltungsfunktion im Sinne der Narration. Die narrativen Elemente des Textes (s. o.) stehen aber ganz im Dienste der Darstellung von Welt, hier der »Geburt JESU Christi«: *Indem* z. B. die »Geburt« erzählt wird (»war aber also gethan : ...«), wird die Herkunft des letzten »Gliedes« der genealogischen Kette dargestellt. Erzählbarkeit mit ihrer dramatisierenden Komponente wird eher im Text versteckt (»den Mann Mariä, von welcher ist geboren ...«).

4.3 Vertrautheit

– »Evangelium« (im Titel) als Hinweis auf Nützlichkeit im Sinne der *Verkündi-gung* einer frohen Botschaft mit Steuerungsfunktion (Glauben!) für Hörer und Hörerinnen, Leser und Leserinnen
– Textsammlung *Bibel* als heilige Schrift: Hinweis auf Religion (Glauben) als gesellschaftliches Funktionssystem

5. Musterhaftigkeit: Was für ein Text ist das? (Textsortenhinweise)
5.1 Wahrnehmung

– Musterhaftigkeit des Zweispaltendrucks auf dünnem (leicht durchsichtigen) Papier mit nummerierten Absätzen: ein Bibel-Text

5.2 Sprache

– verdeckt performativer Hinweis durch Obertitel: »Evangelium« als ein bestimm-ter Typ von Bibel-Texten
– Musterhaftigkeit der syntaktischen Verknüpfungshinweise (»von welcher ist geboren JESUS, der da heißt Christus«)

5.3 Vertrautheit

– die Musterhaftigkeit der Evangelien als Bücher des Neuen Testaments

6. Intertextualität (Intertextualitätshinweise)
6.1 Wahrnehmung

– Textsammlungshinweis: die anderen Texte in diesem Buch

6.2 Sprache

– Text-Text-Hinweise in Form formelhaft abgekürzter Textnachweise (z.B. »Luc 3, 23«)
– Text-Textwelt-Hinweise in Form von Anspielungen durch Eigennamen (wie »Abraham« oder »David«: z. B. die anderen Texte innerhalb der Textsammlung, in denen »Abraham« oder »David« in Erscheinung treten) oder durch Bezugnahmen auf historische Ereignisse (wie die »Zeit der babylonischen Gefangenschaft«)

6.3 Vertrautheit

– Implizite Text-Text-Hinweise, die mit den genannten Anspielungen verbunden sind: z. B. »Babylonische Gefangenschaft« als impliziter Text-Text-Hinweis auf das Alte Testament (z. B. 2. Könige, 24)

Beispielnachweise

Kapitel 3

Bsp. 1: »Kapstadt«: Aus der Sammlung der Autoren. Namen und Anschrift geändert.
Bsp. 2: Nonsens-Beispiel: Manfred Bierwisch, Rezension zu Harris. Discourse Analysis. In: Linguistics 13, 1965, S. 72.
Bsp. 3/4: »Kapstadt«: siehe Bsp. 1.

Kapitel 4

Bsp. 1: »Glasarche«: Eine Seite aus dem Besucherbuch der »Glasarche«. Aus der Sammlung der Autoren.
Bsp. 2: »Collage«: Kurt Schwitters, Sandgelbe Exotik über einem abstrakten Bild – Miss Blanche. http://www.kurt-schwitters.org/p,2650055,1.html [15.04.2008].
Bsp. 3: »Straßenszene«: Richard Estes, M104. In: Simon Morley, Writing on the Wall. Word and Image in Modern Art. University of California Press 2003, S. 13.
Bsp. 4: Bildschirm mit einer Homepage: http://www.uzh.ch [12.07.2007].
Bsp. 5: Das Ende eines Romans: William Somerset Maugham, Christmas Holiday. The British Publishers Guild 1944, S. 244 f.
Bsp. 6: Eine Zuschrift auf eine Wohnungsanzeige: Aus der Sammlung der Autoren.
Bsp. 7: Auf Messers Schneide: William Somerset Maugham, Auf Messers Schneide. Ullstein 1996, S. 248.
Bsp. 8: Titelblatt einer Tageszeitung: Süddeutsche Zeitung vom 16. April 2008.
Bsp. 9: Romananfänge: Gottfried Keller, Der Grüne Heinrich. Goldmann 1989, S. 11; Johann Wolfgang von Goethe, Die Wahlverwandschaften. Deutscher Klassiker Verlag 1994, S. 271; Thomas Mann, Der Zauberberg. Gesammelte Werke Band III, S. Fischer Verlag 1974, S. 11.

Kapitel 5

Bsp. 1: »Kofferfisch«: Süddeutsche Zeitung vom 23. Oktober 2007.
Bsp. 2: »Erpresserbrief«: Eva van Platen, www.journalfuerkunstsexundmathematik.ch [15.04.2008].
Bsp. 3: Max auf Mallorca: Anne Buhrfeind/Susanne Wechdorn, Max auf Mallorka. PIXI-Serie 120 Nr. 1017, Carlsen 2000.
Bsp. 4: Wortverwandlungsrätsel Hasen → Kabul: http://www.gesundheitpro.de/Gehirnjogging-Wortverwandlungen-Gehirnjogging-A050805ANOND020780.html [15.04.2008].
Bsp. 5: Perpetuum mobile: Von Gunnar Ekelöf. In: Das Wasserzeichen der Poesie oder Die Kunst und das Vergnügen, Gedichte zu lesen. In hundertvierundsechzig Spielarten vorgestellt von Andreas Thalmayr. Greno Verlagsgesellschaft 1985, S. 148.
Bsp. 6: Das Märchen vom kleinen Herrn Moritz, der eine Glatze kriegte: Von Wolf Biermann. In: Arbeitstexte für den Unterricht: Deutsche Kurzgeschichten 5.-6. Schuljahr. Reclam 1993, S. 13.
Bsp. 7: F1-Hilfstext aus Microsoft Word: Screenshot [14.04.2008].
Bsp. 8: »Text-Begriff«: Maximilian Scherner, »Text«. In: Joachim Ritter et al. (Hrsg.): Historisches Wörterbuch der Philosophie. Schwabe 1998, S. 1039.
Bsp. 9: Loriot, Bundestagsrede: www.sprachberatung.tu-chemnitz.de/bundestagsrede-loriot.doc [15.04.2008].
Bsp. 10: Das Märchen vom Glück: Von Erich Kästner. In: Arbeitstexte für den Unterricht: Deutsche Kurzgeschichten 5.-6. Schuljahr. Reclam 1993, S. 33.

Bsp. 11: »Bierfilzenthusiasten«: http://www.wendelinuspark.de/beitrag__48_7-aMm_-M1_
48-Page_.html [31.04.2008].

Bsp. 12: Was die alte Maiasaura erzählt: http://www.geschichtenmaschine.net/maiasaura/
index.htm [15.04.2008].

Bsp. 13: Wirkung des Attributs: Generiert von den Autoren.

Bsp. 14: FAQ Häufige Fragen an Parlament und Parlamentdienste:
http://www.parlament.ch/homepage/sv-services-dummy/sv-faq.htm [02.11.2007].

Bsp. 15: Der Henker: Von Henry Jäger. In: Arbeitstexte für den Unterricht: Deutsche Kurzgeschichten 9.–10. Schuljahr. Reclam 1993, S. 29.

Bsp. 16: Wie Ole seinen Hund bekam: Astrid Lindgren, Die Kinder aus Bullerbü. Oetinger
1988, S. 42.

Bsp. 17: Detail aus http://www.uzh.ch [21.04.2008].

Bsp. 18: Rayuela: Julio Cortázar, Rayuela. Suhrkamp 1987, S. 7.

Bsp. 19: »Ziegenkäse«: Jamie Oliver, Kochen für Freunde. Dorling Kindersley 2000, S. 77.

Bsp. 20: »Tausend Tele-Tips«: Wolfgang Hars, Nichts ist unmöglich! Lexikon der Werbesprüche. Eichborn 1999, S. 20.

Bsp. 21: »Höllenqualen«: Ludwig Hagemann, Hölle. In: Islam-Lexikon: Geschichte – Ideen –
Gestalten. Herder 1991, S. 686.

Bsp. 22: »Salat«: Jamie Oliver, Kochen für Freunde. Dorling Kindersley 2000, S. 54.

Bsp. 23: »Frische Pasta«: Jamie Oliver, Kochen für Freunde. Dorling Kindersley 2000,
S. 124.

Bsp. 24: »Vorausbuchungen«: KUONI-Reisekatalog Kanada, Alaska April 2005–März 2006,
Klappentext.

Bsp. 25: »Resultate«: Niklas Luhmann, Die Gesellschaft der Gesellschaft. Suhrkamp 1997,
S. 415.

Bsp. 26: »Hungern«: Robert Kurz, Schwarzbuch Kapitalismus. Eichborn 1999, S. 437.

Bsp. 27: »intel inside«: Wolfgang Hars, Nichts ist unmöglich! Lexikon der Werbesprüche.
Eichborn 1999, S. 218.

Bsp. 28: »Gemüse«: Jamie Oliver, Kochen für Freunde. Dorling Kindersley 2000, S. 54.

Bsp. 29: »Kräuter«: Jamie Oliver, Kochen für Freunde. Dorling Kindersley 2000, S. 19.

Bsp. 30: »Markt«: Robert Kurz, Schwarzbuch Kapitalismus. Eichborn 1999, S. 73.

Bsp. 31: »Gastfamilienprogramm«: KUONI-Prospekt Sprachschulen in Kanada, April 2005–
März 2006, S. 8.

Bsp. 32: »Kanada«: KUONI-Reisekatalog Kanada, April 2005–März 2006, S. 38.

Bsp. 33: »Level«: KUONI-Prospekt Sprachschulen in Kanada, April 2005–März 2006, S. 2.

Bsp. 34: »Pistole«: Heinrich Hannover, Die Republik vor Gericht 1975–1995. Aufbau-Verlag
1999, S. 72.

Bsp. 35: »Spice Girls«: Aus der Sammlung der Autoren.

Bsp. 36: §145d Vortäuschen einer Straftat: Dt. Strafgesetzbuch, Besonderer Teil, §145d,
http://dejure.org/gesetze/StGB/145d.html [15.04.2008].

Bsp. 37: »Ausbeute«: Wolfgang Engler, Die Ostdeutschen. Aufbau-Verlag 1999, S. 86.

Bsp. 38: Einleitung zu einem Buch: Verena Kast, Vom Sinn der Angst. Herder 1996, S. 9.

Bsp. 39/40: Das Eisenbahnunglück: Thomas Mann, Erzählungen. Gesammelte Werke Band
VIII, S. Fischer Verlag 1974, S. 416/S. 426.

Bsp. 41: »pro und contra«: Tagesanzeiger vom 27. Februar 2008, S. 17.

Bsp. 42: Still life/style leaf: Georges Perec, Warum gibt es keine Zigaretten beim Gemüsehändler? Manholt 1991, S. 92.

Bsp. 43: Rätsel der Kochkunst: Hervé This-Benckhard, Rätsel der Kochkunst. Piper 1998,
S. 34 f.

‎‎

Kapitel 6

Bsp. 1/2: »Die Heiligtümer des Todes«: J.K. Rowling, Harry Potter und die Heiligtümer des Todes. Carlsen 2007, S. 413.

Bsp. 3: Tortilla Flat: John Steinbeck, Tortilla Flat. Lizenzausgabe der Süddeutschen Zeitung 2004, S. 113.

Bsp. 4: Wer immer hofft, stirbt singend: Von Alexander Kluge. In: Klassiker der Moderne. Ein Lesebuch. Suhrkamp 1989, S. 114.

Bsp. 5: »Letzte Vorlesung«: Wilhelm Genazino, Die Belebung der toten Winkel. Frankfurter Poetikvorlesungen. Hanser 2006, S. 89.

Bsp. 6/7: »Sinupret«: Aus der Sammlung der Autoren.

Bsp. 8/9: »Ausgerechnet Schnellinger«: Artikel »Klassiker der WM-Geschichte« in: »TV diese Woche«, Beilage zur »Neuen Westfälischen« vom 4. Juli 2006.

Bsp. 10: Der Froschkönig oder der eiserne Heinrich: http://www.pitt.edu/~dash/froschkoenig. html [15.04.2008].

Bsp. 11: Der goldene Topf: E. T. A. Hoffmann, Fantasiestücke in Callots Manier. Aufbau-Verlag 1994, S. 221.

Bsp. 12: Indianerlager: Ernest Hemingway, Die Nick Adams Stories. Rowohlt 1983, S. 13.

Bsp. 13: Die Verwandlung: Franz Kafka, Die Erzählungen und andere ausgewählte Prosa. S. Fischer Verlag 2003, S. 96.

Bsp. 14: Auf dem Quai in Smyrna: Ernest Hemingway, In unserer Zeit. 15 Stories. Rowohlt 1984, S. 46 f.

Bsp. 15: Die Billigesser: Thomas Bernhard, Die Billigesser. Suhrkamp 1988, S. 25 f.

Bsp. 16: »Unternehmensberatung«: http://www.online-marketing-txt.de/html/synonyme. html [14.02.2008].

Bsp. 17: »Maria Schell«: Süddeutsche Zeitung vom 28. April 2005.

Bsp. 18: »Löschspritze«: Neue Westfälische vom 22. Oktober 2007.

Bsp. 19: »Frische Pasta«: Jamie Oliver, Kochen für Freunde. Dorling Kindersley 2000, S. 124.

Bsp. 20/21: Vergangene Zukunft: Reinhart Koselleck, Vergangene Zukunft. Zur Semantik geschichtlicher Zeit. Suhrkamp 1989, S. 9.

Bsp. 22: »Erste Vorlesung«: Wilhelm Genazino, Die Belebung der toten Winkel. Frankfurter Poetikvorlesungen. Hanser 2006, S. 6 f.

Bsp. 23: Der kleine Herr Friedemann: Thomas Mann, Der kleine Herr Friedemann. Büchergilde Gutenberg 2000, S. 11.

Bsp. 24: Der Weg zum Friedhof: Von Thomas Mann. Zitiert nach: Harald Weinrich, Textgrammatik der Deutschen Sprache. Georg Olms Verlag, 2003, S. 413.

Bsp. 25: Fiume, Belgrad, Budapest, Pressburg, Wien, München: Von Ödon von Horváth. In: Das andere Österreich. Eine Vorstellung. Hg. von Konstanze Friedl, DTV 1998, S. 53.

Bsp. 26: Vorsatz: Thomas Mann, Der Zauberberg. S. Fischer Verlag 1984, S. 5.

Bsp. 27: »Jetzt gehen sie wieder«: Neue Zürcher Zeitung vom 31. Oktober 2007.

Bsp. 28: Drei Alternativen. Davon c): Erich Kästner, Das Märchen vom Glück. In: Arbeitstexte für den Unterricht: Deutsche Kurzgeschichten 5.-6. Schuljahr. Reclam 1993, S. 33.

Kapitel 7

Bsp. 1: »Ihr Reiseplan«: Deutsche Bahn, ICE 502 LH 6828, gültig 01.11.2007–08.12.2007. Aus der Sammlung der Autoren.

Bsp. 2: Die Tatsachen im Fall Valdemar: Edgar Allan Poe, Sämtliche Erzählungen. 3. Band, Insel Verlag 1993, S. 233.

Bsp. 3/4/5: Gewinnversprechen: Aus der Sammlung der Autoren.

Bsp. 6: Ansichtskarte (Anschriftseite): Aus der Sammlung der Autoren.

Bsp. 7: »baby«: Aus der Sammlung der Autoren.
Bsp. 8: Kassenzettel: Aus der Sammlung der Autoren. Name des/r Verkäufers/in geändert.
Bsp. 9: Zuschrift: Aus der Sammlung der Autoren.

Kapitel 8

Bsp. 1: Mitternächtliche Frühstückspfanne: Jamie Oliver, Kochen für Freunde. Dorling Kindersley, 2000, S. 27.
Bsp. 2: Verkehrsschilder: Eigens für das Buch aufgenommenes Foto.
Bsp. 3: Eine Mehrfachkarte: Aus der Sammlung der Autoren.
Bsp. 4: 234 Postkarten in Echtfarbendruck, davon die ersten zehn: Georges Perec, Warum gibt es keine Zigaretten beim Gemüsehändler? Manholt 1991, S. 27 ff.
Bsp. 5: Abschnitt *Zur Vertiefung* in diesem Buch: Heiko Hausendorf und Wolfgang Kesselheim, Textlinguistik fürs Examen. Vandenhoeck & Ruprecht, S. 184.
Bsp. 6: Literatur als Medium: Oliver Jahraus, Literatur als Medium. Sinnkonstitution und Subjekterfahrung zwischen Bewusstsein und Kommunikation. Velbrück Wissenschaft 2003, S. 178.

Kapitel 9

Bsp. 1: Theorie der Sprechakte: John L. Austin, Theorie der Sprechakte. Reclam 2007, S. 7.
Bsp. 2: Deutsche Satzsemantik, Vorwort: Peter von Polenz, Deutsche Satzsemantik. De Gruyter 1988, S. 3.
Bsp. 3: Die gesellschaftliche Konstruktion der Wirklichkeit, Vorwort: Peter L. Berger, Thomas Luckmann, Die gesellschaftliche Konstruktion der Wirklichkeit. Fischer 1969, S. XVIII f.
Bsp. 4: Evangelischer Kirchentag: http://www.kirchentag.net/fileadmin/Bilder/Die_Veranstaltung/service/Downloads/Logo/Plakat_31DEKT_Fisch_4c.jpg [16.04.2008].
Bsp. 5: Die dritte Rochade des Bernard Foy. Lars Gustavsson, Die dritte Rochade des Bernard Foy. Hanser 1986, S. 103 f.
Bsp. 6: Titel und Überschriften: Aus der Sammlung der Autoren.
Bsp. 7: Danksagung: Harald Weinrich, Textgrammatik der Deutschen Sprache. Dudenverlag, 1993, S. 1089.
Bsp. 8: »Bounty«: Eigens für das Buch aufgenommenes Foto.
Bsp. 9: Plastiktüte: Aus der Sammlung der Autoren.
Bsp. 10: Die Tatsachen im Fall Valdemar: Edgar Allan Poe, Sämtliche Erzählungen. 3. Band, Insel Verlag 1993, S. 233.
Bsp. 11: »Kapstadt«: Aus der Sammlung der Autoren.
Bsp. 12: Der kleine Herr Friedemann: Thomas Mann, Der kleine Herr Friedemann. Büchergilde Gutenberg 2000, S. 11.

Kapitel 11

Bsp. 1–5: Plastiktüten aus der Sammlung der Autoren.
Bsp. 6: Das »Streiflicht« aus der Süddeutschen Zeitung vom 13. November 2007.
Bsp. 7: »Matthäus 1«: Die Bibel oder die ganze Heilige Schrift des Alten und Neuen Testaments, nach der deutschen Uebersetzung Dr. Martin Luthers. Canstein'sche Bibel-Anstalt 1904.

Literaturverzeichnis

Adamzik, Kirsten (Hg.) (1995): Textsorte – Texttypologie. Eine kommentierte Bibliographie. Münster: Nodus.

Adamzik, Kirsten (Hg.) (2000): Textsorten. Reflexionen und Analysen. Tübingen: Stauffenburg.

Adamzik, Kirsten (2001): »Die Zukunft der Text(sorten)linguistik. Textsortennetze, Textsortenfelder, Textsorten im Verbund«. In: Fix, Ulla/Habscheid, Stephan/Klein, Josef (Hg.): Zur Kulturspezifik von Textsorten. Tübingen: Stauffenburg, S. 15–30.

Adamzik, Kirsten (2004): Textlinguistik: Eine einführende Darstellung. Tübingen: Niemeyer.

Altmann, Hans (1981): Formen der »Herausstellung« im Deutschen. Rechtsversetzung, Linksversetzung, Freies Thema und verwandte Konstruktionen. Tübingen: Niemeyer.

Altmann, Hans/Hahnemann, Suzan (2007): Syntax fürs Examen. Studien- und Arbeitsbuch. 3., aktualisierte Aufl. Göttingen: Vandenhoeck & Ruprecht.

Atayan, Vahram (2006): Makrostrukturen der Argumentation im Deutschen, Französischen und Italienischen. Frankfurt/M: Lang.

Baraldi, Claudio/Corsi, Giancarlo/Esposito, Elena (Hg.) (1997): GLU. Glossar zu Niklas Luhmanns Theorie sozialer Systeme. Frankfurt/M: Suhrkamp.

Barthes, Roland (1976): S/Z. Frankfurt/M: Suhrkamp.

Barthes, Roland (1988a): Das semiologische Abenteuer. Frankfurt/M: Suhrkamp.

Barthes, Roland (1988b): »Textanalyse einer Erzählung von Edgar Allen Poe«. In: Barthes, Roland: Das semiologische Abenteuer. Frankfurt/M: Suhrkamp, S. 266–298.

Bayer, Klaus (1981): »Einige Aspekte des Sprechhandlungstyps ›Erklären‹«. In: Deutsche Sprache 9, S. 25–43.

Beaugrande, Robert Alain de (1997): »Zu neuen Ufern?«. In: Antos, Gerd/Tietz, Heike (Hg.): Die Zukunft der Textlinguistik: Traditionen, Transformationen, Trends. Tübingen: Niemeyer, S. 1–11.

Beaugrande, Robert Alain de/Dressler, Wolfgang (1981): Einführung in die Textlinguistik. Tübingen: Niemeyer.

Betten, Anne (2005): »Stilanalysen zur Literatursprache Thomas Bernhards«. In: Neuendorff, Dagmar/Nikula, Henrik/Möller, Verena (Hg.): Alles wird gut: Beiträge des Finnischen Germanistentreffens 2001 in Turku/Abo, Finnland. Frankfurt/M, Berlin, Bern, Bruxelles, New York: Lang, S. 13–29.

Braunmüller, Kurt (1977): Referenz und Pronominalisierung. Zu den Deiktika und Pro-Formen des Deutschen. Tübingen: Niemeyer.

Brekle, Herbert E. (1994): Typographie. In: Günther, Hartmuth/Ludwig, Otto (Hg.): Schrift und Schriftlichkeit. Ein interdisziplinäres Handbuch internationaler Forschung. Berlin, New York: de Gruyter, S. 204–227.

Brendel, Elke (Hg.) (2007): Zitat und Bedeutung. Hamburg: Buske.

Brinker, Klaus (2000): »Textfunktionale Analyse«. In: Brinker, Klaus/Heinemann, Wolfgang/Sager, Sven F. (Hg.): Text- und Gesprächslinguistik. Ein internationales Handbuch. Berlin, New York: de Gruyter (1. Halbband), S. 175–186.

Brinker, Klaus (2005): Linguistische Textanalyse. Eine Einführung in Grundbegriffe und Methoden. 6. Aufl. Berlin: Schmidt.

Brinker, Klaus/Antos, Gerd/Heinemann, Wolfgang/Sager, Sven F. (Hg.) (2000): Text- und Gesprächslinguistik. Ein internationales Handbuch. Berlin, New York: de Gruyter (1. Halbband).

Brinker, Klaus/Sager, Sven F. (2001): Linguistische Gesprächsanalyse. Eine Einführung. 3. Aufl. Berlin: E. Schmidt.

Bühler, Karl (1982): Sprachtheorie. Die Darstellungsfunktion der Sprache. Stuttgart, New York: Fischer.

Daneš, František (1970): »Zur linguistischen Analyse der Textstruktur«. In: Folia Linguistica 4, S. 72–78.

Diekmannshenke, Hajo (2002): »›und meld' dich mal wieder!‹ Kommunizieren mittels Postkarte«. In: Osnabrücker Beiträge zur Sprachtheorie 64, S. 93–124.

Dinter, Matthias (1981): Textklassenkonzepte heutiger Alltagssprache. Kommunikationssituation, Textfunktion und Textinhalt als Kategorien alltagssprachlicher Textklassifikation. Tübingen: Niemeyer.

Driehorst, Gerd/Schlicht, Katharina (1988): »Textuale Grenzsignale in narrativer Sicht. Zum Problem von Texteingang und Textausgang«. Forschungsstand und Perspektiven. In: Brandt, Wolfgang (Hg.): Sprache in Vergangenheit und Gegenwart. Marburg: Hitzeroth, S. 250–269.

Duden 4. Die Grammatik (2005) 7. Aufl. Mannheim: Dudenverlag.

Dürscheid, Christa (Hg.) (2006): Einführung in die Schriftlinguistik. 3. Aufl. Göttingen: Vandenhoeck & Ruprecht.

Eckkrammer, Eva Martha/Held, Gudrun (Hg.) (2006): Textsemiotik. Studien zu multimodalen Texten. Frankfurt/M: Lang.

Eco, Umberto (1987): Lector in fabula. Die Mitarbeit der Interpretation in erzählenden Texten. München, Wien: Hanser.

Eco, Umberto/Schick, Walter (2005): Wie man eine wissenschaftliche Abschlussarbeit schreibt. Doktor-, Diplom- und Magisterarbeit in den Geistes- und Sozialwissenschaften. 11., unveränd. Aufl. Heidelberg: Müller.

Eggler, Marcel (2006): Argumentationsanalyse textlinguistisch. Argumentative Figuren für und wider den Golfkrieg von 1991. Tübingen: Niemeyer.

Engel, Ulrich (1996): Deutsche Grammatik. Heidelberg: Groos.

Eroms, Hans-Werner (2008): Stil und Stilistik. Eine Einführung. Berlin: E. Schmidt.

Fabricius-Hansen, Cathrine (2000): »Formen der Konnexion«. In: Brinker, Klaus/Antos, Gerd/Heinemann, Wolfgang/Sager, Sven F. (Hg.): Text- und Gesprächslinguistik. Ein internationales Handbuch. Berlin, New York: de Gruyter (1. Halbband), S. 331–343.

Feilke, Helmuth (2000): »Die pragmatische Wende in der Textlinguistik«. In: Brinker, Klaus/Antos, Gerd/Heinemann, Wolfgang/Sager, Sven F. (Hg.): Text- und Gesprächslinguistik. Ein internationales Handbuch. Berlin, New York: de Gruyter (1. Halbband), S. 64–82.

Fix, Ulla (i. Dr.): »Aktuelle linguistische Textbegriffe und der literarische Text. Bezüge und Abgrenzungen«. In: Winko, Simone/Jannidis, Fotis/Lauer, Gerhard (Hg.): Grenzen der Literatur. Berlin, New York: de Gruyter.

Fix, Ulla (2000): »Aspekte der Intertextualität«. In: Brinker, Klaus/Antos, Gerd/Heinemann, Wolfgang/Sager, Sven F. (Hg.): Text- und Gesprächslinguistik. Ein internationales Handbuch. Berlin, New York: de Gruyter (1. Halbband), S. 449–457.

Fix, Ulla et al. (Hg.) (2002): Brauchen wir einen neuen Textbegriff? Antworten auf eine Preisfrage. Frankfurt/M: Lang.

Fix, Ulla/Wellmer, Hans (Hg.) (2000): Bild im Text – Text und Bild. Heidelberg: Akademie-Verlag.

Franke, Wilhelm (1990): Elementare Dialogstrukturen. Darstellung, Analyse, Diskussion. Tübingen: Niemeyer.

Gallmann, Peter (1985): Graphische Elemente der geschriebenen Sprache. Grundlagen für eine Reform der Orthographie. Tübingen: Niemeyer.

Gansel, Christina/Jürgens, Frank (2002): Textlinguistik und Textgrammatik: Eine Einführung. Wiesbaden: VS.

Giesecke, Michael (2002): Von den Mythen der Buchkultur zu den Visionen der Informationsgesellschaft. Frankfurt/M: Suhrkamp.

Greimas, Algirdas J. (1974): »Die Isotopie der Rede«. In: Kallmeyer, Werner et al. (Hg.): Lektürekolleg zur Textlinguistik. Frankfurt/M: Athenäum; Fischer, S. 126–152.

Große, Ernst Ulrich (1976): Text und Kommunikation: eine linguistische Einführung in die Funktionen der Texte. Stuttgart: Kohlhammer.

Gülich, Elisabeth (1970): Makrosyntax der Gliederungssignale im gesprochenen Französisch. München: Fink.

Gülich, Elisabeth (1986): »Textsorten in der Kommunikationspraxis«. In: Kallmeyer, Werner (Hg.): Kommunikationstypologie. Handlungsmuster, Textsorten, Situationstypen. Jahrbuch 1985 des Instituts für Deutsche Sprache. Düsseldorf: Schwann, S. 47–72.

Gülich, Elisabeth/Hausendorf, Heiko (2000): »Vertextungsmuster Narration«. In: Brinker, Klaus/Antos, Gerd/Heinemann, Wolfgang/Sager, Sven F. (Hg.): Text- und Gesprächslinguistik. Ein internationales Handbuch. Berlin, New York: de Gruyter (1. Halbband), S. 369–385.

Gülich, Elisabeth/Heger, Klaus/Raible, Wolfgang (Hg.) (1974): Linguistische Textanalyse. Hamburg: Buske.

Gülich, Elisabeth/Meyer-Hermann, Reinhard (1982): »Zum Konzept der Illokutionshierarchie«. In: Rosengren, Inger (Hg.): Sprache und Pragmatik. Lunder Symposium. Stockholm: Almqvist & Wiksell, S. 245–261.

Gülich, Elisabeth/Raible, Wolfgang (Hg.) (1972): Textsorten. Differenzierungskriterien aus linguistischer Sicht. Frankfurt/M: Athenäum.

Gülich, Elisabeth/Raible, Wolfgang (1977): Linguistische Textmodelle. Grundlagen und Möglichkeiten. München: Fink.

Gülich, Elisabeth/Raible, Wolfgang (1974): »Überlegungen zu einer makrostrukturellen Textanalyse«. In: Gülich, Elisabeth/Heger, Klaus/Raible, Wolfgang (Hg.): Linguistische Textanalyse. Hamburg: Buske, S. 74–126.

Hagemann, Jörg (2003): Typographische Kommunikation. In: Hagemann, Jörg/Sager, Sven F. (Hg.): Schriftliche und mündliche Kommunikation. Festschrift zum 65. Geburtstag von Klaus Brinker. Tübingen: Stauffenburg, S. 101–115.

Hartmann, Peter (1971): Texte als linguistisches Objekt. In: Stempel, Wolf-Dieter (Hg.): Beiträge zur Textlinguistik. München: Fink, S. 9–29.

Harweg, Roland (1968): Pronomina und Textkonstitution. München: Fink.

Harweg, Roland (1984): »Initialsätze und Überschriften. Bemerkungen zur Struktur von Textanfängen«. In: Poetica 19, S. 63–90.

Harweg, Roland (2001): Perspektiven der Textlinguistik. In: Harweg, Roland (Hg.): Studien zur Textlinguistik. Aachen: Shaker, S. 19–37.

Haubrichs, Wolfgang (Hg.) (1995): »Anfang und Ende«. Stuttgart, Weimar: Metzler.

Hausendorf, Heiko (2000): »Die Zuschrift. Exemplarische Überlegungen zur Methodologie der linguistische Textsortenbeschreibung.« In: Zeitschrift für Sprachwissenschaft 19/2, S. 210–244.

Heinemann, Margot (2007): »Auffordernde Textsorten«. In: Buscha, Joachim/Freudenberg-Findeisen, Renate (Hg.): Feldergrammatik in der Diskussion. Funktionaler Grammatikansatz in Sprachbeschreibung und Sprachvermittlung. Frankfurt/M: Lang, S. 205–219.

Heinemann, Wolfgang (2000a): »Aspekte der Textsortendifferenzierung«. In: Brinker, Klaus/Antos, Gerd/Heinemann, Wolfgang/Sager, Sven F. (Hg.): Text- und Gesprächslinguistik. Ein internationales Handbuch. Berlin: de Gruyter (1. Halbband), S. 523–546.

Heinemann, Wolfgang (2000b): »Textsorte – Textmuster – Texttyp«. In: Brinker, Klaus/Antos, Gerd/Heinemann, Wolfgang/Sager, Sven F. (Hg.): Text- und Gesprächslinguistik. Ein internationales Handbuch. Berlin, New York: de Gruyter (1. Halbband), S. 507–523.

Heinemann, Wolfgang (2000c): »Vertextungsmuster Deskription«. In: Brinker, Klaus/Antos, Gerd/Heinemann, Wolfgang/Sager, Sven F. (Hg.): Text- und Gesprächslinguistik. Ein internationales Handbuch. Berlin, New York: de Gruyter (1. Halbband), S. 356–369.

Heinemann, Wolfgang (2000d): »Das Isotopiekonzept«. In: Brinker, Klaus/Antos, Gerd/Heinemann, Wolfgang/Sager, Sven F. (Hg.): Text- und Gesprächslinguistik. Ein internationales Handbuch. Berlin, New York: de Gruyter, S. 54–60.

Heinemann, Wolfgang/Viewheger, Dieter (1991): Textlinguistik: Eine Einführung. Tübingen: Niemeyer.

Helbig, Gerhard/Buscha, Joachim (1999): Deutsche Grammatik. Ein Handbuch für den Ausländerunterricht. 19. Aufl. Leipzig: Langenscheidt Verlag Enzyklopädie.

Helbig, Jörg (1996): Intertextualität und Markierung. Untersuchungen zur Systematik und Funktion der Signalisierung von Intertextualität. Heidelberg: Winter.

Hellwig, Peter (1984): »Titulus oder über den Zusammenhang von Titeln und Texten. Titel sind ein Schlüssel zur Textkonstitution«. In: Zeitschrift für germanistische Linguistik – Deutsche Sprache in Gegenwart und Geschichte 12, S. 1–20.

Hoffmann, Lothar (Hg.) (2000a): Fachsprachen: Ein internationales Handbuch zur Fachsprachenforschung und Terminologiewissenschaft. Berlin: de Gruyter.

Hoffmann, Ludger (2000b): »Anapher im Text«. In: Brinker, Klaus/Antos, Gerd/Heinemann, Wolfgang/Sager, Sven F. (Hg.): Text- und Gesprächslinguistik. Ein internationales Handbuch. Berlin, New York: de Gruyter (1. Halbband), S. 295–304.

Hoffmann, Ludger (2000c): »Thema, Themenentfaltung, Makrostruktur«. In: Brinker, Klaus/Antos, Gerd/Heinemann, Wolfgang/Sager, Sven F. (Hg.): Text- und Gesprächslinguistik. Ein internationales Handbuch. Berlin, New York: de Gruyter (1. Halbband), S. 345–356.

Höge, Holger (2002): Schriftliche Arbeiten im Studium. Ein Leitfaden zur Abfassung wissenschaftlicher Texte. Stuttgart: Kohlhammer.

Holthius, Susanne (1993): Intertextualität. Aspekte einer rezeptionsorientierten Konzeption. Tübingen: Stauffenburg.

Hughes, U. W. (1992): »Anspielung«. In: Ueding, Gert (Hg.): Historisches Wörterbuch der Rhetorik. Darmstadt: Wissenschaftliche Buchgesellschaft, S. 652–655.

Illich, Ivan (1991): Im Weinberg des Textes. Als das Schriftbild der Moderne entstand. Ein Kommentar zu Hugos Didascalion. München: Beck.

Jahr, Silke (2000): »Vertextungsmuster Explikation«. In: Brinker, Klaus/Antos, Gerd/Heinemann, Wolfgang/Sager, Sven F. (Hg.): Text- und Gesprächslinguistik. Ein internationales Handbuch. Berlin, New York: de Gruyter (1. Halbband), S. 385–397.

Jakobson, Roman (1972): »Linguistik und Poetik«. In: Blumensath, Heinz (Hg.): Strukturalismus in der Literaturwissenschaft. Köln: Kiepenheuer & Witsch, S. 118–147.

Jakobson, Roman (1979): »Was ist Poesie?«. In: Jakobson, Roman (Hg.): Poetik. Frankfurt/M: Suhrkamp, S. 67–82.

Kallmeyer, Werner (Hg.) (1986): Kommunikationstypologie. Handlungsmuster, Textsorten, Situationstypen. Jahrbuch 1985 des Instituts für Deutsche Sprache. Düsseldorf: Schwann.

Kienpointner, Manfred (1992): Alltagslogik: Struktur und Funktion von Argumentationsmustern. Stuttgart-Bad Cannstatt: Frommann-Holzboog.

Klein, Josef (2000): »Intertextualität, Geltungsmodus, Texthandlungsmuster. Drei vernachlässigte Kategorien der Textsortenforschung – exemplifiziert an politischen und medialen Textsorten«. In: Adamzik, Kirsten (Hg.): Textsorten. Reflexionen und Analysen. Tübingen: Stauffenburg, S. 31–44.

Klein, Josef (2002): »Erklären und Argumentieren als interaktive Gesprächsstrukturen«. In: Brinker, Klaus/Antos, Gerd/Heinemann, Wolfgang/Sager, Sven F. (Hg.): Text- und Gesprächslinguistik. Ein internationales Handbuch. Berlin; New York: de Gruyter (2. Halbband), S. 1309–1329.

Klein, Josef/Fix, Ulla (Hg.) (1997): Textbeziehungen. Linguistische und literaturwissenschaftliche Beiträge zur Intertextualität. Tübingen: Stauffenburg.

Klein, Wolfgang (1993): »Ellipse«. In: Jakobs, Joachim et al. (Hg.): Syntax. Ein internationales Handbuch zeitgenössischer Forschung. Berlin, New York: de Gruyter, S. 763–799.

Klein, Wolfgang/von Stutterheim, Christiane (1987): »Quaestio und referentielle Bewegung in Erzählungen«. In: Linguistische Berichte 109, S. 163–183.

Klein, Wolfgang/von Stutterheim, Christiane (1992): »Textstruktur und referentielle Bewegung«. In: Zeitschrift für Linguistik und Literaturwissenschaft 86, S. 67–92.

Klemm, Michael (2002): »Wie hältst Du's mit dem Textbegriff? Pragmatische Antworten auf eine Gretchenfrage der (Text-)Linguistik«. In: Fix, Ulla et al. (Hg.): Brauchen wir einen neuen Textbegriff? Antworten auf eine Preisfrage. Frankfurt/M: Lang, S. 143–161.

Kniffka, Hannes (2003): »Zur Existenzweise und zur Validierung von »Textsorten«-Bezeichnungen«. In: Hagemann, Jörg/Sager, Sven Frederik/Brinker, Klaus (Hg.): Schriftliche und mündliche Kommunikation. Begriffe – Methoden – Analysen; Festschrift zum 65. Geburtstag von Klaus Brinker. Tübingen: Stauffenburg, S. 155–170.

Kohlmann, Ute et al. (1989): »Textstruktur und sprachliche Form in Objektbeschreibungen«. In: Deutsche Sprache 17, S. 137–169.

Kopperschmidt, Josef (1989): Methodik der Argumentationsanalyse. Stuttgart-Bad Cannstatt: Frommann-Holzboog.

Krause, Wolf-Dieter (2000a): »Kommunikationslinguistische Aspekte der Textsortenbestimmung«. In: Krause, Wolf-Dieter (Hg.): Textsorten. Kommunikationslinguistische und konfrontative Aspekte. Frankfurt/M: Lang, S. 34–67.

Krause, Wolf-Dieter (Hg.) (2000b): Textsorten. Kommunikationslinguistische und konfrontative Aspekte. Frankfurt/M: Lang.

Labov, William/Waletzky, Joshua (1973): »Erzählanalyse. Mündliche Versionen persönlicher Erfahrung«. In: Ihwe, Jens (Hg.): Literaturwissenschaft und Linguistik. Frankfurt/M: Fischer-Athenäum, S. 78–126.

Lachmann, Renate (1984): »Ebenen des Intertextualitätsbegriffes«. In: Stierle, Karlheinz/Warning, Rainer (Hg.): Das Gespräch. Forschungsgruppe Poetik und Hermeneutik. München: Fink, S. 133–138.

Lee, Jae-Won (2002): Textkohärenztypologie. Ein Beitrag zur Textlinguistik. Seoul: Eigenverlag (Diss. Universität Münster, Philosophische Fakultät).

Liebert, Wolf-Andreas (2003): »Zu einem dynamischen Konzept von Schlüsselwörtern«. In: Zeitschrift für Angewandte Linguistik 38, S. 57–83.

Liebert Wolf-Andreas (1994): Das analytische Konzept Schlüsselwort in der linguistischen Tradition. Arbeiten aus dem Sonderforschungsbereich 245 Sprache und Situation. Heidelberg, Mannheim: Sonderforschungsbereich 245.

Linke, Angelika/Nussbaumer, Markus (1997): »Intertextualität. Linguistische Bemerkungen zu einem literaturwissenschaftlichen Textkonzept«. In: Antos, Gerd/Tietz, Heike (Hg.): Die Zukunft der Textlinguistik: Traditionen, Transformationen, Trends. Tübingen, S. 109–126.

Linke, Angelika/Nussbaumer, Markus (2000a): »Konzepte des Impliziten. Präsuppositionen und Implikaturen«. In: Brinker, Klaus/Antos, Gerd/Heinemann, Wolfgang/Sager, Sven F. (Hg.): Text- und Gesprächslinguistik. Ein internationales Handbuch. Berlin, New York: de Gruyter (1. Halbband), S. 435–448.

Linke, Angelika/Nussbaumer, Markus (2000b): »Rekurrenz«. In: Brinker, Klaus/Antos, Gerd/Heinemann, Wolfgang/Sager, Sven F. (Hg.): Text- und Gesprächslinguistik. Ein internationales Handbuch. Berlin, New York: de Gruyter (1. Halbband), S. 305–315.

Linke, Angelika et al. (2004): Studienbuch Linguistik. Ergänzt um ein Kapitel »Phonetik/Phonologie« von Urs Willi. 5., erw. Aufl. Tübingen: Niemeyer.

Luhmann, Niklas (1997): Die Gesellschaft der Gesellschaft. Frankfurt/M: Suhrkamp (2. Teilband).

Motsch, Wolfgang (2000): »Handlungsstrukturen in Texten«. In: Brinker, Klaus/Antos, Gerd/Heinemann, Wolfgang/Sager, Sven F. (Hg.): Text- und Gesprächslinguistik. Ein internationales Handbuch. Berlin, New York: de Gruyter (1. Halbband), S. 414–422.

Muckenhaupt, Manfred (1986): Text und Bild. Grundfragen der Beschreibung von Text-Bild-Kommunikationen aus sprachwissenschaftlicher Sicht. Tübingen: Narr.

Nöth, Winfried (2000): Der Zusammenhang von Text und Bild. In: Brinker, Klaus/Antos, Gerd/Heinemann, Wolfgang/Sager, Sven F. (Hg.): Text- und Gesprächslinguistik. Ein internationales Handbuch. Berlin, New York: de Gruyter (1. Halbband), S. 489–496.

Ottmers, Clemens/Klotz, Fabian (2007): Rhetorik. 2. Aufl. Stuttgart: Metzler.

Pasch, Renate (2003): Handbuch der deutschen Konnektoren. Linguistische Grundlagen der Beschreibung und syntaktische Merkmale der deutschen Satzverknüpfer (Konjunktionen, Satzadverbien und Partikeln). Berlin: de Gruyter.

Polenz, Peter von (1988): Deutsche Satzsemantik. Grundbegriffe des Zwischen-den-Zeilen-Lesens. 2. Aufl. Berlin, New York: de Gruyter.

Püschel, Ulrich (1997): »Puzzle-Texte« – Bemerkungen zum Textbegriff. In: Antos, Gerd/Tietz, Heike (Hg.): Die Zukunft der Textlinguistik: Traditionen, Transformationen, Trends. Tübingen: Niemeyer, S. 27–41.

Posner, Roland (1980): »Linguistische Poetik«. In: Althaus, Hans Peter (Hg.): Lexikon der germanistischen Linguistik. 2. Aufl. Tübingen: Niemeyer, S. 687–698.

Quasthoff, Uta (1980): Erzählen in Gesprächen. Linguistische Untersuchungen zu Strukturen und Funktionen am Beispiel einer Kommunikationsform des Alltags. Tübingen: Narr.

Quasthoff, Uta (2002): »Erzählen als interaktive Gesprächsstruktur«. In: Brinker, Klaus/Antos, Gerd/Heinemann, Wolfgang/Sager, Sven F. (Hg.): Text- und Gesprächslinguistik. Ein internationales Handbuch. Berlin, New York: de Gruyter (2. Halbband), S. 1293–1309.

Rehbein, Jochen (1984): »Beschreiben, Berichten und Erzählen«. In: Ehlich, Konrad (Hg.): Erzählen in der Schule. Tübingen: Narr, S. 67–124.

Rolf, Eckard (1993): Die Funktionen der Gebrauchstextsorten. Berlin, New York: de Gruyter.

Rößler, Elke (1994): »Intertextualität in Zeitungstexten – Ein Rezeptionsproblem?«. In: Sommerfeldt, Karl-Ernst (Hg.): Sprache im Alltag. Beobachtungen zur Sprachkultur. Frankfurt/M: Lang, S. 151–160.

Roth, Kersten Sven/Spitzmüller, Jürgen (Hg.) (2007): Textdesign und Textwirkung in der massenmedialen Kommunikation. Konstanz: UVK.

Sandig, Barbara (2000): »Text als prototypisches Konzept«. In: Mangasser-Wahl, Martina (Hg.): Prototypentheorie in der Linguistik. Anwendungsbereiche – Methodenreflexion – Perspektiven. Tübingen: Stauffenburg, S. 93–112.

Scherner, Maximilian (1984): Sprache als Text. Ansätze zu einer sprachwissenschaftlich begründeten Theorie des Textverstehens. Forschungsgeschichte – Problemstellung – Beschreibung. Tübingen: Niemeyer.

Scherner, Maximilian (1996): »›Text‹. Untersuchungen zur Begriffsgeschichte«. In: Archiv für Begriffsgeschichte 39, S. 103–160.

Schmidt, Wilhelm (Hg.) (1981): Funktional-kommunikative Sprachbeschreibung. Theoretisch-methodische Grundlegung. Leipzig: Bibliographisches Institut.

Schmitz, Ulrich (2004): Sprache in modernen Medien. Einführung in Tatsachen und Theorien,

Themen und Thesen. Berlin: E. Schmidt.

Schoenke, Eva (2000): Textlinguistik im deutschsprachigen Raum. In: Brinker, Klaus/Antos, Gerd/Heinemann, Wolfgang/Sager, Sven F. (Hg.): Text- und Gesprächslinguistik. Ein internationales Handbuch. Berlin, New York: de Gruyter (1. Halbband), S. 123–131.

Stenzel, Jürgen (1997): »Anspielung«. In: Weimar, Klaus (Hg.): Reallexikon der deutschen Literaturwissenschaft. 3. Aufl. Berlin/New York: de Gruyter, S. 93–96.

Stein, Stephan (2003): Textgliederung. Einheitenbildung im geschriebenen und gesprochenen Deutsch: Theorie und Empirie. Berlin, New York: de Gruyter.

Steyer, Kathrin (1997): Reformulierungen. Sprachliche Relationen zwischen Äußerungen und Texten im öffentlichen Diskurs. Tübingen: Narr.

Stöckl, Hartmut (2004): Die Sprache im Bild – Das Bild in der Sprache: Zur Verknüpfung von Sprache und Bild im massenmedialen Text. Konzepte. Theorien. Analysemethoden. Berlin, New York: de Gruyter.

Storrer, Angelika (2004): »Text und Hypertext. Mit einem Exkurs von Eva Anna Lenz«. In: Lobin, Henning/Lemnitzer, Lothar (Hg.): Texttechnologie. Perspektiven und Anwendungen. Tübingen: Stauffenburg, S. 13–50.

Techtmeier, Bärbel (2005): »Bezeichnungen von Textsorten im GWDS«. In: Wiegand, Herbert Ernst (Hg.): Untersuchungen zur kommerziellen Lexikographie der deutschen Gegenwartssprache II. Tübingen: Niemeyer, S. 219–229.

Toulmin, Stephen/Berk, Ulrich (1975): Der Gebrauch von Argumenten. Kronberg/Ts.: Scriptor Verl.

Vater, Heinz (2001): Einführung in die Texlinguistik. 3., erw. Aufl. München: Fink.

Vater, Heinz (2005): Referenz-Linguistik. Paderborn: Fink.

Verweyen, Theodor/Witting, Gunther (1982): »Parodie, Palinodie, Kontradiktio, Kontrafaktur – Elementare Adaptionsformen im Rahmen der Intertextualitätsdiskussion«. In: Lachmann, Renate (Hg.): Dialogizität. München: Fink, S. 202–236.

Weinrich, Harald (1976): Sprache in Texten. Stuttgart: Klett.

Weinrich, Harald (1985): »Von der Langeweile des Sprachunterrichts«. In: Weinrich, Harald (Hg.): Wege der Sprachkultur. Stuttgart: DTV, S. 221–241.

Weinrich, Harald (2001): Tempus. Besprochene und erzählte Welt. 6., neu bearb. Aufl., München: Beck.

Weinrich, Harald (2005): Textgrammatik der deutschen Sprache. 3., rev. Aufl. Hildesheim: Olms.

Wengeler, Martin (2003): »Argumentationstopos als sprachwissenschaftlicher Gegenstand. Für eine Erweiterung linguistischer Methoden bei der Analyse öffentlicher Diskurse«. In: Geideck, Susan/Liebert Wolf-Andreas (Hg.): Sinnformeln. Linguistische und soziologische Analysen von Leitbildern, Metaphern und anderen kollektiven Orientierungsmustern. Berlin, New York: de Gruyter, S. 59–82.

Werlich, Egon (1975): Typologie der Texte. Heidelberg: Quelle & Meyer.

Wilss, Wolfram (1989): Anspielungen. Zur Manifestation von Kreativität und Routine in der Sprachverwendung. Tübingen: Niemeyer.

Wolpers, Theodor (Hg.) (2002): Ergebnisse und Perspektiven der Motiv- und Themenforschung. Bericht über Kolloquien der Kommission für literaturwissenschaftliche Motiv- und Themenforschung 1998–2000. Göttingen: Vandenhoeck & Ruprecht.

Zifonun, Gisela (2000): »Textkonstitutive Funktionen von Tempus, Modus und Genus Verbi«. In: Brinker, Klaus/Antos, Gerd/Heinemann, Wolfgang/Sager, Sven F. (Hg.): Text- und Gesprächslinguistik. Ein internationales Handbuch. Berlin, New York: de Gruyter (1. Halbband), S. 315–330.

Zifonun, Gisela/Hoffmann, Ludger/Strecker, Bruno (Hg.) (1997): Grammatik der deutschen Sprache. Berlin, New York: de Gruyter.

Register

Wenn Sie weiterlesen möchten ...

Georg Vollmer
Kleine deutsche Grammatik für Schule und Alltag
Mit den wichtigsten Regeln der Rechtschreibung und Zeichensetzung

Das Werk bietet einen klar strukturierten und leicht verständlichen Überblick über die wesentlichen Grundzüge der deutschen Grammatik, Rechtschreibung und Zeichensetzung. Die Materialien wurden mehrjährig in der Sekundarstufe I des Gymnasiums erprobt und nach der jüngsten Rechtschreibreform aktualisiert.

Der Grammatik-Teil umfasst Laut-, Wort- und Satzlehre; das Kapitel zur Rechtschreibung berücksichtigt u.a. Getrennt- und Zusammenschreibung sowie Groß- und Kleinschreibung; im Bereich Zeichensetzung wird über die Verwendung von Komma und Anführungszeichen informiert.

Alle kurzgefassten Regeln werden durch anschauliche Beispiele erläutert. Der Band wird ergänzt durch vollständige Formentabellen zur Deklination und Konjugation sowie ein ausführliches alphabetisches Stichwortverzeichnis mit Erläuterungen zu über 100 Fachbegriffen.

Rolf Bergmann / Peter Pauly / Claudine Moulin
Alt- und Mittelhochdeutsch
Arbeitsbuch zur Grammatik der älteren deutschen Sprachstufen und zur deutschen Sprachgeschichte

Bearbeitet von Claudine Moulin

Seit drei Jahrzehnten bewährt sich das Arbeitsbuch zum Alt- und Mittelhochdeutschen als Standardlehrwerk der germanistischen Sprachwissenschaft. Claudine Moulin hat es für die 7. Auflage gründlich überarbeitet und dabei heutigen Anforderungen Rechnung getragen.

Insbesondere wurde Wert gelegt auf die Möglichkeit schneller Informationsentnahme, auf zusammenhängende Erläuterungen zu Sprachwandelphänomenen, auf die Einarbeitung der neueren Literatur und auf noch größere Übersichtlichkeit.

Augustin Speyer
Germanische Sprachen
Ein vergleichender Überblick

Dass die germanischen Sprachen irgendwie verwandt sein müssen, ist jedem klar. Worin sich aber die Verwandtschaft konkret äußert, ist weniger allgemein bekannt. Wie sind die germanischen Sprachen entstanden, und in welchem Verhältnis stehen sie zueinander? Was ist das Trennende, was das Verbindende der germanischen Sprachen? Dieses Buch geht diesen Fragen nach. Der Schwerpunkt liegt dabei auf den frühesten erhaltenen Sprachstufen von germanischen Sprachen, also dem Gotischen, Altisländischen, Altenglischen und Althochdeutschen. Das Buch ist phänomenorientiert, d.h. es werden nicht die einzelnen Sprachen nacheinander abgehandelt, sondern Phänomene, die entweder in mehreren Sprachen vorkommen oder für eine Einzelsprache charakteristisch sind, werden einzeln durchleuchtet. Die Phänomene sind nach den drei Gebieten Phonologie, Morphologie und Syntax geordnet.

Hans Strohner
Kommunikation
Kognitive Grundlagen und praktische Anwendungen

Kommunikation zwischen Menschen setzt eine Vielzahl kognitiver Vorgänge voraus. Hierzu gehören Wissensprozesse, aber auch Emotionen und Handlungen. Der Band führt in die kognitiven Grundlagen und praktische Anwendungen von Kommunikation ein. Dazu gehören neben der interpersonalen, der organisationalen und der öffentlichen Ebene auch die vielfältigen Aspekte der interkulturellen Kommunikation. Praktische Beispiele, Arbeitsfragen, kurze Zusammenfassungen und Literaturempfehlungen nach jedem Kapitel sowie das Sachregister bieten wichtige Hilfen, auch für Anfänger oder Nebenfach-Studierende.

Hans Baumgarten
Compendium Rhetoricum
Die wichtigsten Stilmittel. Eine Auswahl

Compendium Rhetoricum fasst das Wesentliche zu rhetorischen und stilistischen Fragen knapp und übersichtlich zusammen. Es ist ein unentbehrlicher Begleiter für jede lateinische Unterrichtslektüre. Darüber hinaus bietet die Zusammenstellung für alle einschlägigen Themen des Deutschunterrichts zuverlässige Unterstützung. Auch in Studium und Beruf ist dieses handliche und kompakte Nachschlagewerk von Nutzen.

Compendium Rhetoricum enthält die alphabetische Auflistung der gebräuchlichsten Stilmittel, zu jedem Stichwort eine knappe und verständliche Definition sowie ein Verweissystem, das die einzelnen Tropen und Figuren systematisch erschließt. Ein Stichwortregister erleichtert die schnelle Auffindbarkeit.

Mindestens ein deutsches Beispiel und mindestens ein Beispiel aus lateinischen Texten (mit Quellennachweis und Übersetzung) stellen das Phänomen anschaulich vor.

Studienbücher zur Linguistik

Herausgegeben von Peter Schlobinski

V&R

Band 1: Klaus Bayer
Argument und Argumentation
Logische Grundlagen der Argumentationsanalyse
2., überarbeitete Auflage 2007. 247 Seiten mit
70 Grafiken, kartoniert
ISBN 978-3-525-26547-5

Band 2: Utz Maas
Phonologie
Einführung in die funktionale Phonetik des
Deutschen
2., überarbeitete Auflage 2006. 392 Seiten mit
zahlreichen Abb. und Schautafeln, kartoniert.
ISBN 978-3-525-26526-0

Band 3: Christa Dürscheid
Syntax
Grundlagen und Theorien
4., überarbeitete und ergänzte Auflage 2007.
260 Seiten, kartoniert
ISBN 978-3-525-26546-8

Band 5: Marcus Hernig
Deutsch als Fremdsprache
Eine Einführung
2005. 269 Seiten, kartoniert
ISBN 978-3-525-26522-2

Band 6: Christina Gansel /
Frank Jürgens
Textlinguistik und Textgrammatik
Eine Einführung
2., überarbeitete und ergänzte Auflage 2007.
270 Seiten mit zahlreichen Abb. und Tab., kartoniert. ISBN 978-3-525-26544-4

Band 8: Christa Dürscheid
**Einführung
in die Schriftlinguistik**
Erweitert um ein Kapitel zur Typographie
von Jürgen Spitzmüller. 3., überarbeitete und
ergänzte Auflage 2006. 319 Seiten mit
31 Abb., kartoniert
ISBN 978-3-525-26516-1

Band 10: Peter Schlobinski
Grammatikmodelle
Positionen und Perspektiven
2003. 268 Seiten mit zahlreichen Abb.,
kartoniert
ISBN 978-3-525-26530-7

Band 11: Michael Dürr /
Peter Schlobinski
Deskriptive Linguistik
Grundlagen und Methoden
3., überarbeitete Auflage 2006. 301 Seiten mit
zahlreichen Abb. und Schautafeln, kartoniert
ISBN 978-3-525-26518-5

Band 12: Jule Philippi
**Einführung in die generative
Grammatik**
2008. 361 Seiten, kartoniert
ISBN 978-3-525-26548-2

Chomskys Grammatikmodell des
Government-and-Binding wird hier
leicht zugänglich und anschaulich
erläutert.

Vandenhoeck & Ruprecht

Linguistik fürs Examen

Herausgegeben von Hans Altmann und Suzan Hahnemann

V&R

Band 1: Hans Altmann /
Suzan Hahnemann
Syntax fürs Examen
Studien- und Arbeitsbuch

2., überarbeitete und erweiterte Aufl. 2005.
226 Seiten mit zahlreichen Tab., kartoniert
ISBN 978-3-525-26500-0

Mit Übungsaufgaben, Lösungsvor-
schlägen, Hinweisen auf weiter-
führende Literatur sowie Tipps und
Warnungen bezüglich eventueller
Prüfungsaufgaben richtet sich dieses
Buch direkt an Examenskandidaten.

Band 2: Hans Altmann /
Silke Kemmerling-Schöps
Wortbildung fürs Examen
2., überarbeitete Auflage 2005. 203 Seiten,
kartoniert. ISBN 978-3-525-26501-7

Hans Altmann und Silke Kemmerling-Schöps bereiten Studierende mit
diesem Arbeitsbuch auf schriftliche
und mündliche Examina im Bereich
der Germanistischen Linguistik vor.

Band 3: Hans Altmann /
Ute Ziegenhain
Phonetik, Phonologie und
Graphemik fürs Examen
2., überarbeitete und ergänzte Auflage 2007.
195 Seiten mit 1 Abb. und zahlreichen Tab.,
kartoniert. ISBN 978-3-525-26545-1

Gründlich überarbeitet: das unent-
behrliche Wissen für die Vorberei-
tung auf das germanistisch-linguis-
tische Examen.

Band 4: Hans Altmann /
Ute Hofmann
Topologie fürs Examen
Verbstellung, Klammerstruktur, Stellungsfelder,
Satzglied- und Wortstellung

2004. 215 Seiten, kartoniert
ISBN 978-3-525-26503-1

Das Arbeitsbuch ist geeignet für
Fortgeschrittene mit guten Syntax-
Grundkenntnissen und deckt eines
der wichtigsten Teilgebiete der Syntax ab.

Vandenhoeck & Ruprecht